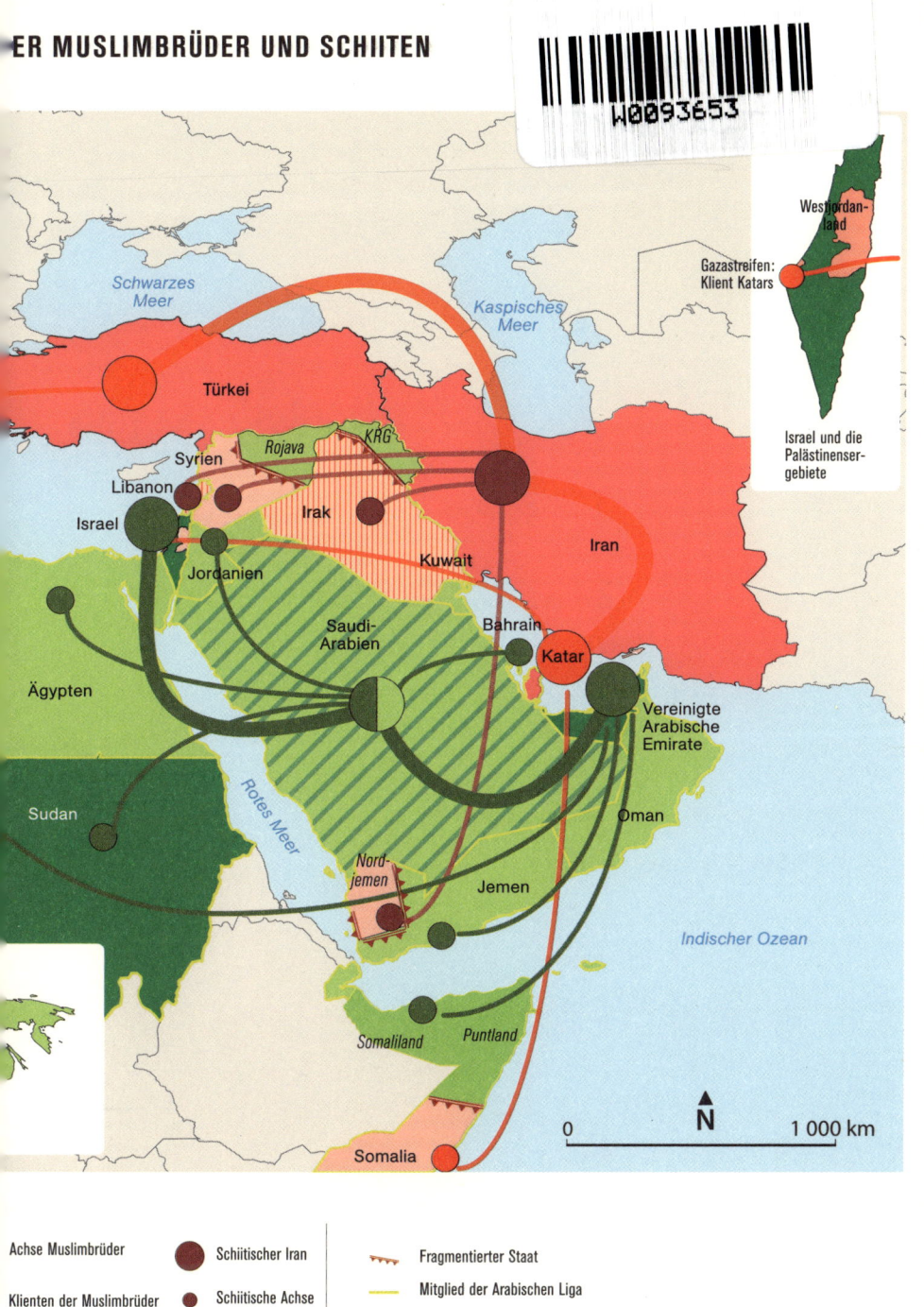

GILLES KEPEL

CHAOS UND COVID

WIE DIE PANDEMIE NORDAFRIKA UND DEN NAHEN OSTEN VERÄNDERT

*Aus dem Französischen von
Jörn Pinnow*

*Mit unveröffentlichten geopolitischen Landkarten von
Fabrice Balanche*

VERLAG ANTJE KUNSTMANN

© der deutschen Ausgabe: Verlag Antje Kunstmann GmbH, München 2021
© Originalausgabe: Gallimard, Paris 2021
Titel der Originalausgabe *Le prophète et la pandémie. Du Moyen-Orient au jihadisme d'atmosphère*
Umschlaggestaltung: Heidi Sorg und Christof Leistl, unter Verwendung einer Karte von Jacques Ferrandez
Typografie und Satz: frese-werkstatt.de
Druck und Bindung: CPI – Clausen und Bosse, Leck
ISBN 978-3-95614-460-8

Im Gedenken an meinen Vater
Milan Kepel
Prag, 8. Januar 1928 – Paris, 3. März 2019

Contempsit caros, dum nos amat ille, parentes,
Hanc patriam reputans esse, Ravenna, suam.

Apud, JORGE LUIS BORGES
»Geschichte vom Krieger und der Gefangenen«
Das Aleph (S. Fischer 1992)

INHALT

Prolog. Das Jahr 2020: die Pandemie, das Petroleum und der Prophet 11
Die Reislamisierung der Hagia Sophia 17
Der Astana-Prozess 24
Das libysche Paradox 29
Die Apokalypse von Beirut 35

I. DIE AUFSPALTUNG DER GOLFREGION 53
Vom »Great Game« zu »Monopoly«: Die Achse von Muslimbruderschaft und Schiiten gegen das Abraham-Abkommen 59
Aus- und Nebenwirkungen des Abraham-Abkommens 62
Die globalen Mächte am Krankenbett des »*Mare Nostrum*« 72
Chinas großer Sprung nach vorn 79
Die Abnahme des schiitischen Halbmonds 83
Von fossilen Brennstoffen zum grünen Wasserstoff: der schmale Grat Saudi-Arabiens 97
Jemen: der Krieg ohne Ausweg 105
Das widerstandsfähige Gasemirat Katar 110

II. DER SEHR NAHE OSTEN 115
Islamistischer Populismus und die *splendid isolation* Erdoğans 121
Eurasismus von Ankara bis Moskau 127
Zwischen Islamismus und Irredentismus 130
Die Reaktivierung der Hamas 138

Katars Einmischung und Israels Widersprüche   146
Der Weg Israels zwischen palästinensischer Sackgasse und arabischem Boulevard   152
Ägyptens Übergewicht   156
Kairo im Abraham-Abkommen   164
Die Kontrolle über den Nil   166

III. VON NORDAFRIKA BIS IN DIE VORSTÄDTE EUROPAS   173

Libyen zwischen türkischem Hammer und ägyptischem Amboss   173
Das Migrationsdilemma: zwischen humanitärer Hilfe und Terrorismus   185
»Das Elend Frankreichs ist für uns ein Paradies«   188
Yetnahawou ga'a! (»Lasst sie uns alle ausrotten!«)   194
Rückkehr zu den *Banlieues de l'Islam*   207
Der Stimmungsterrorismus   218

Epilog. Stimmungsterrorismus und islamistischer Separatismus im Spiegel der Weltpolitik   237

Die Rückkehr des Dschihad nach Wien   240
Erdoğans Kühnheit und Erdoğans Grenzen   250
Der Konkurs der Arabistik und die westliche Unwissenheit angesichts des Islamismus   255

Nachwort zur deutschen Ausgabe: von Gaza bis Würzburg   261

Joe Bidens Herauforderungen im Nahen Osten und im Mittelmeerraum   263
Der dschihadistische »Stimmungsterrorismus«: Variationen eines Paradigmas in Frankreich und Deutschland   282

Anhang 295
Zeittafel 2020 / 2021 (erste Jahreshälfte)   297
Danksagung   317
Register   319

PROLOG
DAS JAHR 2020: DIE PANDEMIE, DAS PETROLEUM UND DER PROPHET

Der Mittelmeerraum und die angrenzenden Gebiete haben sich im Jahr 2020 zur explosivsten Region der Erde entwickelt. Die Covid-19-Pandemie und der anschließende Ölpreisverfall verursachten noch nie da gewesene Erschütterungen; sie versetzten jener geopolitischen Ordnung den Todesstoß, die ein Jahrhundert zuvor nach Ende des Ersten Weltkriegs durch Friedensverträge errichtet worden war. Man hatte mit ihnen ein Sicherheitssystem geschaffen, welches zunächst Europa und nach 1945 den Vereinigten Staaten zugutegekommen war. Die im Rahmen der NATO in Neapel stationierte amerikanische 6. Flotte sicherte die Stabilität in der Region, unbeschadet der zeitweiligen Erfolge der UdSSR in einigen arabischen Ländern. Nachdem es durch den Ramadan- beziehungsweise Jom-Kippur-Krieg im Oktober 1973 zu einem atemberaubenden Anstieg der Erdölpreise gekommen war, war es Washington gelungen, die Ölmonarchien der arabischen Halbinsel an sich zu binden. Diese setzten in der Folge ihre Gewinne auf den Märkten der »freien Welt« um und bemühten sich, islamische Ethik und den Geist des Kapitalismus miteinander zu verbinden.

Doch der Krieg von 1973, mit dem der politische Islam zur entscheidenden Herausforderung für den Nahen Osten und Nordafrika wurde, setzte im Hintergrund einen chaotischen Prozess in Gang, der nach und nach die Hegemonie des Westens über die Region infrage stellte. Bei der Ausrufung der Islamischen Republik im Iran durch Ruhollah Chomeini 1979 schloss man die Dritte-Welt-Bewegung sowie den Antiimperialismus in das Konzept des politischen Islam mit ein. Auch die kriegerischen Verwerfungen zwischen Schiiten und Sunniten nahmen hier ihren Anfang. Der Dschihad gegen die Invasion der Roten Armee in Afghanistan, der kurz darauf begann und mit tatkräftiger Unterstützung der CIA geführt wurde, sollte zehn Jahre später den Sturz der Sowjetunion befördern, wie auch die Fatwa des Ajatollah Chomeini vom 14. Februar 1989 gegen den Schriftsteller Salman Rushdie wegen »Beleidigung des Propheten«. Diese Ereignisse warfen ihre Schatten noch bis in den Herbst des Jahres 2020 voraus, als es in Frankreich zu Morden im Zusammenhang mit den Karikaturen aus der Zeitschrift *Charlie Hebdo* kam. Die Radikalisierung der sunnitischen Dschihadisten wiederum wandte sich gegen ihren amerikanischen Finanzier; al-Qaida und später dann der IS führten diesen Prozess fort. Die beiden Gruppierungen trugen den Terror im Namen Allahs zunächst nach New York und Washington – am 11. September 2001 –, und im folgenden Jahrzehnt dann von Paris über Nizza nach Berlin und London, bis 2020 eine neue Phase begann: der »Stimmungsterrorismus«.

Die Aufstände des Arabischen Frühlings 2011, die nach Demokratisierung strebten und mit so viel Enthusiasmus verbunden waren, erwiesen sich retrospektiv zum Großteil als Katastrophen, vor allem für die Menschen in Syrien, im Jemen und in Libyen. Sie alle leiden seitdem unter blutigen Bürgerkriegen, die durch die Einmischung von Regional- und Großmächten unendlich verlängert wurden und die Zivilisten vor Ort allesamt zu strategischen Geiseln machten. In diesem Umfeld leitete der Rückzug der USA aus der Region, den Barack Obama ankündigte und den Donald Trump fortsetzte, eine außergewöhnliche destabilisierende Phase ein. Der Abzug war ihr Fazit zum einen aus den mäßigen Erfolgen der US-Militäreinsätze in Afghanistan (seit 2001) und dem Irak (seit 2003) – was den Blutzoll, die verlorenen Wählerstimmen und die aufgewendeten Finanzmittel anging. Zum anderen war er aber vor allem auch der Erkenntnis geschuldet, dass die USA zwischen

Herbst 2018 und Frühjahr 2020 zum weltweit größten Erdölförderer geworden sind, was ihre Opferbereitschaft im Nahen Osten zusätzlich verringert.

Dieses Laissez-faire Washingtons hat ein Vakuum geschaffen, das die Europäische Union, von deren 27 Mitgliedsstaaten immerhin acht Mittelmeeranrainer sind, angesichts einer fehlenden gemeinsamen Verteidigungsstrategie zu füllen nicht in der Lage ist. Zudem stellte sich heraus, dass das europäische Ideal der Demokratieförderung nur schlecht zum akuten Sicherheitsbedürfnis passt, gerade was den Schutz der Außengrenzen angeht. Die daraus resultierende Handlungsunfähigkeit sowie der Zank zwischen einigen EU-Mitgliedsstaaten wurden von gewissen autoritären Regimes ausgenutzt (vgl. Karte 3), deren Erpressungspotenzial im Zustrom von illegalen Migranten, in der Belieferung mit Erdgas und der Wahlbeeinflussung der europäischen Muslime liegt, wenn nicht gar in der Verbreitung des dschihadistischen Terrorismus auf dem Boden der EU. Der geopolitische Kontext war folglich bereits zu Beginn des Jahres 2020 äußerst instabil, in dem Covid-19 im Nahen Osten zu beispiellosen Umwälzungen führen sollte. Auch wenn die Pandemie weltweit zuschlug – hier wurden die Folgen durch den gleichzeitigen Absturz des Erdölpreises auf besonders drastische Art und Weise spürbar.

Im ersten Halbjahr verschonte die aus Wuhan gekommene Pandemie zunächst größtenteils die Länder des globalen Südens und des Ostens, deren Alterspyramide eine breite Basis hat, während sie unter der älteren Bevölkerung Europas bereits früh für steigende Todeszahlen sorgte. Die Ausbreitung des Virus begann über die beiden wichtigen Mittelmeerstaaten Italien, das mit Venetien und der Lombardei, der Endstation einer der »Neuen Seidenstraßen« (vgl. Karte 17), zum Eingangstor Chinas nach Europa geworden ist, und Spanien, hier nach dem Fußballspiel zwischen Valencia und Atalanta Bergamo am 19. Februar. Im Nahen Osten nahm der Iran mit seinem frühen hohen Inzidenzwert eine Sonderrolle ein, die sich durch seine Beziehungen zu China erklären lässt (China hatte zahlreiche Techniker und Arbeiter in das Land entsandt). Mit der engen iranisch-chinesischen Zusammenarbeit sollten auch die US-Sanktionen umgangen werden. Wobei es in diesem Fall nicht der Fußball war, der für die um sich greifende Ansteckung sorgte, sondern der Islam: Der herrschenden Theokratie widerstrebte es, die Pilgerreisen zu den Gräbern der schiitischen Heiligen einzuschränken, auf denen die Legitimität des Systems beruht – obwohl die inbrünstigen Massen, die in Erwartung der *baraka*, der göttlichen Segenskraft, die Mausoleen berühren, ablecken und küssen, für eine rasende Ausbreitung der Krankheit sorgten. In der sunnitischen Welt hingegen blieb die Infektionsquote zunächst niedrig, vor allem da China hier weniger präsent ist und man als Gegenentwurf zum iranischen Schreckensbild schnell Prophylaxemaßnahmen im religiösen Alltag ergriff, etwa dem Verbot gemeinsamer Gebete und der Beschränkung der Hadsch nach Mekka und Medina ab Ende Juli auf eine symbolische Anzahl von Pilgern. Hinzu kommt die vergleichsweise junge Bevölkerung. Doch spätestens im Sommer zwangen die Auslastung der Gesundheitseinrichtungen, die Erschöpfung der Pflegekräfte und die steigenden Todeszahlen unter dem medizinischen Personal, im Verbund mit der gesundheitsgefährdenden Beengtheit in den überbevölkerten Wohnvierteln, die Staaten zu einschneidenderen Kontaktbeschränkungen. Das allerdings verschärfte die wirtschaftliche Krise und die soziale Not, während die Ansteckungsraten weiter exponentiell stiegen (vgl. Karte 4).

Zu einem Zeitpunkt, an dem das wirtschaftliche Ausmaß der Pandemie noch gar nicht vollständig abgeschätzt werden konnte, traf sich die »OPEC+« am 6. März in Wien. Das Kartell hatte seinem Namen das Pluszeichen hinzugefügt, als man Russland in den Kreis aufnahm: Riad und Moskau, Nummer zwei und drei auf der Liste der weltgrößten Erdölförderer, wollten gemeinsam gegen die Hegemonie der Vereinigten Staaten vorgehen, die für 15

Prozent der täglich 100 Millionen geförderten Barrel verantwortlich waren, während sie nur auf 12 bis 13 Prozent kamen. Noch wichtiger war jedoch, dass die Amerikaner den Preis des Öls bestimmten und damit diese »Waffe« stumpf werden ließen – auch wenn alle Erdölexporteure von einem vergleichsweise hohen Kurs profitierten (im Januar 2020 kostete ein Barrel *Brent* 63,65 US-Dollar): Denn nur bei einem derart hohen Preis ist »Schieferöl«, das den Großteil der Produktion jenseits des Atlantiks ausmacht, überhaupt rentabel. Der Vertreter Russlands verkündete in Wien die Entscheidung des Kreml, die russische Produktion zu erhöhen, um damit den Preis pro Barrel unter die Marke zu drücken, bei der sich die Produktion von US-Schieferöl lohnt. Folglich würden die Firmen, die zwischen Texas und Alaska bohren, in den Ruin und vom Markt getrieben, was schlussendlich die Fördermenge reduzieren würde, sobald diese Firmen einmal aus dem Verkehr gezogen wären. Saudi-Arabien war gezwungen mitzuziehen und den niedrigen Preis pro Barrel durch eine höhere Förderung auszugleichen. So fiel der Kurs im März um 50 Prozent auf 32,03 Dollar. Als der weltweite Handel, Transport und ganze Industrien als Vorsichtsmaßnahme gegen die Pandemie im April eingefroren wurden, fiel der Kurs noch weiter (auf 18,38 Dollar). Ohne die sich daraus ergebenden mittelfristigen politischen Auswirkungen bereits beurteilen zu wollen, so steht doch fest, dass die kurzfristigen wirtschaftlichen und finanziellen Konsequenzen katastrophal waren für eine Region, deren Rente aus dem Verkauf fossiler Brennstoffe den größten Teil der Einkünfte und ihre Sonderstellung im Weltsystem sicherte, die sie in den letzten 50 Jahren einnahm. Am 20. April 2020 stürzte der Preis pro Barrel schließlich zum ersten Mal überhaupt auf den negativen Kurs von −38,94 Dollar; die weltweiten Lagerkapazitäten waren ausgeschöpft. Auch wenn die Kurse anschließend wieder stiegen und sich im Juni bei etwa 40 Dollar stabilisierten – man erwartete eine zweite Ansteckungswelle und neue Kontaktbeschränkungen im Herbst, weshalb es zu keiner vollständigen Erholung kam –, so wurde der Gewinnausfall für die Exportländer im Nahen Osten und Nordafrika vom Internationalen Währungsfonds im Juli auf 270 Milliarden Dollar geschätzt. Doch selbst bei 40 Dollar ist das US-Schieferöl nicht rentabel, weshalb die Vereinigten Staaten gegen Ende des Jahres wieder zu Erdölimporteuren wurden und ihren ersten Platz in der Weltrangliste einbüßten. Von diesem Standpunkt aus gesehen ist Putins Operation gelungen – allerdings zu wirtschaftlichen und sozialen Kosten, die sich erheblich auf den Nahen Osten und Nordafrika auswirkten.

Das Zusammenspiel aus Pandemie und Ölpreissturz setzte dieser Region in besonders katastrophalem Ausmaß zu, destabilisierte sie und belastete ihre Zukunft mit hohen Hypotheken. Es bedrohte insbesondere die Zivilgesellschaften, die durch den Rückgang der Erdöl- und Erdgasrenten ins Wanken gerieten, umso mehr als diese Einnahmen in der Vergangenheit die Entwicklung einer produktiven Unternehmerschaft verzögert hatten. Außerdem schwächte es die ohnehin schon instabilen Staaten weiter und bot zugleich jenen Ländern Gelegenheiten, die auf militärische Provokation und ideologischen Überbietungswettbewerb setzen. Zumal Letztere versuchen, von der Verunsicherung zu profitieren, die nicht nur den Nahen Osten, sondern die gesamte Mittelmeerregion erfasst hat (vgl. Karte 5).

Ein charakteristisches Beispiel für diesen destabilisierenden Prozess lieferte die Türkei unter Erdoğan. Sie setzte alles daran, eine regionale Hegemonie wiederzuerlangen, die an das osmanische Kalifat erinnert. Im Folgenden soll deutlich gemacht werden, wie die Türkei zu diesem Zweck einerseits ein Bündnis mit einer anderen ehemaligen Weltmacht einging, mit Russland nämlich, das dank seines entschlossenen Eingreifens im Syrien-Konflikt ebenfalls zu neuem Einfluss auf der Weltbühne gelangt ist. Andererseits paktiert die Türkei mit einem quasi Paria-Staat, der Islamischen Republik Iran. Die drei autoritären Regime vereint der

Wunsch nach Rache am – damals wie heute –»imperialistischen« Westen und an Europa. Damit verstärken sie auch die irrationale Ablehnung des liberalen Demokratiemodells, dessen Werte der Westen hochhält (vgl. Karte 2).

Die Reislamisierung der Hagia Sophia

Am 24. Juli 2020 eröffnete Recep Tayyip Erdoğan feierlich das Freitagsgebet in der antiken Basilika Hagia Sophia und übergab sie so der muslimischen Gemeinde. 85 Jahre zuvor hatte Atatürk aus dem 1453 bei der türkischen Eroberung Konstantinopels zur Moschee gewordenen Gebäude ein Museum gemacht und so den Ort entweiht, um ihn »der Menschheit zu schenken«. Der ausgebildete Imam Erdoğan hatte seit seiner Zeit in der Predigerschule von dieser höchst symbolischen Geste geträumt: Just am 97. Jahrestag des Vertrags von Lausanne konnte er mit einem einzigen Akt den kemalistischen Laizismus beerdigen und zugleich das osmanische Kalifat zu neuem Leben erwecken. Der Vertrag hatte 1923 die Grenzen der jungen Republik neu festgelegt, nachdem die Armeen von Gazi Kemal Atatürk über jene europäischen Mächte triumphierten, die zuvor am Ende des Ersten Weltkriegs die Überreste des besiegten Osmanischen Reichs unter sich aufgeteilt hatten. Durch Atatürks militärischen Erfolg konnten die Türken zugleich den Knebelvertrag von Sèvres aus dem Jahr 1920 aufheben, der nach einem »imperialistischen« Plan die Abtretung Anatoliens vorgesehen hatte. Der 100. Jahrestag dieses Abkommens zog zwei Wochen später, am 10. August 2020 (unbemerkt) vorüber.

Erdoğans Soldaten fassten unterdessen in Libyen Fuß und kontrollierten Tripolitanien, die Region rund um Tripolis. Seine Marine erkundete Gaslagerstätten in griechischen und zypriotischen Gewässern, seine Spezialkräfte und ihre Hilfstruppen besetzten einen Teil Nordsyriens und drangen immer wieder in das irakische

Kurdistan ein. Seine Luftabwehr ist mit dem russischen S-400-Flugabwehrsystem ausgestattet, obgleich sein Land noch immer NATO-Mitglied ist. Und er kontrolliert die beiden wichtigsten Flüchtlingsrouten aus Asien und Afrika in Richtung Europa – über die Ägäis und den Balkan auf der einen, über die libysche Küste auf der anderen Seite (vgl. Karte 2). Indem er auf eine militärisch-religiöse Kombination aus Säbel und Turban zurückgriff, bot sich Erdoğan die Möglichkeit, seine eigenen neoimperialen Ansprüche im Nahen Osten und dem Mittelmeerraum deutlich zu machen. Er profitierte dabei vom Rückzug der weit entfernten Vereinigten Staaten unter Donald Trump, die durch dessen katastrophalen Umgang mit Covid-19 und durch die im November 2020 anstehenden Präsidentschaftswahlen gehemmt und geschwächt waren. Zudem konnte Erdoğan die Zaghaftigkeit der Europäischen Union und die Uneinigkeit unter ihren Mitgliedsstaaten ausnutzen. Ähnlich wie Russland unter Wladimir Putin (und auch bis zu einem gewissen Punkt wie der Iran unter Ali Chamenei) verfolgte Erdoğan eine Strategie der Verdrängung des Westens aus der Region. Daher bemühte er sich um die Überwindung der strategischen Konflikte, die die Nachfolger des Moskowiter Zaren, des Istanbuler Sultans und des turbantragenden Erben des Schahs von Persien eigentlich nach wie vor trennen.

Die Umwidmung der »Moschee Hagia Sophia« (was auf Griechisch so viel wie »Heilige Weisheit« bedeutet) für islamische Zwecke war zugleich auch ein für Erdoğan typischer Gewaltstreich, mit dem der Anspruch auf die Hegemonie des türkischen Islam über den Sunnismus, zu dem sich etwa 85 Prozent der rund 1,5 Milliarden Muslime auf der Welt bekennen, deutlich gemacht werden sollte. Der Präsident verfolgte das Ziel, Istanbul wieder zur Welthauptstadt der *Umma*, der Gemeinschaft der Gläubigen, zu machen. Diese Möglichkeit hatte Atatürk mit der Abschaffung des Kalifats 1924 aufgegeben, war er doch überzeugt, das Überleben seiner Nation könne nur über eine verordnete Säkularisation gesichert werden. Indem er das lateinische Alphabet einführte, brach er mit dem rückschrittlichen Aberglauben, und ersetzte in diesem Zug phonetisch aus dem Französischen (der damals universellen Sprache der Moderne) übertragene Wörter durch islamisch-arabische Konzepte, die das türkische Denken prägen: »laïque« (säkular, weltlich) wurde zu *laïk*, »autobus« zu *otobüs* und das »lycée« (Gymnasium) zu *lise*. Rückblickend kann man vermuten, dass sich die damalige Gleichsetzung des im türkischen Islamistenmilieu verhassten Laizismus mit der französischen Kultur noch auf jene Beschimpfungen auswirkte, die Erdoğan im Verlauf des Jahres 2020 beinahe zwanghaft auf seinen Amtskollegen Emmanuel Macron niedergehen ließ …

Der Vorstoß, die Hagia Sophia zu reislamisieren, war daher nicht allein eine Attacke auf den Laizismus, sondern sollte mit einem entschlossenen Hieb des osmanischen Yatagan-Säbels zugleich die saudi-arabische Dominanz über den sunnitischen Islam beenden, die den enormen Reichtum der Öldynastie sichergestellt hatte. Das saudische Königshaus war schon vor der außergewöhnlich schlechten Konjunktur im Jahr 2020 durch geringer werdende Einkünfte aus dem Ölverkauf und angesichts der Bevölkerungsexplosion in der Region in die Defensive geraten. Die Führungen in Riad und Abu Dhabi entwickelten daher eigene kurzfristige Diversifikationsstrategien für ihre Ökonomien. Sie antizipierten auch die Bestrebung der Menschheit, die Abhängigkeit von fossilen Brennstoffen zu reduzieren, trägt deren Verbrennung doch zur globalen Erwärmung bei und bedroht damit den Fortbestand des menschlichen Lebens. Dass die drängenden Umweltprobleme, die im Pariser Klimaabkommen im Dezember 2015 festgehalten wurden, ein unumgängliches Thema sind, wissen auch die Ölmonarchien. Sie werden sich ihm stellen müssen, wenn sie nicht untergehen wollen.

Aus diesem Grund drängte Mohammed bin Salman, seit er im Juni 2017 saudischer Kronprinz wurde, den im »Land der beiden

Heiligen Stätten« (Mekka und Medina) allgegenwärtigen, konservativen Salafismus zunehmend in den Hintergrund. Gleichzeitig ließ er eine gewisse westlich-kulturelle Modernisierung zu, nach der die Jugend der Halbinsel ganz offensichtlich lechzte. Das nach eigenen Aussagen damit verbundene Ziel: Die zum Totengräber des Königreichs gewordene, müßiggängerische Klasse der Ölrentiers, die ihre Legitimation aus der religiösen Doktrin bezieht, solle durch eine dynamische Generation von Unternehmern ersetzt werden, die entsprechend motiviert und zukunftsorientiert ist (vgl. Karte 6). Allerdings schwächte dieses Vorgehen auch den globalen Einfluss des Wahhabismus auf den Sunnismus. Indem die Monarchie in Riad dieses symbolische Kapital zumindest teilweise vernachlässigte, schuf sie eine Lücke – und in diese versuchte sofort ihr wichtigster Rivale im Herzen des politischen Islam vorzustoßen, die nebulöse, transnationale Muslimbruderschaft. Zwar hatte mit Mohammed Mursi ein Muslimbruder im Juli 2012 die Präsidentschaftswahl in Ägypten gewonnen, doch war er bereits im Sommer 2013 wieder von General Abd al-Fattah as-Sisi gestürzt worden. Somit verloren die Muslimbrüder ihre wichtige Bastion Ägypten. Viele von ihnen suchten in der Türkei Zuflucht, wo Präsident Erdoğan – selbst ein Anhänger ihrer Ideologie – sie tatkräftig unterstützt; auch das Gasemirat Katar, der beste Feind der saudischen Monarchie, zeigte sich ihnen gegenüber sehr freigiebig.

In dieser Situation zwang die Pandemie das saudische Regime, die Hadsch im Juli 2020 einzuschränken: Waren in den vorangegangenen Jahren noch bis zu 2,5 Millionen Menschen angereist, gab es nun nur eine einfache Ausführung mit wenigen Tausend Bewohnern des Königreichs und entsprechendem *social distancing*. Die Feiern zum islamischen Opferfest Eid ul-Adha fielen auf den 31. Juli: Was in anderen Jahren eine weltweite ausschweifende Demonstration kollektiver islamischer Frömmigkeit ist, wurde 2020 zumeist in Privatwohnungen begangen, um Ansteckungen zu vermeiden. Während Riad also die Prophylaxe über den Proselytismus stellte, mithin der Krankheitsvorsorge höheren Rang einräumte als dem Bekehrungseifer, konnte es nur wenige Bilder und Berichte aus Mekka liefern, die von der Macht der Religion Mohammeds sprachen: Der ansonsten überfüllte Platz um die Kaaba war praktisch menschenleer. Erdoğan hingegen konnte zur gleichen Zeit triumphierende Aufnahmen vorweisen, auf denen er mit Gebetskappe in der soeben zurückgewonnenen Moschee Hagia Sophia zu sehen ist, womit ihm ein deutlich stärker mobilisierendes Narrativ gelang. Die Bilder zeigen den türkischen Präsidenten als neuen Sultan Mehmed II. den Eroberer. Der Imam, der das Gebet in dem ehemaligen Museum leitete und unter den restaurierten byzantinischen, inzwischen vor dem Blick der Gläubigen aber durch Tücher und Vorhänge verborgenen Mosaiken saß, trug übrigens tatsächlich einen osmanischen Yatagan-Säbel, wie der Sultan nach der Eroberung Konstantinopels am 29. Mai 1453. Die Botschaft dahinter: Das, was dem Krummsäbel des Dschihad unterworfen wurde, wird nie wieder herausgegeben, es sei denn, ein gegnerischer Säbel erobert es – entsprechend dem türkischen Sinnspruch *kılıç hakkı* (»das Recht des Schwertes«). Ziel dieses Coups war es, das Gleichgewicht im Herzen der islamischen Welt auf den Kopf zu stellen. Umgehend wurde Erdoğan daher auch die begeisterte Unterstützung Teherans zugesichert: »Wir gratulieren dem türkischen Volk zu diesem wichtigen islamischen Erfolg.« Ali Akbar Velayati, Chefberater des Obersten Führers Chamenei und ehemaliger iranischer Außenminister, sagte voraus, dass die »Hagia Sophia bis zur Apokalypse eine Moschee bleiben wird«. Die Theokratie der Ajatollahs, stets im erbitterten Konflikt mit Riad (und Washington), stärkte damit Ankara den Rücken, dem sunnitischen Feind seines eigenen sunnitischen Feinds. Denn der Iran sieht in der Türkei und Katar, den beiden Vorkämpfern für den politischen Islam der Muslimbruderschaft (an die sich führende iranische Schiiten annäherten), kostbare Verbündete gegen Saudi-

Arabien. Dies führte zur Gründung einer Achse zwischen der Muslimbruderschaft und den Schiiten, einer der wichtigsten Allianzen des Jahres 2020 (vgl. Karte 1). Abgesehen davon, dass die Beteiligten mit der Berufung auf gemeinsame religiöse Vorstellungen versuchen, die Feindschaft zwischen dem Iran und der Türkei in Syrien zu überdecken (der Iran unterstützt das Assad-Regime militärisch, die Türkei die Rebellen), ist die Islamische Republik von den amerikanischen Wirtschaftssanktionen schwer getroffen, die seit Trumps Ausstieg aus dem JCPOA, dem Iranischen Atomabkommen, im Mai 2018 verhängt wurden. In dem internationalen Abkommen vom 14. Juli 2015 war dem Iran im Gegenzug für die Beendigung des Programms zur Anreicherung von Uran für den Bau einer Atomwaffe die Aufhebung der Wirtschaftssanktionen zugesagt worden.

Das Jahr 2020 begann mit einem tödlichen Drohnenangriff auf General Qasem Soleimani am 3. Januar. Soleimani war seit zwei Jahrzehnten für die strategische Ausweitung des iranischen Einflusses in der Region verantwortlich gewesen (vgl. Karten 8 und 9). Er wurde beim Verlassen des Flughafens von Bagdad getötet, als Vergeltung für einen den Pasdaran (iranische Revolutionsgarden) zugeschriebenen Raketenangriff auf einen Stützpunkt der US-Armee in Kirkuk eine Woche zuvor, der einen US-Staatsbürger das Leben gekostet hatte. Soleimani galt außerdem als Drahtzieher eines Raketenbeschusses, der am 14. September 2019 die saudi-arabischen Raffinerien von Abqaiq und Churais zerstört und damit für einige Tage die Rohölexporte des Königreichs auf die Hälfte reduziert hatte. Anfang Januar 2020 landete General Soleimani im Irak, mit dem dringlichen Ziel, die Niederschlagung der schiitischen Mehrheit zu verfolgen. Diese hatte die wichtigsten Städte des Irak fest in ihrem Griff und forderte den Sturz des von Teheran abhängigen Regimes. Einen solchen, bislang nie da gewesenen Vorgang wollte der Statthalter blutig ersticken lassen. Die Islamische Republik war in der Tat dabei, die Erdöleinkünfte seines

Nachbarn und Vasallen Irak zu plündern, um die Auswirkungen der von Washington durchgesetzten, schädlichen Wirtschaftssanktionen abzumildern. Unterstützt wurde der Iran dabei von treu ergebenen, paramilitärischen Gruppen vor Ort, deren Chef bei der Begrüßung Soleimanis auf dem Flughafenrollfeld ebenfalls in die Luft gesprengt wurde. Mit seinem Vorgehen stürzte der Iran Mesopotamien ins Unglück: Am 27. November 2019 steckten Demonstranten in der heiligen Stadt Nadschaf, dem »Vatikan« der Schiiten, das iranische Konsulat in Brand und skandierten: »Iran raus!« In der Folge musste Teheran am 7. Mai 2020 widerstrebend die Nominierung eines Premierministers hinnehmen, dem der Ruf vorausging, »USA-freundlich« zu sein: Mustafa al-Kadhimi.

Zu diesen politischen und militärischen Scherereien kam hinzu, dass der Iran der von der Pandemie am stärksten getroffene Staat im Nahen und Mittleren Osten war (vgl. Karte 4). Im Februar 2020 entwickelte sich die heilige Stadt Ghom zu einem der ersten Infektions-Hotspots im Land. Im August schätzte man, dass sich bereits 18 Millionen Menschen (etwa 20 Prozent der Bevölkerung) angesteckt hatten und dass die Zahl der an Covid-19 Verstorbenen, die offiziell bei 18.000 lag, in Wirklichkeit die 40.000 überschritten hatte. Damit lag sie in etwa so hoch wie in den großen europäischen Staaten, die zwar eine vergleichbare Bevölkerungsgröße aufweisen, aber im Durchschnitt deutlich älter sind. Während die Pflegekräfte im Iran zu Hunderten vom Virus dahingerafft wurden, drohten den Mitarbeitern im Gesundheitsdienst Strafen, sollten sie Zahlen über das Ausmaß der Ansteckung bekannt geben, die nicht mit den offiziellen Angaben übereinstimmten.

In der Türkei wiederum sorgte die Pandemie dafür, dass die Widersprüche, welche die national-islamistische Regierung mit ihrer Konzentration auf das Militärisch-Religiöse eigentlich zu überdecken versuchte, noch deutlicher zutage traten. Dass die Abstandsregeln aufgehoben wurden, um aus Anlass der »Rekonversion« der Hagia Sophia überall öffentliche Massengebete durchführen zu können, ließ die Ansteckungszahlen in die Höhe schießen, während sich zugleich die türkische Lira im Vergleich zum US-Dollar auf Talfahrt begab. Noch stärker gab der Wechselkurs mit dem Euro nach, da in dieser Währung ein Großteil des Handels abgewickelt wird. Gleichzeitig stieg die Jugendarbeitslosenquote seit April 2020 auf offiziell 25 Prozent – laut Angaben der wichtigsten Gewerkschaft sogar auf mehr als 50 Prozent. Brüssel riet europäischen Touristen aus gesundheitlichen Gründen zudem davon ab, in der Hochsaison in die Türkei zu reisen, was zu einem Zusammenbruch des für die Deviseneinnahmen so wichtigen Tourismussektors führte. Zugleich verweigerte sich die türkische »Generation Z« der konservativen und bigotten Gleichschaltung, denn seit dem gescheiterten Staatsstreich vom Juli 2016, der dem ehemaligen Verbündeten des Präsidenten, dem Prediger Fethullah Gülen, zugeschrieben wird, sitzen noch immer viele Journalisten und Intellektuelle im Gefängnis, werden Häftlinge noch immer regelmäßig gefoltert, und seit 2020 stehen die sozialen Medien unter strenger Überwachung. Die junge Generation zeigt einerseits in Umfragen, andererseits, indem die gut ausgebildeten Jugendlichen auswandern, dass sie die Ausrichtung der Regierung, die seit 18 Jahren an der Macht ist, ablehnt. In ihren Augen setzte das Regime einen Schritt zurück, um dann die Flucht nach vorn anzutreten – wie der Coup rund um die Hagia Sophia unmissverständlich verdeutlichte.

Der Astana-Prozess

Die Angelegenheit der Hagia Sophia ist ein aufschlussreiches Sinnbild für die neuen regionalen Machtverhältnisse, die sich in diesem einschneidenden Jahr abzuzeichnen begannen und die das im vergangenen Jahrhundert gültige Gleichgewicht überwanden. Der »Astana-Prozess« kann dafür als Wegbereiter par excellence verstanden werden (vgl. Karte 10). Er bezeichnet ein von Russland, der Türkei und (als kleinerem Partner) dem Iran am 4. Mai 2017 in der kasachischen Hauptstadt unterschriebenes regionales Abkommen. Dieses war ein gänzlich neues und im Hinblick auf die internationalen Beziehungen paradoxes Instrument und sollte zur Deeskalation des syrischen Bürgerkriegs beitragen: Es wurden »Schutzzonen« geschaffen, in die sich die gegen Baschar al-Assad kämpfenden Rebellen unter Garantie der drei Unterzeichnerstaaten zurückziehen sollten. Ihre Widerstandsgebiete waren nach und nach durch regierungstreue Truppen besetzt worden, was diesen auch dank der Unterstützung der russischen Luftwaffe und schiitischer Einheiten gelang, die Qasem Soleimani befehligte. Die Region um Idlib im Nordwesten Syriens entlang der Grenze zur Türkei bildete dabei 2020 nach wie vor das maßgebliche Zentrum. Neben seinen rein militärischen Aspekten steht der Astana-Prozess auch für den Zusammenschluss dreier Mächte – der Weltmacht Russland und zweier Regionalmächte, die, bei allen taktischen Unterschieden, das gemeinsame Ziel verfolgen, die westlichen Demokratien ins Abseits zu drängen, allen voran das benachbarte Europa. Möglich wurde dies auch durch den Rückzug Donald Trumps aus dem Nahen Osten.

Ursprünglich entworfen, um das Versagen der UN in Syrien wettzumachen, ist das Abkommen zu einem Handlungsmodell geworden, das 2020 auf spektakuläre Weise auch auf Libyen übertragen wurde. Türken und Russen teilen sich dort ein Gebiet, auf dem sie Söldner-Hilfstruppen wie Figuren auf einem Schachbrett hin und her schieben, um sie dann genau bemessene Auseinandersetzungen austragen zu lassen. Die Söldner sind zum größten Teil aus dem syrischen Bürgerkrieg abgezogene Milizionäre, wo sie sich bereits in feindlichen Lagern gegenübergestanden haben. Auf türkischer Seite handelt es sich dabei um Rebellen, die man aus der »Schutzzone« rund um Idlib evakuiert und über die Türkei nach Misrata gebracht hat; auf russischer Seite sind es die Pro-Assad-

Milizen, die demobilisiert und nach Bengasi verlegt wurden. Die Kämpfer verhaken sich nun in dem Erdölstaat in unmittelbarer Nähe zum europäischen Markt – dort, wo Italien und Frankreich nach Gaddafis Sturz 2011 ihre Rivalität beendet hatten.

In diesem Wirrwarr am Mittelmeer spielt Wladimir Putin die Hauptrolle. Der erfahrene Judoka hat seinem Land systematisch einen Platz auf den weltweiten Kampfmatten zurückerobert, etwa indem er den Syrien-Konflikt dazu nutzte, um in letzter Minute seinen Alliierten Baschar al-Assad zu retten, während dem Westen nichts anderes übrig blieb, als seine Truppen auf die Bekämpfung des sogenannten »Islamischen Staats« unter Führung des »Kalifen« Abu Bakr al-Baghdadi an der Grenze zwischen Syrien und Irak zu konzentrieren, von wo aus Attentate in ganz Europa geplant wurden. Der Herrscher des Kreml erkor den Nahen und Mittleren Osten zum bevorzugten Aktionsraum, um seinen internationalen Status zu stärken. Mit einem strategischen Spinnennetz aus Abkommen in alle Richtungen verwickelte er die Vereinigten Staaten und die Europäische Union immer wieder in Täuschungsmanöver. Neben dem Bündnis mit dem Iran, Washingtons Angstgegner, durch den er über eine außergewöhnliche Möglichkeit sowohl des Aufwiegelns wie auch des Zwangs verfügte, knüpfte Putin ebenso mit einem Großteil der traditionellen Verbündeten des Westens besondere Beziehungen. Hier ist etwa Israel zu nennen, mit seiner ungemein einflussreichen russischen Diaspora: Der jüdische Staat hatte nach Russlands Annexion der Krim 2014 nicht für Sanktionen gestimmt, und Benjamin Netanjahu war häufiger Gast im Kreml. Saudi-Arabien wiederum ist Russlands bevorzugter Partner bei der Führung der OPEC+ geworden. Moskau unterhält darüber hinaus Beziehungen zu Doha (Katar ist übrigens der Erzfeind Riads), denn die beiden hatten lange Zeit das einstmals sehr einträgliche Duopol über Erdgas inne, welches inzwischen aber durch das zu Schleuderpreisen verkaufte amerikanische Gas bedroht wird. Diese Herangehensweise bringt den Kreml in die Position eines Schiedsrichters zwischen regionalen Widersachern, das gilt auch für die türkisch-kurdischen Beziehungen: 2020 nahmen russische Soldaten an Patrouillen der türkischen Armee an der Grenze zu Rojava im Nordosten Syriens teil, andererseits sind viele kurdische Führer der älteren Generation noch in der UdSSR an derselben KGB-Schule ausgebildet worden, an der auch Putin seinen Abschluss abgelegt hat. Als Donald Trump im Oktober 2019 die syrischen Kurden »fallen ließ«, indem er die Spezialkräfte der USA abzog und die Kurden Erdoğans Truppen zum Fraß vorwarf, war es Moskau, das ihnen Schutz anbot, um ihre Vernichtung zu verhindern. Zuvor hatten die Kurden noch unter schweren Verlusten den IS vor Ort bekämpft und im Oktober 2017 die Stadt Raqqa, die kurzlebige »Hauptstadt des islamischen Kalifats«, zurückerobert.

Eine im Vergleich zum westlichen Standard sehr kostengünstige Armee, ergänzt um iranische und schiitische Infanterie, deren Rückgrat die libanesische Hisbollah bildete, erlaubte es dem Kreml, seine militärischen Engagements 2020 politisch maximal auszuschlachten. Gestützt wurde sein Vorgehen durch die geschickte Diplomatie von ausgezeichneten Kennern der Region – während das westliche, und hier insbesondere das französische, Fachwissen auf diesem Gebiet mangels Investitionen in die Ausbildung von Arabisten an den Universitäten massiv dezimiert wurde.

Für die Türkei, aber auch für Israel oder Saudi-Arabien stellt die Annäherung an Moskau, auch wenn sie nicht die Intensität der *special relationship* mit Washington annimmt, ein Druckmittel auf die Vereinigten Staaten dar. Man konnte es nach dem Mord am kritischen Journalisten und ehemaligen Vertrauten des saudischen Regimes Jamal Khashoggi in den Räumlichkeiten des saudiarabischen Konsulats in Istanbul am 2. Oktober 2018 beobachten: Einige Medien des Königreichs reagierten auf die Anschuldigungen aus den USA mit dem – allerdings rhetorischen – Vorschlag, ob man das Bündnis mit den Amerikanern nicht zugunsten eines mit den Russen aufgeben sollte. Und während Erdoğan seinen saudischen Rivalen für dessen Grausamkeit tadelte und sich dabei auf die Menschenrechte bezog (einmal ist keinmal), kaufte er bei den Russen Flugabwehrraketen vom Typ S-400 und stellte damit als wichtiges NATO-Mitglied die gesamte militärische Infrastruktur des Westens infrage – die Emmanuel Macron wiederum in einem Interview mit dem britischen Magazin *The Economist* im November 2019 als »hirntot« bezeichnete.

Putin und Erdoğan beherrschen das strategische Spiel mit mittelfristigen taktischen Zugeständnissen oder Konflikten meisterhaft. Zu diesem Wiederaufleben der historischen Beziehungen zwischen Zar und Sultan kommt ein weiteres gemeinsames Begehren der beiden starken Männer hinzu: Die Präsidenten sind überzeugt, dass in einem deregulierten internationalen System sich die persönlichen oder auch familiären Verbindungen gegen die traditionellen Instrumente der Diplomatie durchsetzen sollten. Auch Donald Trump stürzte sich in diese Bresche – und nicht nur im Nahen Osten, wie sein Tänzchen mit dem nordkoreanischen Diktator Kim Jong-un zeigte. Es gibt keine Belege dafür, dass sich der erratische Trump diesen gewieften Autokraten gegenüber durchgesetzt hätte, vielmehr scheinen eher sie Trump um den Finger gewickelt zu haben als umgekehrt. Was die Vermischung von Staatsangelegenheiten und geschäftlichen Beziehungen zwischen Trump und Erdoğan betrifft, jeweils von ihren Schwiegersöhnen betrieben, dem Sonderberater Jared Kushner und Finanzminister Berat Albayrak, so hat sie der ehemalige Nationale Sicherheitsberater (2018–2019), John Bolton, nach seinem Rücktritt in seinem im Juni 2020 erschienenen Rache-Buch *The Room Where It Happened* (*Der Raum, in dem alles geschah*) von innen heraus und schonungslos dokumentiert. Bis Historiker Einblick in die Archive erhalten werden, kann zumindest bereits jetzt als beachtenswert gelten: Die internationale Deregulierung, beispielhaft am Rückzug Washingtons zu erkennen, entwickelte sich 2020 im Nahen Osten zugunsten jener Kräfte, die Europa und dem demokratischen Westen ablehnend gegenüberstehen. Im September 2020 veröffentliche Richard Haass, Präsident des Council on Foreign Relations in New York und ehemaliger hochrangiger Diplomat mit guten Beziehungen zu den republikanischen Präsidenten, in der Zeitschrift *Foreign Affairs* einen Artikel unter der Überschrift *Present at the Disruption (Bei der Spaltung zugegen)*. Er stellt darin fest, Donald Trump habe, wie kein anderer US-Präsident vor ihm, die Außenpolitik auseinandergenommen und insbesondere im Nahen Osten die »Ziele der Vereinigten Staaten untergraben und die Wahrscheinlichkeit der Destabilisierung [dieser Region] erhöht«.

Das libysche Paradox

Das Jahr 2020 sah eine tiefgreifende Veränderung der Lage im libyschen Bürgerkrieg (vgl. Karte 16). Nach dem Auf und Ab, das auf den Sturz und die noch immer nicht gänzlich aufgeklärte Ermordung des Diktators Gaddafi am 20. Oktober 2011 folgte, nach wenig überzeugenden Wahlen, den Konflikten zwischen Volksgruppen um die Kontrolle der Erdöllagerstätten, -pipelines und Häfen sowie einem besonders grausamen Auftritt des IS 2015 stehen sich seit 2019 zwei große Lager gegenüber, eines in Tripolitanien, das andere in der Kyrenaika. In Tripolis herrscht die GNA (Government of National Accord; die Regierung der Nationalen Übereinkunft) unter Fayiz as-Sarradsch, die von der UN anerkannt wird und im Innern Unterstützung vor allem von den örtlichen Muslimbrüdern und von außen durch die Sponsorländer der Muslimbruderschaft, Türkei und Katar, erhält. In Bengasi hat die LNA (Libysche Nationalarmee) ihren Sitz, angeführt von General Chalifa Haftar, einem ehemaligen, später in die USA emigrierten Gaddafi-Offizier. Der ist ein eingeschworener Feind der Muslimbruderschaft und wird von einem Bündnis sunnitischer

Staaten gestützt, das ebenfalls die Muslimbrüder ablehnt, nämlich von den Vereinigten Arabischen Emiraten, Ägypten, Saudi-Arabien sowie von Russland. Der größte Teil der Erdölfelder befindet sich im Osten des Landes, in der Kyrenaika, wohingegen die Häfen, von denen aus afrikanische Migranten in Richtung Italien und andere europäische Länder aufbrechen, sich im Westen befinden, in der Nähe der tunesischen Grenze. Italien und Frankreich neigen dazu, entsprechend dem Interesse ihrer staatlichen Ölgesellschaften ENI beziehungsweise Total, entweder Tripolis oder Bengasi zu bevorzugen.

Im April 2019 hatten General Haftars Truppen eine Offensive begonnen und Tripolis belagert, dessen Eroberung als sehr wahrscheinlich galt. Doch am 27. November 2019 unterzeichneten as-Sarradsch (GNA) und Erdoğan ein Doppelabkommen, das wie eine Bombe einschlug und die Lage zu ihren Gunsten und zum Nachteil Haftars und seiner Unterstützer veränderte (vgl. Karte 2). Das erste Abkommen sieht die Schaffung einer exklusiven türkisch-libyschen Wirtschaftszone im Mittelmeer vor. Diese erlaubt es Ankara, seinen Anspruch auf die Erkundung von Offshore-Gasvorkommen aufrechtzuerhalten und vor allem das unterseeische Pipeline-Projekt »EastMed« zu behindern, über welches die ägyptischen, israelischen und zypriotischen Gaslagerstätten via Griechenland an Europa angebunden werden sollen. Dieses von keinem anderen Staat anerkannte Demarkationsabkommen ignoriert geflissentlich die Existenz der griechischen Insel Kreta. Dafür steht es beispielhaft für die »dreisten« Maßnahmen, die Erdoğan 2020 verstärkt ergreifen sollte. Das zweite Abkommen sieht die militärische Unterstützung für Tripolis durch Ankara vor, und am 2. Januar 2020 gab das türkische Parlament grünes Licht für die Entsendung von Truppen nach Libyen. Vier Tage später brachen die Soldaten auf, ohne dass der Widerspruch des UN-Generalsekretärs oder führender Politiker der EU, der USA und Russlands irgendetwas erreicht hätten. Doch damit nicht genug der Überraschung: Obgleich die Waffen und die Führung türkisch waren, bestand die Truppe aus syrischen Islamisten-Rebellen, die in Libyen zu Ankaras Söldnern geworden waren – nach demselben Prinzip, nach dem auch schon syrische Aufständische in Hilfstruppen der türkischen Armee verwandelt wurden, als es Anfang 2018 um die Invasion der kurdisch-syrischen Region um Afrin gegangen war. Nach dem Einmarsch wurde das Gebiet ethnisch gesäubert, die Kurden wurden durch umgesiedelte Familien arabischer Rebellen ersetzt. Genau diese Söldner waren es auch, die im Dezember 2019 Rojava stürmten, nachdem Donald Trump den Rückzug seiner Spezialkräfte aus dem Gebiet befohlen hatte, woraufhin es zu zahlreichen Übergriffen kam (vgl. Karte 11). Dieser *Swap* islamistischer Kämpfer, die aus Idlib nach Tripolitanien überwiesen wurden, erinnert an die Başı Bozuk, die im ganzen Osmanischen Reich eingesetzt wurden. Er schuf zudem die »Muslimbrüder«-Version eines transnationalen, zeitgenössischen Dschihadismus, dessen Kalif nun nicht mehr Abu Bakr al-Baghdadi, sondern Recep Tayyip Erdoğan heißt … Übrigens hatte der sogenannte »Islamische Staat« im Juni 2014 die rote Fahne Atatürks am türkischen Konsulat in Mossul durch die schwarz-weiße Fahne seines eigenen »Kalifats« ersetzt: Der IS wollte so seinen Anspruch auf die Führungsrolle im weltweiten Islam dort wieder übernehmen, wo die säkulare türkische Republik sie acht Jahrzehnte zuvor aufgegeben hatte.

Die von türkischen Offizieren begleitete, nach Libyen entsandte Truppe von etwa 7.000 Soldaten, abgehärtet durch ihre Teilnahme am bewaffneten Aufstand im Scham*, war von den ersten Wochen an eine ausschlaggebende Kraft. Sie schlug die vor allem aus eilig ausgebildeten afrikanischen Rekruten bestehenden Söldnertruppen des Generals Haftar in die Flucht – und gleich im An-

---

* Scham ist eine aus dem Arabischen stammende Bezeichnung für die Levante, also die vorderasiatischen Länder an der östlichen Mittelmeerküste wie Syrien, Libanon, Israel, Jordanien (Anm. des Übersetzers).

schluss die schwarzen *murtaziqa* (Söldner), die den Großteil der Armee unter Gaddafi gebildet hatten. Der vermutlich von Katar beglichene Sold der Syrer ist mit bis zu 2.000 Dollar monatlich beachtlich hoch und ernährt ganze Rebellenfamilien in Idlib, Afrin oder türkischen Flüchtlingslagern, wo drei Millionen Menschen Unterschlupf gefunden haben. Da Moskau ein Blutbad unter den russischen Paramilitärs der »Gruppe Wagner« vermeiden wollte, die den Brückenkopf der Haftar-Offensive in Tripolitanien sicherten, zog es diese von der Frontlinie ab und ersetzte sie durch andere syrische Kämpfer, nämlich demobilisierte Pro-Assad-Milizen. Diese waren weniger zahlreich als ihre Landsleute im Feindeslager (geschätzt etwa 2.000 Mann), wurden vor allem aber weniger großzügig entlohnt – nur mit 1.000 Dollar pro Monat. Wie im syrischen Bürgerkrieg besteht auch das libysche Paradox also darin, dass sich dieselben Gegner auch hier gegenüberstehen und von den gleichen Geldgebern finanziert werden – mangels einer gleichen Sache, um die es zu kämpfen gälte, was dunkle Erinnerungen an die »Grandes Compagnies« des europäischen Mittelalters weckt ... Wie diese werden die syrischen Hilfstruppen von Ankara und Moskau zu Variablen instrumentalisiert, die zwischen Idlib und Sirte jeweils beliebig angepasst werden können. So berichtet *Al-Monitor*, die beste Informationsquelle für die Region, dass die Einnahme eines strategisch wichtigen Teils eines Massivs südlich der »Schutzzone« durch Assad-Truppen zwischen Russen und Türken ausgehandelt worden sei: als Gegenleistung für einen Rückzug der Syrer unter Haftar, die ihre Stellungen in der Nähe von Gaddafis Geburtsstadt an die Soldaten as-Sarradschs abtraten.

Dieser zynische Tauschhandel mit Behelfssoldaten, die nichts als Spielsteine auf dem Backgammon-Brett der Region sind, veranschaulicht die Zusammenarbeit von Erdoğan und Putin – die dabei weder türkisches noch russisches Blut opfern. Zudem bestärkt er die beiden Spieler in ihrem Willen, die Europäer und Amerikaner aus diesem orientalischen Backgammon-Spiel herauszuhalten.

Wie wir noch sehen werden, stößt allerdings auch diese Strategie an ihre Grenzen. Auf die zunehmenden Provokationen der Türkei gegen einige EU-Mitgliedsstaaten folgte Vergeltung – wie noch zu zeigen sein wird, vor allem über Auseinandersetzungen auf dem Meer. Ein Blick in die Vergangenheit zeigt: Die Hohe Pforte, die osmanische Regierung, war in der Frühen Neuzeit ein Verbündeter des Königreichs Frankreich gegen das österreichische Habsburgerreich gewesen. Sie hatte die Republiken Genua und Venedig gegeneinander ausgespielt, und doch war der Sultan jederzeit vom damaligen Europa völlig unabhängig und konnte seine Flotte jeden Frühling in einen maritimen Dschihad gegen die Küstenstriche des Mittelmeers ausschicken. Das heutige Pendant zum Sultan, Erdoğan, durch das demonstrative Gebet in der Hagia Sophia am 24. Juli 2020 inthronisiert, zählt auf die Europäische Union als wichtigsten Handelspartner und kann, zumal in einer für die türkische Wirtschaft derart desaströsen Lage, seine Täuschungsmanöver nicht zu weit treiben, nicht zuletzt da seine Marine ohne Flugzeugträger der gewaltigen Stärke der osmanischen Flotte ermangelt.

Im Hinblick auf Russland wiederum fürchteten die USA, Moskau könnte militärische Geheimnisse mit den Emiraten und Ägypten teilen. Diese Sorge ging so weit, dass Donald Trump persönlich zum Hörer griff, um sich mit den Chefs der betreffenden Staaten über einen Konflikt auszutauschen, »in dem es keine Sieger gibt« und in dem Washington sich als »aktiven, aber neutralen Teilnehmer« sah – zumal General Haftar in seiner militärisch heiklen Lage die von ihm kontrollierten Öltanklager geschlossen hatte, um seine Verhandlungsposition zu verbessern. Angesichts der Widersprüche, die das libysche Paradox offenbart, dürften die zurückgezogenen Amerikaner und die verzagten Europäer gezwungen werden, sich um 180 Grad zu drehen. Die Schwierigkeit dieser Aufgabe zeigte sich im Sommer 2020 am Beispiel von Malta. Der kleinste EU-Staat war einstmals die Zitadelle der katholischen Ritter des Johanniterordens von Jerusalem, die von dem uneinnehmbaren Felsen aus das westliche Mittelmeer vor den maritimen Raubzügen der Osmanen schützten. 1565 hatte Süleyman der Prächtige während der »Großen Belagerung« von Malta die Flotte des Sultans befehligt, wurde aber vom französischen Großmeister Jean de la Valette besiegt, dem Namensgeber der zukünftigen Inselhauptstadt. Dies hatte in ganz Europa sechs Jahre vor der Seeschlacht von Lepanto 1571, deren Grundlage in Malta gelegt wurde, für ein gewaltiges Echo gesorgt. Nun fand am 20. Juli 2020, vier Tage vor der pompösen Reislamisierung der Hagia Sophia, in Ankara ein Treffen zwischen den Verteidigungsministern der Türkei und Maltas sowie dem Innenminister der Regierung von Tripolis statt, bei dem die Möglichkeiten für ein trilaterales Militärabkommen ausgelotet werden sollten. Fortgesetzt wurden die Gespräche mit einem Treffen zwischen den beiden Außenministern und dem Präsidenten der GNA, Fayiz as-Sarradsch, in der libyschen Hauptstadt. Malta, das vom Zustrom afrikanischer Migranten, die in behelfsmäßigen Booten aus Libyen übersetzten, überfordert und ob der mangelnden Unterstützung aus Brüssel frustriert war, sah keinen anderen Ausweg mehr als einen Treueeid an die Türkei: Die Türken verfügten dank ihrer militärischen Präsenz in Tripolitanien über die Möglichkeit, das Ablegen der Boote zu kontrollieren. Im Gegenzug bot Valletta Ankara Flugplätze an, von denen aus türkische Flugzeuge den libyschen Luftraum überwachen können. Diese Unterstützung ist deshalb so wertvoll, weil die libyschen Flughäfen von den Luftwaffen Ägyptens und der Emirate beherrscht werden – wie sich am 4. Juli bei einem schweren Angriff auf die von GNA-Truppen besetzte Basis al-Watiya bei Tripolis zeigte, der Abu Dhabi zugeschrieben wird: Just an diesem Tag fuhr der türkische Verteidigungsminister auf Inspektionsreise durch die libysche Hauptstadt. Die Küsten Anatoliens sind zudem in der Tat so weit von Libyen entfernt, dass Ankara keine eigenen Flugzeuge einsetzen kann. Solange noch nicht sicher ist, ob dieses

Great Game tatsächlich konkrete Formen annimmt oder nur Pose ist, weiß man auch noch nicht, ob sich der namensgebende Großmeister in seinem Grabe in Vallettas St. John's Konkathedrale umdrehen wird, angesichts seiner fernen Nachfolger, die 550 Jahre nach der Großen Belagerung dem neuen Sultan die Lederpantoffeln küssen ...

Die Apokalypse von Beirut

Am 4. August 2020 ereignete sich gegen 18 Uhr eine Detonation im Hafen der libanesischen Hauptstadt Beirut: 2.750 Tonnen Ammoniumnitrat, seit 2013 in einer Halle gelagert und dort aufgrund der Fahrlässigkeit der Behörden unbeachtet gelassen, explodierten. Mindestens 214 Menschen wurden getötet und 6.500 verletzt (vgl. Karte 13). Die umliegenden Viertel, zumeist von Christen bewohnt und Inbegriff des gefährdeten Überlebens einer kosmopolitischen Levante, wurden von der Explosion hinweggefegt – und etwa 300.000 Menschen obdachlos. Die Erschütterung war noch mehr als 200 Kilometer entfernt zu spüren – bis nach Zypern, Israel und Syrien. Diese Apokalypse ist auch die Apokalypse des Libanon, wie er in seinen aktuellen Grenzen von der französischen Mandatsmacht unter der Ägide des Völkerbunds fast genau ein Jahrhundert zuvor, am 1. September 1920, geschaffen worden war. Der erste Staatschef, der sich zwei Tage nach der Explosion nach Beirut begab, war Emmanuel Macron. Er koordinierte am 8. August eine internationale Geberkonferenz, um humanitäre Hilfe auf den Weg zu bringen, traf sich mit führenden Politikern des Landes und versprach, drei Wochen später zu den Feierlichkeiten rund um den Jahrestag zurückzukommen, um eine erste Bilanz zu ziehen und gemeinsame Perspektiven zu entwickeln.

Der Auslöser der Katastrophe liegt im Dunkeln, was die Verbreitung von Verschwörungstheorien im Internet nährte. Sie ereignete sich zudem zu einem Zeitpunkt, der dem Zederstaat ohnehin schon die schlimmsten Dramen seiner 100-jährigen Geschichte bescherte. Wobei die letzten 50 Jahre auch nicht arm an Dramen waren: vom Einmarsch Israels und der Ansiedlung der Palästinenser über den Bürgerkrieg und die syrische Besatzung bis hin zur durch die Hisbollah aufgezwungenen iranischen Bevormundung. Die Ausbreitung von Covid-19, Anfang des Jahres von schiitischen Pilgern aus Ghom eingeschleppt, ließ das private Gesundheitssystem zusammenbrechen. Dieses ist vorrangig auf Profit ausgelegt und war vom Ausmaß der Pandemie überfordert, denn die Kapazitäten reichten nicht aus, um die Allgemeinheit ärztlich zu versorgen. Darüber hinaus leidet die Wirtschaft bereits seit 2018 unter einer Rezession. Im Juni desselben Jahres konnten die Hisbollah (die »Partei Gottes«) und ihre Verbündeten die Parlamentswahlen für sich entscheiden und kontrollierten seitdem die Exekutive. Als Reaktion auf das Wahlergebnis schränkte Saudi-Arabien die Finanzströme zwischen den beiden Ländern ein, dabei waren die Überweisungen libanesischer Immigranten aus Saudi-Arabien in ihr Heimatland bis dahin äußerst wertvoll gewesen. (Zuvor war der sunnitische Ministerpräsident des Libanon, Saad Hariri, quasi als Vorabwarnung, bereits im Oktober 2017 gegen seinen Willen in Riad festgehalten worden.) Hinzu kommen die weitverbreitete Korruption, der Zusammenbruch der öffentlichen Versorgung – angefangen vom Stromnetz bis hin zur Müllentsorgung und -verbrennung –, die Armut eines Landes, von dessen vier Millionen Einwohnern ein Drittel mit weniger als vier Dollar pro Tag auskommen muss, sowie der Wertverlust des Libanesischen Pfund: Was am 17. Oktober 2019 mit Demonstrationen gegen die hohe Steuerbelastung und die symbolträchtige Steuer auf WhatsApp-Anrufe begonnen hatte, weitete sich nun zu einer massiven Revolte – oder *thaoura* (Revolution) – gegen Bestechlichkeit und eine konfessionsübergreifende Politikerkaste aus, die in großem Einvernehmen das Land schröpfte. Die Protestierenden prangerten dabei direkt die Hisbollah an, die die wahre Macht über ebenjene Politiker in den Händen hält. Anfangs attackierten die Handlanger der Hisbollah und die ihres schiitischen Verbündeten, der Amal-Bewegung, noch die Demonstranten, später zogen sie sich allerdings von den Straßen zurück, um nicht weiter den Zorn auf sich zu ziehen – war die Stimmung in der Region doch bereits durch die Durchsetzung der iranischen Interessen aufgeheizt. Und in Bagdad zielte zeitgleich die wütende schiitische Jugend des Irak auf Teherans Klientel. Am 29. Oktober 2019 trat Saad Hariri vom Amt des libanesischen Ministerpräsidenten zurück. Dieses Amt war mit dem Abkommen von Taif entstanden, das 1989 den Bürgerkrieg beendet hatte und festlegte, dass der libanesische Ministerpräsident stets ein Sunnit sein muss. Unter saudischem Einfluss war der Ministerpräsident anschließend zunächst zur Schlüsselfigur der libanesischen Exekutive geworden, was zugleich die Niederlage der Christen im Bürgerkrieg zementierte. Doch inzwischen stellte er nichts weiter als eine Marionette der Hisbollah dar. Fast auf den Tag genau ein Jahr nach seinem Rücktritt, am 22. Oktober 2020, sollte Hariri erneut Ministerpräsident werden. Der maronitische Präsident des Landes, General Michel Aoun, ist ein Verbündeter der Partei Gottes und klammert sich unterdessen weiter an seinen Sessel, trotz immer lauter werdender Rufe nach seinem Rücktritt.

Der zwischenzeitlich im Dezember 2019 neu ins Amt gekommene Regierungschef, Hassan Diab, war ebenfalls Sunnit, entsprechend der »konsoziativen« Logik der Verfassung, stand jedoch gleichfalls unter dem Einfluss der Hisbollah. Unter seiner Regierung stürzte Libanons Währung im ersten Halbjahr 2020 ins Bodenlose und hatte im Juni gegenüber dem Dollar 70 Prozent ihres Wertes verloren; gleichzeitig stiegen die Staatsschulden auf 68 Milliarden Dollar. So wurde die Bevölkerung ruiniert, darunter auch jene gebildete Mittelschicht, deren Dynamik dem Libanon im Nahen Osten eine Sonderrolle verschafft hatte, die nun aber nicht einmal mehr Geld von ihren Bankkonten abheben konnte. Diese dramatische Situation, die auch der Ausbreitung von Covid-19 Vorschub leistete, führte zum Wiederaufflammen der Proteste gegen den Amtsmissbrauch der politischen Führung. Dabei bemühte die Hisbollah sich, den Demonstrationen den Anstrich eines Konfessionskonflikts zu verleihen, um die Kontrolle über ihre schiitische Anhängerschaft zurückzugewinnen und eine Vereinigung der Protestierenden zu verhindern: Eine solche hätte die religiösen Schranken überwinden und die Hisbollah in Schwierigkeiten bringen können. Parallel dazu zettelten Teherans Schergen in der Levante wieder Gefechte mit Israel an. Diese hatten, seit die Partei Gottes ab 2012 einen Großteil ihrer militärischen Schlagkraft zur Rettung des Assad-Regimes in Syrien einsetzte, merklich nachgelassen. Die Wiederbelebung des Antizionismus diente dazu, den Ruf Teherans und seiner Verbündeten unter den Sunniten wieder aufzupolieren. Ähnliche Ziele verfolgten im Sommer 2020 zeitgleich die Hamas, die brennende Ballons in den Norden des Gazastreifens schickte, um dort Brände auszulösen, und die Hisbollah, welche die Verteidigungsfähigkeiten der israelischen Streitkräfte Tsahal am Grenzstreifen testete.

Die Gesamtlage war also bereits ungemein gefährlich, als sich am 4. August die Explosion der Nitratvorräte in Beirut ereignete. In den Augen vieler Libanesen, und besonders der Bewohner der Hafenviertel, die direkt betroffen waren und überproportional christlichen Glaubens sind, kam sie einer Apokalypse gleich. Ohne darüber spekulieren zu wollen, ob die Explosion ein Unfall war oder absichtlich herbeigeführt wurde – hier muss eine Untersuchung abgewartet werden, so unwahrscheinlich sie auch sein mag –, weist diese Katastrophe doch erstaunliche Parallelen zur Pandemie auf, die zeitgleich wütete: Abgesehen von den messianischen Interpretationen, die in den beiden Ereignissen das gemeinsame Wirken einer »Geißel Gottes« sehen, sind beide doch Ausdruck einer unkontrollierten und zerstörerischen Globalisierung, die auf noch nie da gewesene und massive Art und Weise Individuen trifft, die am Ende ihrer Möglichkeiten stehen. Die aus Georgien stammenden Ammoniumnitratvorräte wurden von einem moldauischen Schiff zurückgelassen, das nach Mosambik wollte und dessen Reeder nicht mehr auffindbar ist. Das »chinesische Virus«, dessen Entstehung ebenso große Zweifel aufwirft wie die Ursache der libanesischen Explosion, konnte sich dank des weltweiten Luftverkehrs überallhin verbreiten. Zunächst traf es die älteren Bevölkerungsgruppen Europas und der Vereinigten Staaten, wodurch die öffentliche Gesundheitsversorgung und die Wirtschaftsordnung des Westens destabilisiert wurden, der nun insgesamt angeschlagen wirkt. Das Virus bildete, zumindest nach Stand der Dinge zum Zeitpunkt der Niederschrift, eine (bis zur Impfung unaufhaltsame) »virologische Armee«, die es erlaubte, eine Art Dritten Weltkrieg gegen den Westen zu führen und in einem ersten Schritt die unfähige Gesundheitspolitik eines Donald Trump auszunutzen, um seine Wiederwahl zu unterminieren. Nachdem es bei der US-Präsidentschaftswahl 2016 zu einer Beeinflussung durch Russland gekommen war, kann man für die Wahl 2020 wohl die desaströse Bekämpfung der Pandemie als einen der entscheidenden Faktoren ansehen: Das Virus ist ein virales trojanisches Pferd für eine Konfrontation à la Homer im 21. Jahrhundert, bei der die Nachfahren der »Barbaren« sich an den Nachkommen der »Hellenen« rächen.

Die Apokalypse von Beirut geschah darüber hinaus zu einem Zeitpunkt, als Präsident Erdoğan, der neue, stoßweise attackierende Feind der heutigen Griechen und Nachfahre der asiatischen Angreifer von damals, zehn Tage zuvor mit der Reislamisierung der Hagia Sophia die symbolische Auslöschung des orientalischen Christentums vollzogen hatte. Während Erdoğans Flotte, genau wie jene des damaligen Sultans, immer häufiger in die Hoheitsgewässer Griechenlands und Zyperns eindrang, knüpfte er Verbindungen mit Libyen. Zur eurasischen ideologischen Doktrin der türkischen maritimen Expansion, der *Mavi vatan* (blaues Vaterland), erklärte der pensionierte Admiral Cem Gürdeniz in der Zeitung *Aydınlık*: »Mag Griechenland auch in seiner trügerischen Welt der Vergangenheit leben […] Jetzt ist der Augenblick gekommen, sich an den Verhandlungstisch zu setzen, um die immer wiederkehrenden Probleme der Ägäis zu lösen.« Mit anderen Worten: Gürdeniz verlangt von Athen nichts anderes als die Neuverhandlung des Vertrags von Lausanne vom 24. Juli 1923, der Griechenland im Gegenzug zur Ausweisung der ursprünglich griechischen und christlichen Bevölkerung aus Kleinasien die Kontrolle über die Ägäis zusprach. Zwei Monate später, Ende September 2020, sollte ein anderer christlicher Staat des Orients, Armenien, Ziel einer erfolgreichen Militäroffensive durch Aserbaidschan werden, dem Erdoğan »all seine Unterstützung« zusagte (vgl. Karte 2).

Gleich im Anschluss an den Besuch Emmanuel Macrons in Beirut am 6. August, bei dem er in den zerstörten Wohnvierteln rund um den Hafen eine verzweifelte Bevölkerung angetroffen hatte, forderte eine Online-Petition (auf Englisch) die Rückkehr des Libanon unter ein französisches Mandat. Innerhalb weniger Tage unterschrieben fast 75.000 Menschen auf der Petitionswebseite Avaaz.org. Die Familiennamen der Unterzeichner sind nur mit dem Anfangsbuchstaben angegeben, die Vornamen aber sind vollständig zu sehen: Die überwältigende Mehrzahl ist christlich. Der Aktivismus des französischen Staatspräsidenten dürfte in Ankara kaum Anklang gefunden haben, schmähte sein türkischer Amtskollege am 13. August doch die Beirut-Reise mit den Worten: »Was Macron und seine Mitstreiter wollen, ist die Neuerrichtung einer kolonialen Ordnung im Libanon«, was der französische Präsident wiederum als »Spektakel« abtat. Im Zedernstaat wird der Hohen Pforte nicht besonders überschwänglich erinnert, wie der Name des wichtigsten Platzes von Beirut zeigt: Der »Märtyrerplatz« ist nach den sechs libanesischen Nationalisten benannt, die der jungtürkische Cemal Pascha am 6. Mai 1916 dort aufhängen ließ. Der 6. Mai ist zudem ein nationaler Feiertag, in Erinnerung an den Beginn des Kampfes gegen die Kolonialmacht, das Osmanische Reich.

Der Aktivismus der Türkei stößt jenseits der Prahlerei und der Effekthascherei ihres Anführers tatsächlich auf zwei Hindernisse: Da ist zum einen die zunehmende Isolierung der Türkei im arabischen Umfeld, das vom neoosmanischen Hegemonialanspruch Erdoğans beunruhigt ist, und zum Zweiten die Verhärtung der Lage zwischen Ankara und den Widersachern der Muslimbruderschaft in der Region (vgl. Karte 1). Die Muslimbrüder sind darüber hinaus auch in den arabischen Zivilgesellschaften seit dem Arabischen Frühling 2011 nicht sonderlich beliebt; schließlich hatten sie versucht, die Aufstände für ihre Belange zu kapern.

Ankara ist mit Katar verbündet, das die Muslimbrüder und ihre Anliegen auf der ganzen Welt finanziell unterstützt. Doch das Emirat, dessen Zuwendungen in der Türkei sehr willkommen waren, um die daniederliegende Wirtschaft zu beleben, war selbst von den Auswirkungen des historisch niedrigen Erdgaspreises betroffen (schließlich ist Katar der weltweit führende Exporteur von Flüssigerdgas). Außerdem hatte Katar enorme Ausgaben zu schultern, um dem seit 2017 bestehenden Boykott Saudi-Arabiens und der Vereinigten Arabischen Emirate zu begegnen. Deshalb war Doha 2020 schon deutlich weniger großzügig. Als Konsequenz aus dieser ideologischen Annäherung ergab sich für die Türkei eine wachsende Feindseligkeit gegenüber dem Anti-Muslimbrüder-Block aus Vereinigten Arabischen Emiraten, Saudi-Arabien und Ägypten. Dieser Gruppe steht sie, vertreten durch syrische Söldner, auf libyschem Boden direkt gegenüber – wie oben bereits besprochen. Die »überraschende« Ankündigung der gegenseitigen diplomatischen Anerkennung zwischen den Vereinigten Arabischen Emiraten und Israel vom 13. August wiederum, die unter der Schirmherrschaft von Donald Trump zustande gekommen war, rückte den jüdischen Staat näher an die Koalition heran, die den Iran und dessen sunnitischen Verbündeten, die Muslimbruderschaft und ihre türkisch-katarischen Geldgeber, als Gegner betrachtet. Die Isolierung Ankaras wird darüber hinaus durch die Feindseligkeit gegenüber dem Irak verstärkt, auch wenn dieser bis zur Machtübernahme durch Premierminister Mustafa al-Kadhimi am 7. Mai als Vasall des Iran gelten musste. Am 11. August 2020 töteten türkische Drohnen, die eigentlich losgeschickt worden waren, um in die bergige Grenzregion Sidekan geflüchtete Mitglieder der PKK zu treffen, auf irakischem Gebiet zwei hochrangige irakische Grenzoffiziere. Daraufhin sagte Bagdad den für den Folgetag vorgesehenen Besuch des türkischen Verteidigungsministers ab.

Israel wiederum, ohnehin schon in einem angespannten Verhältnis zu Erdoğan wegen dessen Unterstützung für die Hamas, empfindet die türkischen Bemühungen um Dominanz im östlichen Mittelmeer als störend für das Gasleitungsprojekt EastMed, das eine Anbindung Europas an die israelischen, ägyptischen und zypriotischen Offshore-Gasfelder herstellen soll. Daher empfing Netanjahu den griechischen Außenminister am 13. August in Jerusalem mit großem Pomp – just an jenem Tag, an dem seinem türkischen Kollegen in Bagdad die Tür vor der Nase zugeschlagen wurde. Zudem führte Paris gemeinsame Marineübungen mit den Griechen vor der Insel Kastelorizo durch, um der Türkei dort die Landung unschmackhaft zu machen, und entsandte zwei Rafale-Kampfflugzeuge nach Kreta.

Neben den wachsenden geopolitischen Spannungen im östlichen Mittelmeerraum, für die die Reislamisierung der Hagia Sophia das auslösende Sinnbild war, ist die Situation der ideologischen Gleichgewichte im Nahen Osten und Nordafrika ein wichtiger Aspekt für die unmittelbare Zukunft der Region, von der Straße von Hormus über die Meerenge Bab el-Mandab bis hin zu der von Gibraltar. Für das politische Führungspersonal, ganz gleich ob in Paris oder Ankara, in Beirut oder Damaskus, in Bagdad, Rom oder Brüssel, in Riad, Jerusalem, Rabat, Algier oder Tunis, ist es entscheidend, die Unterstützung der jungen Generation zu gewinnen: Während ein Teil der Jugend mit demokratischem Willen auf eine liberale Gesellschaft à la Europa aus ist, findet der militante politische Islam in seiner gesamten Bandbreite von den Muslimbrüdern bis hin zum Iran bei einem anderen Teil der jungen Menschen Anklang. Auch verlocken zunehmend autoritäre Haltungen als Bastion gegen das Chaos und die Verwüstungen, wie sie die Bürgerkriege in Libyen, dem Jemen und Syrien hinterlassen haben.

Die triumphierenden Reden Erdoğans und die Resignation einiger europäischer Politiker, die die Dominanz des politischen Islam von Beirut bis zu den Vororten europäischer Großstädte als unausweichlich ansehen und deshalb mit seinen Repräsentanten eine Verständigung suchen, täuschen darüber hinweg, dass die Bilanz der wichtigsten Aufstände und Revolten in den letzten Monaten des Jahres 2019 für die Muslimbruderschaft und ihre Wegbegleiter nicht besonders rosig ausfiel. Man wird es an dem eher düsteren Resümee messen, das im August 2020 von der Denkfabrik »Al Sharq Forum« (»Der Orient«) online veröffentlicht wurde. Gegründet wurde die Organisation 2012 vom Palästinenser Wadah Khanfar, dem charismatischen ehemaligen Generaldirektor des katarischen TV-Senders Al Jazeera, der aus dem Sender ein international beachtetes Sprachrohr der Muslimbruderschaft gemacht hatte. Das in Istanbul ansässige Forum, inzwischen mit zahlreichen arabischen und westlichen Thinktanks partnerschaftlich verbunden, bemüht sich darum, dem Diskurs des politischen Islam im Dialog mit Intellektuellenmilieus und einflussreichen Netzwerken Gehör zu verschaffen und ihn zu normalisieren, um die Strahlkraft dieser Ideologie zu verstärken (vgl. Karte 2).

Unter dem Titel *Political Islam in the Second Wave of the Arab Uprisings* (*Der politische Islam in der zweiten Welle der arabischen Aufstände*) beschäftigt sich der Bericht ausführlich mit den Protesten des Jahres 2019 in den beiden sunnitischen Staaten Algerien und Sudan sowie den Unruhen im Irak und im Libanon, auf welche der Iran durch die großen schiitischen Bevölkerungsanteile einen gewichtigen Einfluss hat; im Irak bilden Schiiten die Mehrheit, im Libanon sind sie die größte der konfessionellen Gemeinschaften. Wie in der Analyse sogleich deutlich gemacht wird, scheint diese »zweite Welle die Krise des politischen Islam in der Region Nordafrika und Naher Osten noch verstärkt zu haben – ein Großteil der von der Straße unter Druck geratenen oder gestürzten Regime war entweder selbst islamistisch oder wurde von solchen Parteien getragen«. Im Irak und im Libanon hatte das die schwelenden Spannungen zwischen sunnitischen und schiitischen Aktivisten eher noch angeheizt. Da diese klare Feststellung aus einem Umfeld stammt, das mit dem politischen Islam sympathisiert – der Bericht dient vermutlich dazu, die Lehren aus der Niederlage zu ziehen, um in Zukunft erfolgreicher sein zu können –, lohnt es sich, sie hier wiederzugeben. In der Folge werden wir systematisch analysieren, wie die Spannungen des Jahres 2020 sich in den drei wesentlichen Regionen ausdrückten – in der Golfregion, dem Nahen Osten und Nordafrika sowie seiner Ausdehnung in die europäischen Vororte (vgl. Karte 18).

Im Gegensatz zum Frühling von 2011 und 2012, als jene etablierten Regime ins Visier gerieten, die entweder mit dem Westen verbündet waren – die Präsidenten Ben Ali in Tunesien, Hosni Mubarak in Ägypten, Ali Saleh im Jemen sowie die Khalifa-Dynastie in Bahrain – oder mit Russland in engem Kontakt standen – Assad in Syrien und Gaddafi in Libyen –, zielten die Unruhen des Jahres 2019 auf solche Regierungen, in denen sich der politische Islam, ob sunnitisch oder schiitisch, unübersehbar mit hauptsächlich »antiimperialistischen« Diktaturen oder Parteien vermischt hatte. Zunächst waren zwei sunnitische Staaten betroffen: Im Sudan traf es General Umar al-Baschir, der vor 30 Jahren nach einem militärisch-islamistischen Staatsstreich unter der Schirmherrschaft des charismatischen Muslimbruders Hasan at-Turabi an die Macht gekommen war. Al-Baschir hatte bin Laden Asyl angeboten und den Terroristen Carlos versteckt, bevor er sich 2011 infolge des blutigen Bürgerkriegs mit dem animistischen, christlichen und ölreichen Süden zur Zweiteilung seines Landes entschloss, womit er es in den wirtschaftlichen Ruin trieb. In Algerien wiederum erwischte es Abd al-Aziz Bouteflika: Er hatte 1999 unter dem Schutz des Generalstabs die Macht übernommen und während seiner vier Amtszeiten die sozialen und kulturellen Fragen gänzlich den Islamisten überlassen, die im Gegenzug dafür, dass sie sich dschihadistischer Gewalt enthielten, von dicken Pfründen profitierten. Damit war jener auch »Concorde civile« genannte faustische Pakt zwischen Staat und Islamisten bekräftigt worden, den man nach den dunklen Jahren des Bürgerkriegs (1992–1997) geschlossen hatte.

Was die beiden anderen Länder betrifft, die 2019 Aufstände erlebten, so waren diese nach und nach unter iranischen Einfluss geraten. Zum einen der Irak: Nach dem Aufstand der sunnitischen Minderheit und der daran anschließenden US-amerikanischen Invasion 2003 gelang es den Parteien und Milizen der schiitischen Mehrheit, die von Teheran zu einer Art Satellitstaat gemacht worden war, die Führung zu übernehmen. Sie installierten einen politischen Islam, der den imperialistischen und zionistischen Satan beschimpfte, und bekämpften Tag für Tag die Sunniten. Im Libanon schließlich kontrolliert die Hisbollah seit ihrem Sieg bei den Parlamentswahlen 2018 die Agenda der multikonfessionellen Regierung.

Somit wurden sowohl sunnitische als auch schiitische Regime, die den Islamismus zur Grundlage oder Stütze ihrer Inbesitznahme des Staates gemacht hatten, deren Wirtschaft eingebrochen und deren Gesellschaft in Auflösung begriffen war, im Jahr 2019 Zielscheibe öffentlichen Unmuts. Der Unmut drückte sich jedoch kaum in religiösen Slogans aus – ganz anders also als noch in den Monaten nach Beginn des »Arabischen Frühlings« 2011 –, denn die Bärtigen jeglicher Couleur steckten mittlerweile mit den niedergebrüllten Regierenden unter einer Decke. Die Gerontokraten al-Baschir und Bouteflika mussten den Platz räumen. Ersterer wurde durch eine Koalition aus Zivilisten und Militärs ersetzt, die der Druck der Straße dazu zwang, nach drei Jahrzehnten Machtmissbrauch und Korruption alle Scharia-Experten sowie echte und falsche frömmelnde Inspiratoren auszusondern. Bouteflika andererseits wurde, gelähmt und an Aphasie leidend, bei einer von großen Teilen der Bevölkerung boykottierten Wahl vom 12. Dezember 2019 gegen einen Nachfolger ausgetauscht, der wie er aus der von der Armee kontrollierten Staatspartei FLN hervorging. Ein paar ministerielle »Diebe« wurden als Sühneopfer ins Gefängnis gesteckt, um das gutgläubige Volk hinters Licht zu führen und der Partei die Macht zu erhalten. Doch der *Hirak* – die »Bewegung« –, die seit dem 22. Februar 2019 jeden Freitag Millionen Algerier auf die Straße brachte, ließ nicht nach, sondern setzte das verhasste »System« weiter unter Druck. Erst die Covid-19-Pandemie beendete die Mobilisierung: Aus Angst vor Ansteckung war der 56. Protestmarsch am 13. März 2020 der letzte, was den Machthabern eine »medizinische« Fristverlängerung gewährte. Diese nutzten ihrerseits die Gesundheitskrise dafür, die Widerständigen ihres Landes in großem Umfang zu inhaftieren.

Die Massenunruhen im Libanon richteten sich, wie gesehen, gegen wirtschaftliche Not und die Vetternwirtschaft einer Elite, deren Familien sich entsprechend ihrer religiösen Gemeinschaft untereinander die staatlichen Mittel aufteilen – seit Sommer 2018 unter Kontrolle der Hisbollah. Die Proteste unterminierten die islamo-populistische Rhetorik der Führungsclique. Ab 2012 hatte die Hisbollah, Speerspitze des »Widerstands« gegen den Zionismus und Imperialismus, die seit den 1980er-Jahren beständig Druck auf die israelische Grenze ausübte und damit ihre Überbewaffnung rechtfertigte, ihre militärischen Aktivitäten auf das syrische Gebiet verlagert. So hatte die Partei Gottes den eingeschworenen Feind der Islamisten und Angehörigen der »häretischen Sekte« der Alawiten Assad und sein Regime gerettet.

Doch diese Schwerpunktverlagerung der Hisbollah brachte die ideologischen Landkarten durcheinander und verschob die Bruchlinien des Nahen Ostens. Die sunnitisch-islamistische Bewegung Palästinas Hamas, seit 2007 im Gazastreifen an der Macht und einstige Verbündete Teherans, musste sich 2012–2013 aufgrund ihrer Solidarität mit der syrischen Opposition von der Hisbollah und ihrem iranischen Mentor distanzieren, bevor sie sich halbherzig wieder versöhnten. Bei einem Besuch in Beirut am 15. August 2020, der Irans Solidarität mit dem von der Hisbollah dominierten Libanon bezeugen sollte, traf sich der iranische Außenminister Mohammed Dschawad Sarif mit dem Chef des Islamischen Dschihad im Gazastreifen. Zuvor hatte Sarif mit dem inoffiziellen »Ministerpräsidenten« des Gazastreifens, Ismail Haniyya, telefoniert, um eine Antwort auf die am Vortag bekannt gegebene Übereinkunft zwischen Israel und den Emiraten zu »koordinieren«. Am 14. August hatte er eine Nachricht an seinen Amtskollegen, den libanesischen Außenminister Charbel Wehbe, und an den Generalsekretär der Hisbollah, Hassan Nasrallah, geschickt und ihm anlässlich des »Jahrestages des Siegs gegen die israelische Aggression im 33-Tage-Krieg« (12. Juli bis 14. August 2006) gratuliert. Dieser »Zweite Libanonkrieg« hatte die schiitische Hisbollah zum Vorreiter und Anführer der Gemeinschaft aller Muslime und Araber gegen den jüdischen Staat gemacht. Teheran sah nun die Zeit gekommen, die Unterstützung für Assad aufzugeben, neue Anhänger für die islamistische Sache und den Antizionismus zu mobilisieren und hinter dem Iran und seinen türkischen und katarischen Verbündeten zu versammeln. Der Konflikt zwischen Sunniten und Schiiten, der sich im interkonfessionellen Bürgerkrieg in der Levante herausgebildet hat, überlagert somit die israelisch-arabische Auseinandersetzung ... was vor allem Israel nutzt. Das große Narrativ eines globalen Islamismus, der das den unterdrückten Muslimen vom ungläubigen Westen der Juden und Kreuzzügler angetane Unrecht rächt, war nun nicht mehr so laut vernehmbar – anders als noch in der Hochphase des Enthusiasmus über den Dschihad vom 11. September 2001 bis zur Vernichtung des IS-Herrschaftsgebiets Ende 2019. Nachdem Teheran die »Normalisierung der diplomatischen Beziehungen zwischen den Vereinigten Arabischen Emiraten und dem zionistischen Regime« als eine »strategische Dummheit« verurteilt hatte, war der Iran damit beschäftigt, die unter der Führung Washingtons zustande gekommene Vereinbarung in seinem Sinne umzudeuten, ging es bei dem Abkommen doch gerade darum, den Iran weiter zu isolieren. Und Erdoğan kündigte, »nachdem er seine Andacht beim Freitagsgebet (14. August) in der Moschee Hagia Sophia beendet [hatte]«, an: »Sollte Palästina seine Botschaft in Abu Dhabi schließen, tun [wir] das ebenso, denn wir werden immer an der Seite des palästinensischen Volkes stehen«.

Diese für den politischen Islam insgesamt komplexe Lage wurde zusätzlich durch die Spaltung des sunnitischen Lagers erschwert: auf der einen Seite die Muslimbruderschaft, flankiert von ihrem türkischen Partner und ihrem katarischen Finanzier, auf der anderen Seite deren Gegner, angeführt von Saudi-Arabien, den Vereinigten Arabischen Emiraten und Ägypten. Das macht es den breiten arabischen, aber auch türkischen und iranischen Massen schwer, sich mit der islamistischen Bewegung zu identifizieren, ganz anders als in den Jahrzehnten zuvor. Die Anziehungskraft dieser Ideologie, die mit dem Anspruch auftritt, universell zu sein, wurde unter anderem durch die blutige Geschichte des sogenannten »Islamischen Staats« geschwächt, da dessen um sich greifender Terror auch viele Sunniten traf. Zu den IS-Opfern gehörten sogar andere Dschihadisten – ganz abgesehen von den entsetzlichen Attentaten, die 2015 und 2016 Europa, und hier besonders Frankreich, erschütterten, und den Massakern an Jesiden und Schiiten im Irak zwischen 2014 und 2017. Auch heute noch existieren die Splittergruppen und Einzelkämpfer, die sich von einer wortwörtlichen Auslegung des Koran inspiriert fühlen. Sie stecken über den gesamten Globus verteilt in den Internierungslagern in Kurdistan oder den Gefängnissen auf dem Alten Kontinent und vermehren und vernetzen sich virtuell über die sozialen Netzwerke. Die westliche Militäroffensive schaltete gleichwohl den sogenannten »Islamischen Staat« schrittweise aus, zunächst dank der von irakischen Schiiten unterstützten Einnahme Mossuls im Juli 2017, dann durch die von Bodentruppen der kurdischen Milizen ermöglichten Einnahme Raqqas im Oktober, anschließend mit der Beseitigung der letzten IS-Widerstände im syrischen Städtchen Baghouz im März 2019 und zuletzt mit der Tötung des »Kalifen« Abu Bakr al-Baghdadi in der Nähe der türkisch-syrischen Grenze am 27. Oktober 2019 durch ein amerikanisches Kommando. Damit erlitt die operative Effizienz dieser internationalen Terroristengruppe einen herben Rückschlag.

Erdoğan hat zweifellos seine »Lehren« aus den Schwierigkeiten gezogen, in die diese Ideologie und ihre Verfechter geraten sind, und deshalb alles auf eine Karte gesetzt, als er sich im Jahr 2020 in einen religiösen und nationalistischen »Blitzkrieg« stürzte. Er versuchte damit, auf einen Schlag die internen Schwierigkeiten, die zur Abnutzung seiner Macht beitrugen, die absehbare wirtschaftliche Katastrophe und das Sichausbreiten der Pandemie abzuwenden. Seine Flucht nach vorn rundete er noch mit dem Vorwand ab, den ihm die erneute Veröffentlichung der Mohammed-Karikaturen durch *Charlie Hebdo* am 3. September in Paris anlässlich des Prozesses rund um die Attentate vom Januar 2015 lieferte. Erdoğan setzte eine panislamische, antifranzösische Kampagne in Gang, die seine eigene Rolle als Vorkämpfer und Held der empörten Muslime illustrieren sollte. Dabei nahm er zugleich die Haltung von Sultan Mehmed II., dem Eroberer von Konstantinopel vom Mai 1453, und die des Ajatollah Chomeini ein, der am 14. Februar 1989 den weltweiten Bann gegen den »Gotteslästerer« Salman Rushdie verhängt hatte. Um zu verstehen, wie sich diese Offensive im Gesamtzusammenhang der Region verortet, und um all die komplexen Allianzen und Brüche auseinanderhalten zu können, werden wir im Folgenden der Reihe nach die Dynamiken am Golf, in der Levante und schließlich in Nordafrika und Europa genauer betrachten.

Teil I

DIE AUFSPALTUNG DER GOLFREGION

Am 13. August 2020 empfing Benjamin Netanjahu den griechischen Außenminister, dessen Land sich in einem offenen Konflikt mit der Türkei befand. Zeitgleich wurde der türkische Außenminister von Bagdad »ausgeladen«, da eine türkische Drohne u. a. einen General der irakischen Grenzwache auf heimischem Gebiet getötet hatte. Am Abend desselben Tages verkündete das Weiße Haus, unter der Schirmherrschaft von Donald Trump sei ein Abkommen zwischen den Vereinigten Arabischen Emiraten und Israel zustande gekommen (vgl. Karte 1). Die schwerreiche Ölmonarchie der arabischen Halbinsel, Wirtschaftsmotor der Golfregion, und der jüdische Staat wollten diplomatische Beziehungen miteinander aufnehmen. Das gute wechselseitige Verhältnis und die sich ergänzenden Ziele waren bereits seit einem guten Jahrzehnt kein Geheimnis mehr: Scheich Abdullah bin Zayid Al Nayan, Außenminister der Emirate und Bruder des Kronprinzen Muhammad bin Zayid Al Nayan, organisiert jährlich das in einem Wüstenpalast stattfindende »Sir Bani Yas«-Kolloquium, an dem der Autor dieser Zeilen seit Anfang der 2010er-Jahre mehrfach teilnehmen konnte. Regelmäßig wurde bei dieser Veranstaltung ein hoher israelischer Vertreter per Videokonferenz aus Jerusalem hinzugeschaltet. Dieser unterstrich wiederholt die Ansicht, die Differenzen zwischen den Emiraten und sunnitischen Königreichen am Golf einerseits und dem jüdischen Staat andererseits seien verhandelbar, im Gegensatz zum unüberwindlichen Antagonismus, der sie alle von der Islamischen Republik Iran trennte. Der Iran wurde vom Chor der Kippa- und Kufiya-Träger als Schurkenstaat und strukturelle Bedrohung verurteilt – sowohl am Bildschirm als auch im Konferenzsaal. Seit dem 13. August 2020, und trotz der von Covid-19 dem gesamten Erdball auferlegten Reisebeschränkungen, gab es nun keinen Grund mehr für ausschließlich virtuelle Treffen, kein Hindernis mehr, weswegen sich die Nachfahren der Beduinen mit jenen der Kibbuzniks nicht die Ellenbogen schütteln könnten. Am 18. August wurde der charismatische Chef des Mossad, Yossi Cohen, der mittels vieler diskreter Treffen eine entscheidende Rolle beim Zustandekommen des Vertrags gespielt hatte, von Scheich Tahnoun bin Zayid Al Nayan, dem nationalen Sicherheitsberater und Halbbruder mütterlicherseits von Scheich Muhammad, mit großem Pomp in Abu Dhabi begrüßt. Man versprach, die Normalisierung der Beziehung noch auszuweiten, entsprechend den Vereinbarungen, die je nach Ausgang der amerikanischen Präsidentschaftswahlen im November ausgehandelt werden sollten: Das Königreich Bahrain und das Sultanat Oman hatten ihre Bereitschaft erklärt, dem Beispiel der Emirate zu folgen – was nicht möglich gewesen wäre, hätte es nicht ein diskretes *nihil obstat* aus Saudi-Arabien gegeben. Da der Oman aus seiner Rolle als regionaler Vermittler für den Iran wichtige diplomatische Vorteile zieht, erschien es den Herrschern letztlich jedoch unangemessen, sich dem Abkommen anzuschließen. Für die Führung Bahrains in der Hauptstadt Manama hingegen war es am 11. September beschlossene Sache: Am Vortag hatte sich die Arabische Liga trotz aller Bemühungen der palästinensischen Diplomatie geweigert, die Übereinkunft zwischen Israel und den Emiraten zu verurteilen; also kündete das kleinste Mitgliedsland der Liga offiziell an, das vierte arabische Land zu werden, das Israel anerkenne. Die mehrheitlich schiitische Bevölkerung Bahrains hatte sich am Arabischen Frühling beteiligt, bis der Aufstand am 14. März 2011 durch die bewaffnete Intervention der anderen Staaten des Golf-Kooperationsrates niedergeschlagen worden war. Die herrschende sunnitische Dynastie, ein de facto Vasall Riads, pflegt eine grundlegende Feindschaft mit Teheran, da der Iran angeblich die schiitischen Parteien Bahrains manipuliere, mit dem Ziel, die Regierung zu stürzen. Darüber hinaus hatte das kleine Königreich zwischen 2008 und 2013 eine Botschafterin nach Washington entsandt, die der bescheidenen jüdischen Gemeinde Bahrains entstammte – ein einmaliger Vorgang in der arabischen Welt. Selbst der Sudan, wo die Proteste 2019 den Diktator Umar al-Baschir stürzten und der einst Hochburg des Islamisten Hasan at-Tourabi war, sowie Zufluchtsort bin Ladens und seitdem auf der Liste der Unterstützerstaaten des Terrors der amerikanischen Regierung geführt wird, bekundete sein Interesse, sich von der Welle der Normalisierungen mitreißen zu lassen: in erster Linie, um wieder von der Liste genommen zu werden, die seinen Zugang zu internationalen Bankdarlehen verhinderte. Und tatsächlich wurde am 23. Oktober 2020 eine Annäherung zwischen Sudan und Israel erreicht, auch dieses Mal unter der Ägide von Präsident Trump. Benjamin Netanjahu und Abdalla Hamdok vereinbarten in einer Telefonkonferenz über Lautsprecher, an der geladene Journalisten im Oval Office teilnehmen durften, die Normalisierung ihrer diplomatischen Beziehungen. Und im Nu wurde der Sudan von der amerikanischen Liste der Terrorismus fördernden Staaten gestrichen. Zwei Wochen vor dem Ende von Trumps Präsidentschaft unterzeichnet, schlägt diese Vereinbarung ein neues Kapitel auf: In der Resolution von Khartum, die nach dem Krieg von 1967 verabschiedet worden war, hatten sich die Unterzeichnerstaaten noch zu den »drei Nein« verpflichtet – kein Frieden mit Israel, keine Anerkennung Israels und keine Verhandlungen mit Israel. Diese laut Netanjahu »wunderbare Wendung« wurde augenblicklich von der Hamas angeprangert, deren Sprecher Hazem Qassem eine »politische Sünde« beklagte, die »dem palästinensischen Volk schadet«.

Die möglichen nächsten Kandidaten auf der Liste wiederholten vorsichtig ihre Unterstützungsbekundungen gegenüber Palästina und einer »Zwei-Staaten-Lösung«, doch waren dies eher Lippenbekenntnisse, existieren doch bereits jetzt drei Staaten: Israel, das Westjordanland der PLO und der Gazastreifen der Hamas. Marokko, das sich aus den Grabenkämpfen des Nahen Ostens heraushält, ist nach Ägypten Israels zweitwichtigster Handelspartner in der arabischen Welt. Das Hebräische dort ist das sprachliche Erbe der alten sephardischen Bevölkerung, die 1946 noch rund 250.000 Menschen umfasste. Das Königreich entschied sich am 10. Dezember 2020 ebenfalls für die Aufnahme diplomatischer Beziehungen mit Israel. Ein Tweet von Donald Trump begrüßte das als »einen weiteren HISTORISCHEN Fortschritt heute«, den er als »großen Schritt in Richtung Frieden für den Nahen Osten« verstanden wissen wollte, bevor er dann hinzufügte: »Marokko hat die Vereinigten Staaten 1777 anerkannt. Es ist daher angemessen, dass wir seine Souveränität über die Westsahara ebenfalls anerkennen.« (In der Westsahara unterstützt übrigens Algerien, mittels der Frente Polisario, die Organisation eines Referendums über die Selbstbestimmung unter UN-Aufsicht.) Anschließend veröffentlichte das Büro von König Mohammed VI. den Bericht über ein Telefonat der beiden Staatschefs. Darin freute sich der marokkanische König zunächst ausführlich über »die Entscheidung der Vereinigten Staaten von Amerika, zum ersten Mal in der Geschichte die volle Souveränität des Königreichs Marokko über das gesamte Gebiet der marokkanischen [West-]Sahara anerkannt zu haben«, was in der Eröffnung eines Konsulats in der Küstenstadt Dakhla zum Ausdruck kommen sollte. Der Monarch erinnerte anschließend an das Engagement des marokkanischen Königshauses, das den Präsidenten des al-Quds-Komitees (al-Quds bedeutet »die Heilige« und ist der arabische Name für Jerusalem; daher auch die Bezeichnung: Jerusalem-Ausschuss) stellt: Diese von der Islamischen Konferenz ins Leben gerufene Organisation »setzt sich für die Bewahrung des religiösen, kulturellen und städtebaulichen Erbes der Heiligen Stadt ein«. Zudem rief Mohammed VI. seine

Unterstützung für eine »Zwei-Staaten-Lösung« in der »Palästinenserfrage« in Erinnerung. Und schließlich erlaubte der König »Direktflüge für die Mitglieder der marokkanischen jüdischen Gemeinschaft [etwa 3.000 Menschen] und israelische Touristen«. Er kündigte die rasche Wiederaufnahme offizieller diplomatischer Beziehungen sowie die Förderung der wirtschaftlichen und technologischen Zusammenarbeit an. Das Kommuniqué, das die wesentlichen Punkte in umgekehrter Reihenfolge zum Tweet des amerikanischen Präsidenten nennt, hält sich angesichts des schwierigen politischen Kontexts in Marokko, wo nach der prophylaktischen Schließung von Moscheen die Beziehungen zum politischen Islam als angespannt gelten, bezüglich des Umgangs mit Covid-19 vorsichtig zurück. Der jüdische Staat als solcher wird nicht erwähnt.

Tatsächlich wahrt der marokkanische Souverän enge Beziehungen zu den emigrierten marokkanischen Juden, die wie alle im Ausland lebenden Landsleute als Untertanen des Königreichs angesehen werden und ihre Staatsbürgerschaft behalten. Der Monarch finanzierte den Bau von Synagogen im maurischen Stil in Israel – wie etwa in der hauptsächlich von sephardischen Juden bewohnten Stadt Netiwot, in der Nähe des Gazastreifens –, und etwa 50.000 Israelis marokkanischer Abstammung (von geschätzt insgesamt etwa 800.000) reisen jedes Jahr über Paris in das Land ihrer Vorfahren.

Zu dieser Normalisierung kam es in den letzten Wochen der Präsidentschaft Trumps, der damit einen Fait accompli schuf und ihn gegen das Team von Joe Biden absicherte. Letzteres wäre gewiss a priori bei der Zuschreibung der Westsahara an Marokko weniger energisch vorgegangen, hat nun aber kaum noch die Möglichkeit, sie wieder zurückzunehmen. Trumps Regierung nutzte dabei auch die tiefe Krise Algeriens aus, in die das Land im Herbst 2020 gerutscht ist: Die Reaktionsmöglichkeiten des Förderers der Frente Polisario waren nach einem desaströsen Referendum, einer

Regierungsvakanz und dem Einbruch der Einnahmen aus Erdöl und Erdgas erheblich eingeschränkt (siehe unten, S. 204 f.).

Die besondere, inzwischen gut etablierte Beziehung Katars zum jüdischen Staat ist von komplexerer Natur, was vor allem daran liegt, dass Katar die Hamas finanziert und damit zugleich das wirtschaftliche Überleben des Gazastreifens sichert, an dessen relativer Stabilität auch Israel interessiert ist – dieses Paradox werden wir weiter unten ausführlich erörtern.

Dank des Abraham-Abkommens war Abu Dhabi die dritte arabische Hauptstadt nach Kairo 1979 und Amman 1994, die diplomatische Beziehung mit Israel aufnahm. Doch Ägypten und Jordanien sind Anliegerstaaten, die zudem seit 1947 mehrere Kriege gegen Israel geführt haben, und der Austausch von Botschaftern hatte zuvorderst eine Sicherheitskomponente: Er sollte im eng begrenzten regionalen Rahmen der Levante die Kriegsgefahr zwischen den konventionellen Armeen bannen, die sich am Jordan und im Sinai gegenüberstanden. Für die Führung dieser arabischen Länder ergab sich somit die Gelegenheit, sich als Gegenleistung für den dauerhaften Gewaltverzicht in diesem Konflikt von den US-Senatoren und Abgeordneten eine beträchtliche zivile und militärische Hilfe genehmigen zu lassen. Bei diesem dritten Abkommen nun, ein Vierteljahrhundert nach den beiden ersten, ist die Situation gänzlich anders: Die wohlhabenden Emirate brauchen keine US-Dollar vom Kongress, sie subventionieren eher diverse Thinktanks und Nahost-Forschungseinrichtungen in Washington, über die sie Einfluss zu gewinnen versuchen, ähnlich – wenn auch deutlich bescheidener – wie die prozionistischen Lobbyisten, die innerhalb des *Beltway* omnipräsent sind.

Vom »Great Game« zu »Monopoly«:
Die Achse von Muslimbruderschaft und Schiiten
gegen das Abraham-Abkommen

Die Normalisierung des Verhältnisses zu Israel bestimmt das derzeit laufende *Great Game*, bei dem es um die Zukunft der Konflikte in Syrien, Libyen und dem Jemen geht: Mit dem Abraham-Abkommen sollen die Konsequenzen antizipiert werden, die sich bei der Neustrukturierung der Kräfteverhältnisse in der Region ergeben. Das riesige Monopoly, bei dem Covid-19 und der Zusammenbruch der Erdöl- und Erdgaspreise die Strafkarten bilden, umfasst die gesamte Region des Nahen Ostens und des Mittelmeerraums und nimmt nun auch Israel als vollwertigen Spieler auf. Damit war der am 28. März 2002 in Beirut vereinbarten »Arabischen Friedensinitiative« – auch »Abdullah-Plan« genannt, nach dem damaligen Kronprinzen und späteren saudischen Herrscher, der sie entscheidend mitbestimmte – die Sterbeurkunde ausgestellt. In der Initiative war zum ersten Mal vorgeschlagen worden, Israel ausdrücklich anzuerkennen, sollte es sich dafür vollständig aus den im Sechstagekrieg vom Juni 1967 besetzten Gebieten zurückziehen. Dieser »Land für Frieden«-Plan wurde inzwischen vor allem auch wegen des irreparablen Bruchs im »arabischen Lager« und der Verschiebung des Mächtegleichgewichts aufgegeben. An seine Stelle trat das Prinzip »Frieden für Frieden«, das gegen Ende der Amtszeit von Bill Clinton von amerikanischen Neokonservativen gemeinsam mit Strategen des israelischen Likud als Reaktion auf den Abdullah-Plan entwickelt worden war. Doch im Jahr 2020, in dem die Pandemie und der Preissturz des Barrel die Region rund um den jüdischen Staat verwüsteten, musste Israel keine territorialen Zugeständnisse mehr machen, um seine diplomatische Anerkennung durchzusetzen.

Die privilegierte Verbindung mit den Vereinigten Arabischen Emiraten positioniert Israel im Herzen der gesamten Region Naher Osten-Mittelmeer, womit es nicht mehr nur im Kontext der Levante zu sehen ist. Folglich kann der Staat über das bisherige Hindernis Palästina »hinwegsteigen«. Das wird ihm auch dadurch leichter gemacht, dass seit der Machtübernahme der Hamas im Gazastreifen 2007, mit der die PLO ins Hintertreffen geriet, die beiden verfeindeten Palästinenser-Blöcke einander gegenüberstehen. Die organische Verbindung mit den Vereinigten Arabischen Emiraten schuf ein wirtschaftliches und strategisches Kontinuum zwischen den mit Abu Dhabi verbündeten Ölmonarchien der arabischen Halbinsel und der Levante, in dessen Mittelpunkt sich Israel verortet. Es errichtet zugleich eine Schutzmauer gegen den militarisierten »schiitischen Halbmond« von Teheran bis Beirut. Diesen hatte der verstorbene iranische Stratege Qasem Soleimani geplant und angelegt, um die Islamische Republik in die Lage zu versetzen, jederzeit vom Südlibanon oder Syrien aus Haifa oder Tel Aviv mit Raketen treffen zu können, die man durch oder über den Irak herbeischaffte. Nun scheint sich die offensive Logik dieser parallelen Schlachtfelder umzukehren: Nachdem sich bisher Teheran in der Position des Schützen sah, der auf den jüdischen Staat zielte, sind seit dem Abkommen zwischen Israel und den Emiraten die Waffen von Israel und der arabischen Halbinsel aus auf den Iran gerichtet. Die Bedrohung für den Iran besteht darin, dass das neue Bündnis über ein schlagkräftigeres Arsenal verfügt als er mit seinen »ballistischen Raketen des *shahid hajj* [Märtyrers und Pilgers zu den Heiligen Stätten] Qasem Soleimani« mit einer Reichweite von bis zu 1.400 Kilometern oder die brennenden Gasballons, mit denen die Hamas je nach Windrichtung die Ernten in Aschkelon oder Netiwot zu zerstören sucht. Die israelischen F-35-Tarnkappen-Kampfflugzeuge und die Rafale-Flieger der Emirate sind am Himmel über dem Golf konkurrenzlos, und die Vereinigung ihrer Kräfte stellt ein entscheidendes Hindernis auf Irans Weg zur Atombombe dar. Über die Gegnerschaft zum Iran hinaus macht das Abkommen vom 13. August schließlich Israel auch zum Scharnier eines Bündnisses gegen die trilaterale Achse von Muslimbruderschaft und Schiiten: Diese hatte sich in den 2010er-Jahren entlang der Türkei, Katars und des Irans formiert und deren politisch-militärische Ziele jenseits des damals angesagten Arabismus vereint. Das Dreierbündnis setzte im Sommer 2020 einen aggressiven Überbietungswettbewerb in Gang, der interne Diskrepanzen überspielen sollte. Erdoğans Flucht nach vorn erreichte damit einen weiteren Höhepunkt: Als Reaktion auf den Vertrag zwischen Israel und den Emiraten wandelte man am 21. August auch noch die als Museum genutzte Istanbuler Chora-Kirche, eine Kostbarkeit der byzantinischen Kunst, in eine Moschee um. Doch der Staatenbund, der sich diesem Dreierbündnis entgegenstellt, deckt ein im Vergleich breiteres Spektrum ab und erweist sich zudem als dehnbarer: Die »Abraham Accords Declaration« – bewusst nach dem biblischen Patriarchen benannt, um die »Triple Entente« zwischen Juden, Christen und Muslimen zu legitimieren – zielt nicht nur darauf ab, die Koalition zu festigen und sie in Position zu bringen, um die regionale Hegemonie zu erringen. Die Partnerländer wollen darüber hinaus in einer Welt an Bedeutung gewinnen, die sich im Umbruch befindet und in der der Nahe Osten und der Mittelmeerraum den Sprengmeister beziehungsweise den Zünder bilden. Neben Abu Dhabi und seinen Alliierten aus dem »saudischen Block« – darunter Kairo, das ebenfalls Frieden mit Israel geschlossen hat – stützt sich das Abraham-Abkommen vor allem auf Jerusalem (die biblische Stadt fungiert de jure als Hauptstadt des jüdischen Staats, seit am 14. Mai 2018 die US-amerikanische Botschaft hierher verlegt wurde, und dient hier als Metonymie für Israel). Zudem erstreckt sich das Bündnis indirekt auch auf die mediterranen, christlich geprägten Widersacher Ankaras, Athen, Nikosia und Paris, an denen Erdoğan sich in einer rhetorischen und militärischen Eskalation abarbeitet. Im Kaukasus wird diese Runde um das armenische und orthodoxe Jerewan ergänzt, das sich Baku in den Weg stellt (obgleich Israel Aserbaidschan, einen weiteren Gegner Irans, mit Waffen versorgt hat). Im postsowjetischen und türkisch geprägten Aserbaidschan, dessen Armee in den Militärakademien Anatoliens ausgebildet wurde, wurden 2020 eilig Hilfstruppen und syrische Ex-Rebellen unter türkischer Ägide versammelt, und am 27. September eröffnete die Armee in der armenischen Enklave Bergkarabach eine neue panturanische und panislamistische Front. Erdoğan, der fanatische Nachfolger Atatürks und Mehmed des Eroberers, versprach Aserbaidschan sogleich »seine volle Unterstützung«.

Diesem globalen Aktivismus der Dreiergruppe Türkei-Katar-Iran können die *start-up nation* Israel mit ihrer technologischen Macht und die Ölmonarchie von der ehemaligen Piratenküste mit ihren Investmentmöglichkeiten eine wirtschaftliche *win-win*-Dynamik entgegenstellen, unter dem Segen der USA. Angestrebt wird, das Abraham-Abkommen um möglichst viele neutrale Staaten der Region zu erweitern, oder auch um Länder, die zwar von den Muslimbrüdern beherrscht werden, sich jedoch aufgrund der dramatischen Auswirkungen der Pandemie und des Ölpreissturzes an jeden Hoffnungsschimmer klammern, mit dem sie ihre Notlage mildern und die drohende Katastrophe abwenden oder begrenzen können.

Aus- und Nebenwirkungen des Abraham-Abkommens

Ein Schlüsselstaat für diese Umgestaltungsstrategie ist der Irak (vgl. Karte 8), der nach der im März 2003 begonnenen amerikanischen Militärintervention von Saddam Hussein befreit, dann aber später zum Vasall Teherans wurde. Die Tötung des iranischen Strategen Qasem Soleimani am 3. Januar 2020 in Bagdad war Ausgangspunkt für nächste amerikanische Schritte – jedenfalls laut Außenminister Mike Pompeo am 24. August, als er in Jerusalem eine Ansprache an den Parteitag der Republikaner hielt. Soleimanis gezielte Ermordung durch eine amerikanische Drohne ermutigte Demonstranten im Irak, weiter gegen Teheran auf die Straße zu gehen, und führte zu einem bedeutsamen politischen Wandel, für den exemplarisch die Machtübernahme des als amerikafreundlich geltenden Mustafa al-Kadhimi am 7. Mai steht. Zwar war der Nachfolger Soleimanis, Esmail Qa'ani, dem das Charisma und die Autorität seines Vorgängers fehlen, am 6. April, rund einen Monat vor al-Kadhimis Amtsübernahme, nach Bagdad gereist, doch angesichts massiver Proteste gegen die iranische Einflussnahme scheiterte sein Versuch, die schiitischen Milizen hinter Premierminister Adil al-Mahdi zu vereinen, der bereits im November 2019 zurückgetreten war, das Amt aber noch innehielt und als treuer Verbündeter der Islamischen Republik galt (vgl. Karte 9). Zeitgleich kam es an der irakischen Nordgrenze wiederholt zu Zusammenstößen mit den Truppen Ankaras, die bei der Verfolgung von ins Gebirge geflüchteten Kämpfern der anatolischen Kurdenpartei PKK immer öfter die Grenze verletzten. Dabei ist Erdoğan im Rahmen der Achse von Muslimbrüdern und Schiiten ein Verbündeter Teherans: Während der Iran sich also bemüht, den Irak weiter in Abhängigkeit zu sich zu halten, versucht die Türkei Iraks Wiederaufstieg als Regionalmacht – immerhin zweitgrößter Produzent der OPEC – zu hemmen, versteht sie ihn doch als Rivalen. Dank der inzwischen wieder aufgenommenen Ölförderung und des Exports verfügt der Irak über Finanzmittel, mit denen er die Verwüstungen des Kriegs, die katastrophale Episode der IS-Herrschaft über Mossul und die sunnitischen Gebiete zwischen 2014 und 2017 sowie das Schröpfen der Institutionen und Ressourcen des Staates durch Korruption und Konfessionalisierung zu überwinden sucht. Nicht zu vergessen die Plünderungen der irakischen Erdöleinnahmen durch Teheran, die auf die amerikanischen Wirtschaftssanktionen gegen den Iran folgten. Sie werden durch schiitische Milizen erleichtert, die einen Großteil der Grenzposten zur Islamischen Republik und des allgemeinen Schmuggels kontrollieren.

Insofern steht der Besuch des Premierministers al-Kadhimi am 20. August in Washington in unmittelbarem Zusammenhang mit dem in der Woche zuvor bekannt gegebenen Abraham-Abkommen. Es wurden Verträge im Energiebereich im Wert von acht Milliarden US-Dollar unterschrieben, unter anderem mit Firmen wie Chevron oder General Electric, um das irakische Stromnetz instand zu setzen, das, wie im Libanon, stark unter Konfessionalismus und Korruption gelitten hat. In den sengend heißen mesopotamischen Sommern war die unsichere Stromversorgung zudem Anlass für heftige Straßenproteste, die jedem Regime gefährlich werden könnten. Vom US-Präsidenten als »im gesamten Nahen Osten wie auch in unserem Land sehr respektierten Gentleman« bezeichnet, wurde al-Kadhimi in Washington als hoher Gast begrüßt und während seines US-Besuchs als »Freund« geadelt; dank ihm seien die Beziehungen zum Irak »besser denn je«.

Für den neuen irakischen Premierminister, der zuvor Chef des Geheimdienstes gewesen war und als wichtige Figur im Kampf gegen den sogenannten »Islamischen Staat« und als eine von Parteien und Milizen unabhängige Persönlichkeit galt, war der Aufenthalt in Washington der Höhepunkt einer internationalen Tournee, die ihn zuvor nach Teheran und auf dem Rückweg nach Amman führte (der geplante Besuch in Riad war aufgrund des Gesundheitszustands des neunzigjährigen Königs Salman verschoben worden). Der US-Präsident bot ihm sogar seine Vermittlung an, um die Differenzen mit dem *strong leader* in Ankara zu überwinden, nachdem, wie bereits erwähnt, am 11. August 2020 zwei hochrangige irakische Militärs im eigenen Land durch türkische Drohnen getötet worden waren. Das amerikanische Engagement belegt nachdrücklich den Wunsch der Vereinigten Staaten, dem Irak bei der Emanzipation von der iranischen Dominanz zu helfen – und das Land ins Kielwasser des Abraham-Abkommens zu ziehen. Aus diesem Grund fuhr der saudische Außenminister, kaum dass al-Kadhimi aus Amman zurückgekehrt war, nach Bagdad, um Finanzierungsmöglichkeiten für die in Washington geschlossenen Verträge auszuloten, den Irak an das effiziente Stromnetzwerk der Golfstaaten anzuschließen (anstelle des dysfunktionalen iranischen) und den Premierminister nach Riad einzuladen. Wir werden später noch erläutern, inwiefern dieses Streben besonders komplex ist, berücksichtigt man die Allgegenwart der, wenn auch geschwächten, Islamischen Republik in Mesopotamien, wo sie noch immer über eine Klientel zahlreicher, überbewaffneter schiitischer Milizen verfügt, die den Volksmobilmachungskräften (*al-Haschd asch-Scha'bi*) angehören. Während seines Zwischenstopps in Amman hatte al-Kadhimi zuvor als Gast des haschimitischen Herrschers den Schulterschluss mit den demografischen Schwergewichten der Region und Verfechtern des Abraham-Abkommens gesucht: Nicht zuletzt deshalb war Präsident as-Sisi aus Kairo zu dem irakisch-jordanischen Duo hinzugestoßen – als Stützpfeiler des Anti-Muslimbruderschafts-Bündnisses, für das sich Abu Dhabi starkmacht.

Sollte Jordanien wirklich, wie es König Abdullah II. immer wieder gern mit seinem Lieblingswortspiel verdeutlicht, zwischen »*a rock* [ausgesprochen wie »Irak«] *and a hard place*« eingeklemmt sein (also zwischen dem irakischen Hammer und dem israelischen Amboss), wäre sein Land *das* geografische Bindeglied dieses Bündnisses schlechthin, sofern sich der Irak ernstlich daran beteiligt. In diesem Fall bliebe das Schicksal Syriens und Libanons eines der Hauptprobleme der Levante, das Schicksal jener beiden Staaten also, die unter Führung des französischen Völkerbundmandats 1920 geschaffen und dann gemeinsam regiert wurden und in denen der iranische Einfluss bis zum Sommer 2020 deutlich spürbar blieb. Ankara und Teheran haben, obwohl sie inzwischen Verbündete aufseiten des Dreierbündnisses zwischen Muslimbruderschaft und Schiiten sind, dennoch im Verlauf des fast zehn Jahre dauernden syrischen Bürgerkriegs, der knapp eine halbe Million Tote forderte sowie rund dreizehn Millionen Binnenflüchtlinge und Flüchtlinge verursachte, feindliche Lager unterstützt. Trotz ihrer unter Moskaus Schirmherrschaft 2017 erreichten »gütlichen Einigung« im Rahmen des Astana-Prozesses, mit der eine »Deeskalation« in Syrien begonnen werden sollte, nutzten die Türkei auf der einen und Iran und Russland auf der anderen Seite in diesem Konflikt die jeweils passenden menschlichen wie politischen »Ressourcen« für sich. Dabei ist der Ausgang der ebenso entsetzlichen wie traumatischen Auseinandersetzung so entscheidend für die Levante von morgen. Auf der einen Seite steht die Rebellion mit ihren verunsicherten Soldaten, die nun vereinnahmt werden von einer sunnitisch-islamistischen Bewegung, deren Bandbreite sich vom antischiitischen, gewalttätigen Dschihadismus eines IS bis zu den von Erdoğan gezähmten Muslimbrüdern erstreckt; auf der anderen Seite die Pro-Regierungs-Milizen und weitere ausländische schiitische Söldner, die von den al-Quds-Brigaden der iranischen Revolutionsgarden instrumentalisiert wurden.

Nun aber bilden die von Massakern, Bombardements, Übergriffen aller Art sowie der ethnisch-konfessionellen Säuberung verwüsteten Gebiete, in denen Moskaus militärische Unterstützung dem Regime in Damaskus zur Durchsetzung verhalf, das wichtigste Standbein des militärischen Einflusses des Iran an der Ostküste des Mittelmeers. Hier befinden sich auch die Abschussbasen, von denen aus Teheran Raketen auf Israel abschießen lässt – denn neben den von der Hisbollah kontrollierten schiitischen Dörfern an der Südgrenze des Libanon nutzen die Milizen auch Rampen in der Nähe des zurückeroberten Golan, die zwischen den Stellungen von Assads Armee verteilt sind. Die Bevölkerung steckt in einem grenzenlosen wirtschaftlichen Stillstand fest, der noch verschlimmert wird durch den vom Coronavirus katastrophal verstärkten sozialen Zerfall. Die Ausbreitung der Pandemie wurde von den Behörden verschleiert, doch ein Bericht der London School of Economics vom 4. August 2020 schätzte, dass sich bis Ende des Monats etwa zwei Millionen Menschen in ganz

Syrien angesteckt haben dürften. Die neue Achse des Wohlstands zwischen Israel und den Emiraten mag aus diesem bodenlosen Abgrund heraus wie ein Hoffnungsschimmer wirken, solange man noch auf Investitionen der eher ängstlichen Europäischen Union wartet, die im Innern selbst Schwierigkeiten hat, die Auswirkungen der Pandemie zu überwinden. Das erlaubt, wie wir noch genauer sehen werden, wiederum Moskau (das das Zustandekommen des Abraham-Abkommens begrüßte), die Kosten seiner Präsenz in Syrien zu minimieren. Doch dass nach dem Lagerwechsel des Irak nun auch noch Syrien und der Libanon dem Zugriff der iranischen Macht entzogen werden könnten, wäre für das Regime in Teheran ein geostrategisches Debakel: Es müsste mitansehen, wie sein Haupterpressungsmittel gegenüber der internationalen Gemeinschaft – die Fähigkeit zur militärischen Bedrohung Israels – zunehmend unterminiert würde (vgl. dazu die Ereignisse im Mai 2021, beschrieben im Nachwort zur deutschen Ausgabe, S. 261 ff.).

Für die Vereinigten Arabischen Emirate selbst hatte das Abkommen mit Israel neben den mittel- und langfristigen Auswirkungen auch einen positiven kurzfristigen Effekt, insbesondere im Hinblick auf die Konjunktur: Covid-19 hat die europäischen, afrikanischen und arabischen Lieferketten mit China beeinträchtigt, für die Dubai Anfang des neuen Jahrtausends eine der wichtigsten Drehscheiben geworden war. So drohte im Sommer 2020 der Bankrott: Nach Schätzungen von Wirtschaftsexperten mussten 70 Prozent der Firmen ihre Tore schließen – während zugleich die asiatischen Wanderarbeiter mit Charterflügen in ihre Herkunftsländer zurückgeschickt wurden, völlig verarmt, da ihnen seit mehreren Monaten kein Lohn mehr gezahlt worden war. Die Fluglinien Emirates und Etihad Airways, stolze Symbole nationaler Bedeutung in einer durch China geprägten Globalisierung von morgen, mussten mehr und mehr Mitarbeiter entlassen und im Herbst das Boden- und Flugpersonal in unbezahlten Zwangsurlaub schicken, um die Verluste zu begrenzen. Dabei wären sie kurz zuvor noch in der Lage gewesen, ihre europäischen Konkurrenten in den Ruin zu treiben – die unterdessen wegen der Covid-19-Pandemie von den Regierungen der EU rekapitalisiert werden mussten. Der erste Direktflug zwischen dem Flughafen Ben Gurion und Abu Dhabi am 31. August 2020 sollte denn auch dazu beitragen, das verhängnisvolle Pleite-Schicksal abzuwenden: An Bord des Flugzeugs befanden sich eine hochrangige israelische Delegation sowie eine Gruppe US-Abgesandter unter der Führung des Präsidentenschwiegersohns Jared Kushner. Die Presse der Vereinigten Arabischen Emirate stimmte bei dieser Gelegenheit ein Loblied auf den jüdischen Staat an, der seit sieben Jahrzehnten der von seinen Nachbarn ausgehenden Gefahr trotze und dank seiner frühzeitigen Investitionen in die Informations- und Kommunikationstechnologie zu Wohlstand gekommen sei. Man wünschte sich, daraus in Bezug auf die Zeit nach dem Öl und auf den Iran Lehren für die Entwicklung des eigenen Lands zu ziehen. Sollte das Abraham-Abkommen weiter Gestalt gewinnen, könnte durch die Vergabe von Unteraufträgen aus der Hightech-Branche Israels an Dubai sogar eine alternative Produktion zu den chinesischen Elektroprodukten geschaffen werden (zumal man im zweiten Trimester 2020 die asiatischen Arbeitskräfte schonungslos abgeschoben hatte ...). Ohnehin war man in den westlichen Staaten China gegenüber misstrauisch geworden, aus Angst vor einer politischen Abhängigkeit vom postmaoistischen Reich Huaweis, das die weltweite Vorherrschaft in der Digitaltechnologie erringen könnte. Die Vereinigten Arabischen Emirate sind das Land mit den bedeutendsten Erdölvorkommen. Auch wenn es sich dem Übergang in ein Zeitalter nach den fossilen Brennstoffen verschrieben hat und obgleich seine eher überschaubaren Verteidigungsausgaben angesichts einer recht kleinen Bevölkerung (drei Millionen Einwohner, davon etwa 75 Prozent ausländische Arbeitnehmer) es ermöglichten, beachtliche Summen im Staatsfonds ADIA (Abu Dhabi Investment

Authority) anzulegen – dem größten der Welt mit einer vor der Krise 2020 geschätzten Kapitalisierung von 875 Milliarden US-Dollar –, so ist das Land dennoch vom Einbruch des Ölpreises erschüttert worden. Das erhöhte aber auch die Bereitschaft, in die israelische Hochtechnologie zu investieren. Im arabischen Lager wurden Vorwürfe laut, Kronprinz Muhammad habe durch das Abkommen mit Israel »Verrat« begangen. Muhammads Vater, Scheich Zayid (verstorben im November 2004), war Gründer und erster Präsident der Föderation der Vereinigten Arabischen Emirate und zu den revolutionären Zeiten des arabischen Nationalismus noch ein unerschütterlicher Unterstützer der palästinensischen Sache gewesen. Abu Dhabi entgegnete, Israel habe im Gegenzug für das Abkommen das Projekt der teilweisen Annektierung des Westjordanlands gestoppt (was Netanjahu bestritt, vor allem aus Angst, Wählerstimmen unter den Siedlern zu verlieren, die zum Kern seiner Wählergruppe gehören). Außerdem führte man an, Jerusalem stelle sich nun dem Kauf von amerikanischen Lockheed Martin F-35-Tarnkappen-Kampfflugzeugen durch die Emirate nicht mehr entgegen, die im Wettrennen um die Herrschaft über den Himmel eine Konkurrenz für Katars Rafale darstellen. »Bibi« dementierte zunächst vehement, dass eine solche Absprache in der Vereinbarung getroffen worden sei, denn die Wahrung der militärischen Überlegenheit in der Region ist überlebenswichtig für die Sicherheit des jüdischen Staats und ein solches Zugeständnis könnte ihn in der Wählergunst abstürzen lassen. Nachdem sich die Luftfahrtindustrie der USA bereits Hoffnungen gemacht und über die Aussicht gefreut hatte, einen derart lukrativen Auftrag an Land ziehen zu können, leugneten allerdings sowohl die Umgebung des republikanischen als auch die des demokratischen Präsidentschaftskandidaten jegliches Engagement Israels in dieser Richtung: Auch die US-Kandidaten fürchteten den Verlust jüdischer Wählerstimmen bei der Wahl im November und sorgten sich um die Unterstützung durch zionistische und evangelikale Lobbyisten. Wie wir später noch genauer sehen werden, wurde das Problem schließlich gelöst, indem Abu Dhabi eine Schuld des Sudan gegenüber den USA beglich: Das Emirat kompensierte die Vereinigten Staaten für die vom Sudan aus vorgenommenen al-Qaida-Angriffe auf die amerikanischen Botschaften in Tansania und Kenia vom August 1998. Das wiederum erlaubte es dem Sudan, näher an das Abraham-Abkommen heranzurücken, woraufhin die Bedenken gegen den Kampfflugzeugkauf durch die Emirate fallen gelassen wurden.

Israel erlebte zum Zeitpunkt der Unterzeichnung des Abraham-Abkommens die zweite Welle der Pandemie, die eine Krise der öffentlichen Gesundheitsversorgung mit sich brachte, denn die Regierung hatte nicht damit gerechnet und managte den erneuten Covid-19-Ausbruch nur ungenügend. Zudem warfen immer mehr juristische Vorwürfe einen Schatten auf den Ministerpräsidenten und bedrohten sein Amt, das er, wäre er von nun an vor allem damit beschäftigt gewesen, sich vor Richtern verteidigen zu müssen, kaum noch vollständig hätte ausfüllen können. Insofern kam das Abkommen für ihn genau zum rechten Zeitpunkt: Im Hinblick auf die damals bereits absehbaren, vierten vorgezogenen Neuwahlen zur Knesset nacheinander stand Netanjahu vor der Entscheidung, für seine Wähler, die Siedler, das Versprechen einer Annektierung des Westjordanlands einlösen zu müssen, womit er jedoch zugleich eine Eskalation der Lage in der Region riskiert hätte. Das Zustandekommen des Abraham-Abkommens, das er sich für die israelische Seite zu Recht auf die eigene Fahne schrieb (er hatte die Verhandlungen gemeinsam mit dem Chef des Mossad geführt, ohne dass seine Rivalen und betroffene Ressortchefs wie Verteidigungsminister Benny Gantz oder Außenminister Gabi Aschkenasi etwas davon wussten), verschaffte ihm eine politische Verschnaufpause und gab ihm den Status eines international geachteten, visionären und doch justiziablen Staatsmannes zurück, der sich trickreich noch eine Gnadenfrist für den persönlichen Auftritt vor Gericht gesichert hatte. Zugleich musste Netanjahu sich der von Covid-19 verursachten sozialen Katastrophe stellen, die ihn zwang, die budgetären Fesseln zu lockern, was wiederum das wirtschaftliche Gleichgewicht in Gefahr brachte. Konfrontiert mit gewalttätigen Demonstrationen jener Bürger, die durch die Pandemie ihren Arbeitsplatz verloren hatten, und mit den bevorstehenden Parlamentsneuwahlen, verwandelte sich Netanjahu am 2. August, bis dato als Verfechter eines Hyperliberalismus à la Milton Friedman bekannt, von einem Augenblick zum nächsten zum sozialdemokratischen Keynesianer: Er versprach den Israelis 1,76 Milliarden Dollar an Unterstützung in Form von einmalig maximal 800 Dollar für Familien – und sogar noch mehr für die zahlreichen Nachkommen der *Haredim*, der ultraorthodoxen Juden, deren Wählerstimmen ihm besonders wichtig sind. Das sorgte bei den orthodoxen Bewahrern der Finanzstabilität für einen Aufschrei, die panisch die Reaktion der Märkte vorwegnahmen. Mit den erwarteten Investitionen der Emirate in die israelische Technologie tut sich für sie jedoch eine Goldgrube auf, die mehr Optimismus rechtfertigt.

Abgesehen von den persönlichen Vorteilen des Abkommens für »Bibi«, beendete es den Status des »israelisch-arabischen Konflikts« als alleinigen strukturierenden Faktor des Nahen Ostens. An seine Stelle tritt die Auseinandersetzung zwischen den Staaten des Abraham-Abkommens und den drei Staaten der Achse von Muslimbruderschaft und Schiiten. Auf jeden Fall hat Jerusalem weiterhin mehrere Eisen im Feuer, etwa durch die langen diplomatischen Beziehungen zur Türkei, die auch durch bedeutende Wirtschaftsbeziehungen getragen werden und allen Ärgernissen trotzen: Erdoğans Prahlereien, er werde wegen des Abkommens mit Israel seinen Botschafter aus den Emiraten abziehen, entgegnete man in Israel spöttisch, die Türkei habe den jüdischen Staat doch schon gleich nach dessen Entstehung 1949/50 anerkannt. Und was Katars Reaktion betraf: Nachdem der Mossad-Chef ein knappes halbes Jahr zuvor, am 5. Februar 2020, in Begleitung von General Herz Levi, dem Kommandanten der Südfront (in Richtung Gaza), etwas diskreter auch in Katar begrüßt worden war, feierte man ihn nach dem historischen Abkommen in Abu Dhabi nun als Helden. Yossi Cohen hatte den Emir von Katar, Tamim bin Hamad Al Thani, dazu gedrängt, weiterhin Gelder ausgerechnet an die Hamas zu überweisen – obwohl Tel Aviv diese stets als Terrorgruppe und Handlanger Irans beschimpft. Die Überlegung dahinter lautet: Eine soziale Explosion im besetzten Gazastreifen würde die Tsahal zu einer teuren Repression zwingen, was zudem Israels Ruf in den Medien und den sozialen Netzwerken schaden würde. Die Unterstützungszahlungen von Doha an Gaza übersteigen bereits seit den Unruhen und dem zerstörerischen israelischen Gegenschlag von 2014, der »Operation Protective Edge«, eine Milliarde Dollar. Das gasreiche Emirat, das überall in der Welt die Rolle des Bankiers für die Muslimbruderschaft übernommen hat (deren palästinensischer Ableger die Hamas ist), trägt damit im selben Atemzug zur verblüffenden Anpassung der israelischen Politik bei. Zur gleichen Zeit beherbergt Katar mit Al Udeid die größte US-Luftwaffenbasis außerhalb der Vereinigten Staaten, von der jeden Moment Flugzeuge abheben könnten, um den Iran, Dohas Verbündeten in der Muslimbrüder-Schiiten-Achse, zu attackieren.

Die globalen Mächte am Krankenbett des »Mare Nostrum«

In den USA musste Donald Trump die wiederkehrende Kritik hinnehmen, der »amerikanischen Rückzug« aus dem Nahen Osten überlasse den Feinden des Westens einen günstigen strategischen Freiraum (vergleiche dazu den oben auf S. 31 genannten Artikel von Richard Haass in der Zeitschrift *Foreign Affairs*). Die Initiative zum Abraham-Abkommen aber fügte sich nun harmonisch in Trumps beschönigende Rückblicke auf die eigenen Leistungen anlässlich der bevorstehenden Wahl ein. Er ging dabei so weit, den unbescheidenen Scherz zu machen, er schätze, man werde die Übereinkunft »Donald-Abkommen« nennen. Trump stellte das Bündnis als grandioses Ergebnis einer Strategie dar, die den Iran schwächen sollte und bereits mit dem amerikanischen Rückzug aus dem Atomabkommen (JCPOA) vom 8. Mai 2018 und den Sanktionen begonnen habe, die die Islamische Republik seitdem stark einschränken. Mit seiner Stellungnahme just am Vorabend des Parteitags der Demokraten, auf dem dann Joe Biden als Kandidat nominiert wurde und Obamas ehemaliger Außenminister John Kerry als einer der Väter des JCPOA sich in Spitzfindigkeiten dazu erging, zwang Trump sogar die liberale Presse, die ihn normalerweise nicht schonte, dazu, Loblieder auf das Abkommen zu singen. Trump erhoffte sich dadurch, dem demokratischen Kandidaten den Teil der jüdischen Wählerschaft abspenstig zu machen, der sich von diesem Bluff täuschen ließ. Die Hoffnungen waren vergebens.

Das Abkommen erlaubte es dem 45. Präsidenten jedoch praktischerweise, von den einträglichen Geschäftsverbindungen zwischen seiner Familie und dem *strong leader* in Ankara abzulenken – sowie vom Fallenlassen der 2017 im tödlichen Bodenkampf gegen den IS in Raqqa noch so nützlichen Kurden – und den US-Wählern zu zeigen, dass sein Wunsch nach einer »Bestrafung des Iran« auch von den regionalen Akteuren geteilt wurde. Letztere führten nun anstelle der USA die Militäroperationen durch, ohne das Leben junger US-Amerikaner zu riskieren, deren Familien einen gefährlichen Stimmzettel in die Wahlurne legen könnten. Ähnliches war bereits 2016 geschehen, als die eigentlich demokratischen Staaten des *rust belt* – aus Wisconsin, Michigan und Pennsylvania kamen viele *boys*, die als Soldaten und Angestellte von Sicherheitsfirmen im Nahen Osten ihr Leben ließen oder mit einer Behinderung von dort zurückkamen – Trump den Sieg im Wahlmännerausschuss und damit im Rennen um die Präsidentschaft sicherten: Er hatte für den Abzug der Truppen aus der Region plädiert, während Hillary Clinton sich betont kriegerischer gezeigt hatte.

Die Demokraten stellte dieser durch das »Donald-Abkommen« erzielte Erfolg, den nicht nur die traditionellen Anhänger der Grand Old Party feierten, vor die Frage, wie sie sich dazu positionieren sollten. Barack Obama hatte an seine Unterstützung für die demokratischen »arabischen Aufstände« des Jahres 2011 mit einem *engagement* für die Muslimbruderschaft angeknüpft, die dem Weißen Haus damals als ideale Synthese aus islamischer Ethik und kapitalistischem Geist erschienen waren – zu dieser Zeit galt Erdoğan in der naiven westlichen Begeisterung als freundlich lächelnder Muster-Muslimbruder. Auch wenn die Sympathien Bidens, der acht Jahre Vizepräsident unter Obama war und drei Jahrzehnte lang Abgeordneter Delawares, eher den Griechen gehören, deren Nachfahren im amerikanischen Nordosten in Lobbyverbänden effektiv organisiert sind, so muss er angesichts der Bilanz seines Vorgängers in der Region komplexe, ausgleichende Lösungen finden. Als »Volkspartei« waren die Demokraten hin- und hergerissen zwischen einer treuen und aktivistischen jüdischen Wählerschaft und einer erst kürzlich aus der muslimischen Welt eingewanderten Bevölkerungsgruppe. Eine Vertreterin der Letzteren ist Ilhan Omar, die für Minnesota im Repräsentantenhaus sitzt: Sie wurde 1982 in Mogadischu geboren, trägt im Kongress Kopftuch und ist überzeugte Verfechterin des transnationalen linken Islam.

In der Konfrontation zwischen der Muslimbrüder-Schiiten-Achse und dem Abraham-Abkommen – beides Allianzen mit entwicklungsfähigen Grenzen und nur informellen gegenseitigen Verpflichtungen – streben die Weltmächte USA, EU, Russland und China danach, mehr oder weniger auf zwei Hochzeiten gleichzeitig zu tanzen, je nach ihren ganz eigenen Interessen. Sie wollen ein einseitiges Engagement vermeiden, das in der Folge einen weltweiten Konflikt heraufbeschwören könnte. Die Europäische

Union trat wie gewohnt schwach und verzagt auf: Unter der Präsidentschaft von Bundeskanzlerin Merkel im ersten Halbjahr 2020 drückte sie zunächst Griechenland und Zypern nur sehr zurückhaltend ihre Sympathien aus, als das türkische Militär in deren Hoheitsgebiete eindrang. Sie vermied es auch – ganz wie die NATO –, Frankreich zu unterstützen, als am 10. Juni die Fregatte *Courbet* im Rahmen der NATO-Operation »Sea Guardian« den türkischen Frachter *Çirkin* inspizieren wollte, der des Waffenschmuggels zum libyschen Hafen Misrata verdächtig war. Daraufhin erfasste das in Deutschland gebaute türkische Kriegsschiff *Oruç Reis* (der türkische Name des berühmten osmanischen Korsaren Barbarossa) die *Courbet* mit dem Feuerleitradar – üblicherweise der letzte Schritt, bevor das Feuer eröffnet wird.

Die Kanzlerin befand sich in der schwächeren Position, drohte Erdoğan doch damit, die Schleusen zu öffnen und Millionen Syrern, Irakern und Afghanen, die sich in seinem Land aufhalten, den Weg nach Deutschland frei zu machen. Dieser Zuzug würde der fremdenfeindlichen und rechtsextremen Alternative für Deutschland mehr Zustimmung verschaffen, deren Erstarken 2019 bereits eine Reaktion auf Merkels »Wir schaffen das« aus dem Jahr 2015 war, als Deutschland 1,5 Millionen Flüchtlinge aufnahm. Der Einzug der AfD in den Bundestag destabilisierte darüber hinaus die deutsche Parteienlandschaft. Auch entsandte der türkische Präsident seit 2017 wiederholt seine Minister vor Wahlterminen nach Europa, damit diese dort unter den Europäern mit türkischem Pass für seine islamistische AKP Wahlwerbung machten. Die Wähler wurden aufgefordert, bei der Europawahl in ihrem Gastland all jene Politiker an der Urne zu bestrafen, die Ankara gegenüber als feindselig oder nicht ausreichend fügsam gelten. Ende August 2020, als die Lage im östlichen Mittelmeer fast schon einem Casus Belli nahekam, bemühte sich der deutsche Außenminister Heiko Maas wenig erfolgreich in einer Pendeldiplomatie zwischen Athen und Ankara – während Paris zwei Rafale-Kampfflugzeuge an den kretischen Stützpunkt Souda verlegte. Ihnen folgten wenig später vier F-16-Bomber aus den Vereinigten Arabischen Emiraten, womit der türkischen Marine deutlich gemacht wurde, dass man keinen Übergriff auf die griechische Insel Kastelorizo hinnehmen würde. Hier zeigte sich die Annäherung Frankreichs an das Abraham-Abkommen – welches Paris bereits gutgeheißen hatte – ganz konkret durch die gemeinsame Stationierung der Flugzeuge aus Frankreich und Abu Dhabi.

Die italienische Regierung entsandte ihren Außenminister am 19. Juni, nur eine Woche nach dem Zwischenfall im Mittelmeer, zu einem Gespräch mit seinem türkischen Amtskollegen Mevlüt Çavuşoğlu, um »die gemeinsamen Anstrengungen für einen dauerhaften Frieden in Libyen fortzusetzen«. Italien rückte damit de facto deutlich von Frankreich ab (am 5. Februar 2019 war derselbe Minister, Luigi Di Maioi, bereits zu einem unangekündigten Besuch bei den »Gelbwesten« gereist, was dem italienischen Botschafter in Paris eine außergewöhnliche Ermahnung einbrachte), sehr zur Freude der Türken. Ankara lobte die »ausgleichende Rolle Italiens«, welche »im Gegensatz zu gewissen Ländern der EU steht, die das Regime des abtrünnigen [libyschen] Generals Chalifa Haftar unterstützen«. Für Rom ist die Türkei auch deshalb ein umso wichtigerer Verbündeter, als die Regierung in Ankara mit der Gaspipeline TurkStream den Schlüssel zur Erdgasversorgung Italiens in den Händen hält. Am Tiberufer hat man alle Hoffnung auf die Umsetzung der Pipeline EastMed aufgegeben, die Gas aus Israel, Ägypten und Zypern über Griechenland nach Italien führen soll, was mit dem türkischen Widerstand und den niedrigen Weltmarktpreisen für Gas zu tun hat, die das Projekt unprofitabel machen. Auch wenn sich die italienische Marine, nach Frankreich die zweitstärkste im Mittelmeer (nur diese beiden besitzen mit der *Cavour* beziehungsweise der *Charles de Gaulle* Flugzeugträger, von denen die F-35 und die Rafale starten können), gemeinsamen Manövern mit Frankreich, Griechenland und Zypern anschloss, so führte sie doch auch wenig später eines mit der Türkei durch. Italien schwankt einerseits zwischen europäischer Solidarität angesichts der wachsenden Bedrohung, die die Türkei für die EU darstellt, und andererseits einer Wirtschaftsdiplomatie, die das Land südlich der Alpen von seinen früheren Küstenrepubliken geerbt hat und die es auf eine Strategie der ökonomischen Nischen setzen lässt (vgl. Karte 3).

Was Moskau anbelangt, so stört die Allianz zwischen Israel und den Emiraten Russland bei der Umsetzung des russischen Vorhabens, »null Feinde« im Nahen Osten zu haben (vgl. Karte 10). Es unterhält ausgezeichnete Beziehungen sowohl zu Israel als auch zu Abu Dhabi. Gleiches gilt aber auch für die Beziehungen zu Teheran und Ankara, seit Mai 2017 seine Partner im Astana-Prozess, jenem diplomatisch-militärischen Instrument, mit dem man die Vereinigten Staaten und die Europäische Union aus der Lösung des Syrienkonflikts heraushalten will. So verstärkt und manifestiert das Abraham-Abkommen ipso facto den Antagonismus mit dem Bündnis von Muslimbrüdern und Schiiten. Es zwingt den Herrscher im Kreml dazu, in der Logik dieser Opposition zu agieren, obwohl Wladimir Putin seit seiner Entscheidung im September 2015, eine Fliegerstaffel auf dem syrischen Luftwaffenstützpunkt Hmeimim zu stationieren, gegenüber dem Westen die Oberhand gewonnen und sich, dank der Unwissenheit und Fehler der Obama-Regierung und der Kleinmütigkeit Brüssels, im Mittelmeerraum und dem Nahen Osten durchgesetzt hat. So war es Russland möglich, mithilfe seiner Effizienz und Realpolitik (gleich, welches moralische Urteil man darüber fällen mag) auf der internationalen Bühne wieder in entscheidender Rolle aufzutreten – was nach dem traumatischen Zusammenbruch der UdSSR zunächst nicht mehr möglich gewesen war. Selbst wenn das am 13. August bekannt gegebene Bündnis Moskau besonders aufgrund der unübersehbaren Schirmherrschaft Washingtons stört, so sind die mit Jerusalem und Abu Dhabi geknüpften Beziehungen für den Kreml zu wichtig, als dass man darüber verdrießt wäre. Russlands Verbündete in Ankara und Teheran jedoch haben mit deutlichen Worten den »Verrat« und die »Dummheit« des Abraham-Abkommens verurteilt – von dem sie sofort ausgingen, dass es sich gegen sie richtet. Somit ist Wladimir Putin gezwungen, sich von seinen Ermessensentscheidungen und der Schiedsrichterrolle zu verabschieden, die er im Verhältnis zu den sich feindlich gegenüberstehenden regionalen Verbündeten bislang eingenommen hatte. Dass Russland womöglich dem Iran Waffen liefert – nachdem der UN-Sicherheitsrat das Embargo ab dem 18. Oktober 2020 auslaufen ließ –, dürfte den Streit zwischen Moskau auf der einen und Jerusalem, Abu Dhabi und Riad auf der anderen Seite befeuern. Die russisch-amerikanischen Konflikte bildeten – jenseits der persönlichen Beziehung zwischen den beiden *strong leaders*, von denen einer bei der Präsidentschaftswahl im November 2016 zum Sieg des anderen beigetragen hat – auch im Jahr 2020 noch eine Kluft, die für beide Staaten strukturbildend ist. Das gilt insbesondere für ihre Geheimdienste – wie die im Mueller-Bericht dokumentierte russische Beeinflussung des US-Wahlkampfs zeigt. Es war nur Donald Trumps politische Mehrheit, die ihn vor Konsequenzen aus dieser Untersuchung bewahrte. Methoden wie die Giftanschläge auf Wladimir Putins politische Gegner im Westen und im eigenen Land – so der Anschlag auf den Dissidenten Alexei Nawalny am 22. August, der in Berlin ärztlich versorgt werden musste – oder der Umstand, dass Moskau dem amerikanischen Whistleblower Edward Snowden Asyl gewährt, erinnern vom Stil her an den Kalten Krieg, werden aber weiterhin beharrlich angewendet. Wir werden hier noch zeigen, wie jeder Staat im Nahen Osten, wo ohnehin keine Hemmungen mehr gegenüber den Weltmächten (oder was von ihnen übrig ist) bestehen, diese Situation für seine Partikularinteressen ausnutzt und mit einer wachsenden Manövriermasse verhandelt. So konnte man beobachten, wie etwa die Türkei, aber auch Ägypten oder sogar die Vereinigten Arabischen Emirate Waffen von Russland kauften oder zumindest diesen Wunsch äußerten, ohne dass die Vereinigten Staaten eine Möglichkeit gehabt hätten, sie daran zu hindern. Im neuen Kalten Krieg geht es nicht mehr gegen Moskau, sondern vielmehr gegen Peking.

Chinas großer Sprung nach vorn

Chinas Kampf gegen die Vereinigten Staaten um die weltweite Vorherrschaft steuerte 2020 auf einen neuen Höhepunkt zu. Verdeutlichen lässt sich dies ausgezeichnet an Covid-19, dem laut Donald Trump »chinesischen Virus«. Der Kampf spielt sich aber auch im Nahen Osten ab, wo sich Peking nunmehr um politischen Einfluss bemüht, und in Kürze auch um militärischen, was völlig neu ist. Denn seine den globalen Markt beliefernden Fabriken benötigen Unmengen an Erdöl zu niedrigem Preis, um ihren rasanten Rhythmus beibehalten zu können: China ist mit täglich zehn Millionen Barrel (Stand 2019, vor der Pandemie) der weltgrößte Erdölimporteur (vgl. Karte 17). In den vergangenen zwei Jahrzehnten hatte sich Chinas Einflussnahme in der Region auf die Wirtschaft beschränkt, wobei es von der günstigen Situation profitierte, dass unter der Aufsicht der amerikanischen 5. Flotte in Bahrain unablässig Öltanker aus dem Persischen Golf in Richtung Ferner Osten ablegten. Entsprechend der globalen Dumping-Logik, die durch Chinas Massenproduktionsvorteile angesichts von 1,5 Milliarden Einwohnern begünstigt wird, exportierte das postmaoistische Reich der Mitte im Gegenzug günstige Massenware in den Nahen Osten, so wie in die gesamte übrige Welt. Westliche Finanziers und Industrielle waren losgestürzt, um hemmungslos in China zu investieren, was kurzfristig die Gewinne vervielfältigte. Inzwischen werden ihre Unternehmen aber nach und nach wieder hinausgeworfen – womit sich der berühmte, mittlerweile aber in die Jahre gekommene, angebliche Ausspruch Lenins bewahrheitet, nachdem »die Kapitalisten uns noch den Strick verkaufen werden, mit dem wir sie aufknüpfen«. Als Nächstes exportierte China seine bescheidene, ertragreiche, wettbewerbsfähige, hungrige und nach einem halben Jahrhundert konfuzianischem Leninismus disziplinierte Arbeitskraft nicht nur in den Nahen Osten und nach Nordafrika, sondern in die ganze Welt, und zwar durch seine Sexarbeiterinnen ebenso wie durch seine Bauarbeiter und Ladeninhaber. So erhielt das Land Aufträge für riesige Infrastrukturmaßnahmen, ohne dass es durch jegliche Antikorruptionsvorschriften im eigenen Land beeinträchtigt wäre, anders als Unternehmen aus Rechtsstaaten. China »ähnelt« auf diese Weise den örtlichen pflichtvergessenen Eliten und muss, dank chinesischer Arbeiter vor Ort, nicht einmal mit den einheimischen Arbeitskräften zurechtkommen, welche durch den »Genuss« der Ölrente und deren Auswirkungen meist ineffizient geworden sind.

So geschehen im Sudan, im Jemen, in Dschibuti, dann vor allem auch in Algerien und schließlich überall in der Region: Chinesische Firmen aus dem Hoch- und Tiefbau rückten mit ihren Finanzmitteln und eigenen Arbeitskräften an und ließen sich in einem ersten Schritt für ihre Dienste mit fossilen Energieträgern bezahlen, die zu marktüblichen Preisen abgerechnet wurden. Die Einwanderung eines Proletariats aus den überbevölkerten Landstrichen im Reich der Mitte – viele blieben nach Abschluss der Bauarbeiten vor Ort und übernahmen die traditionellen Geschäfte (*hanout* im Maghreb), um chinesische Produkte in den Umlauf zu bringen – steht im Widerspruch zur Situation in Ländern wie Algerien, wo hohe Arbeitslosigkeit herrscht und die Jugend in großer Zahl nach Europa auswandert. Das sind die Konsequenzen aus dem Zerfall der Gesellschaften durch die Öl- und Gasrenten. Gekennzeichnet durch weitverbreitete Veruntreuung und die Jagd nach schnellen Gewinnen, resultiert diese chinesisch-arabische Zusammenarbeit häufig in schlecht vollendeten Projekten, einstürzenden Brücken und Gebäuden, zu klein konzipierten und daher permanent verstopften Verkehrswegen, zu dünnen Asphaltschichten, die sich nach einem Jahr auflösen und die Sandpiste in ihren Originalzustand zurückversetzen etc. – die Liste der Beispiele ist lang. Einige spektakuläre Fälle – etwa die »Ost-West-Autobahn« in Algerien – führten zu aufsehenerregenden Prozessen gegen die korrupten Verantwortlichen, als der Skandal öffentlich wurde und die Massen zu bewegen drohte. Im Laufe der Jahre verbreiteten sich dank der chinesischen Diaspora auch immer weiter entwickelte hochtechnologische Produkte: Ein symbolträchtiger Höhepunkt war das 5G-Mobilfunknetz von Huawei, das kurz vor der Covid-19-Pandemie Ende 2019 verbreitet wurde. Es machte von sich reden, und man wurde sich der Gefahr der unaufhaltsamen weltweiten Sinisierung bewusst, denn es kamen Sorgen auf, der Big Brother in Peking könnte über das Netz die Kontrolle über die Daten seiner Nutzer weltweit erlangen. Dabei war das bislang doch das Monopol seiner Geschwister, der Big Five (Google, Apple, Facebook, Amazon und Microsoft) aus den Vereinigten Staaten.

Chinas wichtigster »großer Sprung nach vorn«, der ihm im Nahen Osten und in Nordafrika gelang, war die Errichtung von Brückenköpfen für die »Neuen Seidenstraßen« – auch bekannt unter ihrem englischen Akronym OBOR (*One Belt, One Road*) –, mit deren Hilfe die Exporte aus dem Reich der Mitte ein für alle Mal als weltweit führend beziehungsweise als Monopol etabliert werden sollten. Eines der entscheidenden Probleme dabei ist die Kontrolle jener Häfen, an denen die mit all den standardisierten Konsumprodukten, Maschinen, Autos, technischen Apparaten etc. beladenen Frachter anlegen, die zwischen Shanghai und Wuhan hergestellt oder zusammengesetzt wurden. Im Nahen Osten werden diese Umschlaghäfen fast vollständig von Dubai kontrolliert, dessen 2005 gegründeter Hafenverwalter DP World in der ganzen Welt 49 Hafenterminals aufkaufte – einen Großteil davon auf der Seeroute der Lieferketten zwischen China und Europa über die arabische Halbinsel auf der einen, zwischen China, Australien und dem amerikanischen Kontinent auf der anderen Seite (die Häfen in den Vereinigten Staaten hatte das Golf-Unternehmen auf Druck des US-Kongresses nach den Attentaten vom 11. September verkaufen müssen – zwei der 19 Attentäter stammten aus den Emiraten). Seitdem befindet sich China mit den Emiraten in einem gnadenlosen Wettbewerb um die Kontrolle der Handelswege. Dieser hat im Rahmen der Auseinandersetzung zwischen dem Abraham-Abkommen und der Allianz aus Muslimbruderschaft und Schiiten politische Gestalt angenommen – und Peking nutzt Teheran, den erklärten Feind Abu Dhabis und Jerusalems, als wichtiges Einfallstor in den Nahen Osten.

Die Spannungen zwischen den Vereinigten Arabischen Emiraten und China waren bereits spürbar, als der Hafen von Dschibuti, an der strategisch wichtigen Meerenge Bab al-Mandab gelegen, der Einmündung des Roten Meers in den Indischen Ozean und am riesigen Äthiopien vorbei eines der wichtigsten Einfallstore nach Ostafrika, an die Chinesen ging, obwohl die örtlichen Behörden noch im Jahr 2000 einen Vertrag mit 50 Jahren Laufzeit mit DP World geschlossen hatten. Es folgten ein großer Rechtsstreit vor dem Hintergrund von Korruption, ein für Dschibuti nachteiliges Urteil des Internationalen Schiedsgerichtshofs am 21. Februar 2017 und wiederkehrende Brüche in den diplomatischen Beziehungen. Der seitdem fest verankerte Zugriff auf die Hafenanlagen durch die Chinesen in der ehemaligen französischen Kolonie hatte die wirtschaftliche Unterordnung Äthiopiens unter China zur Folge. Eine spektakuläre wie unvorhergesehene Konsequenz war etwa die Ehrerbietung, die der äthiopische Generaldirektor der Weltgesundheitsorganisation (WHO), Doktor Tedros Adhanom Ghebreyesus, ehemaliger Außenminister seines Landes und in seiner Jugend überzeugter Kommunist, Präsident Xi Jinping erwies – das Foto seines »Dieners« bei ihrem Treffen am 28. Januar ging um die Welt. Im Wesentlichen wurde Ghebreyesus vorgeworfen, er habe »die Transparenz Chinas bei den Anstrengungen im Umgang mit dem Coronavirus begrüßt« – wobei Peking zu Beginn der Pandemie sowohl Ursachen wie auch Ausmaß verschleiert hatte – und dass er noch im Februar 2020 erklärte, es sei »nicht nötig, dass die Welt Maßnahmen ergreift, die unnötigerweise internationale Reisen und internationalen Handel beeinträchtigen« – womit er chinesische Formulierungen übernahm. Als Reaktion auf dieses Verhalten kündete Donald Trump im Juli 2020 den Rückzug der Vereinigten Staaten aus der WHO an.

In seinem ungezügelten weltweiten Wettstreit mit Washington schloss China 2020 Knebelverträge mit Teheran ab, die den Iran zu einem Brückenkopf der »Neuen Seidenstraßen« im Nahen Osten machen sollen, was sich nahtlos in die Strategie seines Engagements in Dschibuti – und in Äthiopien – einfügt. Zugleich griff China damit auch offen die Ambitionen der wichtigen regionalen Macht Abu Dhabi an. Dem Konflikt am Horn von Afrika kam dadurch eine Art von Vorreiterrolle zu. Scheich Muhammad bin Zayid erhielt nach Abschluss des Abraham-Abkommens starke Rückendeckung durch »Bibi« Netanjahu und Donald Trump, auch da die Unterstützung Ali Chameneis durch Xi Jinping als Rettungspaket verstanden wurde, das es dem iranischen Führer erlaubte, die amerikanischen Wirtschaftssanktionen zu überstehen.

Die Abnahme des schiitischen Halbmonds

Persien war im Verlauf der Geschichte tatsächlich die Drehscheibe der »Seidenstraßen«, über die Landwirtschaftsprodukte und Wissen aus dem Reich der Mitte nach Europa eingeführt wurden, darunter jener kostbare Stoff, der zum Namensgeber des waghalsigen Wegs durch die asiatischen Steppen wurde. Unsere Speisekarte verdankt dieser Route neben vielen anderen schmackhaften Speisen den Pfirsich – lateinisch *malum persicum*, also »persischer Apfel« – und sogar die Nudeln, die unter dem Namen *pasta* schließlich in Italien heimisch wurden. Nach dem Rückzug Donald Trumps aus dem Atomabkommen im Mai 2018 und den anschließenden Wirtschaftssanktionen gegen den Iran eröffneten sich für Peking außergewöhnliche Möglichkeiten für die Durchsetzung seiner Interessen – war es doch überzeugt, dass es durch seine enorme Wirtschaftsmacht und den Besitz von Tausenden Milliarden Dollar in Form amerikanischer Staatsanleihen von Washingtons Dekreten verschont bleiben würde, ganz anders als das schwache Europa.

Beim Besuch von Präsident Xi in Teheran am 23. Januar 2016 lotete dieser mit dem Obersten Führer Chamenei die Möglichkeiten einer »chinesisch-iranischen Partnerschaft für eine globale Strategie« aus. Doch dieses Projekt, angestoßen rund ein halbes Jahr nach Unterzeichnung des Atomabkommens in Wien am 14. Juli 2015, kam nie aus der Planungsphase heraus, denn die Islamische Republik erhoffte sich zunächst noch aus der von Barack Obama geförderten Öffnung zum Westen eine Reihe Vorteile. Der damalige US-Präsident ließ sich auf Teile sowohl des sunnitischen wie auch des schiitischen politischen Islam ein, die ihm mit dem Geist des Kapitalismus kompatibel erschienen, der ordnungsgemäß bärtigen und verschleierten frommen Mittelschicht, die der Westen zu seinem privilegierten Gesprächspartner gemacht hatte. Nach dem amerikanischen Rückzug aus dem Atomabkommen im Mai 2018 reaktivierte die Führung in Teheran, schwer getroffen von den Sanktionen, das Projekt aber wieder: Am 31. Dezember 2019 reiste Außenminister Mohammed Sarif aus diesem Anlass nach Peking. Ein 18-seitiges Dokument, von Präsident Rohani genehmigt, sickerte Ende Juni 2020 durch und verriet das Ausmaß der Probleme der Islamischen Republik, die unterdessen auch noch von der Covid-19-Pandemie heimgesucht wurde: Der Iran musste Pekings übermäßig scharfe Bedingungen akzeptieren – eine Reminiszenz, nur unter umgekehrten Vorzeichen, an die »ungleichen Verträge«, denen China nach den Opiumkriegen im 19.

Jahrhundert durch die Kolonialherren aus dem Westen unterworfen worden war.

Der Ausdruck »nach Canossa gehen« spielt auf die große Demütigung Kaiser Heinrichs IV. an, die er im Jahr 1077 in dieser italienischen Stadt erfuhr – er musste sich Papst Gregor VII. zu Füßen werfen, um der Exkommunikation zu entgehen. Die Referenz hat es bis in den persischen Wortschatz geschafft, etwa wenn von den Friedensverträgen von Gulistan (1813) und Turkmantschai (1828) die Rede ist, die zu den größten Schandflecken in der Geschichte des Landes gehören, da der Iran dabei seine nördlichen Gebiete an das russische Zarenreich abtreten musste. Und so war im Juli 2020 im Parlament von Teheran bei einer stürmischen Debatte vom »chinesischen Turkmantschai« die Rede. Der bekannteste Wortführer unter den Populisten, die ein *Impeachment* gegen Präsident Rohani auf den Weg bringen und seinen Minister Mohammed Sarif abgesetzt sehen wollten (einige Monate nach dem erfolglosen *Impeachment* gegen Trump in Washington), um sie für ihre Unredlichkeit zu bestrafen, war niemand anderes als der ultraradikale Mahmud Ahmadinedschad, der ehemalige Präsident (2005–2013) – bekannt vor allem für den Wunsch, Israel solle noch während seiner Amtszeit »von den Seiten der Geschichte verschwinden«. Das chinesisch-iranische Dokument beginnt mit der Aussage, dass sich die »beiden alten asiatischen Kulturen als strategische Partner betrachten«, stimmt in der Folge aber all jene nachdenklich, »die die Revolution gemacht haben, damit niemand auf die Idee kommt, über [unsere] Nation zu verfügen« oder »dem Ausland unser Geld zu überlassen« – um die Worte Ahmadinedschads zu zitieren. Die für eine Laufzeit von 25 Jahren vereinbarte Übereinkunft sieht 400 Milliarden Dollar an Investitionen aus Peking vor, wodurch China sich u. a. Zugriff auf den Bankensektor, die Telekommunikation, Häfen und Eisenbahn sichert. Zudem wird eine militärische Kooperation angestrebt, in deren Rahmen 5.000 chinesische Soldaten im Iran stationiert werden sollen, um die Interessen des Geldgebers zu sichern, wofür China während der gesamten Laufzeit Erdöl mit einem Preisnachlass von etwa einem Drittel im Vergleich zum Weltmarktpreis erstehen kann. Im Parlament hart bedrängt, dementierte der iranische Außenminister, dass die Inseln im Persischen Golf an den fernöstlichen Partner verpachtet werden – Chinas Fischereiflotte durchkreuzte ohnehin bereits nächtens die fischreichen Gewässer auf der Suche nach *hammour*, dem örtlichen Zackenbarsch, der in China als Delikatesse gilt.

Dass möglicherweise chinesische Militärbasen im Iran errichtet werden könnten, die vom Status der Exterritorialität profitieren, weckte im noch jungen Gedächtnis der iranischen »revolutionären Familie« Erinnerungen an ein Zitat aus einer berühmten Predigt des Ajatollah Chomeini, die 1964 zu seiner Ausweisung in das Exil nach Nadschaf (Irak) geführt hatte. Das machtlose Parlament des Mohammad Reza Pahlavi hatte dem amerikanischen Militär, ihren Familien und ihrem Dienstpersonal diplomatische Immunität zugesichert. Daraufhin hatte sich der Prediger von seiner Kanzel ereifert: »Sollte der Schah jemals einen amerikanischen Hund erschlagen, würde er dafür zur Rechenschaft gezogen. Doch sollte ein amerikanischer Koch Seine Majestät den Schah erschlagen, würde er ungeschoren davonkommen!« Was den aktuellen Vertrag mit China anbelangt, so musste der Oberste Führer Chamenei am 12. Juli höchstpersönlich in einer Botschaft an das Parlament die Ultras und deren Anhänger zur Ordnung rufen. Sie hätten ansonsten womöglich in der Bevölkerung die Idee verbreitet, dass 40 Jahre Mullah-Theokratie den Iran zur Kapitulation vor einem asiatischen Despoten geführt haben, der noch habgieriger ist als der große amerikanische Satan. Der Wappenspruch des Regimes lautet jedenfalls: »Weder Osten noch Westen: Islamische Revolution!« – aber das ist inzwischen nur noch eine hohle Phrase, ganz wie die Ideologie, auf der es aufbaut.

Der Statthalter Qasem Soleimani konnte als moderne Verkörperung des Artaphernes (auf Persisch Irdanirpa) gelten, der laut Herodot im Jahr 500 vor Christus eine sich »über alle Küstenländer Asiens« erstreckende Autorität besaß. Mit seiner Ermordung am 3. Januar 2020 begann die Schwächung der Islamischen Republik im Jahr 2020 (vgl. Karte 9). Der Chef der al-Quds-Brigaden, eine der bekanntesten Persönlichkeiten des Iran, hätte den Übergang zu einem weniger ideologischen und mehr nationalistischen Regime darstellen und dessen Fortbestehen sichern können, ganz nach dem Modell des postmaoistischen Xi Jinping oder der Synthese von Islamismus und Panturanismus eines Recep Tayyip Erdoğan. Soleimanis außergewöhnliches Charisma, vergleichbar mit dem iranischer Popstars, das sich etwa im Verkauf von Geschirr mit seinem Gesicht darauf ausdrückte, und sein Verhandlungsgeschick bei den Gesprächen mit amerikanischen Geheimdienst-Kollegen während der Besatzung des Irak ab 2003 sorgten womöglich dafür, dass er sich ein wenig zu unantastbar fühlte. Dabei hatte Mike Pompeo kurz nach seiner Ernennung zum Außenminister in einer Rede am 21. Mai 2018 vor dem konservativen Thinktank Heritage Foundation in Washington ihn bereits »anvisiert«: »Der Iran hat sich während des JCPOA im Nahen Osten ausgebreitet. Qasem Soleimani spielt mit dem Geld des Kongresses, das zu Blutgeld geworden ist. Im Westen geschaffener Reichtum hat seine Militärkampagnen finanziert.« Soleimanis Tod am Bagdader Flughafen, wo außer ihm auch Abu Mahdi al-Muhandis starb, der die von Teheran abhängigen irakischen Milizen kommandierte, war ein wichtiger Wendepunkt und machte die Expansionsstrategie der Islamischen Republik bis an die Gestade des Mittelmeers zunichte. Zumal er just da ums Leben kam, als er gerade die Revolte junger Schiiten gegen die Plünderung der irakischen Erdöleinnahmen durch den Iran niederschlagen wollte. Das hatte zunächst Auswirkungen auf den Irak selbst, da Soleimanis blasser Nachfolger nicht in der Lage war, genügend politisch-militärische Unterstützung für den Iran zu mobilisieren, um die Ernennung des

Premierministers zu beeinflussen. Darüber hinaus waren die iranischen Autoritäten gezwungen, gute Miene zum bösen Spiel zu machen, als al-Kadhimi, am 7. Mai zum Premierminister ernannt, am 21. Juli in Teheran seine erste internationale Reise antrat, die ihn auch nach Washington und Amman führte, und schließlich am 2. September in Bagdad auch noch Emmanuel Macron empfing. Dabei hatte al-Kadhimi erklärt, seine Regierung bemühe sich um die Verbesserung der Beziehungen zum Iran, »basierend auf der Idee der gegenseitigen Nichteinmischung in die inneren Angelegenheiten beider Länder«. Die volle Bedeutung dieser Formel erfasst man erst, wenn man sich noch einmal das Ausmaß des persischen Interventionismus in diesen arabischen Staat mit schiitischer Mehrheit klarmacht. Dazu gehört etwa auch die Forderung des Obersten Führers Chamenei, alle noch im Irak stationierten amerikanischen Truppen sollten zurückgezogen werden, da »ihre Anwesenheit der Grund für die Unsicherheit ist«. Der französische Präsident war der erste führende Politiker aus dem Westen, der seit der Amtsübernahme al-Kadhimis nach Bagdad reiste. Er drückte dem irakischen Premierminister seine Unterstützung in der »Ablehnung jeder ausländischen Intervention, die die von [seiner] Regierung ergriffenen Maßnahmen untergraben könnte«, aus. Damit zielte er zum einen auf den iranischen Nachbarn ab und zum anderen auf das Wiedererstarken des IS, der versuchte, den Konflikt zwischen Teheran und Washington auszunutzen, um seine Schlagkraft zu erhöhen. Für Letzteres musste 2015 und 2016 vor allem Frankreich mit den Opfern der terroristischen Anschläge auf seinem Boden bezahlen.

Der Tod Soleimanis war sowohl Symbol als auch Auslöser für den Verlust der regionalen Bedeutung des Iran. So musste die Islamische Republik, auch infolge der Umwälzungen im syrischen Bürgerkrieg zugunsten Baschar al-Assads, vor allem ab 2017/2018 ihre Strategie neu justieren. Tatsächlich hatte das massive Eingreifen des iranischen Regimes in Syrien eine entscheidende Rolle für

Assads Überleben gespielt: Er wäre in den Jahren 2012 und 2013 ohne das Auftauchen der kampferprobten Truppen der libanesischen Hisbollah, der iranischen Revolutionsgarden und anderer schiitischer Hilfstruppen aus dem Irak, Pakistan oder Afghanistan dem Untergang geweiht gewesen. In der Statthalter-Logik des verstorbenen Kommandeurs der al-Quds-Brigaden, die auf dem um jeden Preis zu wahrenden Zusammenhalt des schiitischen Halbmonds basierte, wurde dem Kampf gegen die *takfiri* (Exkommunizierte) absoluter Vorrang eingeräumt – eine polemische Bezeichnung für die radikalen sunnitischen Islamisten, insbesondere die des sogenannten »Islamischen Staats« mit ihrem Hass auf die Schiiten. Allerdings hatte die Islamische Republik vor dem Bürgerkrieg im Scham und noch unter der Präsidentschaft von Mahmud Ahmadinedschad zahlreichen verfolgten al-Qaida-Führungsfiguren eine Art Asyl in Form eines überwachten Wohnsitzes angeboten, darunter auch einem Sohn bin Ladens, Saad, und dem ehemaligen ägyptischen Spezialeinheiten-Offizier Saif al-Adel, damals Nummer drei in der Dschihadistenorganisation (über den das Gerücht umging, Teheran wolle ihn zum Nachfolger Osamas machen). In den Kontext der Beziehungen zwischen dem Iran und al-Qaida gehört auch eine Pressemeldung vom 13. November 2020, dass bereits am 7. August die rechte Hand von al-Qaida-Chef Aiman az-Zawahiri, Abu Mohamed al-Masri, bei einem Attentat durch den israelischen Geheimdienst getötet worden sei. Mehreren Quellen zufolge hatte al-Masri seit 2002 im Iran gelebt. Neben der komplexen Beziehung zwischen den Mullahs und dem sunnitischen Dschihadismus, auf die diese Hinrichtung ein Schlaglicht wirft, sollte man auch nicht vergessen, dass die radikalen Muslimbrüder, vor allem ihr wichtigster Ideologe Sayyid Qutb, die schiitischen Islamisten sowohl im Irak wie auch im Iran inspirierten – ein Beleg dafür ist etwa die 1984 von Teheran herausgegebene Briefmarke zu Ehren dieses »Märtyrers«.

Die Hamas wird in nicht unerheblichem Maße politisch, militärisch und finanziell vom Iran unterstützt. Sie bildet zusammen mit ihrem schiitischen Zwilling Hisbollah im Libanon den Hammer und den Amboss, mit denen das Mullah-Regime den jüdischen Staat im Süden und im Norden eingeklemmt hat. Als 2012 die Hisbollah in Syrien eingriff, um mit der Macht Assads auch das territoriale Fortbestehen des schiitischen Halbmonds zu sichern, zwang der daraus entstehende Bruch der Hisbollah mit den Muslimbrüdern und der Hamas Letztere dazu, in aller Eile die Gebäude in Damaskus zu verlassen, wo ihr exiliertes Politbüro untergekommen war. Dass sich der Iran mit dem Einsatz für den syrischen Herrscher für eine Realpolitik entschied, wie Qasem Soleimani sie repräsentierte, dem die Sicherung des Territoriums wichtiger war als ideologische Verbundenheit, isolierte die iranische Führung vom arabisch-sunnitischen Islamismus, der sich massiv im Aufstand gegen den »häretischen« Alawiten Baschar al-Assad engagierte. Durch diese Spaltung wurde es immer schwieriger, die Gesamtheit der Muslime auf einer gemeinsamen radikalen antizionistischen Linie zu vereinen: Nach dem 33-Tage-Krieg im Sommer 2006, bei dem die Hisbollah die Offensive der israelischen Streitkräfte im Südlibanon in Schach halten konnte, hatte Teheran noch enorm an Prestige hinzugewonnen, sowohl bei den reaktionärsten sunnitischen Scheichs auf der arabischen Halbinsel als auch bei den progressivsten christlichen Linken des Libanon. Doch diese Zeiten sind vorbei. Die iranische Intervention in Syrien isolierte die Islamische Republik von der Mehrheit der sunnitischen Araber außerhalb vom »Halbmond« ihrer Vasallen.

In diesem Kontext war das Infragestellen des JCPOA-Atomabkommens durch die USA – Donald Trump hatte im Wahlkampf 2016 versprochen, er werde diesen Vertrag »zerfetzen« – gleichbedeutend mit der Ankündigung eines Konflikts. Teheran musste Rückversicherungspakte abschließen, um einer *splendid isolation* zu entgehen. Die im Mai 2017 in Astana (heute: Nursultan) unterschriebene Vereinbarung, mit der unter Schirmherrschaft Russlands ein Dialog- und Kooperationsprozess mit der Türkei eingeleitet wurde, erlaubte einen ersten Schritt in diese Richtung: Man begann, die noch offenen Rechnungen aus dem syrischen Bürgerkrieg zu begleichen, eine Vorbedingung für das zukünftige Bündnis aus Muslimbruderschaft und Schiiten, für welches das arabische und sunnitische Emirat Katar den Bankier spielen sollte. Doch um diesen Prozess zu vollenden, war es wichtig, Israel – und nicht die sunnitischen Islamisten – wieder zum Feind schlechthin zu machen. Man hoffte, antiimperialistische Unterstützung aus der großen nebulösen Internationalen linker Islamisten zu erhalten, zu der viele Araber gehören sowie Zivilgesellschaften, Moscheenetzwerke bis hin zu ganzen Staaten. Dies geschah über die Reaktivierung der Hamas und die Neuausrichtung der Militärmaßnahmen der Hisbollah gegen Israel, nachdem diese fünf Jahre lang in Syrien Krieg geführt hatte. Die ab Juni 2017 auf Initiative von Abu Dhabi und Riad organisierte Blockade Katars bot Teheran die Möglichkeit, sich dem gasreichen Emirat und dessen arabischsprachigem TV-Sender Al Jazeera anzunähern. Letzterer ist noch immer eine nicht zu vernachlässigende *soft power*, auch wenn die Zuschauerzahlen deutlich zurückgegangen sind, seit der Sender nach den arabischen Aufständen im Jahr 2011 ganz offensichtlich zum Sprachrohr der Muslimbruderschaft geworden war. Im Rahmen dieser Annäherung an Katar wurde auch die Dreierallianz mit der Türkei geschlossen, welche ein Expeditionskorps nach Doha schickte. Doch keine dieser Präventivmaßnahmen reichte aus, um den Iran vor den umfassenden Folgen zu schützen, die der Rückzug der Amerikaner aus dem Atomabkommen im Mai des folgenden Jahres hatte. Die iranische Gesellschaft wurde von den Restriktionen auf allen Ebenen getroffen – angefangen bei der Unmöglichkeit von Auslandsreisen, die für die Mittelschicht stets eine Erfrischung bedeutet und ihre Verbitterung über die Mullah-Herrschaft überdeckt hatten. Nach einer massiven Erhöhung der bis dahin großzügig subventionierten Benzinpreise demonstrierten im November 2019 Zehntausende »Benachteiligte« (die traditionelle Klientel des Regimes seit der Revolution) gewalttätig in Hunderten Städten und forderten die Absetzung der Regierung. Das Regime spürte die große Gefahr und unterdrückte die Unruhen mit harter Hand: Laut einem im September 2020 von Amnesty International veröffentlichten Bericht wurden die (rund 7.000) Verhafteten massiv gefoltert und zu Geständnissen gezwungen, denen zufolge sie vom Ausland zu den Protesten angestachelt worden seien. Die Islamische Republik sprach von 320 Toten – das US-Außenministerium von vier Mal so vielen – und verurteilte die Aufständischen in Schnellverfahren als »Feinde Gottes« zu Strafen, die von Auspeitschen bis zur Hinrichtung reichten.

Darüber hinaus reduzierte die wirtschaftliche Not der Islamischen Republik die finanzielle Unterstützung der Hisbollah und führte dazu, dass erheblich auf die Ressourcen des Irak zurückgegriffen wurde – wie oben bereits beschrieben (vgl. Karte 8). Eine Folge waren die schiitischen Massenproteste gegen die Plünderungen durch den Iran ab Anfang Oktober, bei denen bis Ende 2019 mehr als 600 Menschen ums Leben kamen und mehr als 17.000 verletzt wurden. Die darauffolgende politische Krise verunsicherte Teherans Vertraute und fand in der Ermordung von Qasem Soleimani und dessen Helfershelfer, dem Chef der lokalen Schiitenmilizen, Abu Mahdi al-Muhandis, ihren Höhepunkt. Auch im Libanon konnte Teheran die Hisbollah, ihre Armeestruktur und ihr großes karitatives Netzwerk nicht mehr in gleichem Maße wie zuvor finanziell absichern. Wie bereits erwähnt: Auch wenn sich die gesamte libanesische Bevölkerung vordergründig von der Unfähigkeit der politischen Klasse aller Konfessionen verbittert zeigte, stand die libanesische Politik jedoch seit den Wahlen im Juni 2018 unter Kontrolle der Partei Gottes und damit des Iran, der folglich als Hauptverantwortlicher für die schlechte Lage galt. Und doch waren es vor allem viele arme schiitische Libanesen, die durch den Rückgang der sozialen Hilfen in Bedrängnis gerieten. Die nun ausbrechenden Unruhen, auch »Revolution (*thaoura*) des 17. Oktober 2019« genannt, richteten sich ausdrücklich gegen die Hisbollah, und sogar in deren Hochburg, der südlichen »Banlieue« (*dahiyé*) Beiruts, sprach man sich gegen die Aneignungen aus – bevor dann Handlanger und Milizen der Hisbollah jegliche Spur von Dissens in den Reihen der Schiiten gewaltsam unterdrückten. Diese missliche Lage wurde vom Coronavirus noch verschlimmert, das von Pilgern aus dem Cluster rund um Ghom und Maschhad in den Libanon eingeschleppt wurde. Dann ereignete sich am 4. August die katastrophale Explosion im Beiruter Hafen mit mindestens 214 Toten, 6.500 Verletzten und 350.000 Obdachlosen, gefolgt vom Rücktritt der Regierung des sunnitischen Ministerpräsidenten Hassan Diab, der über die zwischengeschaltete Hisbollah als Marionette Teherans eingesetzt gewesen war (vgl. Karte 13).

Beim zweiten Besuch von Emmanuel Macron im Zedernstaat im Sommer 2020 forderte der französische Präsident, de facto Wortführer der internationalen Geldgeber, am 1. September 2020 (dem 100. Jahrestag der Ausrufung des Großlibanon durch General Henri Gouraud) eine Reform der Regierungsführung, damit die Kredite verlängert werden könnten. Zeitgleich wurde der ehemalige Deutschland-Botschafter Mustapha Adib, ein unabhängiger Sunnit, zum Ministerpräsidenten gewählt, mit dem Auftrag, innerhalb von zwei Wochen eine Regierung zu bilden (vorherige Ministerpräsidenten hatten bisweilen mehrere Monate des interkonfessionellen Taktierens und des Aufteilens der Pfründe dafür benötigt). Teheran war nicht in der Lage, seiner Wahl einen Stein in den Weg zu legen – die Hisbollah enthielt sich –, womit die Situation an den Aufstieg al-Kadhimis in Bagdad vom 7. Mai denken ließ.

Dieses taktisch bedingte Zurückziehen der Islamischen Republik aus zwei entscheidenden Schaltstellen des schiitischen Halbmonds erinnerte an die *taqīya* (oder *ketman*) – die »Verheimlichung der Ziele in Situationen der Schwäche« oder auch fromme

Unaufrichtigkeit, wie sie bezeichnend ist für diese Konfession, die 15 Jahrhunderte lang unter sunnitischer Unterdrückung überlebt hat. Und in der Tat brachten die aus Teheran gesteuerten schiitischen Parteien des Libanon die Adib-Regierung bereits am 26. September wieder zum Scheitern, sehr zum Ärger Emmanuel Macrons. Zugleich nutzte der Iran die Turbulenzen des amerikanischen Präsidentschaftswahlkampfs aus, um die Regierung von al-Kadhimi zu destabilisieren, indem proiranische Milizen ermutigt wurden, Raketen auf für die USA relevante Ziele im Irak abzufeuern (vgl. Karte 9). Die Position der Islamischen Republik in Syrien ist hingegen deutlich komplexer, steht sie hier doch einem Partner gegenüber, der weniger sensibel auf derlei Druck reagiert, nämlich Russland. Die iranische Präsenz im Süden Syriens, die den Abschuss von Flugkörpern auf Israel ermöglicht, ist für Washington ein Casus Belli: Insbesondere macht sie die Anpassung des »Caesar Act« völlig undenkbar. Dieses am 17. Juni 2020 in den USA in Kraft getretene Gesetz ist nach einem anonymen Fotografen benannt, der aus Baschar al-Assads Armee desertierte und Tausende Beweisfotos der unerträglichen Folter aufnahm, der Gefangene während des Bürgerkriegs in syrischen Gefängniszellen ausgesetzt waren. Es stellt jegliche Unterstützung für das syrische Regime unter Strafe, vor allem finanzieller oder geschäftlicher Art, um so das Regime zu zwingen, die politischen Gefangenen freizulassen, die Gewalt gegen Zivilisten zu beenden und eine Rückkehr zur Normalität in Syrien zu ermöglichen. So fordert es auch die Resolution 2254 des UN-Sicherheitsrats vom Dezember 2015 – um die Zustimmung Moskaus zu dieser Resolution zu erhalten, wurde die Frage nach einer zukünftigen Regierung in Damaskus offengelassen. Für Wladimir Putin hingegen droht der militärische Erfolg in Syrien zu einem Pyrrhussieg zu werden, und die russischen Finanzen dürften dauerhaft schwer belastet werden, sollte nicht bald eine politische Lösung gefunden werden – zumal die durch das Caesar-Gesetz vorgesehenen Sanktionen jede Beteiligung am und jedes Investment in den Wiederaufbau des Landes aus dem Westen oder den Ölmonarchien verhindern. Das war auch die Absicht des Besuchs des russischen Außenministers, Sergei Lawrow, am 8. September in Damaskus, der in Begleitung einer vielköpfigen Delegation das Land zum ersten Mal seit 2012 besuchte (vgl. Karte 10): Das syrische Regime sollte so weit wie möglich von Teheran abrücken und jeglicher Fortschritt im Sinne der Resolution 2254 angestrengt werden, nämlich über die Befreiung der politischen Gefangenen und Gespräche mit der Opposition. So wäre es möglich, den Wiederaufbau in Syrien anzustoßen, der geschätzte 400 Milliarden US-Dollar kosten wird und an dem sich die Verbündeten der USA, vor allem die Vereinigten Arabischen Emirate, finanziell beteiligen könnten – und sei es in einer Ausweitung des Abraham-Abkommens. Doch die Vorbedingung dafür wäre eine Distanzierung von Damaskus und Teheran. Gleichzeitig spiegelt sich auf diversen prosyrischen Webseiten die Kritik gegenüber der iranischen Politik wider, die hier als »imperialistisch« oder »sassanidisch« bezeichnet wird und manchen sogar als »persischer Chauvinismus« gilt, wohingegen man sie früher noch als antiimperialistisch und antizionistisch gerühmt hatte.

Seit der Ermordung Qasem Soleimanis im Januar 2020 litt die Oberhoheit des Iran, die der Getötete gegenüber den Vasallen des schiitischen Halbmonds aufgebaut hatte, also immer mehr unter Störungen. Die exponentielle Verbreitung des Covid-19-Erregers im Iran (vgl. Karte 4), der nach wie vor aufgestaute soziale Unmut im Land, das Abraham-Abkommen zwischen Israel und den Emiraten sowie die zunehmende Emanzipation des irakischen Premiers al-Kadhimi von seinem übergriffigen östlichen Nachbarn haben die Lage empfindlich verschärft. Setzten Teheran und seine Komplizen in der Vergangenheit erfolgreich Terror ein, um Machtverhältnisse durchzudrücken – von der Geiselnahme in der amerikanischen Botschaft 1979–1981 bis hin zu den Anschlägen gegen die amerikanischen und französischen Kontingente der internationalen Eingreiftruppe im Libanon vom 23. Oktober 1983 –, so sind heute die inneren wie die globalen Umstände eher ungünstig für Maßnahmen dieser Art: Die Präsidentschaftswahlen in den USA am 3. November 2020 wie die im Iran am 18. Juni 2021 hätten durch einen Ausbruch des Terrorismus womöglich in einer Richtung durcheinandergebracht werden können, die den iranischen Interessen entgegensteht. Dabei war alles, was einer Wiederwahl Donald Trumps zuwiderlief, ganz im Sinne der schiitischen Theokratie, sosehr es die Islamische Republik auch vor existenzielle Herausforderungen stellen mochte oder gar ihr Überleben infrage stellte. Als im Laufe des Jahres die Unsicherheit über den Ausgang der US-Wahl wuchs und General Kenneth McKenzie, Kommandeur des CENTCOM (das Regionalkommando der USA für den Nahen Osten, von Ägypten bis zum Iran, aber auch für Ostafrika und Südostasien), am 9. September ankündigte, die Zahl der im Irak stationierten amerikanischen Soldaten werde noch vor Ende des Monats von 5200 auf 3000 reduziert, nahmen die proiranischen schiitischen Milizen den Beschuss der Militärbasen wieder auf, um diesem Abzug den Anschein einer Niederlage zu geben und die Alliierten der USA sowohl in Bagdad wie auch in Erbil zu bedrohen (vgl. Karte 8). Am 26. September feuerten von Teheran unterstützte Milizen Raketen auf den Flughafen der irakischen Hauptstadt ab und töteten fünf Zivilisten, und am 30. des Monats gerieten beim Flughafen der Hauptstadt des autonomen Kurdengebiets stationierte US-Truppen unter Beschuss von sechs Raketen. Abgefeuert wurden sie von einer Brigade der Volksmobilmachungskräfte, die für ihre Nähe zur aus den iranischen Revolutionsgarden hervorgegangenen Organisation Badr bekannt sind. US-Außenminister Mike Pompeo drohte daraufhin mit der Schließung der amerikanischen Botschaft, sollte die irakische Regierung keine Maßnahmen ergreifen, um die Angriffe auf Einrichtungen von amerikanischem Interesse zu verhindern. Am 2. Oktober wurde dann Trumps Covid-Erkrankung bekannt gegeben, und er musste sich in Behandlung begeben, was die Turbulenzen und Unsicherheiten des US-Wahlkampfs noch steigerte und die Entscheidungsprozesse der Regierung in Washington behinderte. Die Islamische Republik erkannte in den Attacken ihrer irakischen Verbündeten auf die amerikanischen Truppen die Gelegenheit, daran zu erinnern, dass sie trotz aller Unwägbarkeiten stabile Handlungsmöglichkeiten im Irak besitzt und die Eingliederung des Landes in das Abraham-Abkommen alles andere als beschlossene Sache ist. In äußerster Bedrängnis setzte Teheran auf seine Möglichkeiten, Schaden anzurichten, die nicht unterschätzt werden sollten. Im Jahr 2017, vor den Sanktionen, exportierte der Iran täglich 2,2 Millionen Barrel Öl, was ihm 55 Milliarden Dollar im Jahr einbrachte. 2019 verkaufte das Land nur noch 651.000 Barrel pro Tag, was sich auf 19 Milliarden belief. 2016 hatte das Wirtschaftswachstum dank des Atomabkommens 12,5 Prozent erreicht. Durch die Sanktionen, Covid-19 und den Zusammenbruch des Ölmarkts dürfte der Rückgang des Bruttosozialprodukts, der 2019 im zweiten Jahr in Folge bei mehr als −5 Prozent gelegen hatte, die iranische Wirtschaft auch in den kommenden Jahren belasten.

Von fossilen Brennstoffen zum grünen Wasserstoff: der schmale Grat Saudi-Arabiens

Der Flug El Al 971 vom 31. August 2020 weihte die kommerzielle, dreistündige Direktverbindung zwischen Tel Aviv und Abu Dhabi ein (vgl. Karte 1). Mit an Bord: eine Handvoll amerikanischer und israelischer Würdenträger, angeführt von Jared Kushner, Donald Trumps Schwiegersohn und wichtigster Berater für den Nahen Osten. Kushner wurde am nächsten Tag von Irans Oberstem Führer Chamenei als »der Jude der Familie Trump« geschmäht, der Teil jener »gefährlichen Elemente [*khabith*] der Vereinigten Staaten [sei], die gegen die Interessen der islamischen Welt agieren«.

Die neue Flugverbindung war durch die Entscheidung Saudi-Arabiens möglich geworden, fortan den Flugverkehr aus oder in Richtung der Emirate durch seinen Luftraum zuzulassen. Seit Riad und Abu Dhabi im Juni 2017 die Blockade gegen Katar durchgesetzt hatten, war der saudische Luftraum streng für alle Flugzeuge aus oder in Richtung des Gasemirats gesperrt gewesen. Mit dieser von Netanjahu in einem Tweet überschwänglich gelobten Entscheidung erkannte Mohammed bin Salman den Normalisierungsprozess zwischen dem jüdischen Staat und der Ölmonarchie de facto an. Der Kronprinz legt jedoch, wie die übrigen arabischen Oberhäupter, Wert darauf, stets zu wiederholen oder wie in diesem Fall durch seinen Außenminister wiederholen zu lassen, die Sicherheit Israels könne nur garantiert werden, wenn der palästinensische Staat anerkannt würde. Und es ist kaum vorstellbar, dass das Königreich Saudi-Arabien sich zu Lebzeiten König Salmans offiziell dem Abraham-Abkommen anschließen könnte. Solange zwei voneinander getrennte Einheiten bestehen – im Westjordanland unter Führung der PLO und Mahmud Abbas', im Gazastreifen unter der der Hamas –, dient der wiederholte Ausdruck der Sorge um Palästina weniger dazu, eine realistische Zukunftsperspektive aufzuzeigen, als vielmehr eine PR-Maßnahme des Iran und seiner Verbündeten zu verhindern, mit der sie sich als Heldenkämpfer für die palästinensische Sache und damit als Gegenstück zu den »perfiden« arabischen Brüdern stilisieren könnten. Eine solche Selbstdarstellung des Iran würde zudem die PLO von Mahmud Abbas empfindlich zugunsten der Hamas schwächen. Tatsächlich versuchte Teheran, sich in jüngster Zeit als tugendhafter Panislamist zu geben, nachdem seine Hilfstruppen zuvor sunnitische Rebellen in Syrien massakrierten, um den »Häretiker« Assad zu retten.

Im Gegensatz zum Schwung der Vereinigten Arabischen Emirate im Rahmen der Normalisierung mit Israel ist Saudi-Arabiens Vorbehalt zuvorderst der Legitimation geschuldet, die die Monarchie im In- wie dem muslimischen Ausland aus seinem Status als »Hüter (oder Diener) der beiden Heiligen Stätten« (*chadim al-haramain*) – Mekka und Medina – zieht. Mit diesem Titel wurde im 12. Jahrhundert der ayyubidische Sultan Saladin ausgezeichnet, als er die islamische Welt mit militärischen Mitteln und im letzten Moment vor der Bedrohung durch die Kreuzzüge gerettet hatte. Später griff der osmanische Kalif Selim I. die Bezeichnung nach der Eroberung Syriens und Ägyptens (1515–1517) wieder auf, um seine Legitimität gegenüber dem safawidischen Schah des Iran zu bestätigen. Anschließend galt der Titel als veraltet, bis ihn das saudi-arabische Protokoll am 28. Oktober 1986 als offizielle und exklusive Bezeichnung des Souveräns einführte, womit die Bezeichnung »Majestät« (*jalala*) hinfällig wurde. Grund für diesen Rückgriff war, dass sich anlässlich der alljährlichen Großen Pilgerfahrt (Hadsch) nach Mekka der Iran Mitte der 1980er-Jahre intensiv darum bemühte, die saudische Kontrolle über die Pilgerfahrt zu umgehen und abzulösen. Denn das saudische Königreich verfügte die Einhaltung strenger, rigoroser, dem Wahhabismus zugehöriger Riten und unterdrückte den ungezügelten schiitischen Kult, besonders rund um das vermutliche Grab des Propheten und seiner Familie, das von Gläubigen ebenso hingebungsvoll verehrt, wie sein Zutritt von den Sittenwächtern erbarmungslos verboten wurde. Indem Riad angesichts der schiitischen Konkurrenz die Bezeichnung »Hüter (oder Diener) der beiden Heiligen Stätten« wieder aufleben ließ, bekräftigte es die ungemeine Wichtigkeit der islamischen Legitimation für die saudische Monarchie.

Der saudische Kronprinz hat nun in jüngster Zeit den Druck des Wahhabismus auf die Gesellschaft, vor allem auf die Jugend, verringert, und im Rahmen der Pandemie die gebotenen Vorsichtsmaßnahmen ergriffen: die Hadsch Ende Juli 2020 wurde auf eine Handvoll Pilger reduziert, Abstandsregeln mussten eingehalten werden. Damit ermöglichte er es allerdings Erdoğan, sich als neuen Rivalen zu positionieren, als universellen Bewahrer des Islam und Nachfolger des Konstantinopel-Eroberers Mehmed II. Fatih, wie gesehen, insbesondere bei der Reislamisierung der Hagia Sophia (vgl. Karte 2). Die Massen enthusiastischer Gläubiger, die sich in Istanbul um das für den Islam zurückgewonnene ehemalige Museum drängten (und sich anschließend als mit Covid-19 infiziert erwiesen), bildeten den Gegenentwurf zu dem Trauerspiel, das die Bilder aus dem keimfreien Mekka lieferten. Am 22. August fand in Istanbul ein Treffen zwischen dem türkischen Präsidenten und Ismail Haniyya, dem inoffiziellen »Ministerpräsidenten« des Gazastreifens, statt, über das die Medien ausführlich berichteten – einen Tag nachdem man entschieden hatte, auch das byzantinische Juwel der Istanbuler Chora-Kirche in eine Moschee umzuwandeln. Haniyya reiste am Sonntag, den 6. September, in den Libanon weiter und stattete, nachdem der Generalsekretär der Hisbollah, Hassan Nasrallah, ihn mit allen Ehren empfangen hatte, dem palästinensischen Lager Ain al-Hilweh einen Besuch ab, wo er von den anwesenden Flüchtlingen und Aktivisten gefeiert wurde. Dass die Unterstützung für die palästinensische Sache in ihrer islamistischen Ausprägung derart öffentlichkeitswirksam betont wurde, zeigt, welche Ressourcen die Achse von Muslimbrüdern und Schiiten einzusetzen bereit ist, um auf Abu Dhabis »Verrat« im Rahmen des Abraham-Abkommens zu reagieren. Unterdessen flog der türkische Außenminister Mevlüt Çavuşoğlu nach Caracas, um der Regierung von Nicolás Maduro den Rücken zu stärken. Eine für Venezuela bestimmte Öllieferung aus dem Iran war kurz zuvor vom US-Zoll abgefangen worden: Damit wurde in der Woche nach Ankündigung der Normalisierung der Beziehungen zwischen Israel und den Emiraten für alle sichtbar das türkisch-iranisch-katarische Dreierbündnis bekräftigt, das sogar bis zur Bolivarischen Republik Venezuela reicht. Dies vertiefte den Graben zu den führenden Nationen des Abraham-Abkommens auf globaler Ebene. Ankara, Teheran und Doha konnten sich als Verfechter der palästinensischen Sache stilisieren, was bislang die

Muslimbrüderpartei Hamas auf Kosten der PLO übernommen hatte, und die arabischen Mitglieder des Abraham-Abkommens des Verrats an einem Ideal beschuldigen, das ein Dreivierteljahrhundert lang entscheidend zur Bildung ihrer Identität beigetragen hatte. Während die USA das Treffen Erdoğans mit dem Führer einer »Terrororganisation« verurteilten, war es für die saudische Monarchie ungleich schwieriger, dasselbe Register zu verwenden: Sie hätte riskiert, eine Reihe Verbündeter zu verprellen, und das zu einem Zeitpunkt, als das Königreich den Turbulenzen eines nachhaltig gestörten Ölmarktes ausgesetzt war. Die Investitionen, die aus der Region rund um die Oase al-Ula einen internationalen Tourismus-Hotspot machen sollten, wurden heruntergefahren, nicht zuletzt da Covid-19 internationale Reisen zunächst auf unbestimmte Zeit unmöglich machte. Die Verträge der als nicht unbedingt notwendig erachteten ausländischen Arbeitskräfte wurden aufgelöst, und diese in ihre Heimatländer zurückgeschickt. Der Arbeitsmarkt Saudi-Arabiens erwies sich als geschwächt, obgleich die Mobilisierung der erwerbstätigen Jugend eigentlich die Grundlage für den Aufschwung einer vom Erdöl unabhängigen Wirtschaft sein sollte, wie sie dem Kronprinzen am Herzen liegt.

Das futuristische Projekt der intelligenten Stadt (*smart city*) Neom hingegen wurde kräftig angeschoben: Die Planstadt im Nordwesten des Staatsgebiets, an der Grenze zu Jordanien, Ägypten und Israel, profitiert von einem juristischen Sonderstatus und wurde am 23. August 2020 von Energieminister Prinz Abdel Aziz bin Salman, dem Halbbruder des Kronprinzen, mit 500 Milliarden US-Dollar gefördert (vgl. Karte 6). Dank der außergewöhnlich starken Sonneneinstrahlung und des starken Winds ist das 25.000 Quadratkilometer große Gebiet dazu geeignet, die Ölmonarchie zu transformieren: Der zu äußerst geringen Selbstkosten produzierbare Sonnen- und Windstrom soll aus Saudi-Arabien einen weltweit führenden Versorger mit grünem Strom machen, wobei 2025 als wichtiger Meilenstein in Mohammed bin Salmans »Vision 2030« gilt. Sollte sein Plan in der vorgesehenen Zeit tatsächlich umgesetzt werden – und Saudi-Arabien hat trotz der Scherereien mit den Öleinkünften die Möglichkeit, sich auf den internationalen Finanzmärkten beliebig viel Geld zu leihen –, wäre dies eine beachtliche Wende, sowohl für die Halbinsel im Herzen des Nahen Ostens, die vom Produzenten und Exporteur schmutziger Rohstoffe zum postindustriellen Spitzenreiter sauberer Energien würde, wie auch für ihren Platz in der Welt. Trotz der gewohnt vorsichtigen Diplomatensprache lässt sich erkennen: Es gibt eine Komplementarität zwischen der Transformation Saudi-Arabiens einerseits – hier würde die Bildung einer Unternehmerschicht es erlauben, die Nebenwirkungen der sozialen Abhängigkeit von der Ölrente und die damit einhergehende Unproduktivität und den Gehorsam gegenüber dem islamischen Rigorismus zu überwinden – und der Annäherung zwischen Israel und den Emiraten andererseits, die eine Woche vor dem Finanzierungsschub für Neom vertraglich vereinbart wurde. Denn Letztere stellt, wie schon beschrieben, ein erstes sowohl wirtschaftliches wie auch politisches Joint Venture zwischen der Hochtechnologie des jüdischen Staats und den sagenhaften Finanzierungsmöglichkeiten der Emirate dar, die sich ebenfalls um eine Vision für ihre Entwicklung in der Zeit nach dem Erdöl bemühen. Die futuristische Planstadt Neom liegt ganz in der Nähe Israels: Eilat ist über Jordanien hinweg nur etwa 40 Kilometer entfernt. Sind die politischen Hindernisse erst einmal aus dem Weg geräumt, die die Überquerung der beiden Grenzen derzeit noch begleiten, so lässt sich die Strecke entlang des Golfs von Akaba mit dem Auto in 45 Minuten zurücklegen. Ein Beleg für die geografische Nähe ist auch der »halb-geheime« Besuch, den Benjamin Netanjahu und Mossad-Chef Yossi Cohen laut israelischer Quellen der Zukunftsstadt Neom am Abend des 22. November 2020 abgestattet haben sollen – ihr Privatflugzeug brauchte keine halbe Stunde von Tel Aviv bis zu seinem Ziel. Dort trafen sie US-Außenminister Mike Pompeo auf dessen Abschiedstour durch die Region sowie den saudischen Kronprinzen: Man wollte sich vor einer Neuorientierung unter Präsident Biden schützen, der plante, in das Atomabkommen zurückzukehren und die Gespräche mit dem Iran wiederaufzunehmen, indem man eine geeinte Front zwischen Jerusalem und Riad zeigte. Offizielle saudi-arabische Stellen dementierten, dass es ein solches Treffen gegeben habe.

Die Zukunft des Königreichs und sein Platz im internationalen System sind eng mit seiner speziellen Beziehung zu den Vereinigten Staaten verknüpft – und das seit den am 14. Februar 1945 zwischen Franklin D. Roosevelt und Abd al-Aziz ibn Saud unterschriebenen Vereinbarungen. Donald Trump reservierte Riad die erste Etappe seiner Inaugurationsreise im Mai 2017, bei der er jenen Antiterrorpakt besiegelte, der den endgültigen Sturz des IS-»Kalifats« herbeiführte und außerdem eine Blankovollmacht für die Blockade Katars durch die Emirate und Saudi-Arabien zur Folge hatte. Der US-Präsident stellte sich nachdrücklich auf die Seite des Kronprinzen, vor allem was dessen Antagonismus zum Iran anging. So entsprach auch der amerikanische Rückzug aus dem Atomabkommen JCPOA im Jahr darauf voll und ganz Mohammed bin Salmans Wünschen. Doch dann wurde am 2. Oktober 2018 der saudi-arabische Journalist Jamal Khashoggi ermordet, der gelegentlich auch für die *Washington Post* geschrieben und dabei die Mächtigen seines Landes kritisiert hatte, mit denen er einst eng verbunden gewesen war. Khashoggi hatte wohl zurück zur engen Beziehung zu den Muslimbrüdern aus dem Feindesland Katar gefunden, denen er schon in seiner Jugend nahegestanden hatte, was mit seiner Verlobung mit einer jungen, ideologisch ähnlich eingestellten Türkin zu tun haben dürfte. Der Journalist ging ins saudi-arabische Konsulat in Istanbul, um zivilrechtliche Fragen rund um seine Wiederverheiratung zu klären, wurde dort in eine

Falle gelockt und getötet. Der Mord an Khashoggi machte nun den saudischen Kronprinzen zum Hauptziel des Rachefeldzugs der US-Presse und der demokratischen Opposition zu Donald Trump. Hinzu kamen die Verhaftung mehrerer saudi-arabischer Frauen und der Verdacht, dass sie unter schlechten Haftbedingungen leiden mussten. Ihr Vergehen: Sie hatten ihre Emanzipation in die eigenen Hände genommen, wo doch Mohammed bin Salman, der den Frauen den Erwerb des Führerscheins ermöglicht und das Tragen des Schleiers in der Öffentlichkeit freigestellt hatte, das Tempo der Gleichberechtigung angesichts der zähen konservativen Gesellschaft selbst bestimmen wollte. Die demokratische Abgeordnete im Repräsentantenhaus aus Minnesota, Ilhan Omar, eine sehr aktive Unterstützerin der amerikanischen Muslimbrüder-Lobbyorganisation CAIR (Council on American-Islamic Relations), machte sich für eine Koalition aus Feministinnen und Islamisten stark, die Druck auf die saudi-arabische Botschafterin in Washington, Prinzessin Reema bint Bandar Al Saud, ausübte. Man verlangte von ihr Informationen über drei im Mai 2018 verhaftete Aktivistinnen, von denen zwei in der Haft unter Umständen leben mussten, die die Angehörigen besorgten und den Verdacht auslösten, sie könnten gefoltert worden sein. Die US-Demokraten unterstützten dieses Anliegen, darunter auch der Kalifornier Adam Schiff, der um die Jahreswende die Impeachment-Anklage gegen Donald Trump anführte. Am 24. November entschied ein saudischer Richter, die Galionsfigur der feministischen Bewegung, Loujain al-Hathloul, müsse sich vor einem auf Terrorismusangelegenheiten spezialisierten Gericht verantworten. Sie wurde zu rund sechs Jahren Gefängnis verurteilt, aber im Februar 2021 entlassen. Sie darf die nächsten fünf Jahre das Land nicht verlassen.

Jemen: der Krieg ohne Ausweg

Der Hauptkonfliktpunkt der Beziehungen zwischen der saudischen Monarchie, der liberalen Presse jenseits des Atlantiks, der demokratischen Mehrheit im Kongress und dem Team um Joe Biden blieb jedoch der Krieg im Jemen. Im März 2015 hatte sich Mohammed bin Salman, damals Verteidigungsminister und noch nicht Kronprinz, in Absprache mit den Vereinigten Arabischen Emiraten und mit der Unterstützung mehrerer arabischer wie westlicher Staaten zur Intervention seines Landes im Jemen entschlossen. Ziel war es, die aus Sanaa vertriebene, legitime Regierung wieder einzusetzen und die von Teheran unterstützten Huthi-Rebellen zurückzudrängen. Fünf Jahre später hat sich die militärische Lage vor Ort nicht signifikant verändert, trotz der deutlich überlegenen Bewaffnung der Koalition und ihrer völligen Dominanz am Himmel. Die humanitäre Situation hingegen, die im Gegensatz zu den Dramen in Syrien und Libyen lange Zeit mit großer Gleichgültigkeit betrachtet wurde, bezeichnete die UN als »die schlimmste Krise, die sich auf der Erde ereignet. Eine Hungersnot greift in dem ärmsten Land der Region um sich, das von reichen Ölmonarchien umgeben ist und in dem die Hälfte der Kinder unter fünf Jahren Ende 2020 unter Mangelernährung leiden wird.« Zu Cholera und Diphtherie kam auch noch Covid-19 hinzu, das sich rasend schnell verbreitete, da die Menschen dicht gedrängt zusammenleben, es keine Gesundheitsinfrastruktur gibt und keine Mund-Nase-Bedeckungen und die Krankenhäuser immer wieder bombardiert worden sind. Das Überleben von etwa 80 Prozent der Bevölkerung hängt auf die eine oder andere Art von humanitärer Hilfe ab – doch nur ein Fünftel der von den Vereinten Nationen für den Jemen geforderten Mittel in Höhe von 2,4 Milliarden Dollar wurde bislang bereitgestellt. Das zeigt das geringe internationale Interesse an dem Krieg, der unter dem Radar der Öffentlichkeit stattfindet – was dadurch noch verschärft wird, dass die reichen Länder selbst mit den Auswirkungen der Pandemie kämpfen und die Lage daher ungünstig ist für humanitäre Hilfe. Der größte Geldgeber, die Vereinigten Staaten, fuhren ihr Engagement unter Trump deutlich zurück – im März 2020 wurden 73 Millionen US-Dollar an Hilfen gestrichen, die für von den Huthis kontrollierte Zonen vorgesehen waren: Man warf den Rebellen vor, die Gelder zu ihrem eigenen Vorteil abzuzweigen.

Anfang des Jahres 2020 wurde der Bürgerkrieg im Jemen zur Geisel des Konflikts zwischen dem Iran und Saudi-Arabien. Am 14. September 2019 hatten Luftschläge die Ölverarbeitungsanlagen in Abqaiq und das Ölfeld von Churais im Osten des Königreichs getroffen. Huthi-Rebellen reklamierten den Angriff für sich und erklärten, sie hätten dafür auf Drohnenschwärme und selbst zusammengebaute iranische Quds-1-Raketen zurückgegriffen. Der Angriff drosselte die saudi-arabische Ölproduktion für einige Tage um die Hälfte, woraufhin die Kurse in die Höhe schossen, bis die Anlagen eilig wieder repariert worden waren. Die politische Botschaft dahinter war überdeutlich: Die mächtige Ölmonarchie war finanziell verwundbar und konnte problemlos mitten ins Herz getroffen werden, als Vergeltung für ihre Bombardierungen im Jemen. Sie würde solche Angriffe jedoch auf Dauer nicht aushalten und wäre folglich gezwungen, einen Friedensvertrag zu den Bedingungen ihrer Gegner zu unterschreiben. Ungeachtet der kaum zufriedenstellenden Erkenntnis, die der erfolgreiche Angriff über die Verteidigungsfähigkeit Saudi-Arabiens und seiner amerikanischen Beschützer vermittelte – die rund 100 Jagdbomber in Al Udeid in Katar stationiert haben, wenige Flugminuten vom Angriffsziel entfernt –, kamen unmittelbar nach dem Angriff Zweifel am Ursprung des Bekennerschreibens auf. Die Huthi-Rebellen verfügen nicht über die materiellen und technischen Möglichkeiten, einen Drohnenschwarm mehr als 1000 Kilometer weit fliegen zu lassen, was im Übrigen sogar die Reichweite der in die Jahre gekommenen Quds-Raketen übersteigt, die sie in den Bergen Jemens zusammensetzen. So zeigte man im Westen sofort mit anklagendem Finger auf den Iran, der die Rebellen unterstützt, genauer auf die ihm treu ergebenen schiitischen Milizen im Südosten des Irak, die noch viel näher ans Ziel vorgerückt waren – auch wenn öffentlich kein greifbarer Beweis für eine Beteiligung des Iran vorgelegt wurde. Die enorme Durchschlagskraft des Angriffs forderte eine angemessene Antwort, und so liegt die Vermutung nahe, dass das Schicksal von Qasem Soleimani, des mutmaßlichen Drahtziehers, in den Köpfen der amerikanischen Verantwortlichen zu dieser Zeit Form annahm.

Betrachtet man jedoch allein den Jemen, verdeutlichte das von den Huthi ausgesendete Signal, dass der Preis für die Fortsetzung des Krieges auf die Dauer für Saudi-Arabien unbezahlbar sein würde (auch wenn andere es auf sich nehmen würden, um ihm die Kosten für die Rebellen aufzubürden, die Sanaa eingenommen hatten). Obgleich die Luftschläge vom 14. September 2019 nicht zweifelsfrei den Huthi zuzuschreiben waren, so hatte deren militärische Fähigkeit, bestimmte Regionen des Königreichs zu erreichen, doch unverkennbar zugenommen. Das lag vor allem an den inzwischen eingetroffenen iranischen Revolutionsgarden der al-Quds-Brigaden sowie an den Drohnen und Raketen, die man über Schmugglerhäfen am Indischen Ozean zu den Verstecken der Huthi gebracht hatte. Teherans Taktik im Jemen entspricht genau jener, mit der man im Libanon die Hisbollah mit vergleichbaren Waffen ausstattete, um Israel einer asymmetrischen Bedrohung auszusetzen – es ist eine Variation des Kampfes vom schiitischen David gegen einen entweder jüdischen oder sunnitischen Goliath. Ähnliches gilt für die Zaiditen, denen die Huthi angehören: Dieser in den nördlichen und westlichen Bergen und Tälern des Jemen dominante Zweig der Schiiten lebte mit den örtlichen, den saudiarabischen Hanbaliten gegenüber offenen Schafiiten eng zusammen, was so weit ging, dass die beiden Rechtsschulen in denselben Moscheen beteten. Seit Mitte der 2010er-Jahre wurden die Zaiditen während der Kämpfe, als sich die feindlichen Identitäten herausbildeten, einer massiven Indoktrination durch die schiitische Orthodoxie des Iran unterworfen. Diese »Belehrung« gipfelte schließlich in einer Übernahme der chomeinistischen Ideologie. Die libanesischen Schiiten, deren Intellektuelle einstmals sehr durchlässig waren für den progressiven linken arabischen Multikonfessionalismus, waren ab den 1980er-Jahren unter der Hisbollah der gleichen Zwangsanpassung an die Normen ausgesetzt, bei deren Durchsetzung es zu vielen Hinrichtungen kam. Umgekehrt wurde der Vormarsch von al-Qaida in den schafiitischen Süden der Hadramaut-Hochebene (der Heimatregion der Familie bin Laden), obwohl er noch vor dem Aufkommen der Huthi-Bewegung um die Jahrhundertwende geschah, durch die gänzlich andere Radikalisierung des Nordwestens angekurbelt.

Im Sommer 2019 waren die jemenitischen Pro-Regierungskräfte aufgespalten in jene, die Präsident Abed Rabbo Mansur Hadi unterstützten, sich nach Riad geflüchtet hatten und nur geringen Einfluss auf ihre Truppen hatten, und den sunnitisch geprägten Südübergangsrat (Southern Transitional Council, STC), der von einem Expeditionskorps der Vereinigten Arabischen Emirate gestützt wurde und hauptsächlich an der Kontrolle der Handelshäfen an der Küste des Indischen Ozeans interessiert war, welche Teil der internationalen Lieferketten Dubais sind. Im August 2019 übernahm die Südliche Bewegung mit Hilfe aus Abu Dhabi die Kontrolle über Aden und die Küstengebiete: Dazu verjagte sie die Anhänger des Präsidenten und weckte Erinnerungen an den ehemaligen, unabhängigen Südjemen (1967–1990). Im Hinterland hingegen wurden die Dschihadisten immer stärker, und verschiedene Volksgruppen bewaffneten sich dort bis an die Zähne, um in ihren Gebieten eigene Gesetze durchzusetzen (vor dem Krieg kamen im Jemen auf einen Einwohner durchschnittlich drei Schusswaffen). Vor diesem Hintergrund kam es zu den Angriffen auf Abqaiq und Churais, für die die Huthi die Verantwortung übernahmen. Als zu Beginn des Jahres 2020 Soleimani getötet wurde, die amerikanischen Sanktionen den Iran in wirtschaftliche Schwierigkeiten brachten und der schiitische Halbmond verblasste, stoppte das dadurch bestärkte Saudi-Arabien seine eigene Militäroperation und verkündete am 9. April eine einseitige Waffenruhe, unter dem Vorwand, die Ausbreitung der Pandemie im Jemen aufhalten zu wollen. Dabei war das Königreich tatsächlich selbst von Covid-19 bedrängt und dazu entschlossen, sich des seinem Image im Westen schadenden jemenitischen Wespennests zu entledigen. Auf sunnitischer Seite gab der Südübergangsrat nach einem letzten Sieg im Juni 2020 auf der Insel Sokotra, einer ehemaligen sowjetischen Basis aus den Zeiten des unabhängigen Südjemen, von der aus der Zugang zum Roten Meer kontrolliert werden kann, zwar am 29. Juli seine im November 2019 in Riad beschlossene und unterzeichnete Selbstverwaltung auf, erreichte im Gegenzug dafür aber eine Machtverteilung mit der Regierungf von Hadi. Diese Entwicklung erlaubte es dem UN-Gesandten Martin Griffiths, den Konfliktparteien einen Friedensplan vorzustellen. Zwar unterschrieb ihn keine der Parteien, weil alle sich bis zuletzt die Möglichkeit offenhalten wollten, Zugeständnisse erpressen zu können, doch hatten sich die Umstände inzwischen derart verändert, dass keine Seite noch ausreichend regionale Unterstützung erhielt, um eine wirkungsvolle Offensive starten zu können: Riad war die Erschöpfung anzumerken, sich weiter in einem Konflikt ohne Ausweg zu engagieren, und Teheran stand Ende 2020 im Iran selbst, aber auch im Irak, in Syrien und im Libanon, so vielen politischen und militärischen Herausforderungen gegenüber, dass eine groß angelegte Offensive im Jemen zu riskant und kostspielig gewesen wäre. Dies umso mehr, als die Regierung Trump in der Übergangszeit zwischen Wahl und Machtübernahme durch Joe Biden den hohen Druck aufrechterhielt: Der »Vater« des iranischen Atomprogramms, Mohsen Fachrisadeh, wurde am 27. November bei Teheran erschossen, obwohl er von Personenschützern begleitet wurde. Für die Tat machte man »israelische Agenten« verantwortlich, wie auch schon zuvor bei der Ermordung von al-Qaidas Nummer zwei am 7. August in Teheran. Die Konfliktparteien im Jemen sahen sich sowohl im Inland als auch bei ihren jeweiligen Unterstützern am Golf außerdem der fortschreitenden Covid-19-Pandemie gegenüber, was sie vieler Handlungsmöglichkeiten beraubte – ganz gleich ob es um die Vorbereitung eines Krieges oder friedensstiftende Maßnahmen ging.

Der Jemen wurde für die dominierenden Kräfte der beiden regionalen Bündnisse, die sich im Nahen Osten und dem Mittelmeerraum herausgebildet haben, zum Stellvertreterschlachtfeld. Und er scheint wie berufen dafür, eine Konfliktzone von mittlerer, später niedriger Intensität zwischen diesen Mächten zu bleiben, so lange, bis es einer von ihnen gelingt, das Kräfteverhältnis mit Gewalt zu ihren Gunsten zu entscheiden. Am 14. Oktober 2020 ließen die Huthi im Rahmen eines Gefangenenaustauschs zwei amerikanische Geiseln frei, was als vorsichtiges Zeichen für eine Verringerung der Spannungen verstanden werden konnte. So wie Saudi-Arabien im Jemen von der Unterstützung der Vereinigten Arabischen Emirate profitierte – bis Abu Dhabi seine eigenen maritimen und Handelsinteressen über die Solidarität mit Riad stellte –, war es auf der anderen Seite der Iran, der Katar beisprang und dem seit 2017 boykottierten Widersacher Saudi-Arabiens half. Die arabische Halbinsel wurde zu einem der wichtigsten Orte für die Auseinandersetzung zwischen Anhängern des Abraham-Abkommens und den Mitgliedern der Achse von Muslimbrüdern und Schiiten.

Das widerstandsfähige Gasemirat Katar

Am 5. Juni 2017, nach Donald Trumps Besuch in Riad, beschlossen Muhammad bin Zayid (Vereinigte Arabische Emirate) und

Mohammed bin Salman (Saudi-Arabien) einen Boykott Katars. Rückblickend war das eines der wichtigsten Vorzeichen für die Spaltung des Nahen Ostens. Mit dem Katar-Boykott implodierte der Golf-Kooperationsrat (GKR), der 1981 gegründet worden war, um die arabischen Ölstaaten vor der Bedrohung durch die aggressive Nachbarrepublik Iran unter Chomeini zu schützen (vgl. Karte 7). Vier Jahre nach dem Sturz des ägyptischen Präsidenten Mohammed Mursi im Juli 2013 ergriff damit der »saudische Block« – wie ihn der Kronprinz Mohammed bin Salman nannte und zu dem er Abu Dhabi, Manama und Kairo zählte – die Initiative, um dem wichtigsten Geldgeber der Muslimbruderschaft finanziell den Hahn zuzudrehen, sowohl in der Region als auch weltweit. Im Sommer 2020 stand Katar jedoch noch immer recht gut da, was vor allem am gut ausgestatteten Staatsfonds lag: Zu Beginn der Blockade war er geschätzt 335 Milliarden US-Dollar schwer, davon wurden etwa zehn Prozent zurück ins Land geführt, um die finanziellen Folgen des Boykotts auszugleichen, und drei Jahre später verwaltete er immer noch rund 320 Milliarden Dollar. Die katarischen Investitionen im Ausland, vor allem in den Vereinigten Staaten und in Europa, machen aus dem Staatsfonds ein bedeutendes Druckmittel, um die Auswirkungen der Sanktionen abzuschwächen. Hier muss vor allem die *soft power* Einfluss erwähnt werden, den sich das Land im Sport, der Unterhaltungsindustrie und den Medien erkauft. Bei der *hard power* setzt Katar vor allem auf den Luftwaffenstützpunkt Al Udeid, die wichtigste Basis der US Air Force außerhalb der Vereinigten Staaten und wichtigster Standort des United States Central Command (CENTCOM), auf dem mehrere Hundert Kampfflugzeuge stationiert und 10.000 Soldaten, Piloten und weitere Beschäftigte untergebracht werden können. Dies sind zumeist US-Amerikaner, aber auch Briten, Australier und Franzosen befinden sich vor Ort. Al Udeid ist der Dreh- und Angelpunkt der westlichen Militärpräsenz in der Region – was dem Gastgeberstaat eine Sicherheitsgarantie verschafft, dank derer er seelenruhig den von seinen Nachbarn verhängten Boykott aussitzen konnte. Noch wichtiger jedoch: Dieser sich mitten durch den GKR ziehende Bruch mit Riad und Abu Dhabi führte zur Entstehung der Achse von Muslimbrüdern und Schiiten. Doha konnte sich von den anderen arabischen Ölmonarchien der Halbinsel emanzipieren – bereits zuvor war es durch die Provokationen des TV-Senders Al Jazeera wiederholt zu Spannungen mit Saudi-Arabien gekommen – und sich den nicht arabischen Mächten der Region auf Basis ideologischer Nähe und geostrategischer wie wirtschaftlicher gegenseitiger Ergänzung annähern.

Seit Beginn der Blockade hat Katar rund 15 Milliarden Dollar in die türkische Wirtschaft gesteckt (vgl. Karte 1), während die Militärbasis in der Peripherie Dohas, von Erdoğan am 25. November 2019 mit einem Besuch geehrt, drei Jahre nach ihrem Bau 5.000 türkische Soldaten aufgenommen hatte. Die Exporte aus Anatolien in das kleine Wüstenemirat, die vor allem aus Lebensmitteln und Landwirtschaftsprodukten bestehen, aber im Hinblick auf die Fußballweltmeisterschaft 2022 auch den Hoch- und Tiefbau betreffen, haben sich seit 2018 verdoppelt und übersteigen mittlerweile die Summe von einer Milliarde Dollar. Dafür stützte Katar die türkischen Einfälle in Syrien beim Kampf gegen kurdische Milizen uneingeschränkt – im Gegensatz zu den anderen Golfstaaten. In Libyen steht Doha an der Seite Ankaras, um die international anerkannte Regierung der Nationalen Übereinkunft unter Fayiz as-Sarradsch zu stärken, in der die örtlichen Muslimbrüder erheblichen Einfluss haben. Die Verschiffung Tausender syrischer Rebellen aus Idlib nach Misrata, wo sie als Söldner kämpfen sollten, und auch ihr monatlicher Sold von 2000 Dollar wären ohne das Gasemirat nicht finanzierbar gewesen – zumal der gegnerische Emir aus Abu Dhabi dem »eidbrüchigen« Feldmarschall Chalifar Haftar in Bengasi in der Kyrenaika, und damit in unmittelbarer Nähe zu Ägyptens General as-Sisi, zu Hilfe eilte. Am 7. Oktober

2020 reiste der türkische Präsident an den Golf, um dem neuen Emir von Kuwait, Nawaf Al-Ahmad Al-Dschabir As-Sabah (zu dem Zeitpunkt 83 Jahre alt), nach dem Tode seines Halbbruders Sabah Al-Ahmad Al-Dschabir As-Sabah (der am 29. September im Alter von 91 Jahren gestorben war) zu kondolieren. Mit dieser Reise bewies Erdoğan dem Emirat Kuwait seine Zuneigung, einem Land, in dem die Muslimbruderschaft bedeutenden Einfluss hat, die schiitische Minderheit mächtig ist und das eine Vermittlerrolle zwischen den verfeindeten arabischen Muslimbrüdern vom Golf und dem Iran einnimmt. Erdoğan ergriff auch die Gelegenheit, um sich ins benachbarte Katar zu begeben und sich mit Emir Tamim bin Hamad Al Thani auszutauschen, womit der Pakt zwischen den beiden sunnitischen Pfeilern der Achse von Muslimbrüdern und Schiiten endgültig besiegelt wurde.

Obgleich die Annäherung von Türkei und Katar, die beide sowohl die Ideologie der Muslimbruderschaft vertreten als auch zugleich militärische Verbündete des Westens sind, vor aller Augen stattfand, war die Beziehung zum Iran doch etwas komplexer, der Donald Trumps Angstgegner darstellte. Neben der Lieferung von einigen verderblichen Lebensmitteln nach Katar bestand Irans Beitrag vor allem darin, Qatar Airways, die nach der Blockade die arabische Halbinsel nicht mehr überfliegen durfte, den eigenen Luftraum freizugeben. Dennoch verlor die Fluggesellschaft mehrere Hunderte Millionen Dollar, und zwar noch vor der Pandemie. Außerdem teilen sich Iran und Katar das größte Offshore-Gasfeld der Welt, das in den Hoheitsgewässern der beiden Staaten liegt – und von Katar North Field, vom Iran South Pars genannt wird. Der Iran konnte diese Lagerstätte aufgrund der amerikanischen Sanktionen materiell nicht optimal ausschöpfen, und die Vereinbarung mit seinem Nachbarn zur Erdgasförderung ist nicht öffentlich zugänglich. Im Sommer 2020 fiel der Gaspreis aufgrund der Überproduktion von Schiefergas, das von US-Erdölfirmen mittels Hydraulic Fracturing (Fracking) gewonnen wurde, und der nachlassenden Nachfrage während der Pandemie im Vergleich zu den Kursen vom Juli 2019 um die Hälfte. Der Preisrückgang war sogar noch stärker als beim Erdöl, was die Vermutung erlaubt, dass Katar mittelfristig mit einem empfindlichen Rückgang seiner Einnahmen rechnen muss. Dem standen stetig steigende Ausgaben für die Unterstützung seines türkischen Verbündeten gegenüber, dessen Wirtschaft sich überhitzte, dessen Budget durch die militärischen Abenteuer im Mittelmeerraum und Syrien mit Schulden schwer belastet und dessen Währung im freien Fall war.

Schließlich bereitete die Organisation der Fußballweltmeisterschaft, die im November und Dezember 2022 in Katar stattfinden soll, Kopfzerbrechen. Was als weltweiter Glanzpunkt von Katars *soft power* gedacht war, wurde nicht nur wegen der Unsummen, die für die Klimatisierung der Stadien einberechnet werden müssen, sondern auch angesichts der Blockade immer schwieriger, plante man doch eine gigantische Hotel-Infrastruktur zur Aufnahme der Fans (ursprünglich waren ergänzende Sportstätten und Unterkünfte in den Nachbarländern vorgesehen). Hinzu kamen die Covid-19-Pandemie und ihre Auswirkungen auf den internationalen Tourismus – wie es nun weitergehen soll, ist nach Konkursen zahlreicher Betreiber völlig offen. Die in Tokio für den Sommer 2020 vorgesehenen Olympischen Spiele hatte man aus diesen Gründen um ein Jahr verschoben. Katars Triumph anlässlich des globalen WM-Events droht zum Höhepunkt jener Krankheit zu werden, die für die Ölmonarchien des Golfs so charakteristisch ist: die *Hybris*.

Teil II

DER SEHR NAHE OSTEN

Am 10. September 2020 trafen sich in der Gemeinde Ajaccio auf Korsika die Staats- und Regierungschefs von sieben Mittelmeeranrainerstaaten der Europäischen Union aus dem ehemaligen griechisch-römischen Kulturraum (EuroMed 7) – Portugal, Spanien, Frankreich, Italien, Malta, Griechenland und Zypern (allerdings ohne Slowenien und Kroatien (vgl. Karte 3)). Diese in der Öffentlichkeit wenig bekannte »Allianz des Südens« versammelte ihr politisches Spitzenpersonal als Reaktion auf Ankaras Provokationen gegenüber Griechenland und Zypern, deren Hoheitsgewässer die Türkei immer wieder verletzt. Außerdem hatte die Türkei am 10. Juni vor der Küste Libyens mit einem Kriegsschiff die französische Fregatte *Courbet* ins Visier genommen.

Die Gruppe der EU-Südstaaten war 2016 aus einer Initiative des damaligen griechischen Ministerpräsidenten Alexis Tsipras hervorgegangen, dem Vorsitzenden der Partei SYRIZA (»Koalition der radikalen Linken«), dessen Land wegen der Staatsschuldenkrise unter Brüssels Vormundschaft gestellt worden war. Die lange Zeit der Entbehrungen – erst 2019 hatte sich die griechische Wirtschaft wieder merklich erholt, und am 9. Juli desselben Jahres wurde Kyriakos Mitsotakis von der (rechten) Nea Dimokratia nach einem deutlichen Sieg bei den Parlamentswahlen Ministerpräsident – war nötig gewesen, da Griechenland sich zu einem dysfunktionalen Staat entwickelt hatte: Massiver Steuerbetrug war an der Tagesordnung, der informelle Sektor zu einem dauerhaften und unübersehbaren Teil der Wirtschaft geworden, und der öffentliche Sektor hatte sich extrem aufgebläht. Typische Merkmale, die sich sonst eher im Nahen Osten als mitten in der EU finden.

Die drakonischen – und manches Mal erratischen – Bedingungen der europäischen »Medizin«, die letzten Endes zu einem guten Abschluss führte, hatten den Sieg der extremen Linken bei den Wahlen 2015 herbeigeführt. Die Gruppe EuroMed 7 entstand folglich aus der Auseinandersetzung zwischen den strengen (oder auch »geizigen«) Mitgliedsstaaten im Norden und den »kostspieligen« des Südens – die man ironisch auch als »Club Med« bezeichnete und zu denen weder Slowenien noch Kroatien gehören, da sie »auf die deutsche Art« regiert werden. Ursprünglich jedoch trieb die sieben ein anderes Thema um, das drängender ist denn je: Die Herausforderung der Migration, die auf den Arabischen Frühling 2011 folgte und sich nach jeder Katastrophe noch verstärkte. Mit der Pandemie wurde die Aufgabe weiter erschwert.

Die EU-Mittelmeeranrainer tragen hier die größte Last, da vor allem sie mit den wiederkehrenden Wellen von *boat people* konfrontiert sind. An erster Stelle trifft es Griechenland – hier landen die aus der Türkei kommenden Migranten an, die aus Syrien, dem Irak, Iran und Afghanistan sowie weiteren Ländern des Mittleren Ostens stammen. An zweiter Stelle betrifft es Malta, Italien und Spanien: Die Flüchtlinge hier kommen über die Westküste Libyens (wo im Jahr 2020 die türkische Armee stationiert war), aber auch über Tunesien und den Westen Algeriens sowie aus dem gesamten Maghreb, der Sahelzone und aus dem übrigen Afrika. In den EU-Mittelmeerstaaten entwickelte sich um die Flüchtlingsfrage eine ganze Reihe Probleme: Diesen Ländern obliegen die Seenotrettung, Unterbringung, sanitäre Versorgung und die Sicherheitsfragen, die mit der Ankunft der auf behelfsmäßigen Schlauchbooten zusammengepferchten Menschen einhergehen. Außerdem belasten die Staaten die dadurch entstandenen Kosten und das Krisenmanagement gegenüber den sich überbietenden Menschenrechts-NGOs, die die »Festung Europa« stigmatisieren und verurteilen. Dabei verstehen die Migranten ihre Ankunftsländer nur als Zwischenetappe auf dem Weg ins Paradies, das für sie in den Arbeitsmärkten von Deutschland, Großbritannien, den Niederlanden oder Skandinaviens liegt. Die dortigen Regierungen nutzen die EU-Südstaaten als Regulatoren und Barriere; diese wiederum verlangen eine gerechte Lastenverteilung. Spannungen entstehen aber auch innerhalb der EuroMed 7, etwa wenn Italien Frankreich regelmäßig vorhält, nicht den vereinbarten Anteil an Migranten aufzunehmen, während Frankreich versucht, seine Grenzen dicht zu halten. Man schätzte, dass im Sommer 2020 täglich rund 1000 Versuche unternommen wurden, von Italien aus illegal ins Département Alpes-Maritimes zu gelangen.

Am Vorabend des erwähnten Treffens der sieben Staats- und Regierungschefs im September 2020 hatte ein riesiges Feuer das größte europäische Flüchtlingslager in Moria, auf der griechischen Insel Lesbos, zerstört. Mehr als 13.000 über die Türkei in die EU eingereiste Menschen lebten dort unter Bedingungen, die durch die Covid-19-Pandemie dramatisch geworden waren. Beim Mini-Gipfel sollte zum einen ein Konsens der angereisten Politiker erzielt werden, wie man auf dem nächsten EU-Gipfel aller Mitgliedsstaaten zum Thema illegale Migration vorgehen wolle, zum anderen suchte man eine Antwort auf die Türkei. Erörtert wurden EU-Sanktionen wegen des »untragbaren Verhaltens« Erdoğans und seiner »Politik der Konfrontation«. Brüssels Doktrin in dieser Angelegenheit, die sogenannte »südliche Nachbarschaft«, beruhte auf einer Kooperation aller Regierungen der Mittelmeeranrainerstaaten und ist seit einem Jahrzehnt obsolet: Der Arabische Frühling hat einige dieser Regierungen destabilisiert oder zerstört; manche, wie etwa Libyen, sind nicht in der Lage, die Migrantenbewegungen zu verwalten, andere, wie etwa die Türkei, sind bestrebt, es als Zwangs- und Druckmittel gegen die EU einzusetzen.»Die Türkei ist im östlichen Mittelmeer kein Partner mehr«, erklärte der französische Präsident auf dem Gipfel und machte deutlich, dass ein Ende der türkischen Bohrungen in den griechischen und zypriotischen ausschließlichen Wirtschaftszonen (AWZ) eine Vorbedingung sei für die Wiederaufnahme von »fruchtbaren Gesprächen mit Ankara«.

Die in Ajaccio gefundene Übereinkunft schloss Rom und Valletta mit ein, die ursprünglich versucht hatten, sich im Alleingang mit der Türkei zu versöhnen (siehe oben, S. 36 und 37), wurde jedoch schon zwei Tage später, am 12. September, scharf von Erdoğan zurückgewiesen: »Herr Macron, Sie werden noch viel mehr Probleme mit mir haben.« Seine Drohung ging noch weiter: »Legen Sie sich nicht mit dem türkischen Volk an, legen Sie sich nicht mit der Türkei an«, während Demonstranten in Istanbul den französischen Präsidenten warnten, er werde »einen hohen Preis zahlen« für den Wiederabdruck der Mohammed-Karikaturen auf der Titelseite von *Charlie Hebdo*, die »unter dem Vorwand der freien Meinungsäußerung den Islam beleidigen«. Die Zeichnungen waren am 3. September neu erschienen, zum Auftakt des in Paris begonnenen Prozesses um die dschihadistischen Anschläge vom Januar 2015 auf die Redaktion von *Charlie Hebdo*, und gaben so den Startschuss für eine heftige antifranzösische Kampagne, die in der gesamten muslimischen Welt den Herbst über anhielt und vom Dirigenten in Ankara orchestriert wurde. An diesem 12. September gab zur gleichen Zeit der griechische Ministerpräsident Mitsotakis den Kauf von 18 Rafale-Kampfflugzeugen, vier Fregatten und Helikoptern sowie die Rekrutierung von zusätzlichen 15.000 Soldaten bekannt: Das EU-Mitglied machte damit deutlich, dass es fortan Gewehr bei Fuß stand. Daraufhin zog Erdoğan sein Schiff zur seismischen Erkundung aus der griechischen AWZ ab, und zwar noch vor dem eigentlich angekündigten Datum vom 25. September. Offenbar befürchtete er, dass sich rund um die in Ajaccio verabschiedete, »französische« Position eine gemeinsame europäische Front gegen seine Machenschaften bilden könnte. Auf dem Ad-hoc-Gipfel vom 1. Oktober in Brüssel rückten die 27 EU-

Mitgliedsstaaten dann noch näher zusammen: Obwohl deutlich gemacht wurde, dass die EU »im Falle erneuter einseitiger Maßnahmen oder Provokationen, die gegen das Völkerrecht verstoßen, alle ihr zur Verfügung stehenden Instrumente und Optionen nutzen« würde, wurden diese Sanktionsdrohungen doch nicht in die Tat umgesetzt. Man forderte Erdoğan vielmehr dazu auf, »diese Einladung [...] anzunehmen«, und die Staats- und Regierungschefs kamen überein, »spätestens auf (der) Tagung im Dezember« eine Einschätzung vorzunehmen, »ob sich positive Entwicklungen feststellen lassen«. Diese Resolution, die einstimmig verabschiedet werden musste, blieb hinter der Erklärung des Gipfels in Ajaccio zurück, hatte die Bundeskanzlerin doch wiederholt die deutsche Position deutlich gemacht, nach der »die EU [...] ein strategisches Interesse an einem stabilen und sicheren Umfeld im östlichen Mittelmeerraum« habe und sich wünsche, »den Dialog in gutem Glauben fortzusetzen«. Die Antwort der Türkei ließ nicht lange auf sich warten: Kaum war der EU-Gipfel beendet, beorderte Erdoğan sein Gas-Erkundungsschiff *Oruç Reis*, begleitet von einem Militärkonvoi, in die griechische AWZ. Obgleich die Türkei im Rahmen der NATO ein Abkommen mit Griechenland geschlossen und einen Mechanismus zur Vermeidung von Konflikten vereinbart hatte und obwohl der französische Präsident nicht mehr so häufig von der »nicht verhandelbaren« Solidarität mit Griechenland und Zypern sprach, stellte Erdoğans Expansionismus den Brüsseler Konsens, der ein wenig an das Münchner Abkommen von 1938 denken ließ, gleich wieder infrage: Die Truppen Aserbaidschans setzten während des Gipfels die Offensive gegen Armenien in Bergkarabach fort, die sie vier Tage zuvor, am 27. September, mit »voller Unterstützung« des türkischen Präsidenten begonnen hatten. Erdoğan organisierte und finanzierte zudem mehrere Hundert syrische Hilfstruppen für den Kriegseinsatz. Auch wenn Macron »Erklärungen« verlangte und das atlantische Bündnis aufforderte, vor den Taten des NATO-Mitglieds »die Augen nicht zu verschließen«, so lässt sich hier doch schon einmal festhalten: Der Angriff, der dem christlich-orthodoxen Volk Armeniens galt und der unmittelbar nach den Attacken auf Griechenland und Zypern sowie der Reislamisierung der Hagia Sophia im Sommer erfolgte, und Erdoğans Unterstützung eines Landes mit Turksprache passten zu jener nur allzu kohärenten Logik, deren genaue Sachverhalte wir noch detailliert untersuchen werden. Dabei ist es keineswegs das kleinste Paradox, dass die Türkei sich mit diesem Krieg indirekt gegen das zu Armenien haltende Russland wandte, wo doch Moskau ansonsten durch den Astana-Prozess mit Ankara verbündet ist und die beiden Armeen gemeinsam die syrisch-türkische Grenze bewachen. Auch nicht, dass Erdoğan, eifriger Verehrer der Hamas, sich damit plötzlich an der Seite Israels sah – unterstützte Israel doch ebenfalls das schiitische, aber säkulare Aserbaidschan, das sich zugleich als Erzfeind des benachbarten Iran versteht. Der Erfolg der aserbaidschanischen Offensive wurde entsprechend durch die überlegene, von Israel und der Türkei nach Baku gelieferte Ausrüstung erleichtert. Und schließlich auch nicht, dass die Mächtigen in Teheran – ebenfalls Teil des Astana-Prozesses – folglich Armenien gegen Aserbaidschan beistanden und in letzter Konsequenz damit gegen die Türkei kämpften, wo doch eigentlich die iranische Bevölkerung mit ihrem starken aserbaidschanischen und turkophonen Anteil (dem der Oberste Führer Chamenei selbst angehört) ihre Sympathien für den nördlichen schiitischen Nachbarn keineswegs versteckt! Die Bündnisse und Brüche waren also im Herbst 2020 unaufhörlich Wandlungen ausgesetzt, die sich auch wegen der Auflösung der multilateralen Welt immer rascher vollzogen. Währenddessen erlebte die schwächer werdende amerikanische Supermacht, die bislang für Stabilität einstand, am Ende der zerstörerischen Amtszeit von Donald Trump einen Wahlkampf, der zum gewalttätigsten und unberechenbarsten der US-Geschichte wurde. Und zur selben Zeit wütete die Pandemie, die von der aufstrebenden Supermacht China ausging, auf dem gesamten Planeten – und verschonte auch nicht den Mieter des Weißen Hauses.

Islamistischer Populismus und die »splendid isolation« Erdoğans

Bei aller populistischen Prahlerei kann sich die türkische Regierung dennoch nicht auf ein echtes Kräftemessen mit Europa einlassen, das, vereint und entschlossen, viel weniger von der Türkei abhängt als umgekehrt (vgl. Karte 2). Wirtschaftssanktionen wären eine Katastrophe für das Regime: Die Ratingagentur Moody's stufte die Türkei aus Sorge vor einer Krise der Zahlungsbilanz am 11. September 2020 auf Level B2 herab, hatte die Lira im Vergleich zum Euro seit Anfang 2020 doch rund 25 Prozent an Wert verloren. Das hielt Außenminister Çavuşoğlu nicht davon ab, daran zu erinnern, dass seine Regierung beschlossen habe, ab dem 14. September »keine Migranten mehr auf ihrem Weg nach Europa aufzuhalten und [dass] diese Entscheidung weiterhin Gültigkeit besitzt«, womit die Drohung im Raum stand, Millionen illegaler Flüchtlinge in die EU weiterzuleiten. Zum selben Zeitpunkt, nämlich ebenfalls am 14. September 2020, beschuldigte die Independent International Commission of Inquiry on the Syrian Arab Republic des UN-Menschenrechtsrats zum ersten Mal und im Detail den türkischen Staat und seine Hilfstruppen der (von Ankara bezahlten) »Syrischen Nationalen Armee«, an schweren Menschenrechtsverletzungen beteiligt zu sein, und zwar in den von ihnen kontrollierten syrischen Gebieten, wie etwa in der mehrheitlich von Kurden bewohnten Region um Afrin, in die sie im Januar 2018 eingedrungen waren. Insbesondere kamen Berichte über Massenvergewaltigungen von jungen Mädchen vor den Augen ihrer eingesperrten Landsleute ans Tageslicht. In der islamistischen Vorstellungswelt wurden diese Frauen mit den unverschleierten Kämpferinnen der Frauenverteidigungseinheiten YPJ (kurdisch: Yekîneyên Parastina Jin) gleichgesetzt, die in mehreren Schlachten den IS-Kämpfern eine Niederlage beigebracht hatten (im Volksglauben wird einem Mann, der im Krieg von einer Frau getötet wurde, der Zugang zum Paradies verwehrt). Die Gruppenvergewaltigung bekam so eine beschwörende politische und religiöse Bedeutung aufgeladen. Die Aussicht, sich rechtlichen Konsequenzen aus diesen Anschuldigungen gegenüberzusehen, dürfte Erdoğan im Rahmen seines Kräftemessens mit Brüssel auch deshalb in eine noch heiklere Lage gebracht haben, als die Türkei außerdem Mitglied im Europarat ist und dort Rechenschaft ablegen muss in Bezug auf Menschenrechtsfragen.

Weiterhin verabschiedete die Arabische Liga am 10. September auf Initiative des ägyptischen Außenministers Samih Schukri eine Resolution: Die Liga-Staaten (von 21 Mitgliedern waren Katar, Libyen, Somalia und Dschibuti abwesend) verurteilten einstimmig die »türkischen Interventionen in Syrien, dem Irak und Libyen«. Ankara wurde aufgefordert, »die Einmischung in die inneren Angelegenheiten der arabischen Länder zu beenden und keine weiteren provokanten Maßnahmen zu ergreifen, die Vertrauen untergraben sowie die Sicherheit und Stabilität der Region in Gefahr bringen«. Die ägyptische Führung prangerte sogar die frühere osmanische Unterdrückung an, gegen die sich die »arabische Renaissance« (*nahda*) des 19. Jahrhunderts gewandt hatte. Damit weckte sie die Totengeister des Nationalismus, um mit ihnen den neuen, zeitgenössischen »türkischen Kolonialismus« abzuwehren und einen der historizistischen Mythen zu untergraben, die Ankaras expansionistische Propaganda begründeten. Obgleich die Resolutionen der Arabischen Liga kaum Auswirkungen haben, obgleich man in Tunis wie in Algier sehnsüchtig auf das ehemalige Reich Istanbuls blickt – osmanische Janitscharen gründeten hier eigene Familien (deren Nachkommen noch heute in den Eliten zu finden sind) – und obgleich die ins Arabische übersetzten türkischen Vorabendserien von Casablanca bis zum Oman ungemein erfolgreich sind, so ist doch unübersehbar, dass

Erdoğan in dieser Region auf politischer Ebene isoliert ist. Nur der katarische Verbündete und dessen libysche und somalische Klienten, wie auch Dschibuti alle in einem ernsthaften Konflikt mit Abu Dhabi, wagten es, sich bei der Abstimmung zu enthalten (siehe oben, S. 82). Die beiden Staaten am Horn von Afrika – deren Zugehörigkeit zur arabischen Welt nur oberflächlich ist (es wird dort auch kaum Arabisch gesprochen) – haben in diesem Zusammenhang jedoch kaum Gewicht.

Dass auch die Situation im östlichen Mittelmeerraum eskalierte, ist das Ergebnis der widersprüchlichen türkischen Politik, die sich seit dem gescheiterten »Putsch« vom 15. Juli 2016 auf einer kriegerischen Flucht nach vorn befindet. Sie führte die Türkei – NATO-Mitglied, EU-Beitrittskandidat und inzwischen von einem islamistischen Politiker kontrolliert, den sowohl Barack Obama als auch Donald Trump hofierten – dazu, in den Norden Syriens und des Irak einzumarschieren, ihre Offiziere und Söldner in das libysche Tripolitanien zu entsenden, ihre griechischen und zypriotischen Nachbarn in der Ägäis und vor der Küste von Kastelorizo zu brüskieren, ein Geplänkel mit der französischen Marine zu provozieren und schließlich Aserbaidschans Angriff auf Armenien zu unterstützen. Parallel dazu wurde die Diskrepanz zur säkularen, europäischen Verankerung des Landes verdeutlicht, als sich die Türkei ganz bewusst ohne westliche Beteiligung in den Astana-Prozess mit Russland und dem Iran begab, der zur Deeskalation des syrischen Bürgerkriegs betragen sollte, außerdem der Bund aus Muslimbrüdern und Schiiten mit Iran und Katar aufgebaut und schließlich, als Höhepunkt, die Hagia Sophia am 24. Juli 2020 reislamisiert wurde (und sich der »Jugendtraum« Erdoğans erfüllte). Atatürk hatte nach dem Ersten Weltkrieg die Öffnung zum Westen zum einzigartigen Merkmal der ersten laizistischen Republik in der muslimischen Welt erhoben, das lateinische Alphabet eingeführt und die Hauptstadt von Istanbul, 500 Jahre lang Sitz des osmanischen Kalifats, ins moderne Ankara verlegt. Nun gestaltete sein später Nachfolger, der ausgebildete Imam Erdoğan, dieses Vermächtnis um, indem er das Land gewaltsam in einen Prozess der politischen Reislamisierung führte. Erdoğan straft den Laizismus mit Missachtung, verortet den Antagonismus zu Europa auf einer kulturellen und religiösen Bruchlinie und betont seinen türkischen Irredentismus. Dass Erdoğan 2020 somit deutlich machte, dass er aufs Ganze gehen wird, baut auf jenen Tendenzen auf, die latent bereits vor seinem Aufstieg zum Ministerpräsidenten 2003 vorhanden waren, die er jedoch nie zuvor derart nachdrücklich verfolgt hatte. Er hatte zunächst eine Weile gebraucht, um die kemalistischen Netzwerke in der Armee, der Polizei und den Geheimdiensten zu zerstören, die man im Türkischen mit dem Syntagma »Tiefer Staat« bezeichnet (*derin devlet* – ein Konzept, das später auch außerhalb seines Ursprungslands viele Anhänger fand). Dabei hatte er sich auf linke Demokraten und Kurden gestützt, die Opfer des »laizistischen« Totalitarismus von Atatürks Nachfolgern geworden waren: Am 12. September 1980 hatte ein Staatsstreich des Militärs, der 650.000 Verhaftungen, 30.000 Exilanten und 50 Todesurteile sowie die Auflösung von Parteien und Zehntausender Vereine mit sich brachte, der chaotischen politischen Situation ein Ende bereitet, die von Terroranschlägen geprägt gewesen und in der es beinahe zu einem Bürgerkrieg gekommen war. Vorwand für den Putsch war eine antilaizistische Demonstration in der anatolischen Stadt Konya sechs Tage zuvor gewesen. Drei Jahre lang wurden in der Folge alle Grundfreiheiten aufgehoben, und die Härte dieser »laizistisch-faschistischen« Repression begünstigte im Gegenzug die Annäherung zwischen Vertretern der Zivilgesellschaft und der in Wartestellung verharrenden Islamisten. Die progressiven Intellektuellen, die zum Großteil jenseits des Atlantiks studiert und dort den angesagten Multikulturalismus kennengelernt hatten, begannen nun, in der »muslimischen Moderne«, als deren Apostel Erdoğan sich ausgab, das Versprechen einer

Emanzipation von der drückenden Autorität des Staats zu sehen. Und unter den Kurden glaubten viele, ein muslimisches Anatolien sei aufgeschlossener als eine chauvinistische Türkei. All dies trug stark zum Bild bei, das man sich im Westen von Erdoğan machte, und überdeckte während des undurchsichtigen Annäherungsprozesses an die Europäische Union – der Aufnahmeantrag geht bis auf das Jahr 1987 zurück – dessen islamistische Anflüge. Die EU-Mitgliedschaft scheiterte schließlich am Misstrauen einiger Mitgliedsstaaten, die durch die Phrasen und Taten des mächtigen Mannes in Ankara nicht beruhigt werden konnten. Und tatsächlich etablierte Erdoğan, sobald seine Machtposition gefestigt war, erneut ein autokratisches System, das er nicht auf jenen Übervater zurückbeziehen musste, dessen laizistische Anhänger er verjagt hatte. Diese ersetzte er schlicht durch ihm ergebene Islamisten und verschärfte dann sogar noch die Repressionen. Seine ehemaligen Weggefährten, die multikulturellen Demokraten, die ihm als »nützliche Idioten« gedient hatten, fielen der neuen Gangart als Erste zum Opfer.

Der Putschversuch vom Sommer 2016, der noch immer viele Fragezeichen aufwirft, bot die Gelegenheit, die gesamte Opposition mundtot zu machen: Hunderttausende Angestellte des öffentlichen Dienstes, vor allem in den besonders wichtigen Ministerien, Professoren und Anwälte verloren ihre Stelle, 40.000 Menschen wurden verhaftet, die Pressefreiheit und die freie Meinungsäußerung eingeschränkt, 150 Medien geschlossen. Es erinnerte an die dunkelsten Stunden des kemalistischen Autoritarismus.

2020 stand die Türkei in der weltweiten Rangliste der Pressefreiheit (Press Freedom Index) von Reporter ohne Grenzen auf Platz 154 (von 180). Am 27. August verstarb die kurdische Anwältin Ebru Timtik nach 238 Tagen im Hungerstreik im Gefängnis. Der misslungene Putsch bot Erdoğan die Gelegenheit, den Imam Fethullah Gülen, einst sein erster Partner bei der Unternehmung zur islamistischen Eroberung der Macht, verantwortlich zu machen. Dessen Anhänger werden mit hartnäckigem Eifer verfolgt. Sie sind nach strikten Regeln organisiert, die sowohl von mystischen Bruderschaften als auch von Geheimgesellschaften inspiriert sind, und haben eine Art religiöses Freimaurertum gegründet, das seinen eigenen, korangrün eingefärbten »Tiefen Staat« aufbaute. Sie entwickelten sich zu berüchtigten Regierungskritikern, wobei es ihnen durch ihre Verbindungen in den Medien, der Polizei und der Justiz gelang, korrupte Staatsbedienstete, die Erdoğan nahestanden oder sogar zu seinem Familienkreis gehörten, zu entlarven, zu inhaftieren und strafrechtlich zu verfolgen.

Dass man sich der Gülen-Anhänger nach dem Putschversuch im Sommer 2016 entledigte, zwang den Präsidenten, der den Verlust ihrer Wählerstimmen kompensieren musste, zu einer politischen Allianz mit der Partei der Nationalistischen Bewegung (MHP). Sie wird der extremen Rechten zugeordnet und steht für einen chauvinistischen Panturanismus. Bei den Parlamentswahlen im Juni 2015 hatte Erdoğans AKP (Partei für Gerechtigkeit und Aufschwung) mit ihrer skandalbehafteten Geschäftsführung die absolute Mehrheit verloren, während der bewaffnete kurdische Aufstand wieder neu an Fahrt gewann. Die Neuwahlen im November 2015, die unter umstrittenen Bedingungen und in einem der Gewalt förderlichen Klima stattfanden, brachten der AKP 49,5 Prozent der Stimmen und 317 von 550 Sitzen ein, während die MHP auf knapp 12 Prozent und 40 Abgeordnete kam. Die neue Regierungskoalition resultierte aus der spezifischen Ausprägung der gegenwärtigen türkischen Politik. Zu dieser gehört der »eurasische«, antiwestliche und der EU-feindliche Aspekt mit dominantem islamistischen Einfluss, zu dem die Muslimbruderschaft beiträgt. Das Ziel der *Mavi vatan* (»blaues Vaterland«) genannten Strategie im Mittelmeerraum zeigte sich konkret durch die Bohrungen in griechischen und zypriotischen Gewässern. Hinzu kamen die bereits erwähnten, wiederholten Zwischenfälle mit den Marinen jener Länder und Frankreich sowie die Reislamisierung der Hagia Sophia, die im Sommer 2020 als Krönung des »islamfaschistischen« Bündnisses fungierte.

Eurasismus, von Ankara bis Moskau

Der türkische Eurasismus kann nicht ohne Blick auf den Eurasismus unter Wladimir Putin in Russland verstanden werden – wo das Konzept im 19. Jahrhundert entwickelt worden war, und zwar gewissermaßen als Gegenentwurf zum westlichen Europa. Ursprünglich basierte der Eurasismus, mit seinen Wurzeln im riesigen Steppenland, das sich bis nach Sibirien erstreckt, vor allem auf der Slawophilie. Er entwickelte eine grundlegend auf Grund und Boden ausgerichtete »Raum«-Identität im Gegensatz zu den maritim ausgerichteten »Thalassokratien« Großbritanniens, Frankreichs und später Amerikas. Das Konzept war eine Reaktion auf die Verwestlichung Russlands, wie sie durch aufgeklärte Zaren, beispielsweise Katharina II., in Gang gesetzt worden war, und berief sich auf die »authentischen« Religionen dieses Raums, zunächst das orthodoxe Christentum, später den Islam. Während der Sowjetära mutierte die Doktrin und verlieh dem kommunistischen Gegenüber des transatlantischen Bündnisses – seit Ende des Zweiten Weltkriegs durch die NATO verkörpert – eine unterschwellige kulturelle Dimension. Nach dem Ende der Sowjetunion und den traumatischen Erfahrungen aus der Jelzin-Ära, während der zahlreiche westliche Firmen die Industrie zerstört hatten, was zum Zusammenbruch des Landes und der Verarmung der Bevölkerung führte, gelang dem Eurasismus der Wiederaufstieg. Er prägt nachdrücklich auch Wladimir Putins Weltbild, bekennen sich doch zahlreiche Menschen aus seinem Umfeld sowie Berater zu dieser Ideologie. Einerseits rückt die Betonung des »Raums« den Eurasismus in die Nähe der europäischen Rechtsextremen, vor allem des französischen Front National (heute Rassemblement National). Andererseits hat er seine panslawistischen

Ursprünge inzwischen zunehmend um eine »turko-islamische« Komponente ergänzt, die sich gut eignet, um sich für die muslimischen Republiken im russischen Dunstkreis, von Tatarstan bis Tschetschenien, zu öffnen oder mit Staaten wie Usbekistan oder Aserbaidschan in engem Kontakt zu bleiben, die unabhängig wurden und damit Gefahr liefen, dem Gesang der Sirenen aus dem Westen zu verfallen.

Die »turko-islamische« Dimension stellt die Verbindung zu jenem Panturanismus her, der von der extremen Rechten in der Türkei gepflegt wird: Deren nationale Identität setzt sich auch ganz natürlich in den zentralasiatischen Steppen fort, aus denen die »Grauen Wölfe« stammen – das Totemtier der Eurasisten, das den Turk-Nomaden bei ihrer erfolgreichen Migration in den Westen folgte und den mit der MHP verbundenen paramilitärischen Handlangertruppen seinen Namen gab (vgl. Karte 10). Das erklärt den Tweet, den Erdoğan am 27. September 2020 veröffentlichte, nachdem Baku seine Militäroffensive gegen das von Armeniern bewohnte und seit 1991 autonome Bergkarabach begonnen hatte: Der Angriff »genießt die volle Unterstützung des türkischen Volkes für seine aserbaidschanischen Brüder«, und die Türkei werde »mit allen uns zur Verfügung stehenden Mitteln« Aserbaidschan unter die Arme greifen. Zu diesen Mitteln gehörten dann die Söldner der »Syrischen Nationalen Armee«, darunter viele islamistische Rebellen, die auch den Kern des türkischen Expeditionskorps in Libyen bilden und deren Übergriffe von dem oben erwähnten UN-Bericht verurteilt wurden. Die türkischen Eurasisten führen ihre antiwestliche Identität zurück auf die Nomaden, die Anatolien und den Balkan eroberten, deren Nachfahren zu Beginn des 20. Jahrhunderts die »ethnischen Säuberungen« an den Armeniern Anatoliens vornahmen und nun, 100 Jahre später, auch im Kaukasus betreiben. Die Eurasisten brechen somit mit der französisch inspirierten Säkularisation, die ja Atatürk in den 1920er-Jahren inspiriert hatte. Im weiteren Verlauf wird deutlich werden, dass sie diese Logik bis nach Frankreich selbst trugen, wo ihre Verbindungsleute unter den Migranten in der Region Lyon am 28. Oktober 2020 Jagd auf Armenier machten (siehe unten, S. 229 f.). Erdoğans besonders irrationale Gereiztheit gegenüber dem Heimatland Voltaires liegt darin begründet, dass er in Frankreich den Inbegriff des verhassten Laizismus sowie eines verhängnisvollen und gottlosen kulturellen Einflusses auf die Türkei sieht. Dem will Erdoğan auch deshalb so unbedingt ein Ende setzen, da historisch bedingt ein bedeutender Teil des türkischen Vokabulars zu Objekten und Konzepten der Moderne schlicht französische Worte sind, die phonetisch ins Türkische übertragen wurden (siehe oben, S. 21), angefangen beim *lise* (von französisch *lycée*, Gymnasium) für Imame und Prediger (*imam hatip lisesi*), in dem Erdoğan ausgebildet wurde und zu dem er mit dem *otobüs* oder dem *tren* (von *train*, Zug) gelangte, über den *pötibör* (von *petit-beurre*, einem Butterkeks), den er sich in der Unterrichtspause gönnte, bis zum Hoch- und Tiefbaugiganten *Rönesans* (*renaissance*), der ihm in Ankara einen Präsidentenpalast nach Versailler Vorbild baute. Ganz im Gegensatz dazu wuchs seine mentale Empfänglichkeit für die Verfechter des Eurasismus sogar noch mit dem Putschversuch vom Sommer 2016, in dessen Nachgang er seine ehemaligen Freunde der Gülen-Bewegung ausschalten ließ – diese rein panislamistisch orientierten Türken lehnten die Doktrin der MHP als »heidnischen« Nationalismus ab. Im Rahmen der hier skizzierten kulturellen Allianz, die sich dank des gemeinsamen Bezugs auf den Eurasismus und des Hasses auf den Westen ergab, versicherte der Herrscher im Kreml 2016 seinem Amtskollegen in Ankara der Rückendeckung – laut eines in der Türkei weitverbreiteten Gerüchtes waren es die russischen Geheimdienste, die als Erste wichtige Informationen für die Niederschlagung des Putschs lieferten. Dass Fethullah Gülen seit 1999 in den USA im Exil lebte, diente als willkommener Hinweis auf den angeblichen Einfluss Washingtons auf den Umsturzversuch.

Zwischen Islamismus und Irredentismus

Die russisch-türkische Annäherung hatte zahlreiche wichtige Konsequenzen. Sie half den Streit über den Abschuss einer von der Basis Hmeimim nahe dem syrischen Latakia aus gestarteten russischen Suchoi Su-24 durch zwei türkische F-16-Kampfflugzeuge über dem türkisch-syrischen Grenzgebiet am 24. November 2015 beizulegen – auf diesen Zwischenfall hatte Moskau heftig reagiert, schließlich war zum ersten Mal ein russisches Flugzeug von einem NATO-Mitgliedsstaat abgeschossen worden. Die zunächst ergriffenen Vergeltungsmaßnahmen Russlands – die Unterbrechung der Gasexporte, ein Stopp der Touristenströme, Bombardierungen von Tanklastwagen, die das vom sogenannten »Islamischen Staat« in Ostsyrien geförderte Öl nach Anatolien bringen sollten, und die Aufdeckung zahlreicher Verwicklungen von Erdoğans Familienangehörigen in diesen Schmuggel – zeigten zerstörerische Auswirkungen. Am 20. Dezember 2016, fünf Monate nach dem gescheiterten Putsch, trafen sich dann Vertreter Russlands, des Iran und der Türkei in Istanbul – die drei Staaten, die für einen Großteil der logistischen beziehungsweise militärischen Unterstützung der sich bekämpfenden Fraktionen im syrischen Bürgerkrieg verantwortlich waren –, um das Ende der türkischen Versorgungslieferungen nach Aleppo zu vereinbaren: Erdoğan richtete sich nach Putins Wünschen. Zwei Tage später musste die Großstadt im nördlichen Syrien kapitulieren und fiel zurück in Assads Hände: der Anfang vom Ende der Revolte. Washington wurde, genau wie andere NATO-Verbündete der Türkei, bei diesem Prozess außen vor gelassen, was zum Vorbild für den Astana-Prozess zwischen ebendiesen drei Staaten im Mai 2017 wurde, im Rahmen dessen man die Deeskalation in Syrien vereinbarte. Der frühere Name der kasachischen Hauptstadt bot sich auch deshalb als Namensgeber für diesen Pakt an, da sich der dort ansässige Präsident Nursultan Nasarbajew – der bis zu seinem Rücktritt im

März 2019 ein Land regierte, in dem russisch-orthodoxe und turko-muslimische Volksgruppen zusammenleben, und nach dem die Stadt heute benannt ist – bereitwillig als Vorkämpfer des Eurasismus bezeichnete. Nasarbajew taufte die Universität der Hauptstadt zu Ehren von Lew Gumiljow (1912–1992), dem als Vater des zeitgenössischen Eurasismus bekannten Anthropologen, um in »Eurasische Nationale Gumiljow-Universität«. Schließlich gilt unter den Eurasisten diese Region als Ort, an dem sich die Völker der russisch-kasachischen Steppe vereinten.

Die in Astana getroffene Vereinbarung bedeutete die Abkehr von Erdoğans Intervention im syrischen Bürgerkrieg. Bis dato hatten die türkischen Geheimdienste die Rebellen materiell unterstützt, genau wie die Westmächte und die sunnitischen Ölmonarchien vom Golf – alle ihrer speziellen Logik folgend und mit ganz eigenen Erwartungen an das Ergebnis. Barack Obama und François Hollande sahen im Aufstand die Bewegung, die den moskautreuen Vasallen Assad stürzen und eine Demokratie nach europäisch-amerikanischem Vorbild errichten könnte. Die Dynastien und Religiösen von Kuwait bis Saudi-Arabien sahen in den Rebellen eine Armee sunnitischer Dschihadisten, die den verfeindeten schiitischen Halbmond zerstören würde, welchen Teheran vom Kaspischen Meer bis zum Mittelmeer geformt hatte. Die ursprüngliche Syrien-Politik Ankaras verband eine prowestliche und antirussische Politik im Sinne der NATO mit der Unterstützung der Muslimbrüder in ihrem Kampf um die regionale Hegemonie nach dem Arabischen Frühling: eine Vorstellung, die obendrein perfekt vereinbar war mit der von US-Präsident Obama, nach der ein *engagement* mit dem politischen Islam erstrebenswert sei.

Doch diese türkische Gleichung änderte sich nach dem misslungenen Putschversuch vom Juli 2016: Die zunehmende Bedeutung des »eurasischen« Nationalismus in der Regierungskoalition, das Misstrauen gegenüber Washington, dem man unterstellte, die

Verschwörer ermutigt zu haben, und die Annäherung an Moskau verteilten die Karten südlich der Landesgrenze neu. Fortan war Syrien für Erdoğan in erster Linie Ort einer nationalistisch ausgerichteten territorialen Expansion – und nur noch an zweiter Stelle geplante Schutzzone für Muslimbrüder. Die Realpolitik bestand darin, jenseits der Grenzen Militärbasen zu errichten, um die syrischen Kurden physisch von den türkischen getrennt zu halten – denn mit den Aktivisten und Kämpfern der PKK gab es nach einer Zeit der Ruhe seit 2015 wieder gewaltsame Zusammenstöße. Wie die Invasion in die Region um Afrin im Januar 2018 zeigte, sollten diese Gebiete in einem zweiten Schritt in Pufferzonen verwandelt werden. Nachdem sie ethnisch »gesäubert« und die kurdischen Bewohner verjagt worden waren, nahm man an ihrer Stelle sunnitisch-arabische Rebellen auf, die nach und nach aus den südlichen Kampfzonen evakuiert wurden. Denn Assads Truppen eroberten den Rest Syriens wieder zurück, unterstützt von der russischen Luftwaffe und schiitischen Hilfstruppen. Diese Ex-Rebellen, neu zusammengefasst in der von der Türkei besoldeten »Syrischen Nationalen Armee«, übernahmen vor Ort die Drecksarbeit – wie der UN-Bericht vom September 2020 dokumentierte – und wurden auch in jene Truppen integriert, die man nach Libyen an die Seite der Regierung in Tripolis und später nach Aserbaidschan an die Seite Bakus schickte.

Vor diesem Hintergrund ereignete sich in der Enklave Afrin Folgendes: Die »Deeskalationszone« der Grenzprovinz Idlib, die im Astana-Abkommen vom Mai 2017 als solche bestimmt worden war und in die sich Hunderttausende Rebellen und Flüchtlinge aus Angst vor der Rückeroberung Syriens durch die Soldaten und Milizen der Regierung retteten, entwickelte sich zu einer überraschenden »Anpassungsvariablen« zwischen den beiden wichtigsten Partnern des Bündnisses, Putin und Erdoğan (vgl. Karte 12). In dem unter türkischer Kontrolle stehenden Teil, der laut Fabrice Balanche an einen »neuen Gazastreifen« erinnert, sollte die türkische Armee die Rebellenmilizen überwachen. Diese gerieten jedoch unter den Einfluss des HTS (Hai 'at Tahrir asch-Scham – Komitee zur Befreiung der Levante), eines Bündnisses von Dschihadisten, die sich von al-Qaida losgesagt hatten und dennoch deren Ideologie für sich in Anspruch nahmen, jedenfalls bis zum Sommer 2020, wie wir gleich unten sehen werden. Das HTS bedrängte die Pro-Assad-Brigaden, die sich in der von Russland überwachten Zone befanden: Dort hätten die Spezialkräfte des Kreml eigentlich die aggressiven Anwandlungen der Truppen des syrischen Präsidenten beruhigen sollen – tatsächlich aber ermöglichten sie diese überhaupt erst, da Russland das HTS und andere Aufrührer bombardierte. Zwischen Mai und August 2019 wurden einige Städte und zahlreiche Dörfer von Assad zurückerobert. Und in dem von Erdoğan beaufsichtigten Sektor verbarg sich der »Kalif« des sogenannten »Islamischen Staats«, Abu Bakr al-Baghdadi, bis er am 27. Oktober 2019 unweit der türkischen Grenze bei einem US-Militäreinsatz ums Leben kam. Ende 2020 war das von der Türkei kontrollierte Territorium deutlich geschrumpft, und bereits am 19. und 20. Oktober hatte die türkische Armee einen Großteil ihrer im äußersten Osten gelegenen Vorposten evakuiert, darunter jenen von Morek. Sie zog sich auf eine Linie zurück, durch die ein etwa 40 Kilometer breiter Streifen auf syrischem Gebiet entstand. Hierhin verschob man starke Truppenteile, Fahrzeuge und Material. Zur gleichen Zeit schloss das HTS – nach Quellen aus der syrischen Opposition: auf Druck der türkischen Geheimdienste hin – seine extremistischsten Mitglieder aus und brach, wie aus einer Erklärung vom 10. Oktober hervorging, jeden Kontakt mit dem radikalen, jordanischen Dschihad-Theoretiker Abu Muhammad al-Maqdisi ab. Die Idee dahinter war, die als Terrorgruppe gesehene Organisation international »vorzeigbarer« zu machen: Das würde ihre Aufnahme in die von Ankara finanzierte »Syrische Nationale Armee« erleichtern. Zeitgleich erhöhte Moskau über Assads Truppen den Druck auf die Türken und deren

Verbündete – eine Reaktion auf Erdoğans Unterstützung der aserbaidschanischen Offensive in Bergkarabach.

So wie die Zone in Idlib als Anpassungsvariable in der türkisch-russischen Beziehung diente, die sich nach Erdoğans Einmischung im Kaukasus verschlechterte, so hatte die Lage in Nordsyrien es ein Jahr zuvor, im Herbst 2019, noch ermöglicht, dass sich das Verhältnis zwischen dem *strong leader* hier und seinem Kollegen im Weißen Haus festigte. Die Tötung al-Baghdadis, der Symbolfigur des Dschihadismus schlechthin, ließ Donald Trump als Vorreiter im weltweiten Kampf gegen den Terrorismus erscheinen – auch um seinem Vorgänger Barack Obama den Rang abzulaufen, der am 2. Mai 2011 bin Laden in Pakistan erschießen ließ. Die Ausschaltung al-Baghdadis bildete den Ausgleich zum internationalen Skandal, den Trumps Entscheidung vom 6. Oktober 2019 über den Rückzug der US-Truppen aus der von den Kurden kontrollierten Region ausgelöst hatte. Drei Tage nach Abzug der amerikanischen Soldaten war es zu einer Offensive der türkischen Armee auf dieses Gebiet gekommen: Sie begann mit Bombardierungen und Überfällen, die von ehemaligen Rebellen, darunter viele einstmals von der CIA ausgerüstete und nun wiedereingesetzte Dschihadisten, durchgeführt wurden. Im Westen war die Empörung über Trumps Entscheidung groß, wirkte es doch so, als würden die Kurden auf halber Strecke fallen gelassen. Dabei waren sie es gewesen, die zuvor eine entscheidende Rolle beim Kampf gegen den sogenannten »Islamischen Staat« gespielt hatten. Und noch immer waren mehr als 100.000 Menschen vor den Kämpfen auf der Flucht, und jeden Tag gaben die Aushilfstruppen der Syrischen Nationalen Armee die Namen jener Dörfer und Ortschaften bekannt, die sie erobert hatten. Am 11. Oktober 2019 hatten islamistische Kämpfer von Ahrar al-Sharqiya (»Die freien Männer des Ostens«), einer Subabteilung der SNA, an einer Straßensperre die junge kurdische und laizistische Politikerin Hevrin Khalaf überfallen und sie und drei weitere Gefangene unter dem

Ruf *Allahu Akbar!* so lange misshandelt, bis sie ihren Verletzungen erlagen. Filmaufnahmen von dieser Hinrichtung wurden in sozialen Netzwerken geteilt und erinnerten unweigerlich an ähnliche Grausamkeiten, die der sogenannte »Islamische Staat« während der schlimmsten Jahre seines »Kalifats« begangen hatte. Am 13. Oktober schließlich ermöglichte die Bombardierung eines Lagers mit Gefangenen, die der Dschihadistengruppe angehörten, in der Stadt Tall Abyad 745 Häftlingen die Flucht – obgleich das Weiße Haus diesen Zwischenfall beschämt dementierte, wurde er von anderen US-Verantwortlichen bestätigt.

Dieser Tag machte deutlich, dass Trumps Nahost-Politik die Vereinigten Staaten in eine Position der Schwäche gegenüber dem gefürchteten Gegner Wladimir Putin manövriert hatte. Der russische Präsident nutzte die Fehler seines US-Amtskollegen umgehend aus. Er setzte eine Vereinbarung zwischen den belagerten syrischen Kurden und dem Regime in Damaskus durch, nach der Assads Truppen so weit durch das bis dahin von der YPG kontrollierte Gebiet in den Norden vorrücken konnten, bis sie auf die türkischen Kräfte stießen – ein Vormarsch, der ihnen unmöglich gewesen wäre, wären die US-Truppen noch dort stationiert gewesen (vgl. Karte 11). Diese hatten sich inzwischen in ein Gebiet entlang der Grenze zum Irak zurückgezogen. Der Herrscher des Kreml hatte zudem Erdoğan gegenüber deutlich gemacht, dass es Moskau und keineswegs Washington war, das die Grenzen der türkischen Offensive bestimmte. Das Bestehen der kurdischen Militärpräsenz im halb autonomen Gebiet im Nordosten Syriens erlaubte es Putin, die Türkei an der kurzen Leine zu halten. Putin liebte nichts mehr als ein Tänzchen mit Erdoğan, seit ihn die Kurden im Schuh drückten wie ein Stein. Er empfing seinen türkischen Amtskollegen am 22. Oktober 2019 im Schwarzmeer-Badeort Sotschi und schloss mit ihm ein »Zehn-Punkte-Memorandum«: Die syrisch-türkische Grenze sollte von gemeinsamen Patrouillen überwacht werden, und zwar östlich und westlich der von nun an türkisch kontrollierten Zone auf syrischem Gebiet zwischen Tall Abyad und Ras al-Ain. Russisch-syrische Kontingente hingegen kontrollieren die Umgebung der Enklave, um jegliche Ausdehnung zu verhindern. Die USA und der Westen wurden mühelos vom größten Teil des Schlachtfelds ausgeschlossen.

Die Spezialkräfte der Vereinigten Staaten, Frankreichs und Großbritanniens stellten sich folglich östlich des Euphrat neu auf, insbesondere rund um die von der US-Firma Conoco betriebenen Erdölfelder – eine Maßnahme, die vom Sprecher des russischen Verteidigungsministeriums als »kriminell« gebrandmarkt wurde, will Russland das Erdöl doch möglichst schnell wieder unter Kontrolle aus Damaskus wissen. Baschar al-Assad selbst belebte die alte nationalistische Rhetorik wieder, um in Syrien für Unterstützung zu werben: Er begrüße »jede Gruppe, die sich im Widerstand des Volks gegen Erdoğan und die Türkei einsetzt [...].« Und würden sich die Syrer nicht wehren, »haben wir unser Vaterland nicht verdient«! Eine solche Äußerung wäre ohne grünes Licht aus dem Kreml niemals gefallen. Es war ein Zeichen an Ankara, dass Putin die türkischen Ambitionen im Zaum halten werde, obgleich Moskaus oberstes Ziel bereits erreicht war: Die amerikanischen Truppen waren aus dem Grenzgebiet abgezogen, und anstatt westlicher Soldaten patrouillierten nun russische Militärs in dem Gebiet.

Donald Trump, von Demokraten und einigen Republikanern wegen seines erratischen Rückzugs aus Syrien unter Beschuss genommen und wegen der Ukraine-Affäre durch ein Amtsenthebungsverfahren im Kongress bedroht, griff in dieser Situation auf eine Operation zurück, von der er sich positive Schlagzeilen und Lob für seine Führungsqualitäten erhoffte: die Tötung Abu Bakr al-Baghdadis am 27. Oktober 2019. Der selbst ernannte Kalif des kurzlebigen »Islamischen Staats« hatte zu diesem Zeitpunkt weder großen Einfluss noch militärischen Wert, nachdem die letzten IS-Kämpfer im März in der syrisch-irakischen Grenzregion rund um al-Baghuz besiegt worden waren. Seine letzten Online-Videos belegten, dass er nur noch bellen, aber nicht mehr zubeißen konnte. Dennoch blieb er ein gesuchter Verbrecher, der für eine lange Liste in seinem Namen begangener Gräueltaten zur Rechenschaft gezogen werden sollte, und seine Exekution versprach demjenigen politischen Profit, dem sie gelang. Der überraschende Zeitpunkt und die Umstände seiner Eliminierung werfen allerdings Fragen auf, die bis heute nicht geklärt sind.

In der Deeskalationszone von Idlib starben am 27. Februar 2020 33 türkische Soldaten bei einem Syrien zugeschriebenen Luftangriff – als Vergeltung wurden 16 syrische Militärs umgebracht (vgl. Karte 12). Dieser »halbherzige Krieg« zwischen Russland und der Türkei wurde von zwischengeschalteten Rebellen und Milizen geführt, ganz ähnlich wie in Libyen: Die Zusammenstöße zwischen den Truppen aus Tripolis und denen aus Bengasi wurden von syrischen Hilfstruppen ausgetragen, die jeweils auf die sich feindlich gegenüberstehenden Lager verteilt waren (siehe oben, S. 27 und 33). Vorrücken oder Rückzüge auf den Schlachtfeldern in Idlib wurden bei den Frontbewegungen zwischen der Kyrenaika und Tripolitanien als Verhandlungsmasse eingesetzt. Diese paradoxe Situation verkomplizierte sich nochmals, als nach dem 27. September 2020 eine dritte Auseinandersetzung hinzukam: Erdoğans Zusage seiner »vollen Unterstützung« für die aserbaidschanische Militäroffensive gegen Bergkarabach und Armenien. Dafür verlangte er ein Mitspracherecht bei der Lösung des Problems und wollte zur »Minsker Gruppe« eingeladen werden: Unter diesem Namen hatten Russland, die Vereinigten Staaten und Frankreich als wichtigste internationale Vermittler in diesem Konflikt, der zwischen 1992 und 1994 schon einmal rund 30.000 Tote gefordert hatte, einen Waffenstillstand verhandeln können. In Moskau verstand man Erdoğans Vorstoß als Einmischung in die Angelegenheiten des Kaukasus, hatten sich die ehemaligen Sowjetrepubliken doch dort, übrigens ganz unabhängig von ihrer wirtschaftlichen oder politischen Öffnung zum Westen hin, eine enge Beziehung zu Moskau bewahrt. Die gereizte russische Reaktion auf Ankaras Vorgehen trug weiter zur Verschärfung der Spannungen bei.

Die Reaktivierung der Hamas

Die türkische Präsenz in Syrien hat also zunehmend Bezug zur nationalistischen und antikurdischen Realpolitik und immer weniger mit der ursprünglichen Absicht einer Stärkung des Islamismus zu tun, zumal die Türkei die komplexen Anforderungen Moskaus mit berücksichtigen muss. Andererseits hisst Ankara mit seinen Hilfen für die Hamas, die selbst Gegenstand der mit den Partnern der Achse von Muslimbrüdern und Schiiten – Doha und Teheran – abgestimmten Strategie ist, die ideologische Fahne der Islamisten. Während Türken und Iraner in Syrien auf unterschiedliche, sich bekämpfende Lager bauen, stimmen sie im Gazastreifen in ihrer Unterstützung der führenden Palästinenserbewegung überein. Die Islamische Republik muss sich, wie bereits erwähnt, einen neuen tugendhaften Anstrich geben ... also einen islamischen, nachdem sie auf direktem Weg mit den al-Quds-Brigaden des getöteten Soleimani und indirekt über die zwischengeschaltete Hisbollah zur Niederschlagung einer Rebellion beigetragen hat, die sich als zunehmend sunnitisch und dabei vor allem als von den Muslimbrüdern geprägt erwiesen hatte. Indem Teheran im Jahr 2020 mittels der Hisbollah und der Hamas die Angriffe auf Israel wieder aufnahm, versuchte es auch vom »Verrat« Abu Dhabis und Manamas zu profitieren, die als Partner des Abraham-Abkommens die Sache der Palästinenser im Stich gelassen hatten (vgl. Karte 9). Der Iran hoffte, erneut zum bestimmenden Vorkämpfer für die Sache der Palästinenser zu werden – nach dem Vorbild des »göttlichen Sieges«, wie er im 33-Tage- oder Libanonkrieg im Sommer 2006 gelungen war, als die Partei Gottes den Vormarsch der israelischen Streitkräfte im Südlibanon aufhalten konnte – was ihr trotz ihrer schiitischen Identität in den Medien der arabischen Halbinsel enormes Renommee eintrug. Auch für Ankara ist die Förderung der Hamas ein Weg, die eigene Glaubwürdigkeit in der arabischen Welt in Bezug auf die Muslimbruderschaft zu stärken – obschon der Fall der Rebellenhochburg Aleppo und die anschließende Niederlage der islamistischen syrischen Aufständischen im Dezember 2016 dem »Nachgeben« Erdoğans im Rahmen seines Deals mit dem russischen Präsidenten anzurechnen sind.

Im eigenen Land gewährte die Türkei den ägyptischen Muslimbrüdern politisches Asyl, die nach dem Sturz von Präsident Mursi im Juli 2013 ins Exil gehen mussten. Hier konnten sie Thinktanks, Fernsehsender und eine ganze Infrastruktur des Widerstands gegen das Regime von General Abd al-Fattah as-Sisi in Kairo aufbauen (vgl. Karte 2). Ägypten wiederum näherte sich Griechenland an. Die beiden Staaten teilten ihre Ablehnung der Türkei, die von den Übergriffen der türkischen Flotte und von dem im November 2019 zwischen Ankara und Tripolis geschlossenen Abkommen über das Abstecken ihrer jeweiligen ausschließlichen Wirtschaftszonen im Mittelmeer herrührte. Am 6. August 2020 antworteten sie mit einem ähnlichen Vertrag über die griechischen und ägyptischen Meereszonen. Erdoğan wiederum reagierte auf die Ratifizierung dieses Vertrags im Parlament von Athen, indem er seine panislamische Version der internationalen Beziehungen vorstellte und seine Verwunderung darüber ausdrückte, dass das muslimische Ägypten sich mit einer andersgläubigen Nation gegen seinen Glaubensbruder wandte, wo doch »unsere Zivilisationen und Prinzipien einander viel ähnlicher sind als mit den griechischen«. Mit ähnlicher Argumentation beanstandete Erdoğan auch die französische Militärpräsenz in Mali. Französische Soldaten sind dort stationiert, seit das afrikanische Land 2012 von Dschihadisten überfallen wurde, die bis kurz vor Timbuktu kamen, woraufhin Mali und Frankreich ein bilaterales Verteidigungsbündnis schlossen.»Was haben Sie da unten zu suchen?«, fragte Erdoğan Emmanuel Macron, schließlich sei das Land »zu 95 Prozent muslimisch«. Und am 10. September, dem Tag, an dem sich die EuroMed 7 in Ajaccio trafen, entsandte er seinen Außenminister Çavuşoğlu nach Bamako, wo er den Putschisten Hilfe anbot, die kurz zuvor den als Freund Frankreichs bekannten Präsidenten Ibrahim Keïta gestürzt hatten.

Wer aber eine Patenschaft für die Hamas übernimmt, der kann auf den Fernsehbildschirmen oder in den sozialen Netzwerken von Marokko bis Oman ungemein wirkungsvoll für eine panislamistische Weltanschauung werben und die Erregung auf den »arabischen Straßen« (eine Metapher für die populäre Meinung im arabischen Raum) steigern, einschließlich der islamisierten Vororte Westeuropas. Zehn Jahre früher, am 31. Mai 2010, hatten israelische Kommandos auf hoher See die *Mavi Marmara* aufgebracht und durchsucht: Die IHH, eine türkisch-islamistische NGO, hatte das Schiff gechartert und wollte die Seeblockade des Gazastreifens durchbrechen. Der Vorfall, bei dem neun Menschen starben und zahlreiche verletzt wurden, zog eine Krise zwischen Jerusalem und Ankara nach sich und ermöglichte es Erdoğan, sich zum weißen Ritter für die palästinensische Sache aufzuschwingen. Eine Aktion mit vergleichbarer Absicht wurde in Istanbul am 22. August 2020 durchgeführt: Eine Woche nach der Unterzeichnung des Abkommens zwischen Israel und den Vereinigten Arabischen Emiraten empfing Erdoğan feierlich den Chef des Politbüros der Hamas und »Ministerpräsidenten des Gazastreifens«, Ismail Haniyya, an der Spitze einer großen Delegation in einem Palast am Ufer des Bosporus. Erdoğan zog damit den Ärger des US-Außenministeriums auf sich, in dessen Augen »die wiederholte Annäherung von Präsident Erdoğan an diese Terrororganisation dazu führt, dass sich die Türkei von der internationalen Gemeinschaft isoliert«. An den Staatsbesuch schloss sich ab dem 1. September eine dreiwöchige Triumphreise des Palästinenserführers durch den Libanon an.

Er folgte damit Emmanuel Macron, der soeben dort den Jahrestag der Gründung des Großlibanon als französisches Mandatsgebiet des Völkerbunds im Jahr 1920 gefeiert und (vergeblich) versucht hatte, die Bildung einer neuen Regierung nach der katastrophalen Explosion im Beiruter Hafen am 4. August zu beschleunigen. Während der französische Staatspräsident zuerst die von der Verwüstung besonders betroffenen christlichen Stadtviertel besucht hatte, bevorzugte der Führer der Hamas die muslimischen Gebiete der multikonfessionellen Nation (vgl. Karte 13). Haniyyas Reise diente dazu, die Fantasie der Muslime anzustacheln und sie die Reise des Mannes aus dem Élysée-Palast vergessen zu lassen. Und tatsächlich warf der designierte Ministerpräsident des Libanon, der Sunnit Mustapha Adib, angesichts der Forderungen der Hisbollah am 26. September das Handtuch. Der Hisbollah war es damit, zur großen Freude der Achse von Muslimbrüdern und Schiiten, gelungen, die französische Initiative zum Scheitern zu bringen. Es war daher ein weiteres Mal am ehemaligen Ministerpräsidenten Saad Hariri, von der »Revolution« am 17. Oktober 2019 abgesetzt, sich als Kandidat für diesen Posten vorzustellen. Dass er am 22. Oktober 2020 tatsächlich bestätigt wurde, verstanden viele als einen Rückschlag, mit dem alle Hoffnungen der jungen Libanesen auf Veränderungen zunichtegemacht wurden – während unter der intellektuellen Elite des Landes ein allgemeines Rette-sich-wer-kann um sich griff, das dazu führte, dass viele Akademiker, vor allem Ärzte, ins Ausland gingen. Die Zukunft des Landes wurde immer düsterer.

Ismail Haniyyas Reise durch den Zedernstaat ließ Erinnerungen an seine Deportation aus Israel in den Südlibanon im Winter 1992 aufleben: Nachdem im Dezember 1992 der israelische Unteroffizier Nissim Toledano von der Hamas aus der israelischen Stadt Lod entführt und dann gefesselt und erdolcht in einem Graben zurückgelassen worden war, hatte Israel als Vergeltungsmaßnahme mehr als 400 Kader islamistischer Palästinenserorganisationen, darunter Haniyya, deportiert und in der Kälte des südlibanesischen Marj al-Zuhur ausgesetzt.

Nach dem ehrenvollen Empfang des inoffiziellen »Ministerpräsidenten« durch Hassan Nasrallah, den Generalsekretär der Partei Gottes, der einem gegenseitigen Ritterschlag gleichkam, nahm Haniyya noch während seiner Rundreise an einer Videokonferenz mit anderen in Ramallah etablierten militanten Palästinensergruppierungen teil. So gewann er Einfluss auf den Präsidenten der Palästinensischen Autonomiebehörde und der PLO, Mahmud Abbas. Anschließend fuhr er weiter in das symbolträchtige Lager Ain al-Hilweh, in dem mindestens 50.000 der insgesamt 450.000 palästinensischen Flüchtlinge im Libanon unter prekären Bedingungen leben. Es ist das Zentrum der islamistischen Radikalisierung palästinensischer Flüchtlinge – denen man bei den Gesprächen zwischen Israel und der Fatah nach dem Oslo-Abkommen im September 1993 kein »Rückkehrrecht« zuerkannt hatte. Haniyya wurde hier auf Schultern getragen und lief seinen Rivalen von der PLO den Rang ab. Die von Ankara und Teheran geplante PR-Maßnahme erwies sich als voller Erfolg.

Kurz darauf rückten die bislang konkurrierenden Palästinenserorganisationen unter dem Druck des Abraham-Abkommens so nahe zusammen wie noch nie. Zunächst versammelte Haniyya am 3. September die Repräsentanten des gesamten Spektrums der Widerstandsbewegungen in der palästinensischen Botschaft in Beirut um sich – von den Marxisten der Volksfront und der Demokratischen Front zur Befreiung Palästinas bis hin zum proiranischen Islamischen Dschihad in Palästina. Dann empfing er nach seiner Rückkehr nach Istanbul am 21. September Dschibril ar-Radschub, den Generalsekretär der Fatah, der von Jassir Arafat gegründeten, zentralen und historisch wichtigen palästinensischen Widerstandsbewegung, um deren Einheit wiederherzustellen. Beachtenswert ist daran, dass die Hamas dabei aus einer Position der Stärke heraus handelte, profitierte sie doch von der massiven Rückendeckung des Dreierbündnisses Türkei-Katar-Iran. Hingegen verfügten weder die Fatah noch die in Ramallah sitzende Palästinensische Autonomiebehörde, ausgelaugt durch die erfolglosen Verhandlungen mit Israel, über ausreichend internationale Netzwerke, um ein Gegengewicht zur Hamas zu bilden. Bei der 75. UN-Vollversammlung, die zeitgleich in New York abgehalten wurde, bekannten sich nur die Türkei und Katar – die beiden Sponsoren der Hamas – ohne Umschweife zum Anliegen der Palästinenser: Erdoğan erklärte, »die Besatzung Palästinas ist eine blutende Wunde«, und der Emir Tamim bin Hamad Al Thani forderte die internationale Gemeinschaft dazu auf, Israel zur Aufhebung der Blockade des Gazastreifens zu zwingen. Als Doha unter anderem mitteilte, es werde den palästinensischen Behörden die nötige Hilfe für einen Weg aus der Finanz- und Wirtschaftskrise zukommen lassen, war es nur noch an Mahmud Abbas, seinen Gang nach Canossa anzutreten. Da seine traditionellen ägyptischen und saudiarabischen Verbündeten nicht mehr anriefen (obgleich Präsident al-Sisi und König Salman sich bemühten, die Verbindung zur PLO aufrechtzuerhalten, damit diese nicht zerfiel und gänzlich zur Hamas umschwenkte), griff der zu diesem Zeitpunkt 84-jährige Präsident – dem es nach Arafats Tod nie recht gelungen war, die Politik maßgeblich zu prägen – selbst zum Telefon und bedankte sich bei seinem türkischen Amtskollegen für dessen Unterstützung der Palästinenser. Er ließ Erdoğan auch wissen, dass er bei den nächsten Wahlen nicht wieder antreten werde. Vertreter der Fatah und der Hamas einigten sich unterdessen in Istanbul darauf, in den nächsten sechs Monaten Wahlen abzuhalten (die letzten hatten vor 15 Jahren stattgefunden), und erste Umfragen weisen darauf hin, dass Ismail Haniyya mühelos die Mehrheit der Stimmen erringen dürfte ... (Die Parlamentswahlen wurden allerdings im April 2021 auf unbestimmte Zeit verschoben, vgl. auch das Nachwort zur deutschen Ausgabe, S. 261.)

Die Vereinbarung zwischen Ankara, Doha und Teheran, den

Chef der islamistischen Palästinenserbewegung über die zwischengeschaltete Hisbollah in den Vordergrund treten zu lassen, gehört zur Strategie der Achse, mit der sie auf das Abraham-Abkommen reagiert (vgl. Karte 1). Eine der scheinbar widersprüchlichsten Konsequenzen daraus ist, dass Katar, der wichtigste Geldgeber der Hamas, ausgerechnet von Israel zur Finanzierung der Palästinenser ermutigt wird, das die Hamas doch zur Terrororganisation schlechthin erkoren hat!

Der Gazastreifen – 365 Quadratkilometer Küstengebiet mit zwei Millionen Einwohnern, von denen die Hälfte jünger als 15 Jahre ist, in dem die Geburtenrate bei 4,24 und die Arbeitslosenrate bei durchschnittlich 53 Prozent liegt – wurde von der UN bereits 2017 als im Jahr 2020 »unbewohnbar« bezeichnet. Grund dafür ist die Überbevölkerung, die durch die unkontrollierbare demografische Explosion noch verschärft wird – denn die vorherrschende islamistische Ideologie ermutigt die Bewohner zu Kinderreichtum, will sie mit diesem demografischen »Geburten-Dschihad« doch eines nicht so fernen Tages den jüdischen Staat überschwemmen. Ägypten, unter dessen Vormundschaft der Gazastreifen bis zur Eroberung durch Israel während des Sechstagekriegs im Juni 1967 stand (und das ebenfalls überbevölkert ist), erhob während der Verhandlungen über die Rückgabe des Sinai in den folgenden Jahrzehnten nie Anspruch auf das Gebiet – man war froh, diese Bürde losgeworden zu sein. Das Oslo-Abkommen vom September 1993 zwischen Israel und der späteren Palästinensischen Autonomiebehörde, sah vor, dass fortan die Polizei von Jassir Arafat vor der unmöglichen Aufgabe stand, Recht und Ordnung aufrechtzuerhalten, vor allem auch in den Flüchtlingslagern, in denen mehr als ein Drittel der palästinensischen Bevölkerung untergekommen war. Mit der Räumung der israelischen Siedlungen im Gazastreifen kamen weitere Gebiete hinzu. Nach dem von der PLO nicht anerkannten Sieg der Hamas bei den Wahlen 2006 wurde die PLO im Juni des folgenden Jahres mit Waffengewalt aus dem Gazastreifen vertrieben. Das Gebiet unterstand nun ausschließlich der Kontrolle der Hamas. Aus politischer Sicht hatte Israel kurzfristig allen Grund, sich über die Spaltung Palästinas zu freuen: Damit verlor der »arabische Friedensplan« von 2002 mit seinem Vorhaben, zu den Grenzen von 1967 zurückzukehren und eine »Zwei-Staaten-Lösung« umzusetzen, jegliche Substanz – existierten doch faktisch bereits drei Staaten. Abu Dhabi, Manama, Khartum, Rabat und andere arabische Hauptstädte entschlossen sich deshalb 2020, Israel anzuerkennen, ohne überhaupt noch auf die Zweistaatenlösung Bezug zu nehmen.

Demgegenüber konnte der Iran mit seiner Strategie des schiitischen Halbmonds mit der De-facto-Unabhängigkeit des Gazastreifens arbeiten. Mit Ausnahme der Jahre 2012 bis 2016, als Teheran sich darauf konzentrierte, syrische Rebellen durch seine fanatischen Anhänger massakrieren zu lassen – wie die Hamas waren diese meist sunnitischen Glaubens –, lieferte die Islamische Republik jederzeit jegliche finanzielle und militärische Hilfe, die benötigt wurde, um die Enklave am Mittelmeer zur südlichen Raketenabschussbasis in Richtung Negev, Judäa und Samaria oder sogar Tel Aviv zu machen. Damit verfügt der Iran über ein zweites Standbein im Süden, gegenüber der nördlichen Basis im Südlibanon – von wo aus die Hisbollah Galiläa und Haifa beschießt. Für den Iran bildet diese Raketenguerilla, die mit geringer Intensität gegen den in die Zange genommenen jüdischen Staat vorgeht, das ideale Druckmittel, um sein eigenes Staatsgebiet vor einem Angriff zu schützen.

Wie die Hamas mit Waffen und Munition versorgt wird, konnte man in einer am 13. September 2020 vom katarischen TV-Sender Al Jazeera ausgestrahlten Reportage erfahren, auch wenn dabei nicht auf Details eingegangen wurde. Der Blick auf die eigene Stärke sollte unter den Palästinensern die Begeisterung für ihren militärischen Widerstand anheizen – und dem Abraham-Abkommen Paroli bieten, das einen Monat vor der Ausstrahlung der Reportage vom Weißen Haus bekannt gegeben wurde. In dem Beitrag ist vor allem Ismail Haniyya zu sehen, der demonstriert, wie vergeblich die Bemühungen der Israelis sind, den Gazastreifen zu blockieren: Die arabischsprachigen Fernsehzuschauer auf der ganzen Welt wurden mit Einzelheiten und Bildern vom Kauf und der Umrüstung iranischer und russischer Raketen überschüttet, erfuhren von der entscheidenden Rolle des Sudan (vor dem Sturz des proislamistischen Umar al-Baschir während der Unruhen 2019) beim Weitertransport der Raketen über das Rote Meer, den Schmugglerbanden aus den Stämmen am Sina und von den Containern, die im Libanon oder Ägypten gestartete Schlauchboote versenkten, woraufhin die Ladungen durch Unterwasserströmungen bis zum Gazastreifen getrieben werden.

Katars Einmischung und Israels Widersprüche

Al-Jazeeras Bericht machte deutlich, dass trotz aller Widrigkeiten und der Auswirkungen des Abraham-Abkommens auf die palästinensische Frage der militärische Widerstand im Gazastreifen Kapazitäten hat und haben wird, denen man sich stellen muss (vgl. Karte 14 und das aktualisierende Nachwort für die deutsche Ausgabe S. 261 ff.). Ungeachtet des Gürtels aus Stacheldraht, der die Enklave umschließt, und ungeachtet der Überwachung der Küsten (die Grenze zu Ägypten war immer in gewissem Grade durchlässig, vor allem wegen der Schmugglertunnel und der Korruption in den Rängen der ägyptischen Armee), ist die verbliebene Raketenguerilla weiterhin aktiv. Der über die Jahre kontinuierliche Raketenbeschuss richtet sich gegen die aufsehenerregenden israelischen Repressionsmaßnahmen, die auch international kontrovers diskutiert werden. Politisch profitiert von dieser Auseinandersetzung letzten Endes unvermeidlich die Hamas, was auch jene betonen, die sich bei ihr anbiedern möchten. Hohen Stellenwert hatten in diesem Zusammenhang die israelischen Operationen

»Gegossenes Blei« vom 27. Dezember 2008 bis zum 18. Januar 2009 – mit mehr als 1.400 toten Palästinensern und 13 getöteten Israelis, in einem UN-Bericht als »Kriegsverbrechen« bezeichnet – sowie »Protective Edge« vom 8. Juli bis 26. August 2014. Die »Operation Schutzlinie«, ein erneuter Kulminationspunkt im Nahostkonflikt, begann als Vergeltungsmaßnahme für die Entführung und Ermordung dreier israelischer Jugendlicher durch die Hamas und umfasste auch eine Bodenoffensive, der etwa 1.500 Palästinenser und sechs israelische Zivilisten zum Opfer fielen. Das Ungleichgewicht zwischen den Opferzahlen heizte in den USA und Europa antizionistische Stimmungen an, die seit 2005 von der BDS-Bewegung (Boycott, Divestment, Sanctions) geschürt werden; die Hamas wiederum verlor Rückhalt in der eigenen Bevölkerung, da man ihr vorwarf, mit ihren Provokationen den zerstörerischen Donnerschlag der Tsahal provoziert zu haben.

Zudem fanden die Kämpfe im Sommer 2014 statt, zu einer Zeit also, als sich der iranische Sponsor der Hamas bereits von ihr distanziert hatte – denn die islamistische sunnitische Bewegung hatte sich mit den syrischen Rebellen gleicher Konfession solidarisiert, die seit 2012 gegen die Hisbollah kämpften. Infolge der sich ausweitenden Auseinandersetzungen in Syrien war das Politbüro der Hamas Anfang 2012 gezwungen gewesen, seinen Hauptsitz von Damaskus nach Doha zu verlegen, und Ismail Haniyya erklärte im Februar in der al-Azhar-Moschee in Kairo, er »grüße das syrische Volk, das Freiheit, Demokratie und Reformen aufsaugt«. Das geschah just in dem Moment, als die ägyptischen Muslimbrüder langsam die Kontrolle über die Aufstände im Land am Nil erlangten und die Menge der Gläubigen auf den Straßen skandierte: »Nein zu Iran und Hisbollah! Syrien muss islamisch werden! Verschwinde, du Schlächter Baschar!« Am 23. Oktober 2012 traf dann der damalige katarische Herrscher, Emir Hamad bin Chalifa Al Thani, als erster Staatschef eines arabischen Landes zu einem offiziellen Besuch im Gazastreifen ein. Zuvor war er in Ägypten gewesen – das seit Juni vom Muslimbruder Mohammed Mursi regiert wurde –, um der Hamas seine Unterstützung zuzusagen. Das schadete der PLO unter Mahmud Abbas, der im Westjordanland festsaß. Die damalige Achse der Muslimbrüder – vom Gasemirat Katar finanziert, vom islamistischen Kairo gestützt, in Tunesien durch die Ennahda-Partei vertreten und im libyschen Tripolis durch Ankara gesichert – nahm die islamistische Hamas in ihren Schoß auf und begrüßte zugleich die syrische Revolution. Doch nach einem Jahr des misslungenen Regierens wurde Mursi 2013 durch einen vom Generalstab unterstützten Volksaufstand gestürzt. Saudi-Arabien und die Vereinigten Arabischen Emirate förderten nach Kräften die Machtübernahme durch General as-Sisi, der eine gnadenlose Verfolgung der Muslimbrüder begann, was dazu führte, dass Ägypten aus dem Kreis der Muslimbruder-Freunde ausschied und die Grenze zum Gazastreifen fortan strenger kontrolliert wurde. In diesem Kontext kam es im Sommer 2014 durch die bereits erwähnte Entführung und den Mord an den drei israelischen Jugendlichen durch die Hamas und die sich anschließende heftige Reaktion Israels, die »Operation Protective Edge«, zu einer Schwächung der Hamas, der es vorerst nicht mehr gelang, in der Region entscheidenden Rückhalt zu gewinnen: Teheran und seine Verbündeten führten in Syrien an der Seite Assads Krieg, die proislamistischen Staaten Katar und Türkei hatten aufgrund der deutlich verschlechterten Beziehungen zu Ägypten keinen privilegierten Zugang zur Küstenenklave mehr.

Da nun die militärischen und politischen Ressourcen der Hamas schwanden, war sie gezwungen, sich auf eine eher opferbetonte denn offensive Taktik zu konzentrieren. So etwa bei den Protesten am 14. Mai 2018 gegen die Verlegung der US-amerikanischen Botschaft von Tel Aviv nach Jerusalem. Im Gazastreifen starben an diesem Jahrestag der israelischen Staatsgründung (arabisch *nakba*, dt. »Katastrophe«) 52 junge Menschen, ein Großteil von ihnen ohne Bezug zur Islamistenbewegung – sie hatten schlicht gewagt, sich in einem symbolischen »Rückkehrmarsch« der Demarkationslinie mit Israel zu nähern. Das Blutbad rief weltweit Protest hervor: Die Demonstranten hatten angesichts des reellen Beschusses mit der Palästinenserflagge geschmückte Spielzeugdrachen über die Grenze treiben lassen. Als offenbar zufällig einer der Drachen in Flammen aufging und beim Absturz in der Nähe von Aschkelon ein Feuer auslöste, wurde dieser Vorfall von der Hamas gefeiert und später dann sogar systematisch weiterentwickelt. Sie baute eine »Armee der Armen« auf: Tausende von brennenden Ballons wurden seitdem über die Grenze geschickt; einige verursachten schwere Brände. Das Ziel der Islamistenbewegung ist es, auf einem Weg Druck auf Israel auszuüben, der weniger tödlich ist und daher im Gegensatz zu den Raketen nicht umgehend eine zerstörerische Vergeltung nach sich zieht. So sollen zunächst eine Reduzierung der Blockademaßnahmen und dann, im zweiten Schritt, regelmäßigere Geldzahlungen aus Katar erreicht werden. Denn die Finanzierung des Gazastreifens läuft inzwischen über Israel selbst und in Koordination mit dem ägyptischen Präsidenten as-Sisi, obwohl dieser mit dem blockierten Gasemirat Katar auf Kriegsfuß steht ... so wie Ägypten seit Juni 2017 an der Seite der Vereinigten Arabischen Emirate und Saudi-Arabiens auch an einer anderen »Blockade« teilnimmt, der gegen Katar.

Tatsächlich wurde im August 2018 ein Waffenstillstandsabkommen zwischen Israel und der Hamas geschlossen, unter der Schirmherrschaft des neuen Chefs des ägyptischen Geheimdiensts, General Abbas Kamel, ehemals Kabinettsdirektor des Herrschers in Kairo: Als Gegenleistung für einen Waffenstillstand übernahm Katar die Stromkosten im Gazastreifen und die Gehälter aller Hamas-Angestellten; zu diesem Zweck flossen im Dezember die ersten 90 Millionen US-Dollar aus Doha im Rahmen einer auf 150 Millionen Dollar und sechs Monate angelegten Hilfe. Parallel dazu öffnete man einen Grenzübergang für Güterlieferungen und erlaubte eine kontrollierte Schiffsverbindung zwischen

Zypern und dem Gazastreifen. Doch die von Israel gestellten Bedingungen für die Finanztransfers – die Rückgabe der sterblichen Überreste zweier israelischer Soldaten sowie die Freilassung von zwei verschleppten Israelis – wollte die Islamistenbewegung nicht erfüllen. Sie organisierte im folgenden Frühling erneut große Protestmärsche und stellte dabei die radikalsten Gruppen, vor allem den eng an der Ideologie Irans ausgerichteten Islamischen Dschihad, in die erste Reihe, wo sie von israelischen Kugeln getroffen wurden. Im Juni 2019 vereinbarte man über den bereits etablierten Kanal ein neues Abkommen, zu dem ein monatlicher Zuschuss aus Katar in Höhe von 30 Millionen Dollar gehört und der um einen Beitrag an die UNRWA (United Nations Relief and Work Agency – die sich in den Flüchtlingslagern unter anderem um die Schulbildung von Kindern kümmert) ergänzt wird, da sich die Vereinigten Staaten unter Donald Trump im September 2018 aus der Finanzierung dieser Organisation zurückgezogen hatten. Da der Bankensektor in Gaza kaum funktioniert, werden die Transaktionen mit Bargeld abgewickelt: Jeden Monat lässt sich das verblüffende Schauspiel beobachten, bei dem am Flughafen Tel Aviv Koffer voller Geld aus Doha ankommen, die dann, eskortiert vom Mossad und mit dem Einverständnis aus Kairo, in schwarzen Limousinen nach Gaza gebracht werden, was so mancher Beobachter ironisch – oder auch zornig – kommentiert hat. Netanjahu sieht sich also dem Vorwurf ausgesetzt, den Frieden zu kaufen, indem er eine Organisation besticht, die er ansonsten als Terrorgruppe beschimpft. Weniger verblüffend, aber ebenso faszinierend ist die Koordination zwischen dem ägyptischen Geheimdienst und dem Botschafter Mohammed al-Emadi, Präsident des »Katarischen Komitees zum Wiederaufbau Gazas«, der für die Verwendung der Zahlungen verantwortlich ist – dabei trägt Kairo doch eigentlich einen offenen Konflikt mit Doha aus. Präsident as-Sisi macht aus der Not eine Tugend, indem er versucht, eine Form der Kontrolle über die Hamas aufrechtzuerhalten, denn würde sie zu großen Teilen zur Achse von Muslimbrüdern und Schiiten überlaufen, würde dies die Internationale der Muslimbruderschaft über Gebühr stärken, während as-Sisi zur gleichen Zeit die Muslimbrüder im gesamten Niltal mit äußerster Kraft jagt und Zehntausende von ihnen bereits in seinen Gefängnissen verfaulen.

Solche Widersprüche, die keiner Logik zu folgen scheinen, erklären sich durch das unlösbare Problem, das sich Israel in Bezug auf den ständig kurz vor der sozialen Eskalation stehenden Gazastreifen stellt. Stacheldraht und Bombardierungen sind mittelfristig wirkungslos angesichts der rasanten demografischen Entwicklung, und die Integration der Palästinenser in den israelischen Arbeitsmarkt, wie sie im Zuge des Oslo-Abkommens 1993 angedacht wurde, stellt derzeit ein zu großes Risiko dar, als dass man sie weiter verfolgen könnte. Die zweite Intifada (September 2000 bis Februar 2005) endete mit dem Bau von Mauern und dem Sichern durch Stacheldraht: Terroristen konnten so nicht mehr in Israel eindringen, Attentate wurden verhindert, zugleich aber auch Arbeitskräfte ferngehalten. Nachdem man die Einheit der Palästinenser gebrochen und ihre Wirtschaft wie auch ihre Hoffnungen auf einen Staat zerstört hatte, ist Israels Gaza-Politik nun in eine Sackgasse geraten. Das ist die Kehrseite des Erfolgs, den man mit dem Friedensprozess und den Maßnahmen zur gegenseitigen diplomatischen Anerkennung mit den weiter weg lebenden Arabern der Ölmonarchien am Golf erreichte, zu Lasten der Araber in unmittelbarer Nachbarschaft, den Palästinensern.

Es ist auffällig, dass die beiden Staaten zu beiden Seiten des Boykotts, Katar und die Vereinigten Arabischen Emirate, entsprechend auch Partner des von Israel abgeriegelten Gazastreifens beziehungsweise von Israel selbst sind. Abgesehen von der Parallele zwischen dem Küstenstreifen und dem Gasemirat – beide sind von Feinden umlagert –, hat sich Katar mit seinem mehr als 300 Milliarden Dollar schweren Staatsfonds und dessen finanziellen Einfluss auf die Hamas inzwischen als unverzichtbarer Akteur der israelischen Politik etabliert. Das Geld aus Doha dient dem verarmten und überbevölkerten Gaza als Schutzwall, der die Zahlungsfähigkeit garantiert. Nur dank dieser Mauer ist Israel zurzeit noch vor der unausweichlichen Explosion der tickenden Zeitbombe geschützt.

Der Weg Israels zwischen palästinensischer Sackgasse und arabischem Boulevard

Indem er am 1. September 2020 den Botschafter Katars, Mohammed al-Emadi, empfing und ihm für »sein Engagement und seine großen Bemühungen, die Eskalation zu stoppen und die Situation zu beruhigen«, dankte, erkannte der israelische Präsident Reuven Rivlin die zentrale politische Rolle an, die al-Emadi und der von ihm repräsentierte arabische Golfstaat in Israel spielen. Das Gasemirat verhält sich hier genauso wie sein Staatsfonds QIA (Qatar Investment Authority), wenn dieser eine Beteiligung am Firmenkapital eines internationalen börsennotierten Unternehmens übernimmt: Er bleibt lange ein stiller Aktionär, bis er eines Tages eine Vertretung im Aufsichtsrat verlangt, um die Firmenstrategie zu beeinflussen – wie beispielsweise im selben September bei der französischen Mediengruppe Lagardère. Dohas Rivale Abu Dhabi arbeitet nach ähnlichem Muster: Gleich nach der diplomatischen Anerkennung Israels im Rahmen des Abraham-Abkommens äußerte Abu Dhabi die Absicht, Beteiligungen an israelischen Unternehmen zu erwerben, die – zusätzlich zu den finanziellen Möglichkeiten – hohe politische Bedeutung boten. Neben dem Hafenbetreiber DP World, der ein Auge auf die Häfen von Eilat und Haifa geworfen hatte, legte ein der Herrscherfamilie nahestehender Investor, die Abu Dhabi United Group for Development and Investment, die bereits in britische Fußballmannschaften investiert, Mitte September ein Angebot für den Verein Beitar Jerusalem FC vor – bekannt für seine rassistischen antiarabischen Fans –, um alle Beteiligten davon zu überzeugen, dass »das Volk der Emirate Frieden und Koexistenz anstrebt«. Es ist ein Zeichen der Zeit, dass der arabisch-israelische Spieler Dia Saba, einer der erfolgreichsten Torschützen Israels, am 30. September vom Klub al-Nasr SC in Dubai gekauft wurde – der erste Israeli überhaupt, der als Profi auf dem Boden der Emirate spielt. Und es ist ein Zeichen für die neuen Möglichkeiten, die sich den Arabern des jüdischen Staates nun bieten.

Die Formalisierung der diplomatischen und die Fortentwicklung der wirtschaftlichen Beziehungen zwischen Israel und den Emiraten fand vor dem Hintergrund einer zweifachen innenpolitischen Krise Israels statt: Zum einen standen polizeiliche Ermittlungen wegen Korruption gegen Netanjahu im Raum, der in der Knesset nur auf eine schwankende Mehrheit bauen konnte; zum anderen erwies sich die Regierung als unfähig, angemessen auf die Covid-19-Pandemie zu reagieren – sie wollte dem Land kurz vor dem jüdischen Neujahrsfest (Rosch ha-Schana) am 18. September und den darauffolgenden wichtigen religiösen Feiertagen keine Ausgangssperre aufzwingen. Angesichts von rund 150.000 Infizierten und mehr als 2.000 Toten auf neun Millionen Einwohner – die ersten Cluster waren vor allem unter den ultraorthodoxen Juden und israelischen Arabern aufgetreten, die beiderseits ein eher geringes Einkommen haben und dicht gedrängt auf engstem Raum leben – warf man dem Ministerpräsidenten vor, ähnlich wie Donald Trump in den USA vorschnell alle Beschränkungen aufgehoben zu haben, um die Wirtschaft wieder in Schwung zu bringen – auf Kosten der Gesundheit seiner Mitbürger. Nach Protesten der streng orthodoxen Basis seiner Wählerklientel erlaubte Netanjahu die Öffnung der Synagogen zu Jom Kippur am 27. und 28. September (vorausgesetzt, die Gebete fanden im Freien statt), wohingegen alle Demonstrationen gegen den Ministerpräsidenten konsequent verboten wurden.

Diese Entscheidung zugunsten der Religiösen und zuungunsten der Zivilgesellschaft nährten Netanjahus Hoffnungen, bei einer möglichen Neuwahl 2021 eine parlamentarische Mehrheit zu erreichen (vgl. zum tatsächlichen Wahlausgang das Nachwort der deutschen Ausgabe S. 265 f.). Denn er vertraute darauf, dass den Parteien der linken Mitte (die ausdrücklich zu säkular sind, um auf die Stimmen der *Haredim* zählen zu können) ohne die Stimmen der Ultraorthodoxen die Kontrolle über die Knesset verwehrt bliebe; selbst zusammen mit den arabischen Abgeordneten, die nach Ansicht der israelischen Rechten den jüdischen Charakter des Staates in Gefahr bringen, würde es dann nicht für einen Regierungswechsel reichen. Bei der Wahl im März 2020 gewannen die Vertreter der arabischen Israelis 15 Sitze im 120-köpfigen Parlament (darunter eine Frau im Hidschab), was als historischer Erfolg galt. Sie begannen geheime Verhandlungen mit Benny Gantz (33 Sitze), »Bibis« Rivalen vom linken Zentrum, kamen aber zu keinem Ergebnis. Netanjahu selbst, mit den 36 Abgeordneten seiner Likud-Partei, war für die Regierungsbildung auf die orthodoxen Parlamentarier angewiesen, sowie auf einige Stimmen säkularer Zionisten. Doch der Widerstand gegen ein solches Bündnis, wie etwa in Person des in der ehemaligen Sowjetunion geborenen Avigdor Lieberman, der sich seine Abneigung gegen Religion erhalten hat, war trotz aller gemeinsamen rechten Anschauungen zu groß. Die schlussendlich gebildete, wackelige Koalition, im Rahmen derer eine »rotierende« Führung zwischen Netanjahu und Gantz vereinbart wurde, ließ die politische Situation außergewöhnlich instabil werden (vgl. Karte 14).

Besonders erstaunlich ist es dabei nicht, dass die beiden kinderreichsten und in den Hintergrund gedrängten Bevölkerungsteile, orthodoxe und arabische Israelis, unter denen die Pandemie am heftigsten wütete, je einen Schlüssel zur Bildung einer Regierung in den Händen halten. In der Praxis ist es so: Solange eine Machtbeteiligung der Araber ein Tabu bleibt, profitiert Netanjahu von der Unterstützung der Ultrareligiösen, denen gleich ist, ob er der

Korruption verdächtigt wird. Stattdessen fordern sie dauerhafte Zugeständnisse, um die Gesetzgebung »wieder stärker zu judaisieren«, und übertriebene Privilegien für ihre Gemeinschaft. Netanjahu vertraut seit Langem traditionell das Gesundheitsministerium den Ultraorthodoxen an, die dessen Budget verschleudern und im Frühjahrs-Lockdown zuließen, dass trotz der geschlossenen Grenzen zahlreiche Charterflugzeuge mit Ultraorthodoxen aus New York in Israel landen durften. Sie erhielten eine Einreiseerlaubnis, obgleich viele von ihnen infiziert waren. Die Neuankömmlinge verschärften die Situation in den Gettos, wo sie von der Außenwelt abgeschnitten leben und wo für Screening und Behandlung des Virus die ausdrückliche Zustimmung einer Reihe sektiererischer Rabbiner nötig ist. In ihren Augen muss Gottes Zorn der Grund für diese Geißel sein, die ausschließlich mit Gebeten und der Buße der Juden für die von ihnen begangenen Sünden zurückgedrängt werden kann – ein Verhalten, das man während der Kontaktbeschränkungen im Frühling 2020 genau so auch im salafistischen Milieu vorfand, nicht zuletzt in den vom Islam geprägten Vorstädten Frankreichs. Doch Netanjahus Abhängigkeit von dieser Wählerschicht, die ihr Kreuzchen dort setzt, wo es ihre religiösen Mentoren empfehlen, verbietet ihm jegliche Gesundheitspolitik in diesem Milieu – welches infolge den Rest der israelischen Gesellschaft ansteckt, und sei sie noch so weltlich eingestellt. Die wirtschaftliche Erholung ist somit bedroht, zumal die Aussicht auf Massenentlassungen nach den Ausgangssperren im Herbst ein enormes soziales Risiko darstellte, insbesondere in einem Land, dessen Wirtschaft nach elf Jahren unter »Bibi« sehr stark dereguliert ist. Es bleibt abzuwarten, ob ein erfolgreiches Abraham-Abkommen und die aus den Ölmonarchien am Golf ins Land fließenden Investitionen es dem Ministerpräsidenten erlauben, an der Macht zu bleiben … oder ob die inneren Schwierigkeiten Netanjahu dazu zwingen, seinen Platz einem Rivalen zu überlassen und von der Regierungsbank zur Anklagebank zu wechseln, um sich den Vorwürfen der Justiz zu stellen. Die Milde, die er dem ultraorthodoxen Kern seiner Wählerklientel gegenüber gewährte, galt jedenfalls nicht für andere: Unter dem Vorwand der Pandemie verbot der Ministerpräsident mittels Knesset-Beschluss ab dem 30. September jegliche Versammlung von mehr als 20 Personen und beschränkte den Bewegungsradius der Bevölkerung jenseits eines Umkreises von einem Kilometer um die eigene Wohnung. Tausende Demonstranten hatten sich vor Netanjahus Amtssitz in der Balfour-Straße in Jerusalem versammelt, um seinen Rücktritt und sein persönliches Erscheinen vor Gericht zu fordern.

Ägyptens Übergewicht

Im Jahr 2020 wuchs die Bevölkerung Ägyptens auf über 100 Millionen Menschen. Dieses galoppierende Bevölkerungswachstum – 2019 wurden in nur 216 Tagen eine Million Kinder geboren, es kam also etwa alle 15 Sekunden eine Ägypterin oder ein Ägypter zur Welt – verschlingt die landwirtschaftlichen Flächen am schmalen Nilband und in seinem Delta. Es verursacht eine anarchische Urbanisierung in den *ashawiyyat*, jenen informellen Vororten, in denen fast alle Gebäude illegal und über Nacht zusammengezimmert werden, und überfordert die Infrastruktur. Es sorgt für eine hohe Arbeitslosigkeit, ein Drittel aller Ägypter muss von maximal 1,50 Euro pro Tag leben, und 60 Prozent sind unter 30 Jahre alt. 2017 bezeichnete Präsident as-Sisi die Überbevölkerung und den Terrorismus als Ägyptens größte Bedrohungen, und seine Regierung ergriff aufsehenerregende Repressionsmaßnahmen, um die unerlaubt errichteten Gebäude wieder abzureißen. Obwohl die Abbrucharbeiten von aufwendigen Fernsehberichten begleitet wurden, bewirkte die rein symptombezogene Behandlung keinerlei Besserung der Ursachen: In diesem Land ohne soziale Regeln, in dem das tägliche Überleben durch Schwarzarbeit gesichert werden muss, gelten die zahlreichen Kinder der riesigen Masse der

Verarmten als Versicherungspolice – man schickt sie schon in jungen Jahren zum Arbeiten, und so bringen sie ihren Eltern mehr Geld ein, als sie sie kosten.

Das von den Demografen Youssef Courbage und Françoise de Bel-Air als »demografische Rücktransformation« bezeichnete Phänomen beschreibt eine Tendenz, bei der vor allem seit dem Arabischen Frühling 2011 die Fertilitätsrate am Nil von 3 auf 3,5 Kinder anstieg (zum Vergleich: In Saudi-Arabien sank sie in den letzten drei Jahrzehnten von 7 auf 2,5). Verblüffend ist auch, dass diese Tendenz bei gebildeten Frauen noch stärker ausgeprägt ist – bislang ging man davon aus, dass Bildung die Kinderzahl automatisch senkt. Abgesehen davon, dass Bildung heute keinerlei Garantie mehr für den Zugang zum ägyptischen Arbeitsmarkt ist und somit eine Umkehrung des Kreislaufs hin zu weniger Geburten nicht mehr als gesichert angesehen werden kann, hat das Regime von Präsident as-Sisi vor allem eine in dieser Hinsicht folgenreiche Maßnahme ergriffen: Es verfolgte seit Sommer 2013 die Muslimbrüder gnadenlos und ersetzte die Verhafteten oder Exilierten, um den sozialen Zusammenhalt in den Volksschichten nicht zu gefährden und die Schwächen des Staates notdürftig zu überdecken, durch Vertreter salafistischer Bewegungen, die der Führung politisch nicht gefährlich werden, die aber eine überbordende Kinderschar als unantastbares Geschenk Allahs und religiöse Pflicht ansehen, die den Muslimen eines Tages die Herrschaft über den Planeten ermöglichen wird (vgl. Karten 4 und 5).

Die soziale und kulturelle Agenda der Salafisten und auch die der altehrwürdigen Institution des ägyptischen Islam, der Al-Azhar-Moschee und -Universität, mögen die Durchsetzung strikter religiöser Normen unterstützen, um den sozialen Frieden aufrechtzuerhalten. Und dennoch blockieren sie jegliche Bemühung der Staatsführung, die Sitten und Gebräuche des einfachen Volks von oben herab zu modernisieren, um die Arbeitskraft Ägyptens auf dem Weltmarkt wettbewerbsfähig zu machen – nach Vorbild der Maßnahmen von Kronprinz Mohammed bin Salman auf der gegenüberliegenden Seite des Roten Meers. 2020 kam es daher zunehmend zu Spannungen zwischen den militärischen Institutionen, aus deren Reihen der Staatschef hervorging, und den religiösen Führern. Während die wichtigste politische Partei der Salafisten, al-Nur (Partei des Lichts), bei der Ausschaltung der Muslimbruderschaft für die nötige islamische Rückendeckung sorgte, dafür allerdings die Kopten verfolgte und in den ihr überlassenen Gebieten rückwärtsgewandte Vorstellungen durchsetzte, mussten die parlamentarisch organisierten Salafisten mitansehen, wie die Anzahl ihrer Abgeordneten immer weiter abnahm, bis sie bei den Senatswahlen im Sommer 2020 (bei denen sich sehr viele Wähler der Stimmabgabe enthielten) auf null gesunken war. Der Staatschef ernennt nunmehr direkt aus ihren Reihen zwei Mitglieder für die obere Parlamentskammer. Dabei waren es nicht allein die von Covid-19 verursachten Einschränkungen im Betrieb der Moscheen, die für den Rückgang der Wählerstimmen sorgten, auch wenn sie die wichtigsten Orte für die Bekehrung und die Verbreitung salafistischer Propaganda im Alltag sind. Entscheidenden Anteil am Verlust der Parlamentssitze hatte vielmehr der Wunsch der Verwaltung, die al-Nur-Partei aus dem Parlament fernzuhalten. Die öffentlichen Reden as-Sisis über die Emanzipation der Frauen und seine Absicht, die mündliche Scheidung abzuschaffen – nach islamischem Recht genügt es, dass der Ehemann drei Mal das Wort *talaq* (Verstoßung) ausspricht, um die Scheidung von seiner Frau gültig werden zu lassen –, brachten ihm den erbitterten Widerstand des Scheichs der Al-Azhar ein, Ahmad al-Tayyib, der durch seine französische Erziehung allgemein als »offen« angesehen wurde.

Imam al-Tayyib protestierte, wie zahlreiche islamische Instanzen weltweit, gegen die Wiederveröffentlichung der Mohammed-Karikaturen auf der Titelseite von *Charlie Hebdo*, die Anfang September zum Prozessauftakt gegen die dschihadistischen Attentäter vom Januar 2015 in Paris unter der Überschrift »Tout ça pour ça« (»All das deswegen«) erschienen. »Unseren Propheten zu beleidigen ist keine Frage der Meinungsfreiheit, sondern vielmehr Anstiftung zum Hass und zur Gewalt und entspringt dem Wunsch, sich aller menschlicher und zivilisatorischer Werte zu entledigen.« Und da Emmanuel Macron während seines Libanonbesuchs am 1. September geäußert hatte: »Das Recht auf blasphemische Äußerungen und Darstellungen ist in Frankreich durch die Gewissensfreiheit abgedeckt«, fügte al-Tayyib im Garten des französischen Präsidenten noch spitz hinzu: »Wer ein solches Vorgehen mit dem Schutz der freien Meinungsäußerung rechtfertigt, bei dem liegt ein falsches Verständnis des Unterschieds zwischen dem Menschenrecht Freiheit einerseits und dem Verbrechen gegen die Menschlichkeit im Namen des Schutzes der Freiheiten andererseits zugrunde.« Bevor sie zensiert wurden, verglichen einige ägyptische Medien abfällig die ausbleibende Stellungnahme der Regierung zum Wiederabdruck mit der ursprünglichen Kampagne gegen die 2005 in einer dänischen Zeitung erschienenen Karikaturen, bei der offizielle ägyptische Stellen noch lautstark protestiert hatten. In den Artikeln wurde vermutet, Präsident as-Sisi sei die Allianz mit dem französischen Präsidenten im Mittelmeer gegen die Drohungen Erdoğans wichtiger und er wage nicht, sich Macron zu widersetzen. Das hinderte Scheich al-Tayyib jedoch nicht daran, sich noch einmal heftig mit dem französischen Präsidenten anzulegen, nachdem dieser am 2. Oktober im Städtchen Les Mureaux (Département Yvelines) eine Rede gehalten hatte: In der örtlichen Polizeistation hatte jener Polizist gearbeitet, der zusammen mit seiner Frau am 13. Juni 2016 von einem Dschihadisten erstochen wurde. Macron machte sich in seiner Rede für eine politische und rechtliche Strategie gegen den islamistischen Separatismus auf französischem Boden stark.

Im Übrigen wurde der Geheimapparat der ägyptischen Muslimbruderschaft am 28. August 2020 durch die Verhaftung seines

Obersten Führers ad interim, Mahmoud Ezzat, in seinem Kairoer Versteck schwer getroffen. Ezzat war sowohl für die Planung bewaffneter Überfälle zuständig als auch für die sich noch im Anfangsstadium befindlichen Verhandlungen mit dem Regime. Dieser Erfolg der Sicherheitsorgane war zugleich ein politischer Coup, der die Muslimbruderschaft schwächte: Ihre gesamte Führungsriege ist damit entweder inhaftiert, exiliert oder tot: Mohammed Mursi verstarb während seines Prozesses am 17. Juni 2019, und die Führungsfigur, die ihm hätte nachfolgen können, der Arzt Issam al-Aryan, starb am 13. August 2020 im Gefängnis. Letzterer war Aktivist der ersten Stunde – seit seinem Universitätsstudium zu Zeiten Sadats, als er der *al-dschamaa al-islamiyya* (Islamische Vereinigung) auf dem Campus vorstand. Die Muslimbrüder waren bereits zu Nassers Zeiten unterdrückt worden, doch die ausweglose Situation, in der sie sich heute, nach sieben Jahren noch konsequenterer Verfolgung befinden, hat zu einer Abspaltung junger Mitglieder rund um die »Unabhängige Strömung« (*al-tayyar al-mustaqil*) geführt, die im August 2020 in den wichtigsten Diasporastaaten Türkei, Katar und Sudan ein erstes Kommuniqué herausgab. Die Autoren beklagen darin, die traditionelle Führung sei nicht in der Lage, eine Lösung für das Problem der inhaftierten Muslimbrüder zu finden – diese bilden, nach Angabe der NGO Human Rights Watch, den Großteil der 60.000 politischen Gefangenen, die seit der Absetzung Mohammed Mursis im Juli 2013 in Ägypten festgenommen wurden. Zehntausende Muslimbrüder befinden sich darüber hinaus im Exil. Die jungen Brüder brachten den Wunsch zum Ausdruck, eine Verhandlungsgrundlage mit den Machthabern zu schaffen – was diese bisher abgelehnt haben. Ägypten möchte eine eventuelle weitere Aufspaltung der Muslimbrüder lieber als Hebel im Machtkampf gegenüber Katar und der Türkei nutzen, geht es doch auch hier um die Auseinandersetzung zwischen den Mitgliedern des Abraham-Abkommens und dem Bund von Muslimbrüdern und Schiiten. Einer solchen Öffnung

2. Die türkische Expansion im Mittelmeerraum: Neoosmanismus und Islamismus

3. Araber und Europäer in Konfrontation mit dem türkischen Präsidenten Erdoğan

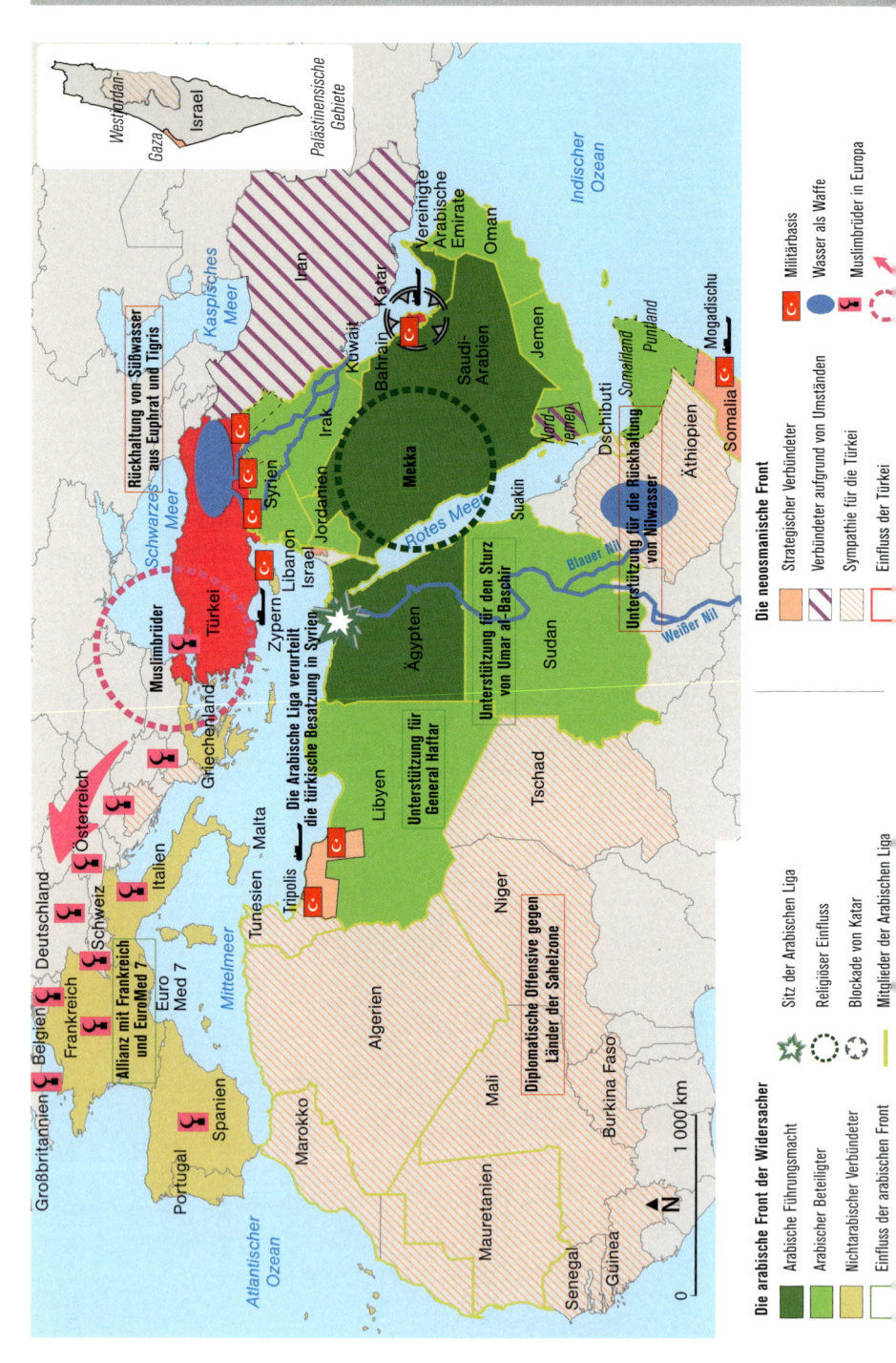

4. Die Covid-19-Pandemie

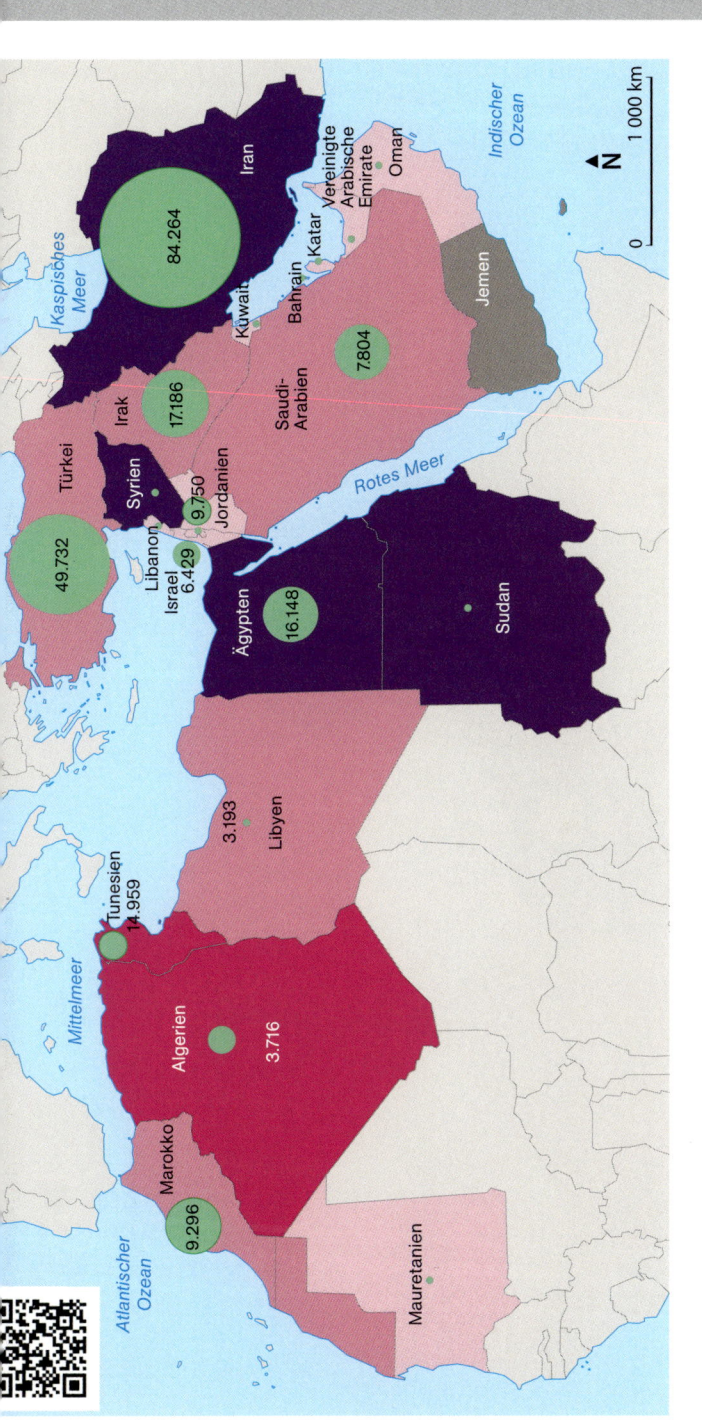

5. Rückgang des Wirtschaftswachstums in der Region Nordafrika–Naher Osten 2020

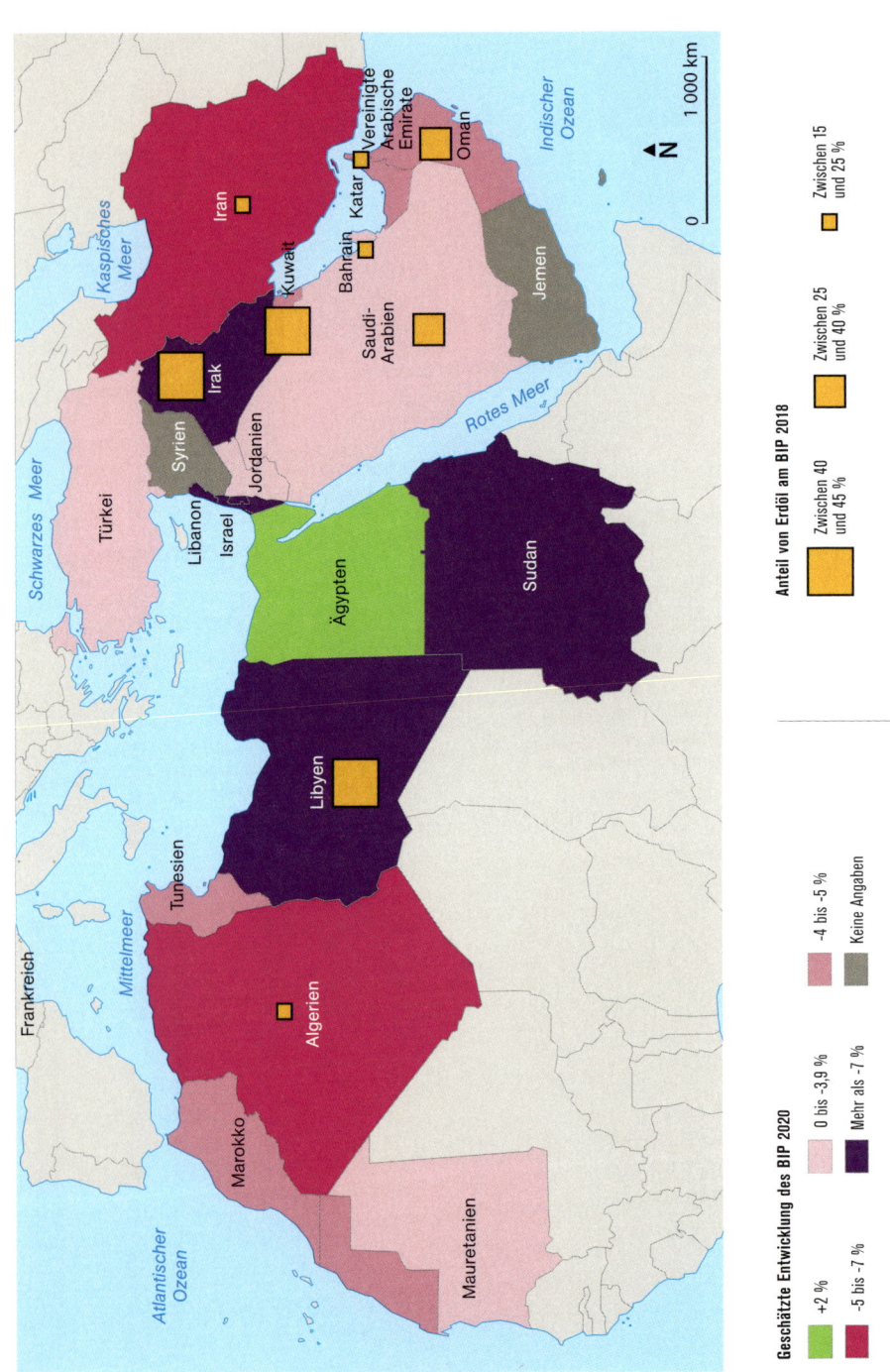

6. Saudi-Arabien und die Vision 2030

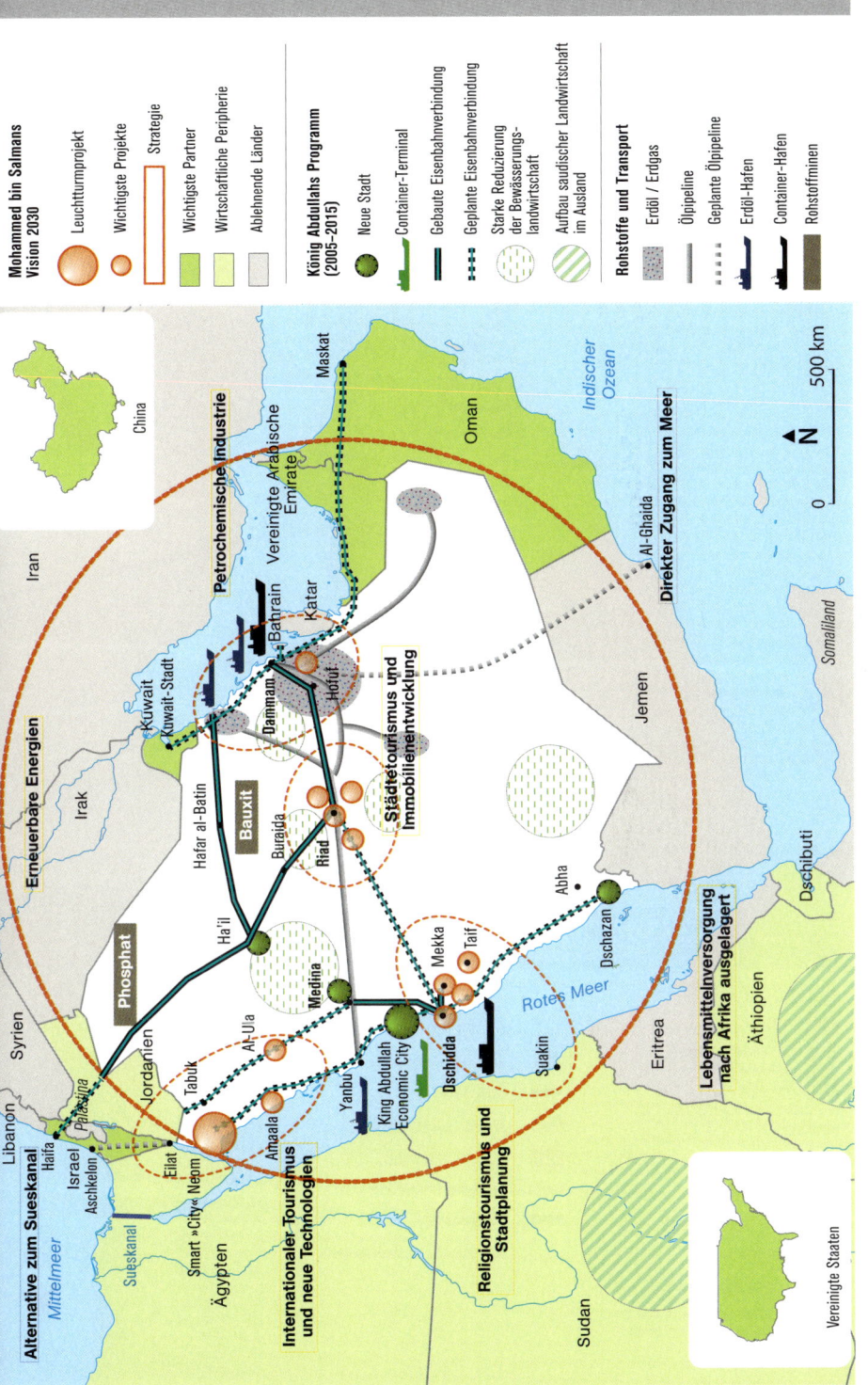

7. Katars Widerstand gegen die Blockade

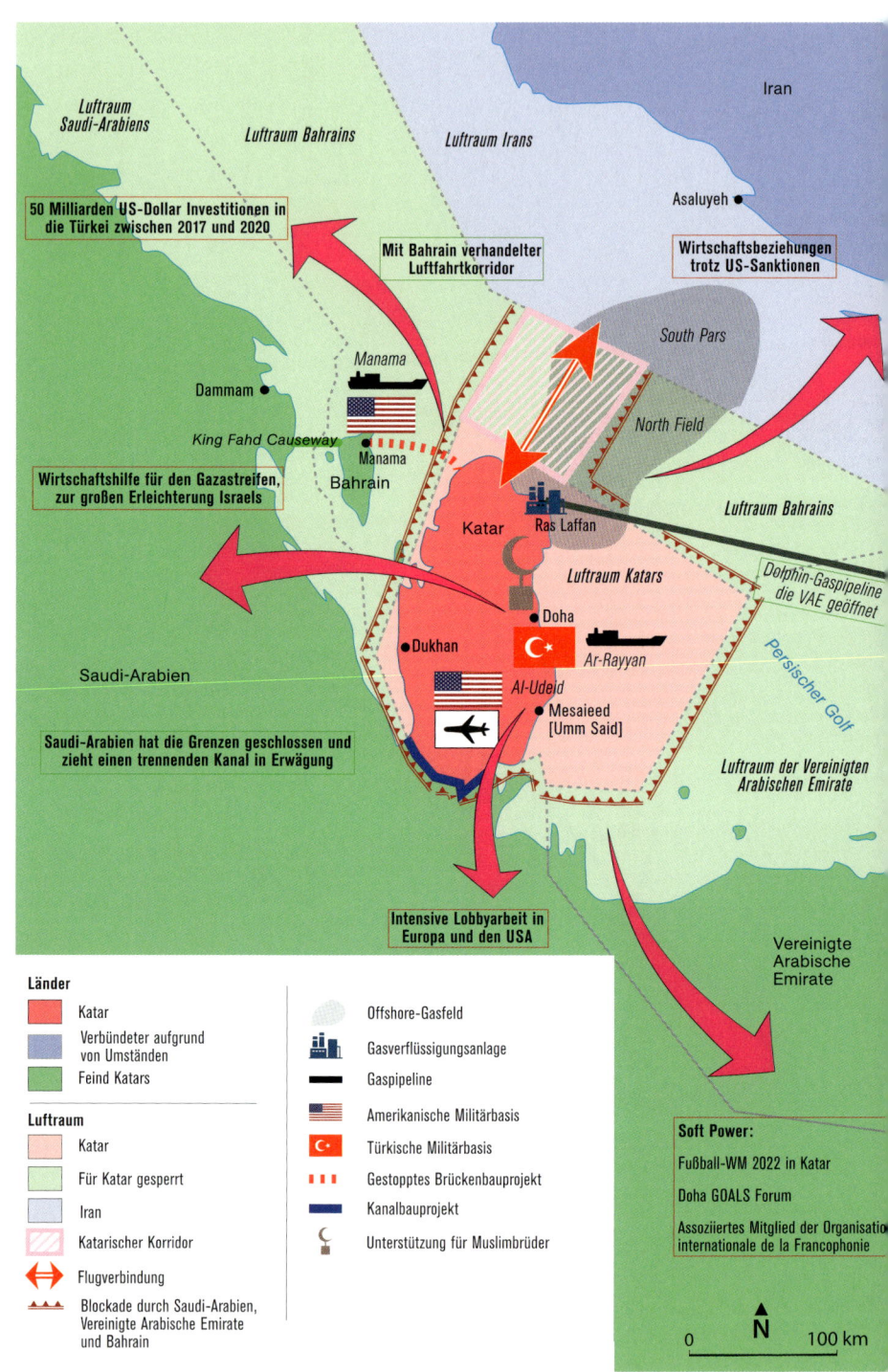

8. Der umkämpfte Irak

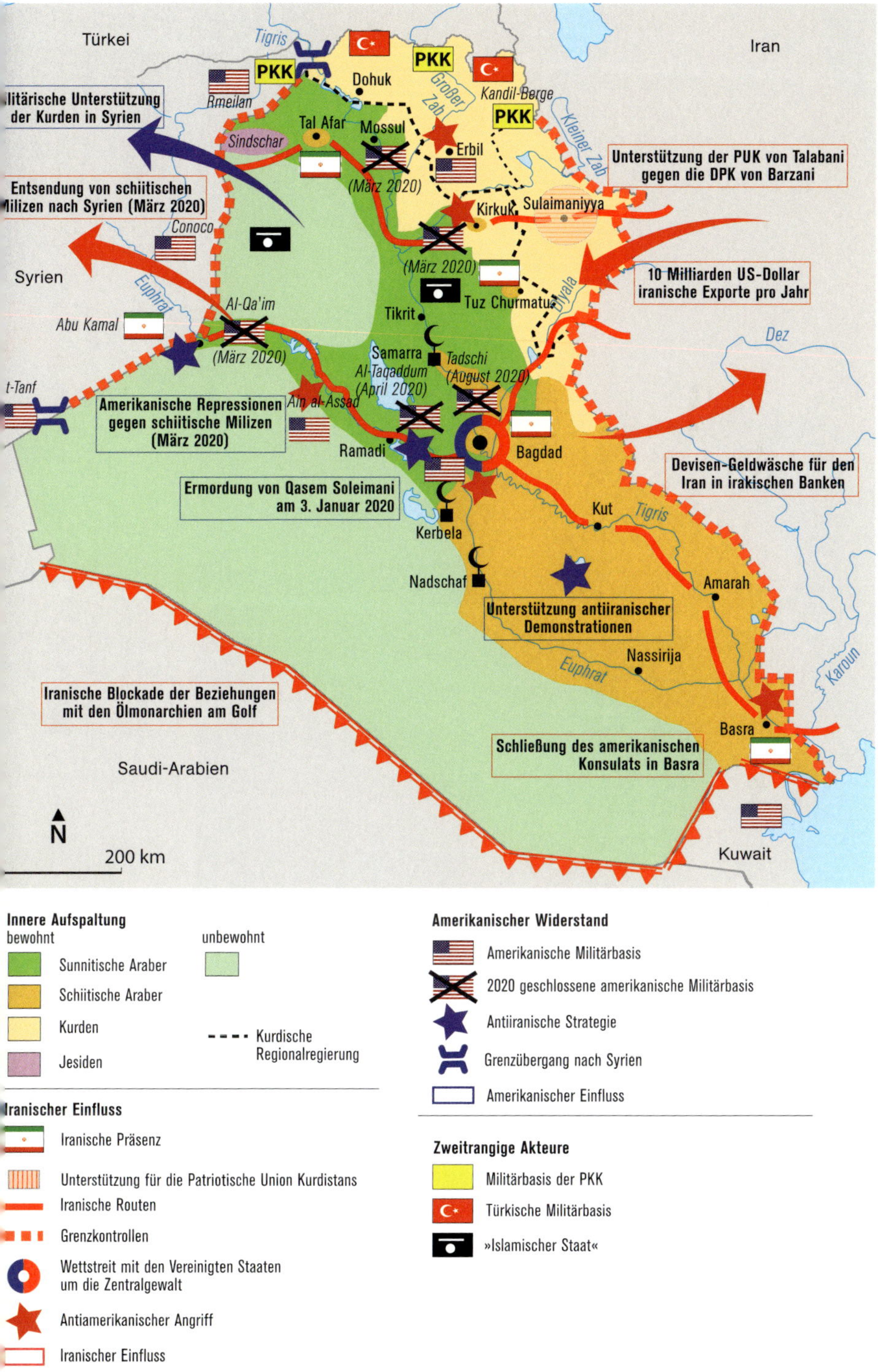

9. Die iranische Achse zwischen Ideologie und Geopolitik

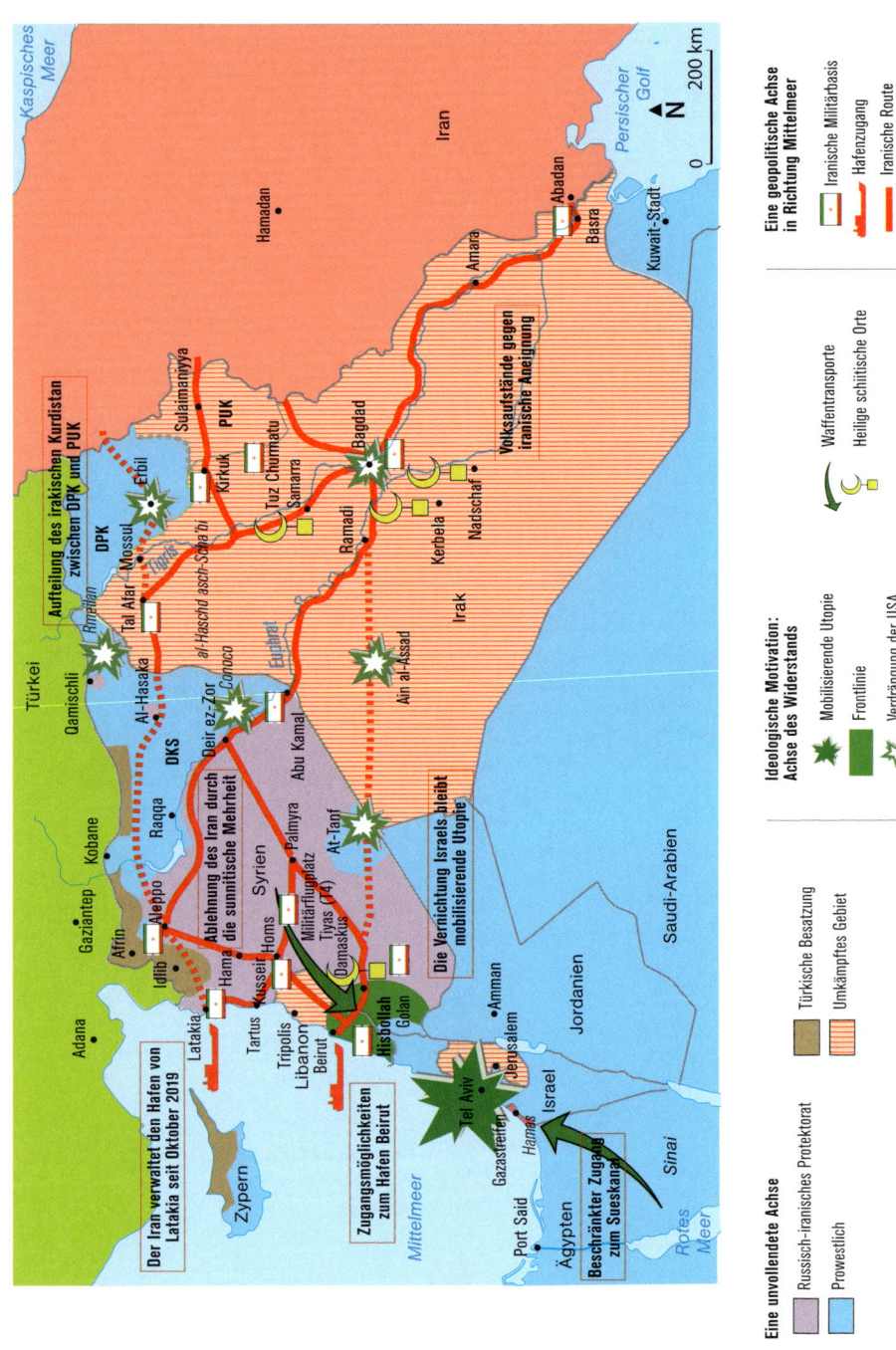

10. Die russischen Strategien in der Levante: Truppenbewegungen und Erdölprojekte

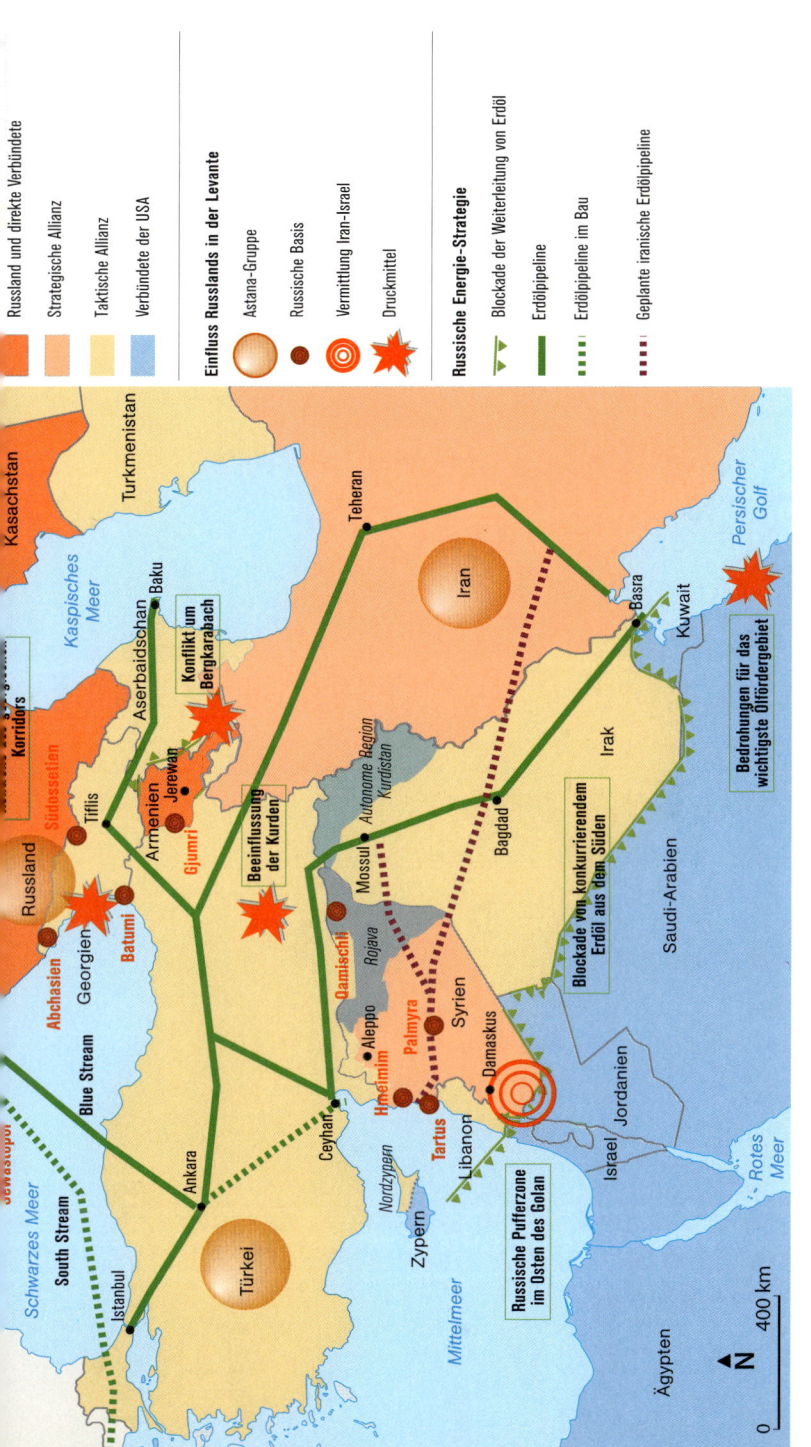

11. Das geteilte und besetzte Syrien

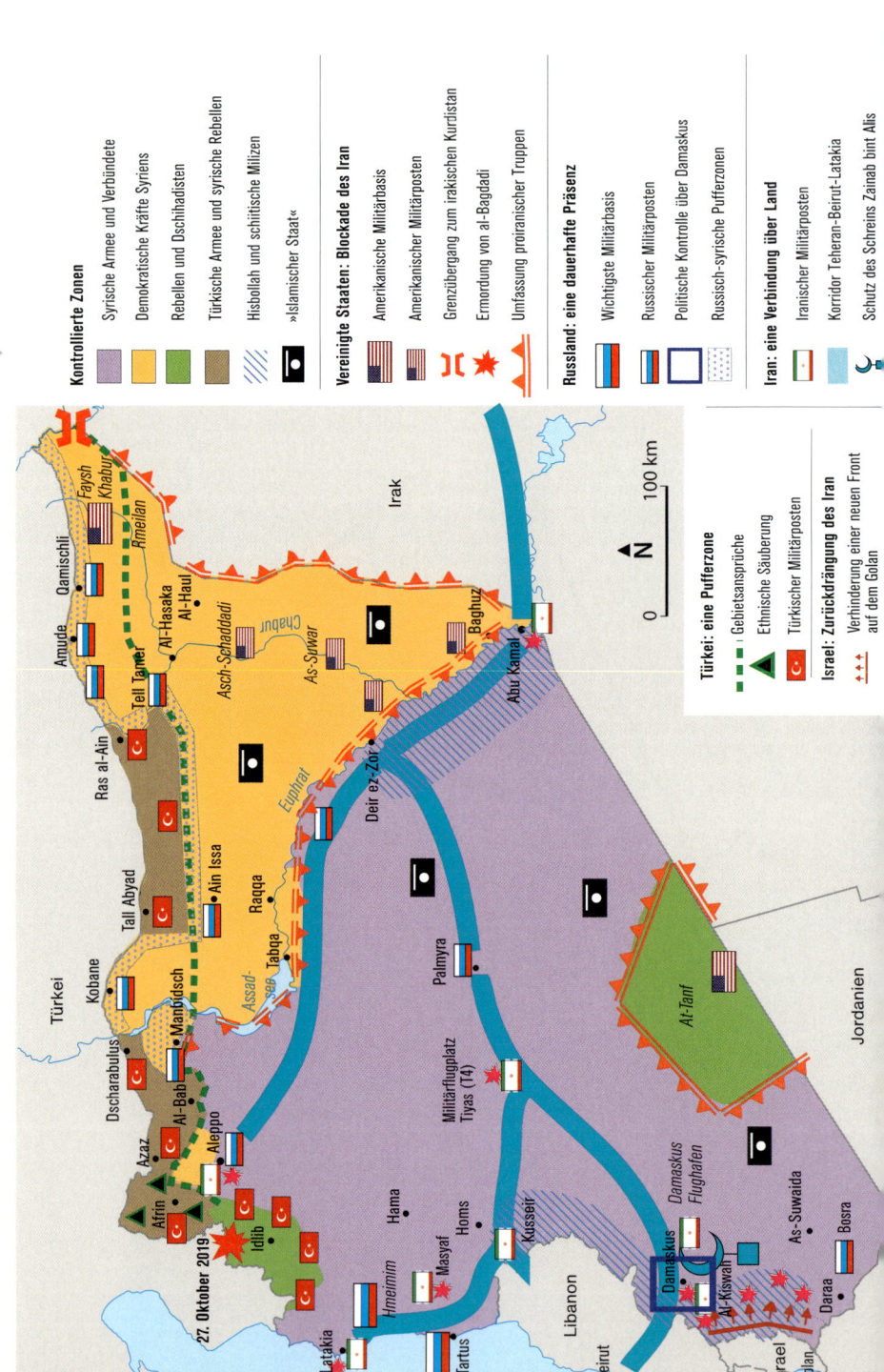

12. Das Schrumpfen der Deeskalationszone um Idlib (Syrien)

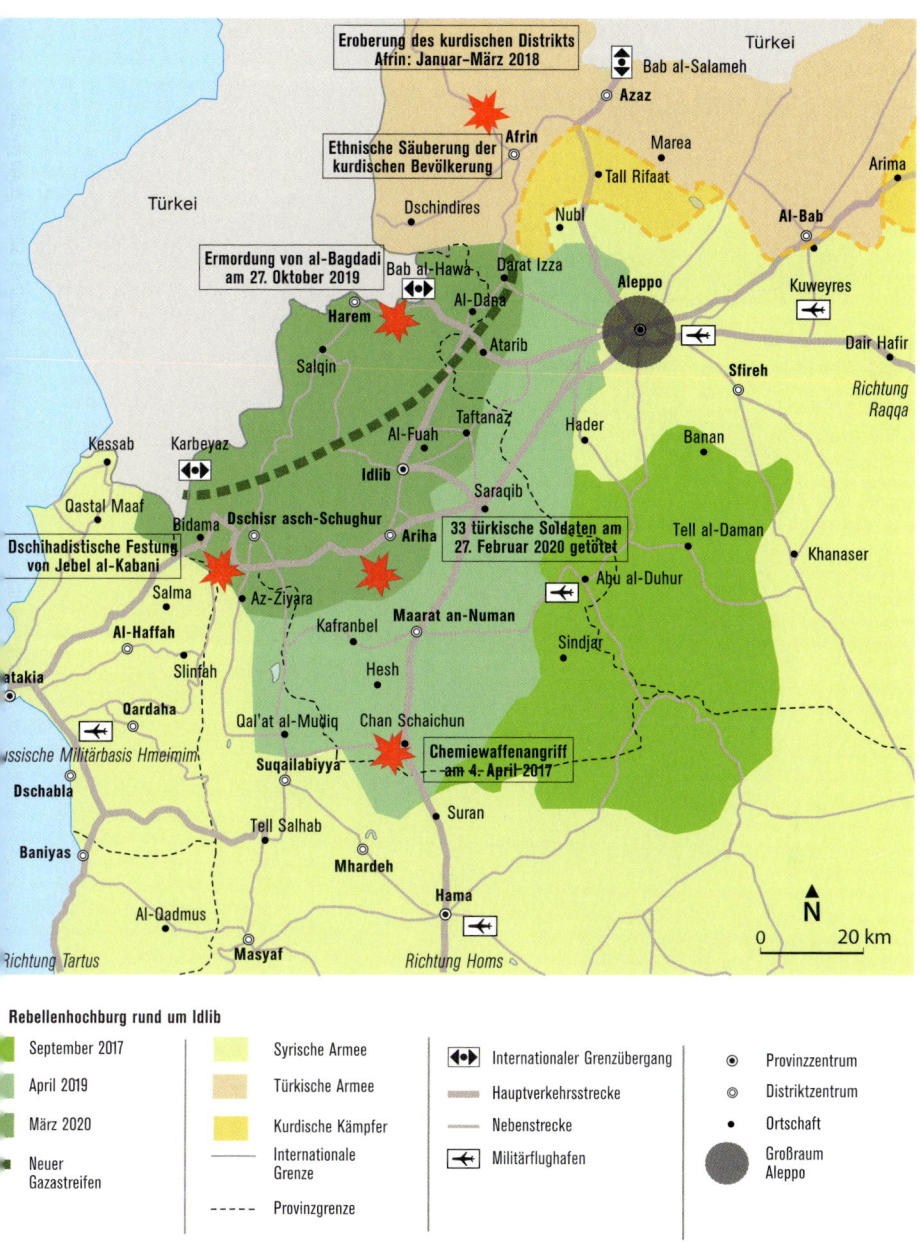

13. Der zersplitterte Libanon

14. Israel: Bedrohungen trotz regionaler Kooperationen

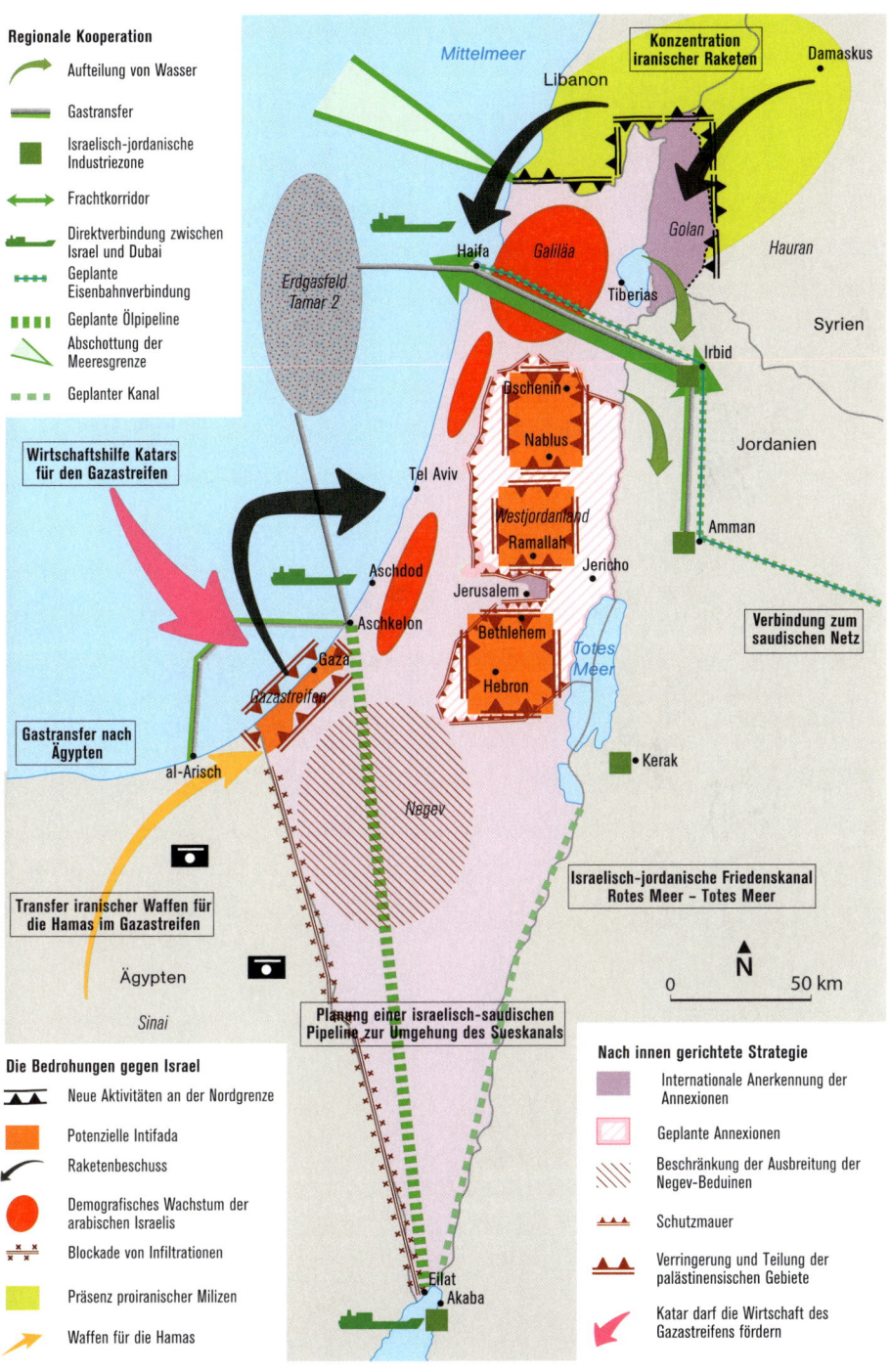

15. Der Maghreb: ein löchriger Grenzzaun für Europa

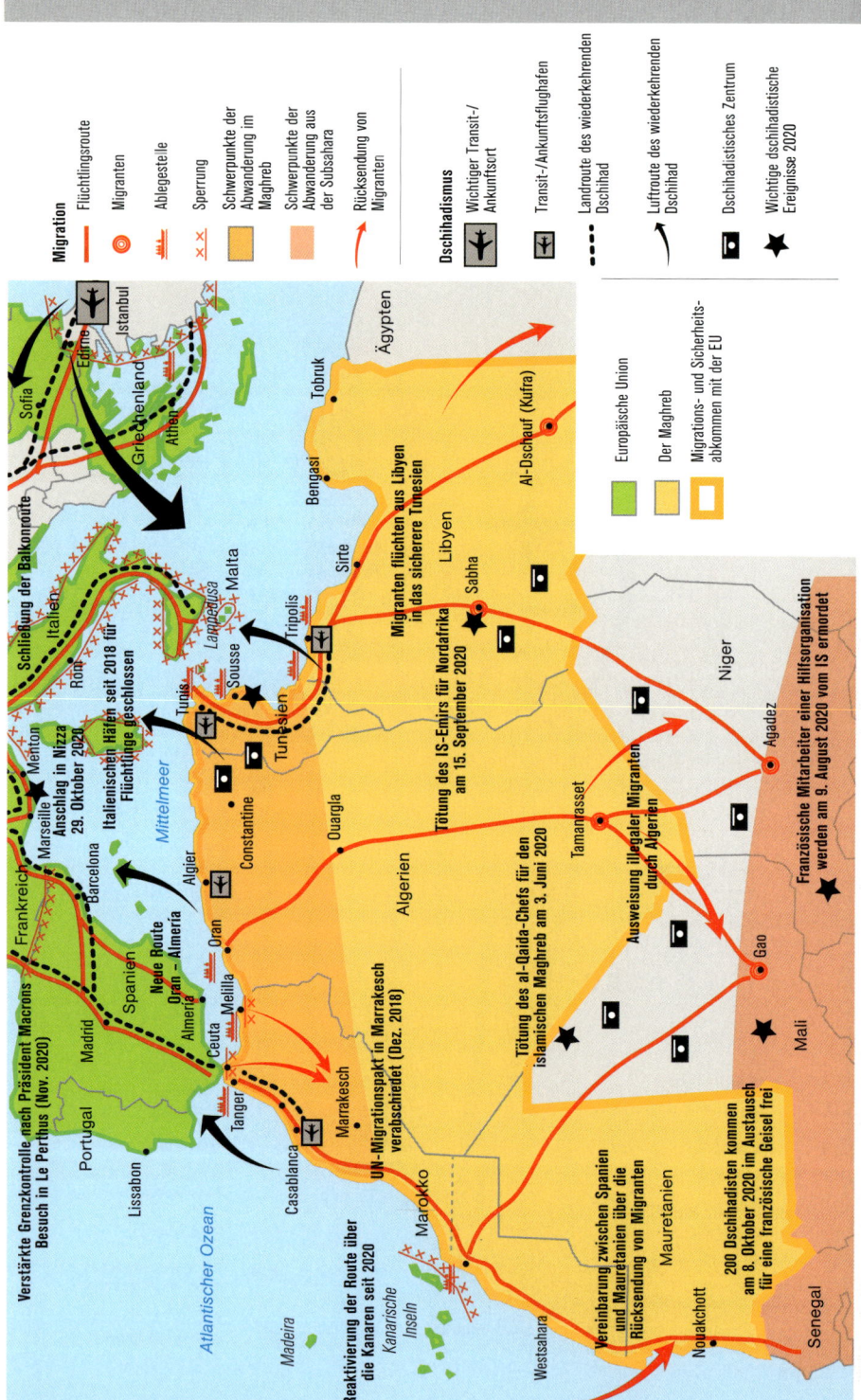

16. Das Mächteverhältnis in Libyen

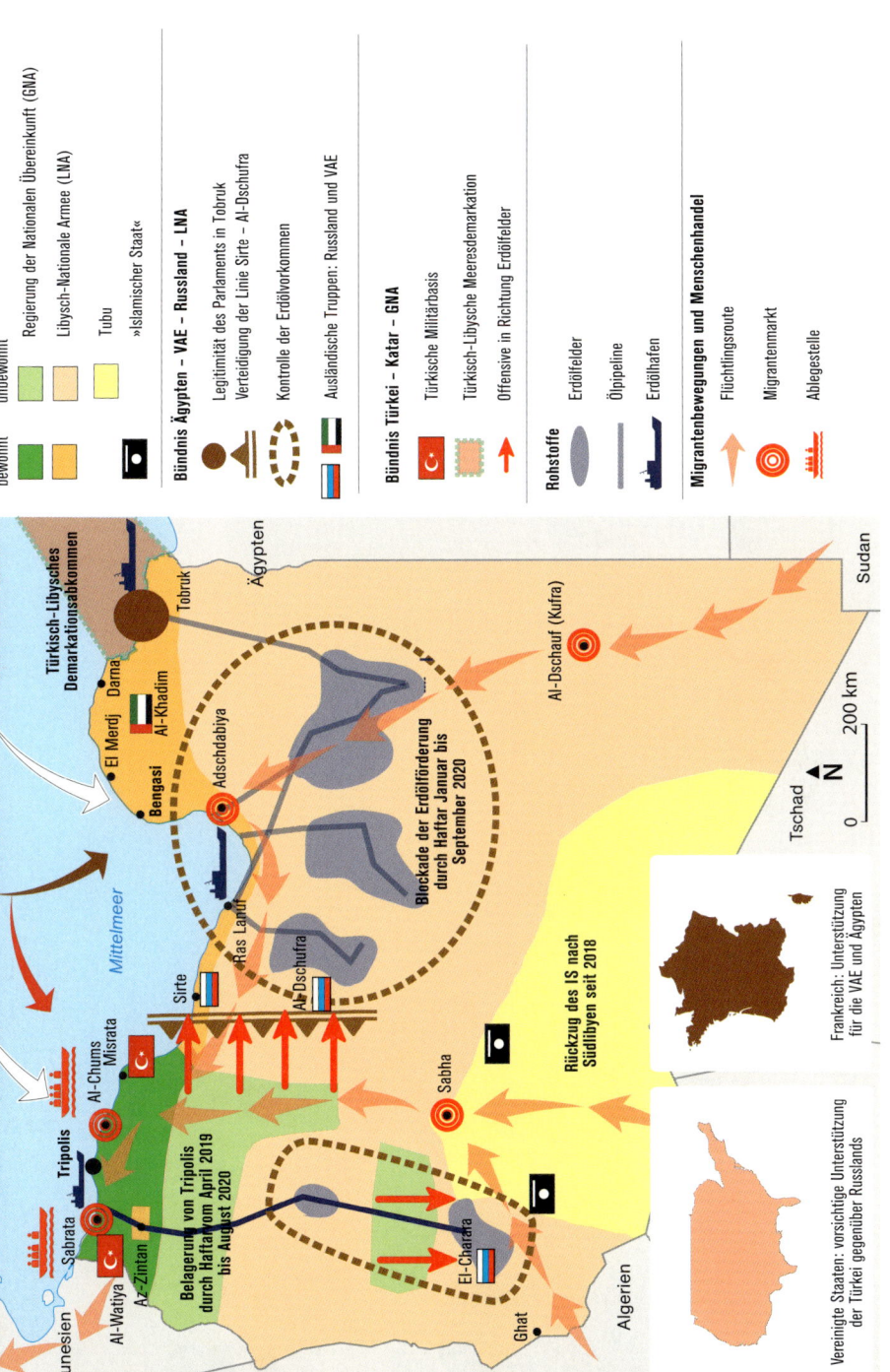

17. Die chinesische Offensive: die Neue Seidenstraße

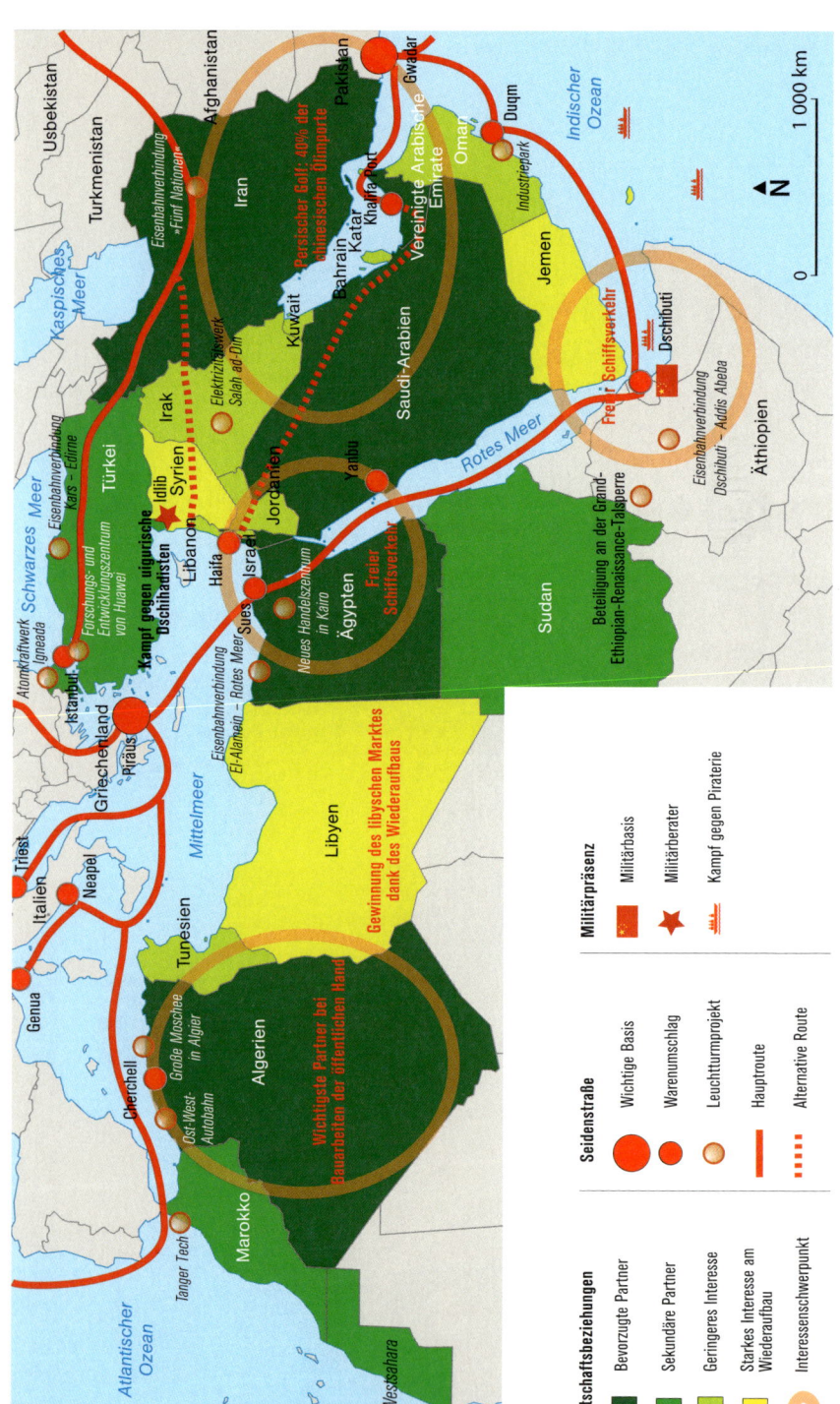

zur ägyptischen Führung hin widerspricht auch der Apparat der Bruderschaft mit seiner sehr strengen Hierarchie und seiner Kultur des Gehorsams, die jeglicher »Strömung«, die sich als solche zu erkennen gibt, feindlich gegenübersteht. Die schwierige Situation des politischen Islam in Ägypten verhinderte unter anderem auch, dass er sich den immer wieder aufflammenden Protesten gegen die Unterdrückung anschloss, wie sie etwa am 20. September 2020, dem Jahrestag einer ähnlichen Demonstration ein Jahr zuvor, ausbrachen. Bei der Kundgebung 2019 war es zu mehr als 4.400 Verhaftungen gekommen, und ein Drittel der vorläufig Festgenommenen war auch im September 2020 noch in Haft.

Nachdem Ägypten während der Kolonialzeit wie der Libanon von den besten Universitäten profitierte, exportierte das Land in der zweiten Hälfte des 20. Jahrhunderts nicht nur einfache Arbeiter, sondern auch zahlreiche arabischsprachige Führungskräfte, die vor allem auf der arabischen Halbinsel und in anderen Erdöl exportierenden Staaten für einen Modernisierungsschub sorgten. Als das Niveau der ägyptischen Hochschulbildung immer weiter zurückging – die Bürokratie Nassers und seiner Nachfolger, die Zensur und die schiere Masse der Studierenden überforderten die Bildungseinrichtungen –, waren die ägyptischen Akademiker in der Region nicht mehr gefragt und wanderten nicht mehr ab, weshalb an den ägyptischen Universitäten keine Stellen für europäische oder asiatische Wissenschaftler frei wurden. Diese aber sicherten die Qualität der Universitätsausbildung in der gesamten Region und halfen auch dank des Englischen, die Herausforderungen der Globalisierung in Abu Dhabi, Dubai, Doha und später auch in Riad anzugehen. Der Rückgang der Leistungsfähigkeit ägyptischer Universitäten zog wiederum eine zunehmende Arbeitslosigkeit unter den Hochschulabsolventen nach sich, vergrößerte deren Distanz zum Regime beziehungsweise dessen Institutionen und verstärkte die Stimmen für die islamische Alternative der Muslimbrüder. Schon zu Mubaraks Zeiten konnte die Bruderschaft in den meisten akademischen Berufsgruppen (Mediziner, Ingenieure, Pharmazeuten, Anwälte, Journalisten etc.) auf eine Mehrheit der Stimmen bauen, was sich unmittelbar nach dem Arabischen Frühling bei den Parlaments- und Präsidentschaftswahlen 2011-2012 zeigte. Nachdem unter Mohammed Mursi zwischen Sommer 2012 und Sommer 2013 die Staatsmacht in einer Mischung aus Inkompetenz und »Bruderisierung« des Staates vernachlässigt worden war, mündete der durch das Militär unterstützte Volksaufstand in der Absetzung des Präsidenten; er wurde zusammen mit Zehntausenden Muslimbrüdern und deren Sympathisanten verhaftet. Wenig später war jegliche Opposition ausgeschaltet.

In der Folge entwickelte sich Ägypten unter der Führung von General as-Sisi zu einem der repressivsten Regime des Nahen Ostens, vergleichbar mit jenem Erdoğans (lässt man einmal das am Bürgerkrieg zerbrochene Syrien beiseite). Die Anzahl der politischen Gefangenen in den beiden Ländern ist relativ zur Bevölkerungszahl gesehen vergleichbar (etwa 60.000 in Ägypten und 40.000 in der Türkei), doch die betroffenen Gruppen sind es nicht: In Ankara sitzen die Islamisten und ihre Vertrauten an den Schalthebeln der Macht, in Kairo sitzen sie in Haft. Während die unter Nasser ins Exil gegangenen Muslimbrüder in den Staaten der arabischen Halbinsel Zuflucht gefunden haben und viele dort zu großem Reichtum gekommen sind, stehen ihnen heute in dieser Region nur noch Katar und – eingeschränkt – Kuwait offen. Dafür bietet inzwischen der Nachfolger des alten Osmanischen Reichs den meisten Muslimbrüdern Asyl und Unterstützung an. Da es schlicht sehr viele von ihnen gibt, haben sich die Verbindungen zwischen Türken und Arabern vertieft und weiterentwickelt, was das internationale Schreckgespenst der islamistischen *soft power* Formen annehmen lässt. Erdoğan setzt genau hierauf.

Der ägyptische Rais kann, wie seine Vorgänger, auf einen externen, materiellen wie immateriellen Zugewinn setzen, also von einer aus dem Ausland stammenden politisch-finanziellen Rente profitieren. Nur da sie regelmäßig erneuert und ständig ausgeweitet wird, konnte verhindert werden, dass das Land nach der faktischen Unabhängigkeit mit dem Staatsstreich der »Freien Offiziere« 1952 den Boden unter den Füßen verlor. Dieser Profit ist auf einer Form der Erpressung aufgebaut: Ein Zusammenbruch Ägyptens würde derart fatale Auswirkungen auf die globale oder regionale Politik der Gläubiger haben, dass niemand das Land fallen lässt. Nasser (reg. 1954–1970) setzte die Sowjetunion (die vom Wettlauf im Kalten Krieg noch schneller in den Ruin getrieben wurde als Ägypten) dergestalt unter Zugzwang, dass er die Ausbreitung des Kommunismus im Nahen Osten in Aussicht stellte, woraufhin sich Chruschtschow zur Finanzierung des Assuan-Staudamms bereit erklärte, der seither das gesamte Niltal mit Elektrizität versorgt – wozu allerdings ein Großteil des von Nubiern bewohnten Landes überflutet wurde. Die UdSSR sicherte Ägypten zudem massive militärische Hilfe zu, die sie bis zum Krieg im Oktober 1973 leistete – »Jom-Kippur-« oder »Ramadan-Krieg« genannt –, den Nassers Nachfolger Sadat (reg. 1970–1981) gegen Israel begann. Sadat zögerte nicht, dieses Bündnis wieder auf den Kopf zu stellen: So erhielt Ägypten fortan von Jimmy Carter und den nachfolgenden Regierungschefs im Weißen Haus die weltweit größte zivile und militärische Hilfe, damit der Camp-David-Friedensvertrag mit Israel unterschrieben und dauerhaft eingehalten wurde. Die Fortsetzung dieser Zahlungen an das Regime von Hosni Mubarak (reg. 1981–2011) – der gestürzte Präsident verstarb am 25. Februar 2020 in einem Militärkrankenhaus – wurde nach den Attentaten al-Qaidas am 11. September 2001 davon begünstigt, dass sich Kairo als Vorreiter des »Kriegs gegen den Terror« darstellte, wie ihn George W. Bush führen wollte. Dank dieser Mittel konnte sich das ausgelaugte und korrumpierte Regime noch eine Weile an der Macht halten, was einer der Gründe für den im Januar 2011 auf dem Tahrir-Platz begonnenen Aufstand war. Präsident Barack Obama wollte nicht länger für etwas zahlen, das nur dem Autokraten, aber kaum den Vereinigten Staaten nutzte. In seiner berühmten Ansprache legte er Mubarak folglich am 4. Februar den Rücktritt nahe. Der Präsident und Muslimbruder Mohammed Mursi (reg. Juli 2012–Juli 2013) genoss wiederum amerikanische Hilfe, sah Washington in der frommen Bourgeoisie doch einen auf den Glauben gestützten Pfeiler der wirtschaftlichen Stabilität. Mursi sicherte sich darüber hinaus eine aus dem Gasemirat Katar stammende Subvention von vier Milliarden US-Dollar, mit der Kairo zum politisch-demografischen Zentrum der islamistischen Hegemonie über die Region gemacht werden sollte. Dass Mursi gestürzt werden konnte, wurde auch durch eine drei Mal größere Summe erleichtert, die vor allem aus Abu Dhabi und Riad stammte. Diesen Ländern ging es vor allem darum, die Muslimbruderschaft zu beseitigen, indem man sie von ihren ägyptischen Wurzeln abtrennte. Hinzu kam noch der Kauf von Hightech-Militärausrüstung aus Frankreich – zwei Schiffe der Mistral-Klasse, 22 Rafale-Jagdbomber sowie italienische und deutsche Fregatten –, eine Ausrüstung, die nicht mehr für den Kampf gegen Israel gedacht ist, sondern für die Konfrontation mit dem Bündnis aus Muslimbrüdern und Schiiten im Mittelmeerraum, vor allem angesichts der türkischen Expansion (vgl. Karte 1).

Kairo im Abraham-Abkommen

Die vom Golf stammende Unterstützung in Militärangelegenheiten prägt die Allianz des Abraham-Abkommens. Dieses Bündnis kann sich auf eine Armee von 500.000 Soldaten stützen, weitaus mehr also, als die Ölmonarchien vorzuweisen haben. Deren Gefechtsbereitschaft konnte im Übrigen kaum überzeugen, als sie in den 1990er-Jahren im Irak den Truppen Saddam Husseins gegenüberstanden. Doch as-Sisis Hauptaugenmerk liegt darauf, die ägyptischen Interessen im östlichen Mittelmeer zu verteidigen, insbesondere im Hinblick auf die Offshore-Gasfelder vor dem Nildelta, die sich in den vom Nil versorgten Sedimentzonen befinden.

In der Nähe der Hafenstadt Damiette wurden bereits teure Verflüssigungsanlagen gebaut, und schon 2015 hatte die italienische Eni die Lagerstätte Zohr entdeckt, dank derer Ägypten bis 2025 zu einem Erdgasexporteur werden könnte. Die vom Nil erzeugten Gasfelder reichen bis in die Hoheitsgewässer Zyperns, Israels und auch des Gazastreifens. Obgleich die Gasvorkommen heute dort noch nicht ausgebeutet werden können, vermögen sie unter Umständen allein aufgrund ihrer vermuteten Größe, das düstere Schicksal des palästinensischen Küstenstreifens zu wenden. Israel wiederum ist mit seiner 2010 entdeckten Lagerstätte »Leviathan« in der Lage, den regionalen Strombedarf zu decken, Jordanien zu beliefern und die Verflüssigungsanlage von Damiette zu versorgen (vgl. Karte 14). Vor dem von der Überproduktion des US-Schiefergases verursachten Einbruch des Gaspreises hatte man erwogen, die unterseeische Gaspipeline EastMed zu bauen: Die über den Peloponnes bis nach Italien reichende Pipeline sollte es der EU ermöglichen, ihre Abhängigkeit von russischem Gas zu verringern. Doch nach dem Preissturz erwiesen sich die Investitionskosten als zu hoch, und die Gasmenge schien nicht ausreichend zu sein, weshalb das Projekt auf unbestimmte Zeit verschoben wurde (vgl. Karte 1).

Diese Zurückhaltung leistete jedoch dem türkischen Expansionismus im östlichen Mittelmeer und den Forderungen nach Ausweitung der türkischen Hoheitsgewässer und ausschließlichen Wirtschaftszonen weiter Vorschub – denn die eigenen enthalten in ihrer jetzigen Größe (abgesehen vom Schwarzen Meer) keine Gaslagerstätten. Die Ausdehnung würde es der Türkei erlauben, eine Gebühr auf die EastMed zu erheben, sollte das Projekt eines Tages umgesetzt werden, mit anderen Worten den Gasdurchfluss zu blockieren, um den Betrieb der eigenen Pipeline TurkStream zu vereinfachen. Die Ventile dieser wurden am 8. Januar 2020 feierlich von den beiden Partnern des Astana-Prozesses, Wladimir Putin und Recep Tayyip Erdoğan, geöffnet: Die Pipeline umgeht die Ukraine im Süden, verläuft vom Hafen Anapa, nicht weit von Sotschi entfernt, rund 930 Kilometer lang durch das Schwarze Meer bis zum Städtchen Kıyıköy, im Einzugsgebiet von Istanbul, von wo aus sie sich über Thrakien und Bulgarien bis nach Österreich zieht. Auf diesem Weg versorgt sich die Türkei mit Energie, da sie auf eigenem Boden keine entsprechenden Rohstoffvorkommen hat. Dabei sind diese Brennstoffe für den Heißhunger der türkischen verarbeitenden Industrie unverzichtbar: 2019 importierte die Türkei Energieträger im Wert von 41 Milliarden US-Dollar, wovon Russland den Löwenanteil lieferte (vgl. Karte 2).

Als Reaktion auf Ankaras Betriebsamkeit im östlichen Mittelmeer wandelte Kairo das am 14. Januar 2019 gegründete »Gasforum östliches Mittelmeer«, zu dem neben Ägypten noch Israel, Jordanien, die Palästinensischen Autonomiegebiete, Zypern, Griechenland und Italien gehören, in eine zwischenstaatliche Organisation um. Am 22. September 2020 unterschrieb man die entsprechende Charta, und die Mitgliedsländer zeigten sich entschlossen, als Lobby gegen die »Verletzung« der wirtschaftlichen Rechte in ihren Hoheitsgewässern vorzugehen. Das Forum ist also eine Instanz, die die Türkei isoliert halten möchte und deren Mitglieder dem Abraham-Abkommen angehören oder ihm nahestehen.

Die Kontrolle über den Nil

Die Auseinandersetzung rund um das Erdgas im Nahen Osten prägt die Bildung von Bündnissen und Brüchen auf der Seite der Achse von Muslimbrüdern und Schiiten wie auch auf der anderen Seite des Abraham-Abkommens, unter welchem Ägypten Frontstaat an der Mittelmeerküste wurde. Allerdings gibt es noch einen weiteren kostbaren Rohstoff, der dieses Land, von Herodot als »Geschenk des Nils« bezeichnet, in den Mittelpunkt eines Kampfs stellt: das Süßwasser. Dieser Konflikt spielt sich jedoch nicht an der Mündung des Flusses, sondern an dessen Quellen ab. Äthiopien, der Riese am Horn von Afrika, hat wie Ägypten rund 100 Millionen Einwohner und blickt wie dieses auf eine antike Kultur zurück. Eine alte Handelsroute verbindet dort den Indischen Ozean mit dem Mittelmeer und folgt dabei dem Nil, in dessen Gegenrichtung die Kopten ihr Christentum nach Äthiopien brachten. Und hier begann man im Juli 2020, die Grand-Ethiopian-Renaissance-Talsperre zu füllen (vgl. Karte 17). Das Becken mit einer Kapazität von bis zu 80 Milliarden Kubikmetern befindet sich am Lauf des Blauen Nils, unweit der sudanesischen Grenze, soll Überschwemmungen regulieren und Äthiopien und seine Nachbarn mit Strom vom größten Wasserkraftwerk Afrikas versorgen. Kairo und ein wenig auch Khartum, das zwischen den beiden starken Nachbarn im Norden und Süden eingeklemmt ist, bezweifeln, dass mit dem Aufstauen und Zurückhalten des Wassers der untere Verlauf des Flusses signifikant beeinflusst werden kann, und dass man darüber in einer schwachen Position mit Addis Abeba Verhandlungen führen müsse. Das mesopotamische Beispiel – der Irak leidet erheblich unter den von der Türkei und Syrien errichteten Staudämmen an Euphrat und Tigris – hilft nicht gerade dabei, Ägypten zu beruhigen. Die zunehmenden Spannungen zwischen Äthiopien und Ägypten beherrschen auch die unterschiedlichen Allianzen rundherum: Abu Dhabi unterstützt Kairo, wohingegen Ankara – ausnahmsweise – für ein Land Partei ergreift, das mehrheitlich christlich ist, und sich damit gegen einen muslimischen Staat wendet (dabei war Erdoğan doch hart mit as-Sisi ins Gericht gegangen, als dieser mit dem »ungläubigen« Griechenland ein Bündnis gegen die Türkei aus der Taufe hob).

Zunächst wirkten sich die Entwicklungen auf die Militärbasen am Horn von Afrika aus: Dschibuti, in einen heftigen Streit mit den Vereinigten Arabischen Emiraten verwickelt (siehe oben, S. 82) und folglich auch mit dessen ägyptischem Verbündeten, suchte den Schulterschluss mit deren Widersacher Äthiopien und gesellte sich damit an die Seite der Türkei. Ankara baute daraufhin in der ehemaligen französischen Kolonie eine imposante Moschee nach anatolischem Vorbild, die eifrig Menschen bekehrt, und bietet mit Turkish Airlines die günstigsten Flüge nach Europa an. Ähnliches geschieht in Somalia, eng mit Katar verbunden, wo die Türkei seit 2017 eine bedeutende Militärbasis in der Nähe der Hauptstadt Mogadischu betreibt. Dschibuti und Somalia haben sich am 10. September 2020 auf der Konferenz der Arabischen Liga der Stimme enthalten, als dort auf Initiative Kairos über eine Resolution gegen Ankara abgestimmt wurde (siehe oben, S. 123).

2017 hatte wiederum Abu Dhabi eine Basis in Berbera aufgebaut, im einseitig für unabhängig erklärten, von Somalia abgespaltenen Staat Somaliland; sie wurde im März 2020 wieder verlassen. Doch dann begab sich am 10. August eine ägyptische Militärdelegation vor Ort, mitten im Streit um den Bau der Grand-Ethiopian-Renaissance-Talsperre, woraufhin in der Presse die Vermutung aufkam, Kairo könnte hier die Position Abu Dhabis übernehmen. Ähnliches gilt für die 2015 errichtete Lufwaffenbasis Assab auf dem Gebiet Eritreas, die von den Vereinigten Arabischen Emiraten genutzt wurde und eine wichtige Rolle beim Einmarsch ihrer Armee in den Jemen gespielt hat. Ägypten hat sich Eritrea – einem Gegner Äthiopiens – in ähnlicher Absicht angenähert.

Präsident as-Sisis Diplomatie mobilisiert alle alten afrikanischen Netzwerke, die der Nasserismus einmal geknüpft hatte: Als Vergeltung gegen den äthiopischen Staudamm erklärte Ägypten am 4. September, es werde einen solchen in Tansania errichten, einer der Staaten im Nileinzugsgebiet, und am 19. September gab die Demokratische Republik Kongo in diesem Streit ihre Unterstützung für Kairo bekannt. Während sich Ägypten also aktiv zeigt, wird der Sudan zum Gegenstand eines Konflikts, der den Fluten des Nils entspringt und die Bündnisse und Brüche in der Region nährt. Von Washington einst auf der »Liste der Staaten, die Terrorismus unterstützen«, geführt, hatte das Land unter der Ägide von General Umar al-Baschir und dessen wichtigstem Berater, dem muslimbrüderfreundlichen Hasan at-Turabi, tatsächlich Terroristen der unterschiedlichsten Gefolgschaften aufgenommen, von Ilich Ramírez Sánchez, bekannt als Carlos (im Sudan von 1991 bis 1994), bis hin zu Osama bin Laden (von 1992 bis 1996). Der von einem militaristisch-islamistischen Regime beherrschte Sudan war das Drehkreuz aktiver Dschihadistenbewegungen am Horn von Afrika, wurde Mitte August 1998 als Vergeltung für die al-Qaida-Attentate gegen die amerikanischen Botschaften in Kenia und Tansania vom 7. August von US-Marschflugkörpern beschossen und war Transitzone für iranische Raketen, die für die Hamas im Gazastreifen bestimmt waren, wie sich die Hamas in dem bereits erwähnten Al-Jazeera-Bericht vom 13. September 2020 brüstete. Im Dezember 2017 besuchte Erdoğan im Rahmen seines Plans zur strategischen Aufstellung in Afrika das Land, was sich dann etwa im Abkommen zum Kauf der Halbinsel Suakin und der Restaurierung ihres Hafens niederschlug: Dieser war während der Zeit des Osmanischen Reichs für alle afrikanischen Pilger auf dem Weg nach Mekka eine wichtige und florierende Station gewesen. Beobachter vermuteten hinter diesem Vertrag den Plan für eine Militärbasis, worauf auch der Zwischenstopp der 4.100 Tonnen schweren Fregatte *Gojka Ada* in Port Sudan vom 9. bis 11. März 2019 hinwies. Sie war mit der »Stärkung von Sicherheit und Schutz« beauftragt und machte unmissverständlich die türkische Rückendeckung für General al-Baschir deutlich. Gegen diesen richteten sich gewalttätige Proteste, und einen Monat später, am 11. April, führten die Demonstrationen zur Absetzung des sudanesischen Diktators nach 30 Jahren an der Macht. Im ersten Teil dieses Buches (siehe oben, S. 45 ff.) wurde bereits darauf hingewiesen, wie sehr der Untergang des Regimes vom islamistischen »Al Sharq Forum« in Istanbul bedauert wurde.

In der Tat näherte sich die aus dem Umsturz hervorgegangene

sudanesische Übergangsregierung nun aber Saudi-Arabien und vor allem den Vereinigten Arabischen Emiraten an, die bereit waren, Milliarden Dollar in die sudanesische Landwirtschaft zu investieren, da diese mit kurzen Anbauzyklen zu ihrer Lebensmittelversorgung beitragen kann (vgl. Karte 6). Die Emirate peilten also mithilfe ihres Hafenverwalters DP World an, sich in Port Sudan und Suakin niederzulassen – die Häfen liegen strategisch günstig gegenüber von Mekka und zudem auf dem Weg der Tankschiffe zwischen der Meerenge Bab al-Mandab und dem Sueskanal. Um die Aufnahme des »Landes der Schwarzen« in das Abraham-Abkommen abzuschließen, reiste der US-amerikanische Außenminister Mike Pompeo am 25. August 2020 mit dem »ersten offiziellen Flug von Tel Aviv nach Khartum« in die sudanesische Hauptstadt. Er wollte in Erfahrung bringen, ob seine Gastgeber bereit wären, den israelischen Staat anzuerkennen – nachdem Netanjahu am 3. Februar im benachbarten Uganda bereits unter Vermittlung der Vereinigten Arabischen Emirate den Chef des sudanesischen »Souveränen Rates«, General Abdel Fattah Burhan, getroffen hatte. Pompeos Aufenthalt in Khartum folgten widersprüchliche Erklärungen, denen man jedoch entnehmen konnte, dass es zur Aufnahme von Beziehungen mit Israel kommen könne, wenn der Sudan von der US-Liste der Terrorstaaten gestrichen würde. Diese Entscheidung oblag dem Kongress und nicht etwa einem Dekret Trumps, denn dem Sudan waren finanzielle Entschädigungen auferlegt worden für seine Komplizenschaft bei den Attentaten auf die amerikanischen Botschaften in Nairobi und Daressalam, die dem 11. September 2001 vorangegangen waren. Am 23. Oktober war das Problem gelöst (vgl. Karte 1): Khartum hatte 335 Millionen US-Dollar für die Familien der Opfer eingesammelt, höchstwahrscheinlich dank einer Finanzspritze aus Abu Dhabi. Da Donald Trump elf Tage vor der US-Präsidentschaftswahl nach einer Erfolgsmeldung dürstete, bat er Pressevertreter ins Weiße Haus, die an der Telefonkonferenz zwischen Benjamin

Netanjahu und den beiden starken Männern der sudanesischen Übergangsregierung, General Burhan und dem zivilen Premierminister Abdalla Hamdok, teilnehmen durften. Man versprach sich eine Annäherung zwischen dem Sudan und Israel. Und obgleich keine konkreten Bedingungen genannt wurden – das Telefongespräch war aufgrund der unter Zeitdruck stehenden amerikanischen Koordinatoren vorverlegt worden –, so ließ der israelische Ministerpräsident (ebenfalls begierig darauf, gegen seine Rivalen im eigenen Land zu punkten) durchblicken, eine Zusammenarbeit in den Bereichen Landwirtschaft und Handel sei kurzfristig geplant, und so könnten auch die bis zu 20.000 sudanesischen Asylbewerber in Israel zurück in ihre Heimat geschickt werden ... Als Dank an die Vereinigten Arabischen Emirate für ihre Dienste bei der Vermittlung der Verhandlungen gab Netanjahu anschließend bekannt, seine Regierung werde sich nicht länger gegen den Verkauf amerikanischer Waffen an die Ölmonarchie stellen – und bezog sich damit auf F-35-Kampfflugzeuge, die bis dato in der Region allein Israel besaß. Die Hamas hingegen beklagte in einem scharfen Kommuniqué »eine politische Sünde«: Abgesehen vom Sinneswandel des Staates, der als Drehkreuz für die Lieferung iranischer Raketen an die Islamistenbewegung im Gazastreifen gedient hatte, wird der Name seiner Hauptstadt auch noch symbolisch mit dem Beginn des israelisch-arabischen Konflikts verbunden. Hier hatten am 1. September 1967 nach der Niederlage im Sechstagekrieg neun Staaten die »Khartum-Resolution« unterschrieben, mit der sie sich zu den »drei Nein« gegenüber Israel verpflichteten – kein Frieden, keine Anerkennung und keine Verhandlungen. Sudans Sinneswandel bindet das Land nun eng an Ägypten, den ersten arabischen Staat, der Frieden mit Israel schloss, als Sadat am 19. November 1977 nach Jerusalem reiste.

Fest in das Abraham-Abkommen integriert, bemüht sich Präsident as-Sisi, aus dieser Allianz möglichst viele Vorteile zu ziehen. So stärkt er seine regionale Machtstellung gegenüber seinen Rivalen und Verbündeten, Israel und den Palästinensergebieten im Osten, rund um den Nil im Süden und angesichts neuer Herausforderungen, die sich aus der Förderung und dem Export des Erdgases im östlichen Mittelmeer ergeben, im Norden. Daneben drängt sich allerdings für Ägypten ein weiterer Konflikt auf, in dem sich die Gesamtheit der Krisen des Nahen Ostens verdichtet und der die vielen offenen Fragen auch für Nordafrika und Europa relevant macht: die Auseinandersetzungen in Libyen. Mit Ägypten ist das Land durch eine 1.115 Kilometer lange, wie ein Strich durch die Wüste gezogene Grenze verbunden. In Libyen konzentrieren sich all die Probleme, von der Rohstofffrage bis zur Migration, vom dschihadistischen Terror bis hin zu den Rivalitäten zwischen den beiden Landesteilen Tripolitanien (wo, von den USA geduldet und von der Türkei und Katar gefördert, ein Muslimbrüderregime herrscht) und der Kyrenaika (in der Abu Dhabi und Kairo mit Moskaus Hilfe die Mächtigen stützen). Europa ist hin- und hergerissen zwischen den konkurrierenden Interessen Italiens und Frankreichs, und die Schlachten vor Ort werden von umgesiedelten syrischen Söldnern ausgefochten, unter denen sich aufständische Islamisten wie auch demobilisierte Pro-Assad-Milizionäre befinden. Es sind also alle Bedingungen gegeben, damit sich die Destabilisierung von Libyen aus auf ganz Nordafrika ausbreiten kann, um schließlich auch auf Europa überzuspringen – vergleichbar mit den Streitfragen, die Ankara im Mittelmeer mit Athen austrägt.

Teil III

VON NORDAFRIKA BIS IN DIE VORSTÄDTE EUROPAS

Libyen zwischen türkischem Hammer und ägyptischem Amboss

Am 28. und 29. September 2020 kamen im Badeort Hurghada erstmals Politiker und Militärs aus dem Westen und Osten Libyens auf ägyptischem Boden zusammen. Unter der Ägide der UN-Mission für dieses zerstörte Land trafen sie sich stellvertretend für die in Tripolis sitzende Regierung der Nationalen Übereinkunft (GNA) und die Libysch-Nationale Armee aus Bengasi (vgl. Karte 16). Am Ende empfahlen die Gesprächspartner, noch vor Ende Oktober alle Gefangenen auszutauschen, Hassbotschaften durch Toleranz und Versöhnung zu ersetzen, Land- und Luftwege wieder zu öffnen und sich zu persönlichen Gesprächen in Libyen zu treffen, um sich über die Wiederaufnahme der Förderung und des Exports von Erdöl und Erdgas zu verständigen. Die Ölproduktion war Mitte Januar 2020 von General Haftar unterbrochen worden, der den »Ölhalbmond« mit den meisten Quellen und Hafenanlagen kontrollierte. In der Folge war die Erdölförderung um 90 Prozent gefallen, von 1,2 Millionen auf 100.000 Barrel pro Tag. Haftars Truppen hatten ab April 2019 zwischenzeitlich auch die Hauptstadt belagert, mussten sich dann aber unter dem Druck Tausender syrischer Söldner zurückziehen, die von türkischen Offizieren und örtlichen bewaffneten Gruppen flankiert worden waren. General Haftar vermutete, dass für die libysche Zentralbank bestimmte Gelder abgezweigt wurden, um die Milizen zu finanzieren, befindet sich der Sitz der Bank doch in Tripolis, also in der Hochburg seiner Feinde und im Einflussbereich der Muslimbruderschaft. Doch die Strategie des starken Mannes in der Kyrenaika, seine Gegner durch die Einstellung der Erdölförderung in die Knie zu zwingen, war zu kurzfristig gedacht. Zum einen führte er damit das gesamte Land in eine Wirtschaftskrise, also auch die von ihm kontrollierten Gebiete, sodass zeitweise sogar die Stromerzeugung eingestellt werden musste. Der Förderstopp erfolgte darüber hinaus zu einem Zeitpunkt, als er den internationalen Märkten gleichgültig war: Erst hatte man es mit der Überproduktion Russlands, der Saudi-Arabien umgehend folgte, zu tun – beschlossen auf der Sitzung der OPEC+ vom 6. März in Wien –, dann kam es im Zuge der Covid-19-Pandemie zum Einbruch der Rohölnachfrage – und damit der Preise. Zudem sorgten Haftars »Schurkenschritte« dafür, dass sich einige seiner Unterstützer von ihm lossagten, von den internationalen Ölfirmen bis hin zu Ägypten, die in ihm zuvor den *strong leader* gesehen hatten, welcher für den steten Fluss der Exporte sorgen würde, sobald er das gesamte Land unter seine Kontrolle gebracht hätte.

Ein Gipfel in Berlin am 19. Januar, mit Vertretern von elf Staaten und vier zwischenstaatlichen Organisationen, unter Vorsitz von Bundeskanzlerin Merkel und des Generalsekretärs der Vereinten Nationen, erreichte nichts weiter, als die Machtlosigkeit der internationalen Gemeinschaft festzustellen und im Hinblick auf eine dauerhafte Waffenruhe in Libyen dazu aufzurufen, sich »nicht in den bewaffneten Konflikt in Libyen und in die inneren Angelegenheiten Libyens einzumischen«. Doch die Kämpfe, die man am 12. Januar einvernehmlich eingestellt hatte, flammten rasch wieder auf: Kaum war die Tinte unter der Resolution 2510 des UN-Sicherheitsrats getrocknet, mit der die Vereinbarungen von Berlin angenommen wurden, da heizten die Unterstützer der zerstrittenen Lager, allen voran Russland und die Türkei, die Feindseligkeiten wieder an. Das führte dazu, dass der UN-Sondergesandte für Libyen, Ghassan Salamé, am 2. März »das Handtuch warf« und in einem Tweet auf Arabisch seine angeschlagene Gesundheit ins Feld führte, die es ihm nicht erlaube, sich dem Stress der Verhandlungen weiter auszusetzen. Auf ihn folgten Stephanie Turco Williams und am 18. Januar 2021 Ján Kubiš. Als am 25. März einer Militäroffensive von Truppen aus Tripolis, unterstützt von zwei türkischen Fregatten vor der Küste, ein Durchbruch gelang, war die umfangreiche Beteiligung der Türkei an den Kämpfen unübersehbar geworden. Bei dem Vorstoß wurden zahlreiche Bayraktar-Drohnen eingesetzt, deren erschreckende Effektivität zunächst hier auf dem Schlachtfeld getestet wurde, bevor sie sechs Monate später gegen die Armenier in Bergkarabach zum Einsatz kamen. Laut der syrischen Beobachtungsstelle für Menschenrechte hat die Türkei in den ersten acht Monaten des Jahres 2020 rund 15.000 ehemalige syrische Islamisten-Rebellen in Anatolien militärisch trainiert und dann nach Libyen verlegt. 8.000 von ihnen hielt man zurück, um in einem Rotationsverfahren stets 7.000 ausgeruhte Männer vor Ort zu haben – während die Gesamtzahl der in Libyen aktiven ausländischen Söldner aus anderen Ländern schätzungsweise noch einmal so viele umfasste. Die Effizienz der von der Türkei ausgebildeten Truppen und vor allem der Drohnen spielte eine entscheidende Rolle bei der erfolgreichen Gegenoffensive, zumal Haftars Truppen weniger kampferprobt waren. Gegen Ende des Frühlings etablierte sich eine Frontlinie in den Außengebieten von Sirte.

Die seit der Antike berühmte Stadt ist auch Geburtsort von Muammar al-Gaddafi, der sich hierher flüchtete, bevor er am 20. Oktober 2011 ganz in der Nähe aufgespürt und gelyncht wurde. Hier verläuft die kulturelle und linguistische Grenze zwischen dem westlichen und östlichen Teil des vielfältigen Landes. Im Westen setzt sich in Tripolitanien der Maghreb fort, dessen Dialekte man hier ebenfalls spricht, hier leben die letzten Berber, und man isst Couscous. Der Osten, die Kyrenaika (arabisch *Barqa*), ist hingegen seit der Zeit der Pharaonen eher dem Niltal zugewandt, da dieses Gebiet bereits in der Antike über Siwa und weitere, südlich gelegene Oasen der ägyptischen Wüste Routen in Richtung Mittelmeer bot. Ägyptens Präsident as-Sisi ernannte deshalb Sirte zur natürlichen »historischen« roten Linie, die Ankara und seine Söldner nicht überschreiten dürften, ohne eine Invasion aus Kairo zu provozieren. Regimenter und Flugzeuge – darunter Jagdbomber der Emirate – sind ohnehin in grenznahen Basen stationiert, und das ägyptische Parlament beschloss am 20. Juli 2020 den Einsatz dieser Truppen, sollten die Pick-ups der Regierung der Nationalen Übereinkunft (GNA) und das türkische Expeditionskorps Sirte bedrohen. Die Resolution der ägyptischen Abgeordneten – die größtenteils von der Exekutive kontrolliert werden – war die Antwort auf den Entschluss der eilig zusammengerufenen türkischen Kollegen – von denen die meisten sich in vergleichbarer Abhängigkeit von Erdoğan befinden –, die am 2. Januar 2020 der Entsendung der Armee nach Tripolitanien zugestimmt hatten.

Beim Blick auf die Spaltung zwischen den Mitgliedern der Achse Muslimbruderschaft-Schiiten einerseits und des Abraham-Abkommens andererseits fällt jedoch auf, dass in Libyen der Bruch nicht unbedingt genau dort verläuft, wo man ihn erwarten würde. So kooperieren Katar und die Türkei ganz offen an der Seite der GNA von Fayiz as-Sarradsch (der Iran ist vor Ort nicht direkt involviert), durften sich dabei aber im ersten Halbjahr 2020 auf das Einverständnis der USA verlassen. Das überrascht umso mehr, als auf der Gegenseite die Vereinigten Arabischen Emirate und Ägypten, mit den USA in einer Allianz verbündet, voll und ganz hinter Haftar stehen. Was Washington zu dem Kräfteausgleich hin zur international anerkannten Regierung as-Sarradschs brachte, war Moskaus Engagement für General Haftar. Dieses äußerte sich unter anderem darin, dass Putin syrische Pro-Assad-Milizen in russischen Flugzeugen aus Damaskus nach Libyen bringen ließ, sowie in der unübersehbaren Präsenz der paramilitärischen Gruppe

Wagner, die eng mit dem Kreml verbunden ist und einen Großteil der Infrastruktur im Ölhalbmond kontrolliert. Darüber hinaus hat das Weiße Haus weder die Brücken zum NATO-Partner Türkei noch die nach Katar eingerissen, auf dessen Basis Al Udeid rund 100 Flugzeuge der US Air Force stationiert sind. Am 5. August erklärte Trumps Sicherheitsberater Robert O'Brien, es werde »in Libyen keinen Sieger geben«, womit er die verfeindeten Lager zu einer von den jeweiligen US-Alliierten in beiden Lagern vermittelten Einigung drängte. Ziel war, General Haftar ins Abseits zu drängen und mit ihm auch seinen russischen Paten. In diesem komplexen Spiel der Mächte stehen zudem westliche Ölfirmen, die das libysche Rohöl verwerten und auf eine schnelle Wiederaufnahme der Förderung drangen, den riesigen russischen Unternehmen gegenüber, die das weltweite Angebot lieber begrenzen, um die Preise wieder ansteigen zu lassen. Die in Libyen geförderte Ölsorte *Sweet Crude* ist selbst bei einem Preis von rund 40 Dollar, auf den sich die Märkte im Sommer nach dem pandemiebedingten Preiseinbruch eingependelt hatten, extrem profitabel: Mit drei Dollar pro Barrel gehören ihre Förderkosten weltweit zu den niedrigsten, die Raffination ist dank des Leichtölanteils sehr kostengünstig, und die Vorkommen befinden sich in der Nähe der europäischen Verbraucher, die 80 Prozent der Exporte abnehmen. Mehr als 40 Milliarden nachgewiesene Barrel in den Lagerstätten stellen das größte Ölvorkommen Afrikas dar und Libyen 60 Jahre Fördermöglichkeiten in Aussicht. Würde es das Öl effizient ausbeuten, würde dies dem Land einen ähnlichen Wohlstand ermöglichen wie den Ölmonarchien am Persischen Golf. Doch aller Wahrscheinlichkeit nach stellt das Streben nach Erträgen, gekoppelt an die langfristigen Folgen der erratischen Diktatur Gaddafis und die vom Bürgerkrieg seit 2011 geweckten Begehrlichkeiten in Bezug auf den Reichtum Libyens, vielmehr den Absturz in eine unendliche Spirale des Unglücks in Aussicht.

Die desaströsen wirtschaftlichen Konsequenzen aus dem

Stopp der Ölproduktion im Januar 2020 und der daraus resultierende Kollaps des staatlichen Einkommens – im Vergleich zu 2019 fehlten dem Staat 2020 35 Milliarden Dollar – waren sowohl im Westen wie auch im Osten des Landes zu spüren. Sie setzten im August Revolten in Gang, getragen von einer sich entwickelnden »Zivilgesellschaft«, deren verarmte Mitglieder sich langsam aus der Bindung zu jenen Stämmen und Milizen zu lösen begannen, die hauptsächlich in die Konflikte verwickelt waren. Diese strebten nach dem Ende der brutalen Diktatur Gaddafis, der die Öleinkünfte für seine Eskapaden und internationalen Politabenteuer in Beschlag genommen hatte, zunächst danach, den Geldsegen für sich zu sichern – jede bewaffnete Gruppierung bemühte sich um die exklusive Kontrolle eines Teils davon. Nachdem sich die Front bei Sirte im Sommer stabilisiert hatte und die Militäroperationen im Alltag weniger spürbar waren, wurde ab dem 23. August zuerst Tripolitanien von Protesten der »Zivilgesellschaft« eingeholt. Hier kam vieles zusammen: die Verzweiflung aufgrund der schlechten Wasser- und Stromversorgung, die Nichtverfügbarkeit von Bargeld, eine gigantische Inflation sowie die Verschlechterung der Gesundheits- und Klinikversorgung, die Anfang September zur schlimmsten Verbreitung von Covid-19 in ganz Afrika führte. Trotz aller Bemühungen der unzähligen Warlords, die Unruhen zu unterdrücken, hielt die Popularität dieser »zivilgesellschaftlichen Bewegung« die bewaffneten Banden davon ab, ihre Übergriffe im gleichen Maße fortzusetzen. Zumal die Rivalitäten sowohl in Tripolitanien wie auch in der Kyrenaika zum Sturz der jeweiligen Führungsspitzen führten, die man inzwischen weltweit für die katastrophale Lage des Landes verantwortlich machte und als das größte Hindernis für eine wie auch immer geartete nationale Versöhnung ansah.

Im Westen richtete sich der Zorn vor allem gegen Fayiz as-Sarradsch, insbesondere aufgrund des komplizierter werdenden Verhältnisses zu seinem türkischen Sponsor. Der Premierminister der

GNA hatte unter dem Druck der Muslimbrüder aus seiner Entourage, die selbst wiederum von Doha und Ankara abhängig sind, im November 2019 eine Vereinbarung mit Erdoğan unterzeichnen müssen, mit der die ausschließlichen Wirtschaftszonen zwischen Libyen und der Türkei festgelegt werden sollten: Das Dokument sah vor, das östliche Mittelmeer zwischen der Kyrenaika und Anatolien zu teilen, um – vor allem zum Nachteil Griechenlands – den beiden Ländern die vollständige Kontrolle über die Gewässer zu ermöglichen. Dieser Gewaltstreich fügte sich ein in die Strategie des »blauen Vaterlands« (*Mavi vatan*) der türkischen Admiralität und wurde, wie bereits erwähnt, von keinem der Nachbarländer akzeptiert. Im Gegenteil, er sorgte für zunehmende Spannungen und militärische Zwischenfälle im Mittelmeer. Obgleich die Regierung um as-Sarradsch von den Vereinten Nationen anerkannt wurde, hat sie sich durch dieses Abkommen doch international stark diskreditiert – zumal as-Sarradsch in besagte Aufteilung auch die östliche Küste Libyens bis zur Demarkationslinie miteinbezog, über die er keinerlei Souveränität besaß, da sie von seinem Rivalen General Haftar kontrolliert wurde. In der Hoffnung, seinen Ruf wiederherstellen zu können, machte der Herrscher in Tripolis im Sommer 2020 mehrfach deutlich, er habe den »ungleichen Vertrag« mit Erdoğan im vergangenen November unter Zwang unterschrieben: Die Unterschrift sei Voraussetzung für die militärische Intervention der Türkei und ihrer syrischen Hilfstruppen gewesen, die das Ende der Belagerung der Hauptstadt und das Zurückdrängen von Haftars Truppen bis Sirte ermöglichte. Ankara hatte sich an seine Zusage gehalten und die Operation erfolgreich zu Ende geführt, doch das daraus folgende, drückende Protektorat setzte as-Sarradsch zu einer Marionette herab. So blieb ihm jede größere Rolle bei der Wiederherstellung der nationalen Einheit und Unabhängigkeit verwehrt.

Der Premierminister versuchte nun, ein wenig Autorität zurückzugewinnen, indem er seine Meinung über das Abkommen revidierte – er hatte es im Alleingang ohne parlamentarische Ratifikation angenommen, und sein jetziger Widerruf machte es de facto ungültig. Dies wiederum reizte Erdoğan: Der türkische Präsident setzte auf die regionalen Zwistigkeiten und die Konkurrenz zwischen den Städten im Westen, um Innenminister Fathi Bashagha dazu zu bewegen, abtrünnig zu werden. Der Minister galt als starker Mann der Milizen aus Misrata, dem wichtigsten libyschen Hafen und Zentrum eines frommen, von der Muslimbruderschaft begeisterten Handelsbürgertums. Syrische Söldner der als besonders brutal bekannten islamistischen Brigaden Faylaq al-Haqq (»Brigade der Wahrheit«, d. h. des Islam) und Sultan Murad (nach Murad IV., 1612–1640, berüchtigt für seine gewalttätige Durchsetzung der Scharia) brüsteten sich in Misrata vor einer britischen Journalistin damit, Villen geplündert und mit dem dort erbeuteten Gold den ausgebliebenen Sold von monatlich 2.000 Dollar ersetzt zu haben, sehr zum Ärger vieler Libyer. (Einige Kämpfer dieser Brigaden bereiteten sich zu diesem Zeitpunkt bereits auf die Abreise nach Aserbaidschan vor, um dort Bergkarabach von Armenien zu erobern.) Die Scheichs der Stammeskonföderation der Warshafanas aus der Umgebung von Tripolis, wo trotz der Urbanisierung die Bruderschaften noch großes Gewicht haben, prangerten die Beutezüge der syrischen Söldner und Fathi Bashaghas Beihilfe an. Sie forderten ihre Stammesbrüder dazu auf, an den Demonstrationen gegen die Verschlechterung der Lebensumstände teilzunehmen. Bei den folgenden Protesten wurden in der Hauptstadt mehrere Demonstranten unter anderem von Handlangern Bashaghas getötet, als sie sich dem Hauptquartier der türkischen Militärberater näherten. Vor dem Hintergrund dieser Ereignisse entließ as-Sarradsch den zu diesem Zeitpunkt in Ankara weilenden Innenminister (er musste die Entscheidung aber auf Erdoğans Drängen hin wieder zurücknehmen). Schlussendlich wendete sich das Kräftemessen in Tripolitanien zum Nachteil des Regierungschefs: Am 16. September kündete er seinen Rücktritt für Ende Oktober an, um Platz für ein Komitee zu machen, dessen Mitglieder bei Gesprächen zwischen verschiedenen libyschen Fraktionen bestimmt werden sollten. Die Verhandlungen dazu fanden vom 7. bis 9. September in Montreux (Schweiz) und vom 6. bis 10. September in Bouznika (Marokko) statt, das Abschlusstreffen am 28. und 29. September im ägyptischen Hurghada.

So wie mit as-Sarradsch jener Mann an Einfluss verlor, der für die Unnachgiebigkeit Tripolitaniens und die türkische Einmischung stand und damit zum Hindernis für die Lösung des Konflikts geworden war, wurde in der Kyrenaika Chalifar Haftar durch Aguila Saleh beiseitegedrängt, den Präsidenten des im Juni 2014 gewählten Parlaments und de facto Interimsstaatschef, der sich im grenznahen Tobruk niedergelassen hatte. General Haftar hatte in den Augen seiner Landsleute durch seine militärischen Niederlagen und diktatorischen Anwandlungen an Ansehen verloren und sich im Ausland zudem durch die Einstellung des Ölförderbetriebs diskreditiert. Darüber hinaus galt er, eigentlich ein Feind der Muslimbrüder – und damit im Grunde dem politischen Islam ablehnend gegenüberstehend –, unter den Jugendlichen in der Zivilgesellschaft Bengasis als verantwortlich für die Blankovollmacht, die er den salafistischen Milizen ausgestellt hatte und die diese nutzten, um durch verstärkte Übergriffe gegen Andersdenkende die Scharia durchzusetzen. Es vergaß auch niemand, dass Haftar mit der Unterbrechung der Ölförderung die massive Verarmung der Bevölkerung in Kauf genommen hatte. Am 6. Juni 2020 verkündete der ägyptische Präsident as-Sisi die »Kairo-Initiative«, wobei er zur Bekanntgabe des Programms anstelle von General Haftar doch lieber Aguila Saleh einlud. Innerhalb von 90 Tagen sollten landesweite Parlamentswahlen organisiert werden. Auch wenn die Aussichten auf eine Umsetzung dieses Plans nur sehr gering waren, setzte diese Erklärung dennoch eine Dynamik in Gang, mit der der zu Beginn des Jahres begonnene Kreislauf der Gewalt gestoppt werden sollte. Am 21. August veröffentlichten Saleh und as-Sarradsch zeitgleich einen Aufruf zur Waffenruhe, den der ägyptische Rais augenblicklich unterstützte und den auch Mustafa Sanalla, Vorsitzender der staatlichen libyschen Ölgesellschaft (National Oil Corporation, NOC), begrüßte, drängte er doch auf die schnelle Wiederaufnahme von Ölförderung und -export. Am 29. August trat Sanalla mit dem CEO von Total, Patrick Pouyanné, beim Middle East Mediterranean Summer Summit der Universität Lugano (Schweiz) auf, wo beide wiederholten, welch entscheidende Bedeutung sie der Wiedereröffnung der Förderanlagen und der Raffinerien zumessen.

Dieser Versuch Kairos, sich das Thema Libyen wieder zu eigen zu machen, zeugte vor allem von einer Schwächung der Türkei, die ihren mithilfe der syrischen Söldner errungenen militärischen Erfolg nicht in einen politischen umzumünzen vermochte: Die ursächlich von Ankara ausgehende, allgemeine Destabilisierung des östlichen Mittelmeers brachte eine Reihe einflussreicher Regionalmächte dazu, Position gegen Erdoğan zu beziehen. Zum anderen verschärften sich die Spannungen mit Moskau, da die Türkei die am 27. September begonnene Offensive Aserbaidschans gegen Bergkarabach und Armenien, direkt an der russischen Kaukasusgrenze, unterstützte. Das wiederum eröffnete Ägypten die Möglichkeit, die politischen Akteure sowohl Tripolitaniens als auch der Kyrenaika hinter seiner Initiative zu versammeln – wobei es die beiden Hauptverantwortlichen für die Katastrophe, unter der Libyen im ersten Halbjahr 2020 litt, fortan außen vor ließ: General Haftar, der in den Augen der Ägypter als zu polarisierend galt, und der sich zurückziehende as-Sarradsch. Dass die Vereinigten Staaten derart nachsichtig mit der durch türkische Berater und syrische islamistische Söldner erleichterten Offensive Tripolis' gegen Haftar umgingen, hat vor allem mit ihrer Sorge über den wachsenden russischen Einfluss auf die Kyrenaika zu tun: So sind die moskautreuen Paramilitärs der Gruppe Wagner auf den Ölfeldern mit geschätzt zwischen 1.200 Kämpfern (so das UN-Expertenkomitee für Libyen) und 3.000 Kämpfern (so das US Africa Command) präsent – obgleich die Vereinigten Arabischen Emirate und Ägypten, zwei Pfeiler des Abraham-Abkommens, ebenfalls in Bengasi vertreten sind, um Libyens Abgleiten in Richtung Muslimbruderschaft zu verhindern. Den komplexen gordischen Knoten aus diversen regionalen und mal formellen, mal informellen Allianzen zwischen allen Beteiligten – die Astana-Vereinbarungen, die Achse zwischen Muslimbrüdern und Schiiten, das Abraham-Abkommen, der Gaspakt rund um EastMed, die EuroMed 7 etc. – durchschlug am Ende Washington. Die USA unterstützten Präsident as-Sisi darin, den Prozess einer nationalen Versöhnung Libyens voranzutreiben. So reiste am 7. September eine Delegation aus Vertretern Tripolitaniens nach Kairo – zum ersten Mal seit der Unterzeichnung des Abkommens mit der Türkei über die Aufteilung der Hoheitsgewässer im Mittelmeer vom November 2019. Außerdem gab die ägyptische Führung bekannt, sie werde ein Treffen mit Abgesandten aller libyschen Volksgruppen einberufen, um die nationale Versöhnung jenseits jeglichen »fremden« Einflusses zu befördern – eine Formulierung, die auf die Türkei und ihre syrischen Hilfstruppen abzielte.

Vom 11. bis 13. Oktober kam man erneut in Kairo zusammen: Delegierte des Parlaments in Tobruk (Kyrenaika) und des Hohen Staatsrats in Tripolis (Tripolitanien) einigten sich unter der Vermittlung von General Abbas Kamel, dem Chef des ägyptischen Geheimdiensts, auf das Ziel eines Verfassungsreferendums, das die Wiedervereinigung des Landes ermöglichen soll. Man verabredete, diesen Prozess im November bei einem Treffen in Tunis durch eine föderative Instanz, das Libysche Politische Dialogforum (Libyan Political Dialogue Forum, LPDF), in Gang zu setzen. Obgleich Ägypten diese Bemühungen angestoßen hatte, profitierte der gesamte Prozess doch entscheidend von der Unterstützung der Vereinigten Staaten. Der US-Botschafter in Libyen, Richard Norland, erklärte am 29. September, dass die »Gespräche in Ägypten ein Zeichen dafür sind, dass der von den Vereinten Nationen ermöglichte Prozess funktioniert«, und traf sich kurz darauf, am 5. Oktober, in Kairo mit General Kamel zu »fruchtbaren« Unterredungen. Bei dieser Gelegenheit sprach er auch mit dem Präsidenten des Parlaments in Tobruk, Aguila Saleh, um sich mit ihm über die Ausweisung ausländischer Kämpfer und türkischer Militärberater zu verständigen. Obwohl zu diesen »ausländischen Kämpfern« neben den syrischen Söldnern auch die russischen Paramilitärs der Gruppe Wagner gehören, sah der Sprecher des russischen Außenministeriums kein Hindernis. Der auch von der Europäischen Union getragene Konsens entstand vor allem aus einer Opposition gegen die Türkei heraus, die bei ihrem Engagement in Libyen ihre Kräfte überschätzte, zu einer destabilisierenden Macht in der Region geworden ist und ihre Nachbarn belästigt. Die Versöhnung Libyens wurde in dem Moment möglich, als die russisch-türkischen Beziehungen im Kaukasus bis aufs Äußerste gespannt waren: Indem Erdoğan die aserbaidschanische Offensive gegen die Enklave Bergkarabach und Armenien unterstützte und aus der Gegend um Afrin stammende syrische Islamisten als Kämpfer in den Konflikt entsandte, wagte er sich in die Einflusssphäre, die sich Moskau über seine ehemaligen Sowjetrepubliken vorbehält. Der Herr im Kreml zeigte sich darüber sehr verärgert.

Die Stabilisierung Libyens und der Abzug der türkischen Armee sind auch der Europäischen Union ein wichtiges Anliegen, sieht sie sich doch einem stetigen Zustrom von Migranten ausgesetzt, die von der Küste Tripolitaniens ablegen. Die Perspektive, dass Ankara hier wie in der Ägäis oder in Thrakien die Zuwanderung als Mittel politischer Erpressung einsetzen könnte, ist von den am meisten betroffenen Ländern wie Malta und Italien bereits angesprochen worden. Wie erwähnt (siehe oben, S. 36 und 37), trafen sich die Außenminister der beiden EU-Staaten mit ihrem türkischen Amtskollegen und stellten für dessen Entgegenkommen ihrerseits Zugeständnisse in Aussicht – was aber bereits am

10. September beim Treffen der EuroMed 7 in Ajaccio wieder hinfällig wurde, da man hier für eine koordinierte europäische Strategie plädierte. Eine solche lässt jedoch auch nach dem Gipfel der 27 EU-Mitgliedsstaaten vom 1. Oktober desselben Jahres noch auf sich warten. Italien und Deutschland drängten darauf, so Ministerpräsident Giuseppe Conte am Tag nach dem Treffen, »einen konstruktiven Dialog durchzusetzen […], denn nur so kann eine Deeskalation gelingen. Dazu gehört, der Türkei eine strategische Rolle zuzuerkennen. Sie hat im östlichen Mittelmeer, im Nahen Osten, auf dem Balkan und auch in Libyen eine wichtige Rolle zu spielen.«

Gleichwohl nimmt das Waffenstillstandsabkommen zwischen den libyschen Parteien, das am 23. Oktober unter Schirmherrschaft der Vereinten Nationen in Genf unterzeichnet wurde, bei der Lösung des Konflikts die Marginalisierung der Türkei zugunsten einer europäisch-amerikanischen Perspektive und der Stärkung der ägyptischen Bemühungen in Kauf. Der Annäherungsprozess setzte sich im »Dialog von Tunis« vom 9. bis zum 16. November 2020 fort: Hier verabredete man die Durchführung von Wahlen innerhalb eines Jahres. (Stand bei Drucklegung: Die Wahlen sind für den Dezember 2021 geplant.) Um diesen Übergangsprozess zu vereinfachen, nahm Fayiz as-Sarradsch in einer weiteren Kehrtwendung am 30. Oktober seinen für denselben Tag geplanten Rücktritt zurück.

Das Migrationsdilemma: zwischen humanitärer Hilfe und Terrorismus

Amnesty International veröffentlichte im September 2020 einen Bericht mit dem Titel »*Zwischen Leben und Tod*«: *Geflüchtete und Migranten gefangen in Libyens Kreislauf der Gewalt* und stützte sich darin auf Gespräche, die man seit Mai mit 43 Opfern von Übergriffen geführt hatte. Sie alle berichteten von schrecklichen

Erfahrungen und waren Opfer von Folter oder Vergewaltigung; einigen drohte man mit Mord, um von ihren Angehörigen Lösegeld erpressen zu können. Besonders betroffen waren jene *boat people*, die die libysche Küstenwache kurz nach dem Ablegen wieder aufgriff – zu ebendiesem Zweck hatte vor allem Italien die libysche Marine mit neuen Schiffen versorgt. Obwohl es insbesondere in Tripolitanien, das von der Regierung der Nationalen Übereinkunft kontrolliert wird, zu diesen Gewalttätigkeiten gekommen ist, hat der stark der Türkei zugewandte Innenminister Fathi Bashagha in Misrata seit der Veröffentlichung des Berichts nichts unternommen. Im Wissen darum bemüht sich Amnesty International, wie auch alle anderen NGOs, die sich im Mittelmeer engagieren, vor allem um Einfluss bei den Rechtsstaaten der EU, damit diese den Migranten die »Ankunft an einem sicheren Ort« ermöglichen. Rund 8.500 Menschen, überwiegend aus Subsahara-Afrika, wurden zwischen Januar und September 2020 von der libyschen Küstenwache aufgegriffen und inhaftiert, ohne dass man sie von irgendeiner Gerichtsentscheidung in Kenntnis gesetzt hätte. Um ein Zeichen für den voranschreitenden Prozess der libyschen Wiedervereinigung und die Annäherung an die Vereinten Nationen zu setzen, schritt die Regierung der Nationalen Übereinkunft am 14. Oktober zur Tat: Sie verhaftete zumindest Abd al-Rahman al-Milad, einen ehemaligen Kommandanten der Küstenwache, der laut UN-Sicherheitsrat zu den Hauptverdächtigen für Menschenhandel, Folter und die Erpressung von Migranten zählt.

Das »Neue Migrations- und Asylpaket«, von EU-Kommissionspräsidentin Ursula von der Leyen am 23. September in Brüssel vorgestellt, weist grundsätzlich in eine ähnliche Richtung wie Amnesty International, indem es die Seenotrettung zur »gesetzlichen Pflicht« und zu einer »moralischen Aufgabe« für die Küstenstaaten erklärt. Die Frontex-Schiffe haben nebenbei bemerkt seit 2015 rund 600.000 Flüchtlinge aufgenommen. Allerdings zielen die allgemeinen Bestimmungen des neuen Paktes dann insgesamt eher darauf ab, Kontrollen zu verschärfen und das Recht zur Aufnahme oder Abweisung gleichzeitig schneller und solidarischer zu gestalten, als dies in den Dublin-Verträgen vorgesehen war. Denn bislang wurden vor allem jene Länder belastet, in denen die Migranten zum ersten Mal europäischen Boden betraten. Die Europäische Union verfügt offenbar über den politischen Willen, die Frage der über das Mittelmeer kommenden Flüchtlinge aus Afrika und Asien prioritär und dringend zu behandeln, denn andernfalls steht der Zusammenhalt der gesamten EU auf dem Spiel. Der entwickelte Mechanismus lässt den Mitgliedsstaaten die Wahl zwischen der Aufnahme der Migranten oder einer Finanzierung der Rückführung der abgelehnten Flüchtlinge. Dahinter steckt die Bemühung, die politische Kultur jedes Staates und seinen finanziellen Beitrag zur Lösung dieser Herausforderung zu berücksichtigen – vor dem Hintergrund, dass die Überalterung Europas eine Zuwanderung unumgänglich macht. Das Paket umfasst darüber hinaus eine Unterstützung in den Herkunftsländern mit Arbeitsmöglichkeiten für jene, deren Ankunft man in Europa als ungelegen ansieht. Allerdings scheint ein erhebliches Problem für die Gesellschaften des (sehr) Alten Kontinents dabei noch ungelöst: Die Auswirkungen des politischen Islam in Europa liegen bleischwer auf dem freiheitlichen europäischen Projekt selbst. Dabei ist es egal, ob der politische Islam nun von den Muslimbrüdern, vom Dschihadismus oder von einer durch diese Ideologien hervorgebrachten hybriden oder dazwischenliegenden Form inspiriert wurde. Führt die Zuwanderung zu einer kulturellen Integration in den Aufnahmeländern, deren Werte die Migranten übernehmen sollen? Oder überwiegt das Risiko eines »islamistischen Separatismus«, das von einigen von ihnen ausgeht? Frankreichs Präsident Macron sprach davon in einer Rede am 2. Oktober, als er sich in Les Mureaux aufhielt, dem symbolträchtigen Ort in der Pariser Banlieue, wo vier Jahre zuvor ein marokkanischstämmiger Dschihadist einen Polizisten und dessen Frau ermordet und seine Glaubensbrüder aufgefordert hatte, seinem Beispiel zu folgen. Wie aktuell die Problematik ist, zeigte auch der Prozess im September und Oktober 2020 um die dschihadistischen Attentate auf die Redaktion von *Charlie Hebdo* und den Supermarkt HyperCacher im Januar 2015, bei dem ein Polizist und eine Polizistin ums Leben kamen.

Die Wiederveröffentlichung der Mohammed-Karikaturen, die der Auslöser des Anschlags gegen die Zeitschrift gewesen waren, rief einen neuen Attentäter auf den Plan: Ein junger Pakistani, der über den Iran und die Türkei heimlich nach Frankreich gelangt war, versuchte am 25. September zwei Menschen zu enthaupten, die er für Journalisten von *Charlie Hebdo* hielt – er hatte in seinem Heimatland auf dem Smartphone zahllose islamistische Aufrufe gelesen, die zur Ermordung der beiden aufriefen. Der Vater des Verdächtigen erklärte später einem Fernsehsender, sein Sohn sei ein Held und er würde stolz alle seine anderen Kinder hingeben, um die Gotteslästerer des Propheten zu bestrafen. Am 16. Oktober köpfte dann ein 18-jähriger Tschetschene vor einer französischen Schule einen Geschichtslehrer, gegen den eine islamistische Kampagne in den sozialen Medien gestartet worden war: Man beschuldigte ihn, in einer Unterrichtsstunde zum Thema Blasphemie und Meinungsfreiheit eine der Karikaturen aus *Charlie Hebdo* gezeigt zu haben. Außerdem stach ein illegaler tunesischer Migrant, der am 20. September über das Meer nach Frankreich gekommen war, am 29. Oktober, dem Geburtstag des Propheten Mohammed, in der Kirche Notre-Dame in Nizza unter dem Ruf *Allahu Akbar* drei Menschen nieder.

»Das Elend Frankreichs ist für uns ein Paradies«

Die Zuwanderungsfrage dominiert das Verhältnis zwischen Frankreich und den Ländern Nordafrikas sowie der Sahelzone, die französische Kolonien waren. Ein Großteil der in Frankreich lebenden Einwanderer und ihrer direkten Nachkommen stammt von dort (vgl. Karte 15). 2018 stellte das französische Statistikamt INSEE fest, dass von den 14 Millionen Migranten (was 20,9 Prozent der französischen Bevölkerung entspricht) rund 6,3 Millionen aus diesen Ländern stammen, also 9,4 Prozent der Gesamtbevölkerung. Rechnet man die 500.000 Menschen aus der Türkei hinzu (0,7 Prozent), lässt sich festhalten, dass in Frankreich mehr als zehn Prozent der Bevölkerung, also knapp sieben Millionen Menschen muslimischen Glaubens sind – also mehr als in den Emiraten am Persischen Golf und etwa genauso viele wie die Syrer, die seit Ausbruch des Bürgerkriegs aus ihrem Heimatland geflohen sind. Frankreich – wie Europa insgesamt – übt noch immer eine große Anziehung aus, trotz der wiederkehrenden Proteste gegen Diskriminierung und Rassismus und trotz aller Vorwürfe der »Islamophobie«, die im Lager der Muslimbrüder regelmäßig erhoben werden. Der kontinuierliche Niedergang der wirtschaftlichen und sozialen Situation in den Herkunftsländern wird durch das Bevölkerungswachstum verschärft, das vor allem in den sozial schwächeren Schichten ungebrochen ist; Kinderreichtum wird dort als kurzfristiger materieller Zugewinn verstanden – und als Wohltat Allahs. Die Anzahl der nach Frankreich zugewanderten und behördlich erfassten Migranten (ohne illegale Flüchtlinge) schwankte in den 2010er-Jahren zwischen 150.000 und 200.000 Menschen pro Jahr, mit einem Höhepunkt 2013, nachdem der Arabische Frühling den Arbeitsmarkt in den Herkunftsländern destabilisiert hatte.

Die von den Fluchtwilligen erlittenen Gewalttaten in Libyen – wie Amnesty International sie im Bericht vom September 2020 beschreibt – führten dazu, dass immer mehr Menschen vom benachbarten Tunesien aus ablegten. Dort erlaubt der Rechtsstaat keine von Milizen betriebenen Kerker, keine Erpressung oder Folter von willkürlich eingesperrten Menschen. Die südlichste italienische Insel, Lampedusa, befindet sich nur rund 140 Kilometer von Tunesien entfernt, und die Abfahrten aus Sfax, Mahdia oder vom Kap Bon haben sich vervielfacht. Ende August 2020 zählte man neben den Marokkanern und Bürgern anderer afrikanischer Staaten auch etwa 6.000 Tunesier (die damit noch vor den rund 3.000 Algeriern die größte Gruppe bildeten). Allein im Juli 2020 trafen 4.000 von ihnen in Italien ein, begünstigt durch die Wetterumstände und die funktionelle Reorganisation des »Überfahrtmarkts«: Der Preis hatte sich bei 1.700 Euro eingependelt. Dafür bekam man eine sichere Überfahrt zwischen lauter unbekannten Mitpassagieren in einem kleinen stabilen Boot, das der Überwachung durch die Küstenwache leicht entgeht, obwohl diese mit von Italien geschenkten Bootsstaffeln ausgestattet ist. Als Rom aufgrund der hohen Flüchtlingszahlen noch im Sommer mit der Suspendierung aller Hilfen für Tunesien drohte, reagierte Präsident Kais Saied und stattete in militärischer Begleitung den Abfahrtshäfen einen Besuch ab. Für ihn, der noch am 13. Oktober 2019 mit 75 Prozent der Wählerstimmen im Amt bestätigt worden war, erwies sich die Verschlechterung der wirtschaftlichen Lage – Covid-19 und die Kontaktbeschränkungen sorgten 2020 für eine Rezession in der Größenordnung von fast neun Prozent des BIP – jedoch als schmerzlicher Realitätscheck für seine souveränistische Bestärkung. Getragen hatten ihn auch viele Stimmen der Jugend, von der inzwischen ein immer größerer Teil als *Harraga* in Richtung Europa aufbrach. Dieser Begriff aus dem maghrebinischen Dialekt leitet sich ab vom klassisch arabischen Wort *haraqa* (verbrennen) und bezeichnete ursprünglich jene, die ihre Ausweispapiere verbrennen, bevor sie über das Meer aufbrechen. Inzwischen bezeichnet *Harraga* eine größere Gruppe und umfasst die gesamte Jugend, die bereit ist, für die Flucht »durchs Feuer zu gehen«. Mustapha Kessous, Journalist bei *Le Monde* und selbst algerischer Abstammung, wurde im Herbst 2009 durch einen Artikel bekannt, in dem er von seinen Erfahrungen als »Rassismusopfer« in Frankreich erzählt. Ende August 2020 erschien dann seine Reportagereihe »Tunesien: der lebensbedrohliche Traum junger Migranten«, in der er unter anderem die Worte eines jungen Ausreisewilligen festhielt: Konfrontiert mit Kessous' negativer Sicht auf das ehemalige Mutterland der Kolonie, gab er schlicht zurück: »Die Not Frankreichs ist für uns ein Paradies.« Tunesien wird allenthalben dafür gelobt, der einzige Staat zu sein, in dem der Arabische Frühling 2011 zum Aufbau einer echten Demokratie führte – während drei andere in langjährigen Bürgerkriegen untergingen (Syrien, Jemen und das benachbarte Libyen) und zwei die Restauration eines autoritären Regimes erlebten (Ägypten und Bahrain). Und doch musste Tunesien 2020 erfahren, wie sich das Modell erschöpfte, in dem eine dysfunktionale sozioökonomische Organisation den unbestreitbaren Fortschritt bürgerlicher Freiheiten letztlich wieder infrage stellte, denn Nepotismus und Korruption sind der stabile Sockel des Staates, und dass sie weiterhin gedeihen, wird durch ebenjene neuen Freiheiten erleichtert. Schon in den letzten Amtsjahren des Präsidenten Beji Caid Essebsi (reg. 2014–2019, verstorben am 25. Juli 2019) wurden immer mehr Stimmen laut, die das Scheitern des Staates mit den wirtschaftlichen Zuständen unter der Diktatur von Zine el-Abidine Ben Ali (reg. November 1987–14. Januar 2011, verstorben am 19. September 2019 in Saudi-Arabien) verglichen: Wieder profitierten die Macht- und Finanzeliten von unbegrenzten Gewinnmöglichkeiten, während die Mittellosen noch weiter abgehängt wurden. So kam ein neuer »dégagisme« auf – abgeleitet vom dialektalen *digaj!* (»Hau ab!«), das den Schlachtruf des Arabischen Frühlings begründete. Die politische Klasse und die Parteien bekamen es zu spüren, selbst die islamistische Partei Ennahda, wenn auch in geringerem Maße als ihre Rivalen.

Kais Saied, ehemals Rechtswissenschaftler an der Universität Tunis, machte sich als Politiker einen Namen, indem er sich in seinen in einwandfreiem Arabisch vorgetragenen Fernsehauftritten zur Souveränität Tunesiens bekannte und diese Position mit arabischem Nationalismus und gewissen Themen der iranischen Revolution von 1979 verknüpfte. Hinzu kamen sein bescheidener Lebensstil und die Weigerung, Wahlkampf zu betreiben, was ihm das Image eines Mannes gab, der mit den Kungeleien verbrauchter und pflichtvergessener Politiker brach, und ihn so ins Präsidentenamt trug – er erreichte mehr als 90 Prozent der jungen Wählerstimmen. Für diese, vor allem für die Ärmeren unter ihnen, von denen ein Großteil das Französisch der Führungsschicht nicht beherrscht und denen der tunesische Dialekt einen leichteren Zugang zum Hocharabischen bietet, war er sofort eine Identifikationsfigur. Saied strebt eine Verfassungsreform an, um angesichts eines durch das Verhältniswahlrecht gelähmten Parlaments die Macht des Präsidenten zu erweitern. Für dieses Wahlrecht hatte sich der »Hohe Rat zur Umsetzung der Ziele der Revolution« nach dem Arabischen Frühling 2011 entschieden: Zum einen wollte man einen Erdrutschsieg der islamistischen Ennahda-Partei verhindern (Ägypten, wo zur gleichen Zeit die Partei der Muslimbruderschaft die überwältigende Mehrheit der Parlamentssitze errang, war warnendes Beispiel), zum anderen auch symbolisch endgültig mit der Diktatur Ben Alis brechen, dessen Amtssitz nicht Tunis, sondern der Präsidentenpalast von Karthago gewesen war. Mit dem neuen Parlament als Zentrum der politischen Entscheidungen gab man die Macht einem Regierungschef in die Hände, der im Dar-El-Bey-Palast, in der Altstadt von Tunis, seinen Geschäften nachgeht. Die Bestrebungen von Präsident Saied nach größerer Exekutivmacht wurden durch den Rücktritt von Premierminister Elyes Fakhfakh befeuert: Kaum sechs Monate nach seinem Amtsantritt gab dieser nach Vorwürfen von Interessenskonflikten am 15. Juli 2020 sein Amt auf – und für Saied kam das als Symbol für die fehlerhaften Strukturen des politischen Systems genau zur rechten Zeit. Am 2. September wurde der ehemalige Innenminister Hichem Mechichi neuer Premierminister und Chef einer Technokraten-Regierung aus Richtern, Professoren,

Funktionären und Kadern aus der Privatwirtschaft, die grundsätzlich nicht korrumpiert sind und deren erste Aufgabe es war, die Gespräche mit dem Internationalen Währungsfonds wieder aufzunehmen, die in der Zeit ohne Regierung zum Erliegen gekommen waren. Denn ohne einen neuen Kredit kann Tunesien sein Budget nicht schultern.

Bis Ende des Sommers war der Tourismus im Vergleich zum Vorjahr um 50 Prozent zurückgegangen, was mit Covid-19, den Kontaktbeschränkungen und den spärlichen Flugverbindungen zu tun hatte, und die Arbeitslosigkeit stieg offiziell auf 18 Prozent. Somit blieb auch die Zahl der auslaufenden Boote mit Migranten hoch – mit bis zu 200 Passagieren täglich transportierten sie an manchen Tagen gar mehr Menschen, als an Bord der nationalen Fluggesellschaft Tunisair reisten. Auf die Maßnahmen des europäischen »Migrations- und Asylpakets« antwortete das Tunesische Forum für wirtschaftliche und soziale Rechte (Forum tunisien pour les droits économiques et sociaux, FTDES), eine der aktivsten NGOs des Landes: »Die Europäer machen mit diesem Paket deutlich, dass die Migrationsfrage nur der Aufrechterhaltung einer Illusion dienen soll: Die effektive Verwaltung und systematische Rückführung der Wirtschaftsmigranten sind dem Anliegen der Frauen und Männer vorrangig, die auf der Suche nach einer besseren Zukunft mutig allen Gefahren trotzen.« Zu diesen Menschen gehören auch Hassen K. (geboren 1982), Zied C. (geboren 1989) und Wassim B. (geboren 1994), die ihre Ausweispapiere in einem Tunnel im Département Alpes-Maritimes wegwarfen (wo der Verfasser dieser Zeilen sie Mitte Oktober 2020 fand), nachdem sie illegal die italienisch-französische Grenze überquert hatten. Wenige Tage später kam auch der 21-jährige Brahim Issaoui über die Grenze, der am 29. Oktober in der Kirche von Nizza morden sollte.

»Yetnahawou ga'a!« (Lasst sie uns alle ausrotten!)

Als Präsident Abd al-Aziz Bouteflika im Februar 2019 ankündigte, eine fünfte Amtszeit anzustreben – oder vielmehr als die diversen Machtzirkel sich darauf geeinigt hatten, den nach einem Schlaganfall gelähmten und kaum noch zum Sprechen fähigen Greis auf Lebenszeit zum Gesicht des Regimes zu machen –, nahm eine »Bewegung« (*Hirak*) Gestalt an, die innerhalb weniger Wochen Millionen friedlicher Demonstranten nach dem Freitagsgebet in der Moschee auf die Straße brachte (und Studierende manchmal auch dienstags). Sie mobilisierte Algerierinnen und Algerier aller Altersstufen, Schichten und politischen oder religiösen Anschauungen, Kabylen und Araber, Laizisten und Bärtige, alle vereint im Gefühl der unerträglichen Erniedrigung, dass sie von einem Symbolbild regiert werden sollten – im Fernsehen sah man nur noch das offizielle Präsidentenfoto, da Bouteflika live nicht mehr »vorzeigbar« war. Im Gegensatz zum benachbarten Tunesien, wo der »dégagisme« sich in Kais Saieds demokratischem Wahlsieg im Oktober 2019 ausgedrückt hatte, gibt es in Algerien kein seriöses Wahlverfahren. Die Protestierenden des *Hirak* wollten daher das gesamte »System« beseitigen, um sich gegen die *hogra* (Geringschätzung) zu stemmen, mit denen die Militär- und Sicherheitskreise, die seit der Unabhängigkeit alle Macht und Erdöleinnahmen für sich beansprucht hatten, ihnen zynisch und ohne jeden Skrupel gegenübertraten. Doch die Bewegung selbst, deren Ausmaß die »Entscheider« dazu zwang, Bouteflika zu opfern und die Mitglieder seines Clans als Sündenböcke zu langjährigen Gefängnisstrafen zu verurteilen (die einen wegen Amtsverletzung, die anderen wegen Korruption), hatte eher vage Ziele. Es kristallisierte sich kein eindeutiger Sprecher heraus, und die Revolte entwickelte keine Führungsstruktur, die in der Lage gewesen wäre, einen revolutionären Prozess zur Machtübernahme auszulösen und sich den Geheimdiensten entgegenzustellen, die seit sechs Jahrzehnten

Meister der Manipulation waren, gegenüber Einzelnen, aber auch gegenüber der Masse – getreu dem algerischen Witz: »Das Einzige, was in diesem Land seit 1962 funktioniert, ist die Sécurité militaire [der Geheimdienst].« Die Angst vor einer Rückkehr des »schwarzen Jahrzehnts« – der Dschihad der Neunzigerjahre mit seinen 150.000 Opfern –, die die Algerier bereits davon abgehalten hatte, sich am »Frühling« 2011 zu beteiligen, spielte womöglich auch bei den Protesten »nach Gandhi-Art« jetzt, acht Jahre später, eine Rolle. Auch wenn die Zwanzigjährigen, die 2019 und Anfang 2020 auf die Straße gingen, keine Erinnerung an das nationale Unglück haben konnten, das sich vor ihrer Geburt ereignet hatte.

Die grammatikalisch korrekte arabische Formulierung für die Erhebungen 2011, *Ash shab yurid isqat an nizam* (»Das Volk will den Sturz des Regimes«), geht von zwei sich antagonistisch gegenüberstehenden Blöcken aus, von denen einer als politisches Ziel die Verdrängung des anderen hat; doch rückblickend ist der Arabische Frühling gerade im Hinblick darauf gescheitert. Im Gegensatz dazu stammt die »von unten« kommende Parole des *Hirak* aus dem Mund eines charismatischen Pizzabäckers, dem 33-jährigen Sofiane, ein Schrei des Herzens auf der Rue d'Isly im Zentrum von Algier: *Yetnahawou ga'a* (»Lasst sie uns alle ausrotten!«) – begleitet von einer eindeutigen Geste mit Arm und Hand. Das trivial wirkende Ereignis ging augenblicklich im Netz viral: Am Abend des 11. März 2019 berichtete eine Journalistin des Fernsehsenders Sky News Arabia (aus Abu Dhabi) live von Algiers Straßen, Präsident Bouteflika habe angekündigt, kein fünftes Mandat anzustreben, und dass die Algerier an diesem Abend auf die Straßen strömten, um das zu feiern. Zufällig stand ein junger Mann neben ihr und hörte, was sie ihren Zuschauern erläuterte. Nicht einverstanden mit ihrer Zusammenfassung, schob er den Kameramann, der ihn abdrängen wollte, erregt beiseite und rief in seinem Dialekt ins Mikrofon, dass es sinnlos sei, eine Schachfigur durch eine andere zu ersetzen – mit anderen Worten, dass das ganze System grundlegend geändert werden müsse. Hierbei fiel der schon bald berühmte Ausruf. Die Journalistin forderte ihn auf, in korrektem Hocharabisch zu sprechen – »'arabiyya! 'arabiyya!« (»Sprich Arabisch!«), rief sie ihm zu – worauf der junge Mann (in algerischem Dialekt) erwiderte: »Ich kann kein Arabisch, ich spreche in unserem Dialekt.« Am 5. Oktober 2020 wurde Sofiane verhaftet, als er auf der Straße mit einigen Hundert Menschen den 32. Jahrestag der Unruhen von 1988 feierte – die das damalige Regime in Bedrängnis brachten und den Prozess in Gang gesetzt hatten, der zum Bürgerkrieg und zum schwarzen Jahrzehnt führen sollte. Sofiane wurde noch am selben Abend wieder freigelassen, er war seit der Episode vom März 2019 schlicht zu bekannt.

Und dennoch: Auch anderthalb Jahre nach dem Beginn des *Hirak* im Februar 2019 war es den Protestierenden nicht gelungen, über ihr erstes Ziel, die Abdankung Bouteflikas, hinauszukommen, und das »System« hielt inzwischen wieder die Zügel in der Hand. Zunächst hatte der konstante öffentliche Druck es dem Generalstab in Person von General Ahmed Gaïd Salah erlaubt, den Präsidenten und seine Entourage zu beseitigen, um sie durch einen anderen Regierungsclan zu ersetzen – so wie es in Ägypten der Oberste Rat der Streitkräfte (Supreme Council of the Armed Forces, SCAF) im Februar 2011 vorgemacht hatte, als man Mubarak als Sündenbock hinauswarf, um dann, nachdem man die Muslimbrüder an der Macht ausgenutzt hatte, General as-Sisi zu installieren. In Algier bewirkten die andauernden Proteste, dass die Präsidentschaftswahl 2019 drei Mal verschoben wurde, da sie den Protestierenden von vornherein weder frei noch fair erschien. Schließlich schälte sich aus einer Gruppe von Kandidaten, die die Militärführung aus den Reihen der inzwischen berühmten *ga'a* – der verachteten herrschenden Klasse – ausgesucht hatte, Abdelmadjid Tebboune als Bouteflikas Nachfolger heraus. Der 75-Jährige war 2017 bereits einmal für zwei Monate und 21 Tage Premierminister gewesen. Der entscheidende Wahlgang fand am 12.

Dezember 2019 statt und verzeichnete die geringste Wahlbeteiligung seit der Unabhängigkeit. General Salah, der alle Fäden in der Hand gehalten hatte, verstarb elf Tage später: »Möge Gott der Allmächtige den Verstorbenen, der alle seine Pflichten gegenüber seinem Land erfüllt hat, in Seinem großen Paradies willkommen heißen«, schrieb *La Gazette du Fennec*, die wichtigste Sportzeitung des Landes, während der frisch vereidigte Präsident den Toten bei seiner Trauerrede mit den *Chouhada* (den »Märtyrern« Allahs, die im Kampf gegen Frankreich gefallen sind) und den *Moudjahidine* (den Dschihadkämpfern des Unabhängigkeitskriegs) in eine Reihe stellte. Salah sei den »November-Werten« treu geblieben (eine Anspielung auf den Ausbruch der antikolonialen Unruhen am 1. November 1954).

»Die Machthaber« – so der Algerien-Bericht der einflussreichen *Crisis Group* aus dem Jahr 2020 – »müssen diese Krise verwalten, während ihre beiden Legitimationsquellen versiegen: Ihnen geht der politische Profit verloren, den sie aus der revolutionären Legitimität des Befreiungskriegs ziehen konnten, und der finanzielle Profit, den sie sich durch die Umverteilung der Einnahmen aus der Produktion und dem Export von Rohstoffen gesichert hatten.« Um dieses Bild zu vervollständigen, müsste man noch eine dritte Legitimationsquelle erwähnen, die bei der erwähnten Grabrede zwischen den Zeilen zu erkennen war: den Islam. Tebbounes Klagelied für seinen Mentor verrät, dass der erste Aspekt kaum ins Gewicht fällt (Unabhängigkeitskrieg), doch der Rückgang des zweiten (Erdölrente) ist dafür umso besorgniserregender. Und was den Nutzen angeht, den das Regime bei der Einweihung der riesigen Großen Moschee von Algier am Jahrestag des Beginns des Aufstands am 1. November aus der Betonung des Islam hätte ziehen wollen, so erwies der Glaube sich als derart wenig zugkräftig, dass man die Zeremonie vorverlegte und in aller Heimlichkeit durchführte. Der Rückgang der Ölpreise hingegen traf Algerien schmerzhafter als die anderen Produzenten, sogar noch härter als Libyen im Produktionsstillstand: Algerien hat 44 Millionen Einwohner, die es zu ernähren gilt, eine Zahl, die sich seit der Unabhängigkeit 1962 vervierfacht hat (was an der Geburtenpolitik liegt, über die man mit Marokko, 36 Millionen Einwohner, um die Hegemonie in Nordafrika wetteifert). Auch wenn die Förderkosten des Rohöls hier ebenso niedrig sind wie in Libyen – etwa drei Dollar pro Barrel –, so wird der Staatshaushalt doch auf Basis eines prognostizierten Ölpreises von 100 Dollar berechnet, was die höchste Gewinnspanne weltweit bedeutet ... und das in einem Staat, der sich offiziell als »sozialistisch« bezeichnet. Die Devisenrücklagen wurden 2020 auf 44 Milliarden US-Dollar geschätzt, was ungefähr der Summe der jährlichen Exporte entspricht, und sie dürften 2023 erschöpft sein, sollte der globale Ölmarkt weiter stagnieren. Denn das ist der Sektor, der für 97 Prozent aller Exporte Algeriens sorgt, für zwei Drittel aller Staatseinnahmen und für ein Drittel des Bruttoinlandsprodukts. Die korrigierenden Eingriffe in den Bausektor, der von Sonderbehandlungen und Schmiergeldern aus Bouteflikas Entourage stark in Mitleidenschaft gezogen war, hatten sogar schon vor den durch Covid-19 verursachten Kontaktbeschränkungen im zweiten Trimester 2020 zu einer Schließung von 60 Prozent aller Firmen geführt. Dabei beschäftigte diese Branche etwa die Hälfte aller Arbeitskräfte im informellen Sektor – etwa zehn Millionen Menschen – laut Angaben der *Crisis Group*.

In einer solchen besorgniserregenden Situation erscheinen die Privilegien der Armee umso exorbitanter: 28 Prozent der Ausgaben des gesamten Staatshaushaltes und sechs Prozent des BIP gehen auf die Streitkräfte, und damit stehen sie in relativen Zahlen weltweit auf Platz zwei, hinter Saudi-Arabien und vor Israel. Die wirtschaftliche Vernunft würde nun verlangen, dass in Krisenzeiten auch das Militär mit seinem enormen Appetit auf öffentliche Gelder von den umfassenden Sparmaßnahmen erfasst wird, zumal alle Ampeln auf Rot stehen: Doch die Armee bildet das Rückgrat des Legitimationssystems und hat während der Proteste die Position des Regimes gesichert, wie sich beispielhaft an General Ahmed Gaïd Salah zeigt – über den man sich 2019 auf Demonstrationsplakaten mit einem für das Land typischen Wortspiel lustig gemacht hat: *qa'id GHAYR salah* (die Verneinung *ghayr* macht aus *caid* (»Chef«) und der Lesart »brauchbar« für *salah*: Chef Unbrauchbar).

Die Pandemie kam für das Regime wie eine »himmlische Überraschung«, hat sie den *Hirak* doch gezwungen, aus Angst vor Ansteckungen die Versammlungen auszusetzen: Der 56. und letzte Freitagsmarsch fand am 13. März 2020 statt, danach wurden die Kontaktbeschränkungen nach und nach strenger. Zuvor hatte der neue Präsident mehrfach taktisch Gesten der Versöhnung gezeigt und am Abend seiner Wahl die Bewegung gar als »gesegnet« bezeichnet (*hirak moubarak*) (er selbst verdankt seinen Aufstieg ja diesen Protesten). Das Jahr 2020 begann mit der Freilassung des kabylischen Geschäftsmannes und Modernisierers Issad Rebrab am 1. Januar, der sich immer wieder mit der arabischen Militärführung angelegt hatte – sie führt nicht nur Waffen, sondern auch ständig die Worte des Koran im Mund. Acht Monate zuvor hatte man Rebrab unter dem Vorwand einer »falschen Angabe zu Kapitalbewegungen aus dem und ins Ausland« verhaftet, tatsächlich aber, da er einer der ersten und zahlungskräftigsten Finanziers des *Hirak* war. In den darauffolgenden Tagen kamen Dutzende weitere Aktivisten frei, und am 6. Februar wurde ein »Aktionsplan der Regierung« veröffentlicht, der sich die wichtigsten Anliegen der Protestierenden zu eigen machte: angefangen bei der Organisation von Wahlen bis hin zu Demonstrationsfreiheit, Unabhängigkeit der Justiz und der Förderung der Frauen. Doch als sich die Koordinatoren am 20. Februar anschickten, die Umsetzung der Vorhaben anzugehen, wurden sie augenblicklich unterdrückt. Am 17. März wurden die Sicherheitsmaßnahmen noch einmal verschärft, nachdem die Pandemie bereits alle Demonstrationen unmöglich gemacht und folglich der Druck der Straße nachgelassen hatte. Zumindest laut einigen Aktivisten war man wieder dort angekommen, wo man in der Ära Bouteflika aufgehört hatte.

Es kam zu Dutzenden Verhaftungen von Menschen, die durch ihren Bekanntheitsgrad oder ihre politische Erfahrung in der Lage gewesen wären, die *Hirak*-Bewegung – von grundlegend informellem Charakter und nun plötzlich ihrer wöchentlichen Treffen nach dem Freitagsgebet beraubt – in eine strukturierte politische Opposition umzuwandeln. Zu den bekanntesten Opfern zählte der Journalist Khaled Drareni, Korrespondent für TV 5 Monde und Reporter ohne Grenzen. Neben seinem Scoop, ein Interview, bei dem Emmanuel Macron während des französischen Präsidentschaftswahlkampfs am 7. Februar 2017 erklärte, in der Kolonialzeit sei es zu »Verbrechen gegen die Menschlichkeit« gekommen, wurde Drareni auch dafür bekannt, dass er Abdelmadjid Tebboune vors Mikrofon bekam. Drareni wurde am 7. März 2020 verhaftet, als er einen Demonstrationszug filmte, und später angeklagt, »zu einer unbewaffneten Menschenansammlung aufgerufen und die Integrität des Staatsgebietes beschädigt« zu haben (Letzteres, da die Berber-Flagge im Film zu sehen war). Ein Berufungsgericht verurteilte ihn am 15. September zu zwei Jahren Haft, wobei ihm der Status als Journalist aberkannt wurde, da er angeblich keinen Presseausweis hatte. Drareni wurde im Februar 2021 entlassen, und sein Prozess soll neu aufgerollt werden. Im Herbst 2020 bemühte sich die Regierung um eine Legitimation durch das Volk: Dazu ließ sie am Nationalfeiertag, dem 1. November, über eine Verfassungsreform abstimmen. Eigentlich sollte am selben Tag auch die Große Moschee mitten in der Bucht von Algier, die in Beton gegossene Kooptation des politischen Islam, vom Volksmund nur »Bouteflika-Moschee« genannt, feierlich eingeweiht werden. Doch die als Großereignis geplante Eröffnung konnte nicht wie geplant ablaufen: Premierminister Abdelaziz Djerad weihte den Gebetssaal bereits am 28. Oktober ein, dem Vorabend des Mulud (im klassischen Arabisch *Maulid an-Nabi*: so heißt in den maghrebinischen Dialekten der Geburtstag des Propheten, der nach dem Hidschra-Mondkalender berechnet und folglich jedes Jahr zehn Tage früher als im Vorjahr gefeiert wird). Es ging mit weit weniger Pomp und Prunk vonstatten, als dies der Fall gewesen wäre, hätte »die monumentalste Moschee Afrikas« noch die Regierungszeit Bouteflikas gekrönt. Auch das erwähnte Referendum fiel wahrlich nicht glänzend aus: Nach offiziellen Angaben nahmen nur 23,7 Prozent der Bevölkerung daran teil; ein historischer Boykott, mit dem der 74-jährige Präsident Tebboune – der seit dem 28. Oktober zur Behandlung seiner Covid-19-Infektion in Deutschland weilte – eine veritable »Backpfeife« verpasst bekam. Der einflussreiche Verfassungsrechtler Massensen Cherbi schlussfolgerte: »Das kommt einer Einladung an die Armee gleich, sich in die Politik einzumischen, dreht aber auch den Forderungen des *Hirak* eine lange Nase, der einen zivilen und nicht einen militarisierten Staat verlangt.«

In Momenten der politischen, wirtschaftlichen oder sozialen Krise greift das algerische Regime gewöhnlich auf seine »erste Legitimation« zurück: die Schuldzuweisungen an Frankreich für die Kolonisierung und die seitdem andauernde Einflussnahme bestimmen den tatsächlichen, symbolischen und imaginären Raum des offiziellen Diskurses. Seit Beginn seines Wahlkampfs im November 2019 attackierte Tebboune den französischen Außenminister Jean-Yves Le Drian, weil der »sich einen Wandel in Algerien wünscht«, und rügte den internationalen französischsprachigen Fernsehsender France 24 dafür, »Algerien auf den Place de la Grande Poste und den Place Maurice-Audin [die beiden wichtigsten Aufmarschorte für den algerischen *Hirak*] zu reduzieren […] Ich weigere mich, mir von France 24 politische Ratschläge erteilen zu lassen.« Am 1. April 2020 – die Demonstrationen waren aufgrund von Corona gerade eingestellt worden – äußerte sich der Journalist Francis Ghilès, in Barcelona lebend und mit englisch-kabylischen Vorfahren, in ebenjenem TV-Programm und schätzte die Baukosten der »Großen Moschee von Algier«, die chinesische Arbeiter gebaut hatten und die ein höheres Minarett als die Hassan-II.-Moschee in Casablanca erhielt, auf rund zehn Milliarden Dollar. Sie symbolisiere die Sorglosigkeit und Megalomanie des abgesetzten Präsidenten Bouteflika (wobei es von offizieller Seite hieß, das Gebäude habe in Wirklichkeit »nur« zwei Milliarden US-Dollar gekostet). Am darauffolgenden Tag wurde der französische Botschafter ins algerische Außenministerium einbestellt. Und am 26. Mai war es die auf France 5 ausgestrahlte Dokumentation *Algérie, mon amour* des aus Algerien stammenden, französischen Journalisten Mustapha Kessous, die einen Sturm der Entrüstung in den sozialen Netzwerken auslöste. *Hirak*-Aktivisten zeigten sich frustriert darüber, dass die fünf jungen Menschen aus der gehobenen französischsprachigen Gesellschaft, die in Kessous' Umfrage zu Wort kamen, kaum repräsentativ für die Vielfalt der Bewegung sein konnten, zumal diese inzwischen von der Straße verbannt war. Und das, obwohl sein Anprangern des »französischen Rassismus«, als dessen Opfer sich Kessous in der Zeitung *Le Monde* wiederholt bezeichnet hat, (siehe oben, S. 190) ihm eine gewisse Bekanntheit verliehen hatte und südlich des Mittelmeers positiv aufgenommen worden war ... Die Regierung nutzte dies umgehend aus und rief den Botschafter aus Paris zu Beratungen zurück, erkannte sie doch die Möglichkeit, sich zur Verteidigerin jener Demonstranten aufzuspielen, die sie zuvor selbst unterdrückt hatte, indem sie die Schuld auf Frankreich und dessen Staatsbürger Mustapha Kessous schob.

Am 4. Juli, dem Vorabend der Feierlichkeiten zum Unabhängigkeitstag (5. Juli 1962), verlangte Tebboune eine »Entschuldigung« des ehemaligen Mutterlands für die Kolonialzeit – und sprang damit auf einen Zug auf, der mit der Welle der »dekolonialen« Überarbeitung der Geschichte angerollt war. Als ihr Auslöser gilt die Black-Lives-Matter-Bewegung, die nach der Tötung des jungen Afroamerikaners George Floyd durch einen weißen Polizisten am 25. Mai 2020 die Vereinigten Staaten erfasste. Es kam in diesem Zusammenhang in den USA und Europa auch zu Protesten gegen Denkmäler für Eroberer und Menschenhändler. Am 20. September schließlich erhielt der französische Fernsehsender M6 in Algerien »Sendeverbot«, nachdem er die Dokumentation *Algérie, le pays de toutes les révoltes* (*Algerien, das Land aller Unruhen*) ausgestrahlt hatte – man warf der Reportage vor, »einen verzerrten Blick auf den *Hirak* zu werfen«. Dennoch erteilte Emmanuel Macron dem renommierten jüdischen Historiker Benjamin Stora, der aus der nordöstlich gelegenen algerischen Provinz Constantine stammt und kaum verdächtig ist, seinem Ursprungsland feindlich gegenüberzustehen, am 24. Juli den Auftrag, Überlegungen zur »Erinnerungskultur der Kolonialisierung und des Kriegs in Algerien« anzustellen. Damit sollte gemeinsam mit Präsident Tebboune der Versuch einer »Beruhigung« gewagt werden. Tebboune allerdings nominierte für die algerische Seite Abdelmadjid Chikhi, der noch im Mai 2020, als die Dokumentation von Mustapha Kessous für Aufregung sorgte, im arabischsprachigen Fernsehen die »laizistischen Historiker« angegriffen hatte, die »die Geschichte Algeriens verdunkeln«. Er hatte zudem bemängelt, dass »jene, die die Algerien-Reportage [auf France 5] ins Französische übertragen haben, sich für die Annäherung an die Kolonisatoren entschieden« hätten und dass »Frankreich die arabische Sprache und den Islam bekämpft«. Im Wunsch, die Beziehung zwischen dem ehemaligen Mutterland, in dem rund sechs Millionen Menschen mit algerischen Wurzeln und unterschiedlichem Status leben, und der algerischen Gesellschaft sowie dem algerischen Staat zu verbessern, ernannte Präsident Macron am 29. Juli François Gouyette zum Botschafter in Algier, einen versierten Arabisten, der überdies eng mit dem algerischen Dialekt und der algerischen Kultur in ihren vielfältigen künstlerischen Ausdrucksformen vertraut ist. Seine ersten, von der Presse begrüßten Erklärungen versprachen sowohl eine »Deeskalation der Konflikte«, mit der die von Chikhi und Kollegen verbreiteten Zerrbilder ihrer Wirkung beraubt werden sollten, als auch ein besseres Verständnis für die inneren Probleme des Landes.

Die absehbare Verarmung aufgrund der gesunkenen Einkünfte aus dem Gas- und Erdölexport, das Ende des Legitimationsmodells sowie die Unterdrückung der *Hirak*-Bewegung haben eine politische Krise verursacht, deren schwierigen Fortgang wir bereits erahnen können. Am ersten Jahrestag seiner Wahl zum Präsidenten, dem 12. Dezember 2020, lag Tebboune bereits 56 Tage in einem deutschen Krankenhaus (während sich die algerische Bevölkerung in den von der Pandemie völlig überforderten Hospitälern behandeln lassen muss). Man hatte nichts von ihm zu hören bekommen, abgesehen von der Ankündigung seiner »baldigen Rückkehr«, was auf verblüffende Weise an das Schicksal seines Vorgängers Bouteflika erinnerte, der ebenfalls durch Krankheit amtsunfähig geworden war. Alles sah nach einer weiteren Vakanz in der Regierung aus. Am Jahrestag selbst zwang Tebboune sich jedoch, geschwächt und mit einem Trainingsanzug bekleidet, von seinem Krankenzimmer aus auf den Bildschirmen zu erscheinen, um eine »Rede an das Volk« zu halten, die anschließend über den regierungsamtlichen Twitter-Account weiterverbreitet wurde. Er kündigte seine »Genesung« und die Rückkehr »in zwei oder drei Wochen« an. (Bouteflika, im Pariser Militärkrankenhaus Val-de-Grâce versorgt, hatte am 12. Juni 2013 einen vergleichbaren Auftritt hingelegt – allerdings in einem zeremonielleren Rahmen.) Das von den Entscheidern des Regimes betriebene »Flickwerk« wandte sich mit grausamer Ironie gegen sie selbst: Sie hatten die Pandemie ausgenutzt, um den *Hirak* zu unterdrücken, doch nun hatte Algerien keine gültige Verfassung mehr – der Reform, der am 1. November weniger als ein Viertel aller Wahlberechtigten zugestimmt hatte, fehlte die Ratifizierung –, und der »Defekt des politischen Systems«, wie es der Soziologe Nacer Djabi in *Le Monde* formulierte, warf grundlegende Fragen über die Natur des aus der

Unabhängigkeit 1962 hervorgegangenen Systems und seine Fähigkeit zu überdauern auf. Wie immer, wenn die Staatsspitze ratlos war, sorgte sie dafür, dass mit offiziellen Stellen verbandelte Schreiberlinge eine heftige Kampagne gegen den französischen Botschafter lostraten, der in ihren Augen schon allein durch seine Popularität der Einflussnahme verdächtig war. Doch schließlich war es die Herausforderung durch den Nachbarn und Rivalen Marokko, die die Machtlosigkeit der algerischen Regierung bloßstellte, als am 10. Dezember Washington die Hoheit Marokkos über die Westsahara anerkannte (siehe oben, S. 56) – eine Gegenleistung für das Versprechen, Beziehungen zu Israel aufzunehmen und sich dem Abraham-Abkommen anzuschließen. Dabei war bislang die unablässige militärische Unterstützung der Frente Polisario in der Westsahara eine der wichtigen politischen Ressourcen der algerischen Regierung gewesen. Sogar die Armee, Grundpfeiler des autoritären Legitimationsregimes, musste sich Fragen über ihre Rolle im Staat gefallen lassen. Zumal die Abhängigkeit von den Ölexporten die Wirtschaft, die im Jahr 2020 rund eine halbe Million Arbeitsplätze verlor, weiter schwächt. Unter diesen besorgniserregenden Umständen beobachtete man erneut Migrationstendenzen in Richtung Europa und besonders in Richtung Frankreich.

Wie Libyen, Tunesien, aber auch das benachbarte Marokko an der nordafrikanischen Küste sieht sich auch Algerien in einer Klemme zwischen illegalen Zuwanderern aus Subsahara-Afrika, vor allem aus Niger und Nigeria, von denen Tausende seit 2018 unter dramatischen Umständen abgewiesen und inmitten der Wüste ausgesetzt wurden, und der erneuten Zunahme des eigenen Flüchtlingsstroms. Dessen traditionelle Route verläuft zwischen den Häfen der Region Oran – von den Küstenstädten Oran, Mostaganem, Arzew oder Ghazaouet – nach Almería in Andalusien. Im 15. Jahrhundert hatten die von der iberischen Halbinsel in den Maghreb flüchtenden Muslime den Weg in umgekehrter Richtung genommen, um der christlichen Reconquista zu entkommen, heute wird er durch den inoffiziellen und sehr profitablen »Linienverkehr« der *go fast*, 300 PS starker Taxiboote, erleichtert, die laut der Tageszeitung *El Watan* mit 40 Knoten (74 km/h) übers Wasser fliegen und damit die Reisezeit auf unter fünf Stunden verkürzen, wofür aber auch das Doppelte der Kosten für die Überfahrt von Tunesien nach Lampedusa fällig wird, also 3.500 Euro pro Passagier. In der ersten Jahreshälfte 2020 stellten spanische Behörden fest, dass immer mehr Algerier eintrafen. Sie zählten (ohne die noch größere Anzahl derjenigen, die sie nicht erfassen konnten) rund 2.500 Menschen – doppelt so viele wie Marokkaner; Anfang September 2020 waren es dann bereits 5.000, eine Steigerung von 600 Prozent im Vergleich zu 2019. Nach Angaben von *El Watan* hängt dies mit den fehlenden Perspektiven auf einen Wandel im Lande zusammen, vor allem seit der *Hirak* zusammengebrochen ist, der »derart Hoffnung geweckt hatte, dass es eine Zeit lang praktisch keine Ausreisen über das Meer mehr gab. Doch seit den Präsidentschaftswahlen haben wir eine hohe Anzahl von *Harraga* beobachtet [die ›Feuerteufel‹, die alles hinter sich lassen und ihre Papiere verbrennen]«, so die Tageszeitung. Allein am Wochenende vom 24. Juli registrierte der Maghreb-Kenner Ignacio Cembrero mehr als 800 von ihnen, zum Großteil junge Menschen ohne Aussicht auf Arbeit, die bei ruhigem Wetter an der andalusischen Küste anlandeten und von denen die meisten nach Frankreich weiterreisen wollten. Selbst jene Migranten, die bereits einmal zurückgeführt worden waren, zeigten sich überzeugt, dass »es dieses Mal klappt«; schließlich schickten die spanischen Behörden zu diesem Zeitpunkt wegen der grassierenden Pandemie niemanden nach Algerien zurück, wie Journalisten berichteten, die die Flüchtlinge zwischen Murcia und Cartagena trafen. Kaum waren sie negativ getestet, bot ihnen das spanische Rote Kreuz ein Ticket an: nach Barcelona, von wo aus sie dann illegal die Pyrenäen überquerten. Bald reihten sie sich in die Millionen ihrer Landsleute ein, die bereits in Frankreich oder Belgien leben. Vor diesem Hintergrund reiste der französische Innenminister Gérald Darmanin am 26. August nach Madrid, denn die zunehmende Anzahl unbegleiteter minderjähriger Migranten in Frankreich und die steigende Kriminalität ergaben zusammen mit der islamistischen Gewalt und dem dschihadistischen Terror eine explosive Mischung. Während Frankreich also eine neue Welle des Dschihadismus erlebte, die mit der Immigration in Zusammenhang steht (siehe unten, S. 231 f.), reiste der Staatspräsident am 5. November nach Le Perthus an die spanisch-französische Grenze, um eine Verdoppelung der Einsatzkräfte zur Stärkung der Grenzkontrollen anzukündigen. Wie in einem gereimten Echo auf Sofianes Ausruf *Yetnahawou ga'a!* (»Lasst sie uns alle ausrotten!«), mit dem der abgebrochene *Hirak* auf sich aufmerksam gemacht hatte, filmten sich nun junge Algerier häufig beim Betreten der Boote und riefen dabei laut: *Nrouhou ga'a* (»Wir brechen alle auf!«). Und wie es in dem Schlager im Dialekt heißt: *Blastak machi fi l'Algérie!* (»Du gehörst nicht nach Algerien!«), verlassen sie das Land (vgl. Karte 15).

Rückkehr zu den »Banlieues de l'Islam«*

Am Freitag, den 16. Oktober 2020, dem letzten Tag vor den Herbstferien, wurde Samuel Paty, Lehrer für Geschichte, Geografie und Sozialkunde am Collège du Bois-d'Aulne in Conflans-Sainte-Honorine bei Paris, auf dem Heimweg von Abdullah Ansorow, einem 18-jährigen, in Moskau geborenen Tschetschenen, enthauptet. Wenige Minuten später postete der Mörder, der mit seiner Familie als politischer Flüchtling in Frankreich lebte (vgl. Karte 18), auf seinem Twitter-Account das Foto des abgetrennten und blutverschmierten, noch auf der Straße liegenden Kopfs, begleitet von einem vorbereiteten Kommentar:

---

* Verweis auf ein Buch Gilles Kepels, das nicht auf Deutsch veröffentlicht wurde: *Les banlieues de l'islam. Naissance d'une religion en France.* Le Seuil, Paris 1987. (Anm. d. Übersetzers)

Al Ansâr @Tchetchene_270
Im Namen Allahs, des Allbarmherzigen, des sehr Gnädigen. Von Abdullah, Allahs Diener, An macron [sic], den Herrscher der Ungläubigen, ich habe einen deiner Höllenhunde exekutiert, der es gewagt hat, Mohammed [Sal'am] zu erniedrigen, rufe alle zurück, die sind wie er, damit sie nicht schwer bestraft werden.

Der Lehrer war das Opfer einer Online-Hasskampagne geworden, die der Vater einer seiner Schülerinnen, Brahim Chnina, am 7. Oktober angestoßen hatte. Paty hatte seine Klasse in einer Unterrichtsstunde zum Thema Meinungsfreiheit über Blasphemie nachdenken lassen und dazu eine der in *Charlie Hebdo* erschienenen Karikaturen gezeigt. Allen Schülern, die sich womöglich von dem Bild des nackten Propheten in ihren religiösen Gefühlen angegriffen fühlen könnten, hatte er erlaubt, die Klasse für einige Augenblicke zu verlassen, um die Zeichnung nicht sehen zu müssen. Der Vater warf Paty vor, von den Muslimen verlangt zu haben, sich zu erkennen zu geben und dann das Klassenzimmer zu verlassen – eine voreingenommene Deutung der Situation, die beweisen sollte, dass Muslime wissentlich diskriminiert worden seien. Dabei war Brahim Chninas Tochter an diesem Tag gar nicht in der Schule, weshalb sich seine Behauptung nicht auf eine Zeugenaussage stützen kann. Der in Oran geborene und in Frankreich von Grundsicherung und Kindergeld lebende Chnina – er hat sechs Töchter – hat sich in islamistischen Online-Kreisen mit der Organisation von Pilgerfahrten nach Mekka und mit karitativen Aktivitäten rund um Moscheen einen Namen gemacht. Seine Halbschwester ist 2014 dem sogenannten »Islamischen Staat« nach Syrien gefolgt und soll, so der derzeitige Stand, als Gefangene im Lager Al-Hol im Nordosten Rojavas leben, wobei es Bemühungen gegeben hat, sie aus dem von Kurden kontrollierten Gebiet in ihr Heimatland abzuschieben. Brahim Chnina hat Hunderte Freunde in den sozialen Netzwerken, darunter einige bekannte Aktivisten aus der Muslimbruder- und der linken Islamisten-Bewegung, die seine Drohungen umgehend teilten. Chninas erstes Facebook-Video, eingestellt am 7. Oktober, forderte die Internetgemeinde dazu auf, dafür zu sorgen, dass »dieser Lump nicht länger an einer öffentlichen Schule unterrichtet«, und Proteste zu organisieren, sollten sich weitere ähnliche Fälle ereignen. Auch der Vorstand der Moschee in Pantin, M'hammed Henniche, teilte den Film auf dem Moschee-Account, was bei mehr als 100.000 Abonnenten eine weite Verbreitung der Botschaft sicherte – bis nach Algerien und in den Maghreb hinein. Die Aussage ging viral – und das war erst der Anfang.

Henniche, der zu diesem Zeitpunkt als Vorstand den 2013 gegründeten Moscheeverein leitete, ist der Sohn eines hochrangigen algerischen Polizisten und ehemaliger Student an einer Pariser Vorort-Universität. Er gründete 2001 die erste als solche bezeichnete Lobbygruppe für muslimische Wähler, die UAM 93 (Union des associations musulmanes du 93, Union der muslimischen Verbände des Département Seine-Saint-Denis, das die Ordnungsnummer 93 trägt). Dieses Département, nach Henniches Überzeugung mehrheitlich von seinen Glaubensbrüdern bewohnt, schien ihm bestens geeignet für die Gruppe, die nach dem Vorbild des Dachverbands CRIF (Conseil représentatif des institutions juives de France, Repräsentativer Rat der Jüdischen Institutionen in Frankreich) als Interessengruppe Druck auf Kandidaten und Wähler ausüben sollte. Henniche brüstete sich vor Politikern damit, die muslimischen Wählerstimmen kontrollieren oder beeinflussen zu können, und setzte darauf, dass sich das Wohlwollen der Kandidaten an der Wahlurne »auszahlen« werde. Als Gegenleistung für die Wahlkampfhilfe erwartete er Wohlwollen gegenüber unterschiedlichen nationalen wie internationalen islamischen Anliegen, etwa Baugenehmigungen für Moscheen, Subventionen für empfohlene »kulturelle« oder karitative Vereine, Errichtung von

Islamschulen außerhalb staatlicher Aufsicht etc. Das »jährliche Iftar der UAM 93«, das Essen zum Fastenbrechen während des Ramadan, vollendete die Nachahmung des CRIF nach Vorbild von dessen jährlichen Dîners. Lokalpolitiker gerieten damit in eine Art Halal-Machtkampf. Die UAM 93 übernahm eine »zynische« Haltung gegenüber rechten wie linken, sozialistischen, zentristischen wie kommunistischen Ideologien – ganz wie es die Parteien der orthodoxen Juden in Israel machen, die ihre Stimmen in der Knesset jenen zu geben pflegen, die ihre Jeschiwa (Hochschulen) subventionieren. Und sie prahlte damit, in diesem »muslimischsten aller Départements« Bürgermeister und Abgeordnete ernennen oder entlassen zu können.

Die Moschee von Pantin war, abgesehen von der zwischenzeitlichen Schließung ab Oktober 2020, provisorisch in einer ehemaligen Turnhalle untergebracht, die bis zu 1.300 Menschen Platz bot. Der Grundstein für das endgültige Gebäude wurde am 29. Februar 2020 gelegt, kurz vor den Kommunalwahlen vom 15. März, aus denen der Sozialist Bertrand Kern bereits in der ersten Runde als Sieger hervorging. Kern, der beste Beziehungen zu Henniche pflegte, hatte bereits 2013 einen Erbpachtvertrag für die Moschee unterschrieben, unter der Voraussetzung, dass dort alle ethnischen Gruppen der muslimischen Bevölkerung vertreten würden. Und tatsächlich stammt der Freitagsimam Ibrahim Doucouré, genannt Ibrahim Abu Talha, aus Mali. Er wurde in Dammaj, Nordjemen, einer heute von den Huthi-Rebellen besetzten Zone, ausgebildet: Hier hatte der wichtigste salafistische Ideologe der Region, Muqbil bin Hadi al-Wadi'i, ein ehemaliger Zaidit (Schiit), der im benachbarten Saudi-Arabien zum Wahhabismus in seiner strengsten Ausprägung konvertiert war, seine Ausbildungsstätte Dar al-Hadith errichtet, um mit dem Eifer des Neubekehrten seine ultrarigorose salafistische Doktrin zu predigen. Die Religionsschule zog in der Folgezeit zahlreiche Ausländer an, vor allem französische Konvertiten. Übrigens ist die Huthi-Bewegung als Reaktion auf den fanatischen Bekehrungseifer Muqbils entstanden; 2015 zerstörten die Huthi bei der Eroberung dieser Region und der Hauptstadt Sanaa die Gebäude der Salafisten-Schule und vertrieben all ihre Schüler (siehe oben, S. 105). Viele der französischsprachigen Mitglieder fanden in Birmingham Zuflucht, dem Zentrum der islamistischen Netzwerke in Großbritannien. Aus diesem Milieu ging in der Folge eine Gruppe von Aktivisten hervor, die die Internetseite »Islamologues de France« (»Islamwissenschaftler Frankreichs«) betreibt und dort regelmäßig die französischen Universitäten anprangert, deren Islamwissenschaften es wagen, sich kritisch mit ihrem Forschungsgebiet auseinanderzusetzen. So wurden auf dieser Webseite beispielsweise am 9. Oktober 2020, zwei Tage nach dem Beginn der Hetze gegen Paty, zwei Universitätsdozenten namentlich als »Ideologen des neuen Faschismus« bezeichnet, mit dem die Islamophobie gemeint ist. Die beiden stünden im Dienst der »laizistischen Gestapo«, womit wiederum das staatliche Bildungswesen gemeint ist.

Schulen gehörten auch zu den wichtigsten Themen, mit denen sich die UAM 93 beschäftigte. Am 27. August 2018 hatte Hassen Farsadou, an Platz zwei hinter M'hammed Henniche an der Spitze dieser Lobbygruppe (und in der Folge sehr in Pantin engagiert), von sich reden gemacht, als er auf Facebook eine Nachricht weiterverbreitete, die von Davut Paşa stammte. Der zum Islam konvertierte Elsässer, der seit 2019 in der Nähe von Ankara lebt, ist einer der wichtigsten Online-Aktivisten für Erdoğan und die AKP unter den französischsprachigen Muslimen. Seine Nachricht lautete:

2004 haben die Laizisten den Hidschab in den Schulen verboten = ihr habt eure Kinder dort gelassen
Von 2004 bis 2015 haben die Laizisten einen Rachefeldzug gegen Tücher, lange Röcke und Schulausflüge [mit muslimischen Begleitpersonen] geführt = ihr habt eure Kinder immer noch dort gelassen

2015 haben die Laizisten achtjährige Kinder vor den Staatsanwalt gezerrt und das ABCD eingeführt [ein Regierungsprogramm gegen stereotype Geschlechterbilder] = ihr habt eure Kinder immer noch dort gelassen
2018 liegen die Bücher bereit, mit denen ihnen die Selbstbefriedigung beigebracht wird = ihr werdet eure Kinder immer noch dort lassen
Wollt ihr etwa auf Ausflüge zur Gay Pride warten, ehe ihr euch aufrafft?

Nach seiner Konversion wurde Davut Paşa – geboren als David Bizet – zu einem der führenden Kader des europäischen Netzwerks von Millî Görüş (»nationale Sicht«) (vgl. Karte 3), jener nebulösen islamistischen Bruderschaft, aus der Erdoğan hervorging und die in der türkischen Eyüp-Sultan-Moschee in Straßburg ungemein einflussreich und auch in vielen deutschen Städten aktiv ist. Davut Paşa, erfolgloser Kandidat bei den Kommunalwahlen in Mulhouse 2014 und bei den Parlamentswahlen 2017, gilt als Erfinder des »islamischen Revisionismus der Geschichte Frankreichs«: Nach dieser Auffassung bilden die muslimische Invasion Okzitaniens von Andalusien aus sowie die zahlreichen Raubzüge, zu denen es zwischen dem 8. und 10. Jahrhundert kam, die Grundlage für die Entstehung des modernen Frankreichs. Dies sei später von den Christen »verfälscht« und verschleiert worden. Die mutmaßlichen Spuren, die das beweisen sollten, grub Paşa vor allem in Narbonne aus, dem Sitz eines kurzlebigen Emirats im 8. Jahrhundert. Bereits seit 2015 macht ein Video mit dem Titel *Quand l'État islamique était en France* (*Als der islamische Staat in Frankreich war*) auf verschiedenen Internetplattformen die Runde, mit dem dieser Revisionismus belegt werden soll – das Video wurde also zu einer Zeit populär, als der IS seine größte Ausdehnung erlebte und vorgab, im Einklang mit der »langen Geschichte« Frankreich wieder reislamsieren zu wollen. Davut Paşa versteht sich als »Anhänger des

Kalifen« und ist überzeugt, dass heute Erdoğan die Rolle des Kommandeurs der Gläubigen am besten fortführen könne – er beschwört ihn, durch einen Einmarsch in Syrien und Libyen das Osmanische Reich in dessen größter Ausdehnung wiederherzustellen. Er initiierte zudem die Webseite »Émigrer en Turquie« (»In die Türkei auswandern«), um die der »Islamophobie« ausgesetzten muslimischen Franzosen zu ermutigen, in das gelobte islamistische Land überzusiedeln.

Hassen Farsadou, die Nummer zwei der UAM 93 – der mit Unterstützung seines Mentors eine etwas verworrene Rechtfertigung für seinen oben zitierten Facebook-Post veröffentlichte –, ist zudem Präsident des Vereins Espérance musulmane de la Jeunesse française (Muslimische Hoffnung der französischen Jugend) in Aulnay-sous-Bois, aus dem die außerhalb staatlicher Aufsicht agierende Privatschule »Philippe Grenier« hervorging. Der Namenspate Grenier, ein zum Islam konvertierter Arzt, war zwischen 1896 und 1898 der erste muslimische Abgeordnete im französischen Parlament, und seine eher belanglose Karriere wird regelmäßig von der islamistischen Bewegung herangezogen, um zu beweisen, dass die Konversion der Franzosen, und damit auch der politischen Elite, zum Glauben des Propheten unabwendbar sei. Die nach ihm benannte Bildungseinrichtung öffnete zu Beginn des Schuljahres 2018/2019 in Räumlichkeiten, die man von der durch die Mitte-Rechts-Koalition aus LR und UDI geleiteten Gemeinde angemietet hatte: Ermöglicht wurde dies durch Bruno Beschizza, einen ehemaligen wichtigen Polizeigewerkschaftler, zu dessen Wahl 2014 Farsadou und Henniche aufgerufen hatten. Mit der Rückendeckung dieser beiden war es Beschizza gelungen, seinen Rivalen Gérard Ségura zu besiegen, den die UAM 93 aufgrund seines mangelnden Engagements in der Privatschul-Angelegenheit sanktioniert hatte. Diese Verflechtung von Politik auf Départementebene und islamistischer Lobbyarbeit wurde, jedenfalls vorübergehend, im Oktober 2020 beendet: Der Präfekt von Seine-

Saint-Denis, Georges-François Leclerc, ordnete auf Verlangen des Innenministers am 19. Oktober die behördliche Schließung der Moschee für sechs Monate an – Grund dafür war die von Henniche im Netz geteilte Botschaft Brahim Chninas bezüglich Samuel Paty. Der salafistische Imam der Moschee, Abu Talha, wiederum erklärte einige Tage später, er werde »all [seine] Aktivitäten einstellen«, um »sämtliche in der Beschwerde der Präfektur dargelegten Punkte zu widerlegen«. Die Anordnung des Präfekten wurde drei Tage später vom Verwaltungsgericht bestätigt – zur Verhandlung war Leclerc persönlich im Zuschauerraum erschienen. Wenig später gab auch der Conseil d'État, das oberste französische Verwaltungsgericht, grünes Licht für die Schließung, da die »Äußerungen der Verantwortlichen der Großen Moschee in Pantin und die aus ihrer Mitte heraus veröffentlichten Ideen und Theorien Provokationen darstellen. Angesichts des Risikos, dass darauf Terrorakte, Gewalt, Hass oder Diskriminierung folgen könnten, ist die Schließung des Gotteshauses gerechtfertigt.«

Die allgemeine Empörung über die Tat hatte M'hammed Henniche inzwischen dazu gebracht, das Chnina-Video vom 7. Oktober zu löschen und die Enthauptung des Lehrers zu verurteilen; außerdem gab er gegenüber der Presse zu seiner Verteidigung an, den zweiten Film nicht weiterverbreitet zu haben. Denn am Vorabend der Hinrichtung hatte der Vater der Schülerin seinerseits versucht, die Reichweite der Bemühungen zu erhöhen und den Angriff direkt auf Samuel Paty zu lenken, indem er dazu aufrief, »das CCIF zu kontaktieren«. Außerdem veröffentlichte er »die Adresse und den Namen des Lehrers, um ihn zu STOPPEN«. Das 2003 gegründete Collectif contre l'islamophobie en France (CCIF) zielte darauf ab, die Muslime zusammenzuführen, da sie aufgrund ihrer Religion zum Gegenstand von Diskriminierung in der Gesellschaft würden: Stichwort Islamophobie. Dieser Begriff, in den Propagandakampagnen des CCIF als »Vergehen« bezeichnet, wird parallel zum Antisemitismus konstruiert – laut Analyse der islamistischen Bewegung dient der Antisemitismusvorwurf strategisch dazu, den Juden eine Opferrolle zukommen zu lassen, womit jegliche Kritik an Israel und seiner Politik unmöglich wird. Doch im Gegensatz zum Antisemitismus, der den Hass auf Individuen als solche in den Mittelpunkt stellt, wird der Ausdruck »Islamophobie« – der 1996 in Großbritannien im Nachklang der Affäre um Salman Rushdie geprägt wurde (*islamophobia*) – eingesetzt, um jede Kritik am islamischen Dogma, und vor allem an dessen Interpretation durch Muslimbrüder, Salafisten oder Dschihadisten, zu verbieten oder anzuklagen.

Das CCIF trieb diese Strategie der Viktimisierung immer wieder auf die Spitze, gerade wenn es im Zusammenhang mit dschihadistischen Verbrechen oder Angriffen darum ging, die Beweislast gegen die französische Gesellschaft umzukehren. So geschehen nach dem Attentat vom 14. Juli 2016 in Nizza, bei dem ein islamistischer Terrorist während der Feierlichkeiten zum Nationalfeiertag mit einem Lastwagen in eine Menschenmenge auf der Promenade des Anglais fuhr und 86 Menschen tötete: Kurz darauf startete das CCIF eine umfassende Kampagne gegen die »Diskriminierung«, der muslimische Frauen im Burkini an den Stränden der Côte d'Azur ausgesetzt waren – in unmittelbarer Nähe zu dem Ort, an dem wenige Wochen zuvor der blutige Anschlag stattgefunden hatte. Ziel war es, die klare Sicht auf das Verbrechen zu vernebeln. Auch im Umgang mit den Ereignissen in Conflans-Sainte-Honorine ermöglichte diese Strategie dem CCIF, bei maximaler Aufmerksamkeit für den Vorfall an der Schule die Tat als islamophoben Akt darzustellen und der muslimischen Gemeinschaft reflexartig die Opferrolle zuzuweisen. Zeitgleich wurden unter großer öffentlicher Anteilnahme mehrere große Prozesse gegen Dschihadisten geführt, bei denen auch die Verbindungen der Täter zu einer deutlich größeren Bewegung erkennbar wurden. Neben der Verhandlung gegen die Attentäter, die im Januar 2015 bei den Angriffen auf *Charlie Hebdo* und den jüdischen Supermarkt

HyperCacher insgesamt 17 Menschen, darunter zwei PolizistInnen mit Wurzeln auf den Antillen und im Maghreb, getötet hatten, führten zwei weitere Kammern ebenfalls Prozesse gegen algerische Staatsangehörige. Einer von ihnen, der Student Sid Ahmed Ghlam, wurde beschuldigt, im April 2015 eine junge Frau ermordet und im Auftrag des sogenannten »Islamischen Staats« ein fehlgeschlagenes Attentat auf Kirchen in Villejuif geplant zu haben. Der andere, der ehemalige Journalist Farid Ikken, hatte am 6. Juni 2017 versucht, vor der Kathedrale Notre-Dame in Paris einen Polizisten mit einem Hammer zu erschlagen. Vom 16. November 2020 an fand zudem das Verfahren rund um den Terroranschlag auf den Thalys Brüssel–Paris vom 21. August 2015 statt: Angeklagt war der marokkanische Dschihadist Ayoub El Khazzani, dem versuchter Mord mit Schusswaffen an den Zugreisenden vorgeworfen wurde. Er soll im Auftrag des ranghohen IS-Kämpfers Abdelhamid Abaaoud gehandelt haben, dem Drahtzieher der Attentate vom 13. November 2015. Das CCIF, am 19. November bereits vom Innenministerium über seine anstehende Auflösung informiert, kam dieser zuvor und gab am 27. November 2020 die Selbstauflösung und Verlegung seiner Aktivitäten ins Ausland bekannt.

Am 8. Oktober nahm Brahim Chnina in Begleitung des erfahrenen islamistischen Agitatoren Abdelhakim Sefrioui einen Termin bei der Schuldirektorin wahr und beschuldigte dabei Samuel Paty der »Verbreitung kinderpornografischer Bilder«, was dem Lehrer eine Vorladung zur Polizei einbrachte. Das Gespräch zwischen der Schulbeamtin und dem notorischen Aktivisten erinnerte daran, wie 1989 in Frankreich die Diskussion rund um die Frage entbrannt war, ob in öffentlichen Schulen der Hidschab getragen werden darf: Damals führte Ernest Chénière, Direktor am Collège Gabriel-Havez in Creil, einer Kleinstadt im Pariser Umland, die Gespräche mit einer Delegation der UOIF (Union des organisations islamiques de France, Verband der islamischen Organisationen Frankreichs, den Muslimbrüdern nahestehend). Letztere hatte sich zur Anwältin der Schülerinnen und ihrer Eltern aufgeschwungen, die davon betroffen waren, und erarbeitete sich somit ein beachtliches Renommee in französischen Islamistenkreisen.

Der 60-jährige, in Marokko geborene Abdelhakim Sefrioui hatte seit den Achtzigerjahren mit zahlreichen aufsehenerregenden Aktionen und Provokationen auf sich aufmerksam gemacht, die laut Tareq Oubrou, Imam von Bordeaux und ebenfalls aus dem alawitischen Königreich stammend, zum Ziel hatten, »den Geist der Schwächsten zu füttern, indem Muslime systematisch zu den Opfern der Republik erklärt werden. Diese Opferthese regt zudem die Mutigsten unter ihnen dazu an, zur Tat zu schreiten.« So gründete Sefrioui etwa das Kollektiv »Cheikh-Yassine« – benannt nach dem 2004 von Israel getöteten Mitbegründer der Hamas, Scheich Ahmad Yasin –, unterstützte den antisemitischen Komiker Dieudonné bei dessen Präsidentschaftskandidatur 2007 sowie auch den Holocaust-Leugner Alain Soral und griff den Imam von Drancy, Hassen Chalghoumi, wegen seiner Kooperation mit jüdischen Institutionen an. Auch was Schulen anging, besaß er bereits einige Agitprop-Erfahrungen – er hatte den Aufruhr gegen die Leitung des Lycée de Saint-Ouen angeführt, die das Tragen des Dschilbab verbieten wollte, ein von den strengsten Muslimen für Frauen vorgeschriebenes Gewand (hierauf spielten Davut Paşa und Farsadou später an, siehe oben, S. 211 f.).

In einem Fernsehinterview, das nach dem Gespräch mit der Schulleitung vom 8. Oktober in einem Park nahe der Stadtrandschule gedreht wurde, behauptet Abdelhakim Sefrioui, für den »Conseil des imams de France« (»Rat der französischen Imame«) zu sprechen. Der Generalsekretär des 1992 gegründeten Verbands, Dhaou Meskine, selbst tunesischstämmiger Prediger und den Muslimbrüdern nahestehend, machte jedoch rasch klar, dass Sefrioui keinerlei Anspruch darauf erheben könne, im Namen des Verbands zu sprechen, wobei er sich auf »Meinungsverschiedenheiten bezüglich der Vorgehensweise« berief und zudem angab, er habe schon vor rund fünf Jahren den Kontakt zu Sefrioui abgebrochen. Sefrioui erklärte in dem Fernsehinterview, er habe dem Schulleiter erneut deutlich gemacht, dass »dieser Lump« (Samuel Paty) entlassen werden müsse, und rief zur Mobilisierung vor der Schule auf, sollte es nötig werden, dieser Forderung Nachdruck zu verleihen. Die Erniedrigung der »muslimischen Schüler« sei systematisch und finde bereits »seit fünf Jahren« statt. Das Engagement des in muslimischen Kreisen bekannten Agitators, der von den Behörden als Gefährder geführt wird, verlieh der Angelegenheit eine weitaus größere Bedeutung, als sie der Vater der Schülerin allein erreicht hätte. Auch wenn dieser auf islamistischen Webseiten aktiv war, so waren sein Netzwerk und sein Bekanntheitsgrad wesentlich kleiner. Sefrioui erhöhte den Druck noch einmal, als er sich am 12. Oktober vor der Schule mit Chninas Tochter filmte, die ihre Version der Ereignisse schilderte; spätere Ermittlungen ergaben dann allerdings, dass sie bei den Vorgängen, von denen sie berichtete, gar nicht anwesend gewesen war.

Der Stimmungsterrorismus

Den islamistischen Terrorismus, der sich zu dieser Zeit entwickelte, kann man auch als dschihadistischen Stimmungsterrorismus (»jihadisme d'atmosphère«) bezeichnen. Die Enthauptung des Lehrers Paty war sein bisher größter Erfolg, und sie wurde paradigmatisch für diese neue Phase des Terrors der vierten Generation oder auch »4G«. Für diesen ist die Verbreitung von Mobilisierungsbotschaften über die sozialen Netzwerke strukturell grundlegend, die den Übergang zur kriminellen Tat auslösen, und nicht mehr die Mitgliedschaft des Attentäters in einer pyramidal aufgebauten Organisation – wie al-Qaida – oder die Zugehörigkeit zu einer netzartigen Struktur – wie beim IS. Dieser neue islamistische Terrorismus entsteht im Zusammentreffen von Nachfrage, nämlich der nach einer Tat, online verbreitet durch »Wutunternehmer« (»entrepreneurs de colère«) – in den Worten von Professor Bernard Rougier –, und terroristischem Angebot, das die Nachfrage decken kann, ohne dass es eine formelle Verbindung zwischen beiden Seiten gäbe – selbst wenn im Fall Paty die Ermittlungen tatsächlich telefonische Kontakte zwischen dem Vater der Schülerin, der auf Facebook seine Kontaktdaten hinterlegt hatte, und dem jungen Tschetschenen Abdullah Ansorow ergeben haben. Bei der Durchsicht von Ansorows Online-Nutzungsdaten ist Journalisten der Zeitung *Le Monde* aufgefallen, dass er ab dem 25. September das Internet wiederholt nach jemandem durchsuchte, den er für die Beleidigung des Islam bestrafen konnte.

Denn an diesem Tag im September hatte der pakistanische Flüchtling Zaheer Hassan Mahmood, der sich fälschlicherweise als »unbegleiteter Minderjähriger« ausgab, um Sozialleistungen zu erhalten, Menschen angegriffen. Er reagierte damit auf die Karikaturen, die unter der Überschrift »All das deswegen« anlässlich des Prozessauftakts erneut auf der Titelseite von *Charlie Hebdo* veröffentlicht wurden. Mahmood, der kein Französisch und nur sehr schlecht Englisch sprach und dessen Familie in seinem Heimatland mit einer der zahlreichen großen, radikalen Islamistenorganisationen sympathisierte, hatte sich ein großes Fleischermesser gekauft, das an jene Säbel erinnerte, wie sie bei den Demonstrationen in Karatschi oder Lahore geschwungen wurden, um die Enthauptung der *Charlie Hebdo*-Karikaturisten zu fordern. Die Videos von den Demonstrationen lassen sich online leicht finden und füllen viele Webseiten auf Urdu. Da der junge Mann über geringe Mittel und keine großen intellektuellen Fähigkeiten verfügte, fand er auf der Suche nach der Adresse der Redaktion im Netz nur die, wo sich die Redaktion zum Zeitpunkt des Attentats im Januar 2015 befand (die Redaktion war anschließend an einen geheimen Ort umgezogen). Er fuhr hin und hieb auf zwei Menschen ein, die für eine dort ansässige Produktionsfirma arbeiteten und nichts mit der Angelegenheit zu tun hatten. Es gelang ihm nicht, sie zu töten oder gar zu enthaupten, doch er verletzte sie schwer. Da Mahmood seine Flucht nicht vorausschauend geplant hatte, konnte er, wie betäubt von seiner Tat, schnell festgenommen werden. Die in seinem Pariser Umfeld durchgeführten Befragungen – er lebte in einem besetzten Haus und wartete auf seinen Abschiebebescheid – konnten keine Komplizen und auch keine Zugehörigkeit zu einem Netzwerk ermitteln.

Im Vergleich zu Zaheer Mahmood sind Abdullah Ansorows Profil und seine Zugehörigkeit zu einem dschihadistischen Umfeld viel eindeutiger. Zeugenaussagen weisen tatsächlich darauf hin, dass der junge Mann sich schon mindestens sechs Monate, wenn nicht gar ein Jahr zu einer radikal-salafistischen Vision bekannte, bevor er zur Tat schritt – die Auswertung seines Facebook- und seines Twitter-Accounts konnte das bestätigen. Hier bekundete er seine Abscheu vor jeglicher Offenheit dem anderen Geschlecht gegenüber sowie seinen Hass auf Atheisten, Christen und »abweichlerische« Muslime wie etwa die Sufi-Mystiker oder den saudischen Kronprinzen Mohammed bin Salman. Er hegte Interesse für internationale islamistische Angelegenheiten und machte keinen Hehl aus seiner Bewunderung für die afghanischen Taliban sowie den türkischen Präsidenten Erdoğan mit seinem Heiligenschein eines Neo-Kalifen, der gerade erst, im September, Aserbaidschan im Kampf gegen die christlichen Armenier unterstützt hatte. Auch mit dem französischen Islamistenmilieu war er recht gut vertraut: Am 7. Oktober, dem Tag, an dem Chnina sein erstes Video online stellte, erklärte Ansorow seine Unterstützung für Idriss Sihamedi, den Gründer der NGO BarakaCity, der wegen konkreter Drohungen gegen die ehemalige *Charlie*-Journalistin Zineb El Rhazoui angeklagt werden sollte. BarakaCity wurde am 28. Oktober auf Veranlassung des Ministerrats aufgelöst, was am 25. November vom Conseil d'État bestätigt wurde, da »die Reden des Leiters der Organisation zugerechnet werden können und diese einen Diskurs bilden, der zu Diskriminierung, Hass und Gewalt anstachelt und daher eine Auflösung rechtfertigt«. Ansorow äußerte sich in den sozialen Medien nicht zur Sache Paty und löschte seine Online-Nachrichten ab dem 11. Oktober. Doch er hatte telefonischen Kontakt mit Brahim Chnina – über was die beiden sprachen, ist nicht bekannt. Es stellte sich nachträglich zudem heraus, dass er sich mit zwei Dschihadisten austauschte, die in der Deeskalationszone Idlib leben (siehe oben, S. 132f.), mit einem von ihnen im Zeitraum zwischen der Enthauptung Patys und seinem eigenen Tod durch Polizeikugeln. Es sieht ganz danach aus, dass Ansorow zur Tat schritt, da er Zaheer Mahmoods Attentat nacheifern wollte. Zunächst verfolgte er einige Jugendliche, die er verdächtigte, sich online über den Propheten lustig gemacht zu haben, doch diese Spur ließ er wieder fallen. Höchstwahrscheinlich stieß Ansorow dabei aber auf die Vorwürfe, die man gegen sein späteres Opfer erhob, woraufhin in ihm selbst die Idee reifte, »den Propheten zu rächen«, wobei er sich auf die ihm zur Verfügung stehenden Mittel und kulturelle Tradition stützte. Zwei Aspekte seines monströsen Verbrechens sind besonders erschreckend: dass er Schüler (mit bis zu 300 Euro) bestach, damit sie ihm halfen, den Lehrer zu identifizieren, und wie professionell und zügig er bei der Enthauptung vorging, der er eine Nachricht an den Dschihadisten in Idlib folgen ließ. Ersteres rückt die Tat eher in Richtung von Bandenkriminalität als in Richtung der üblichen Praxis der Dschihadisten; Letzteres verweist auf traditionelle Riten in Tschetschenien, bei denen Jugendliche beim Übergang ins Erwachsenenalter den Kopf eines Schafs abtrennen müssen (im Gegensatz zum ansonsten bei Muslimen üblichen Durchtrennen der Kehle des Tieres). Diese Erfahrung dürfte es Ansorow erlaubt haben, die kontraintuitive, tödliche Bewegung auf routinierte Art und Weise auszuführen. Das Betrachten der zahllosen, vom IS seit 2014 online gestellten Enthauptungsvideos allein hätte ihm nicht geholfen, diese Tat derart mühelos durchzuführen, auch wenn die Videos diese Art des Mordens im islamistischen Kollektivbewusstsein gewöhnlich, ja fast schon banal haben werden lassen. So erwies sich etwa der tunesische Dschihadist Brahim Issaoui, der dreizehn Tage später in Nizza zuschlug, als nicht dazu in der Lage. Die in Frankreich lebenden Tschetschenen – etwa 50.000 Menschen – sind zumeist als politische Flüchtlinge nach dem Krieg von 1994–1996, vor allem aber nach jenem von 1999–2009 ins Land gekommen. Beides waren Kriege zwischen tschetschenischen Unabhängigkeitskämpfern – unter denen zunehmend Dschihadisten den Ton angaben – und russischen Truppen. Trotz der vergleichsweise eher geringen Zahl an geflüchteten Tschetschenen unter den muslimischen Migranten in Frankreich haben einige von ihnen – häufig in der »Sicherheitsbranche« beschäftigt – immer wieder Anlass zur Sorge gegeben. So eroberten sie sich unter Zuhilfenahme extremer Gewalt die Kontrolle über den Drogenhandel an der Côte d'Azur (und auch über die Bewachung der Villen russischer Oligarchen), einem ihrer wichtigsten Standorte. Die tschetschenischen »Schützer« nahmen das Geschäft den traditionellen maghrebinischen Drogenringen ab, wobei es zu aufsehenerregenden Konflikten kam. So zum Beispiel in Dijon in den vier Tagen nach dem 16. Juni 2020, als die Stadt im Burgund im Zuge eines Ehrenkonflikts zum Schauplatz einer tschetschenischen Strafexpedition gegen Marokkaner wurde. Nach Online-Aufrufen drehten Hunderte muskelbepackter Tschetschenen aus ganz Frankreich und benachbarten Ländern in PS-starken Autos ihre Runden durch die Stadt und terrorisierten ein ganzes Arbeiterviertel, während die Polizei zur Bestürzung der Presse und der Anwohner Abstand hielt. Die entsetzten Bewohner der Stadt sahen sich – weniger als vier Monate vor der Enthauptung von Samuel Paty in Conflans-Sainte-Honorine – mit ihnen unbekannten Moralvorstellungen und einem speziellen Habitus konfrontiert. Die Vermittlung zwischen den beiden sunnitischen »Gemeinschaften« gelang schließlich in der örtlichen »Brüder«-nahen Moschee, ohne den geringsten Einfluss des mit der öffentlichen Sicherheit beauftragten französischen Staats. Dijons Imam Mohammed Ateb, Vertreter der UOIF, und sein aus Dole im nahe gelegenen Jura angereister tschetschenischer Amtskollege sorgten für die Versöhnung, bei der die Tschetschenen, kurz vor dem Islamischen Opferfest, den Marokkanern drei Schafe schenkten – das zur Sühne angemessene Geschenk für eine Opferung.

Abdullah Ansorow, zum Tatzeitpunkt gerade erst volljährig, hatte versucht, eine Anstellung als Sicherheitsmitarbeiter zu bekommen (wie sein Vater), was ihm jedoch wegen seines Vorstrafenregisters nicht gelang. Einer seiner Landsleute, Khamzat Asimow, hatte am 12. Mai 2018 im Pariser Opernviertel bereits ein dschihadistisches Attentat verübt, bei dem er einen Passanten erstach, bevor er selbst erschossen wurde. Er war seit 2016 aufgrund seiner »Radikalisierung« überwacht worden, und der sogenannte »Islamische Staat«, der damals noch über einen Sprecher verfügte, reklamierte die Tat für sich – ob tatsächlich ein enger Bezug bestand, konnte nicht nachgewiesen werden. In der islamistischen Geschichtsschreibung verfügt der tschetschenische Dschihad, obwohl allgemein weniger bekannt als sein afghanisches Pendant, doch über ein ähnliches Renommee wie dieser. Auch Aiman az-Zawahiri, Nachfolger bin Ladens an der Spitze dessen, was 2020 noch von al-Qaida übrig war, nannte in seinem 1997 online erschienenen Manifest *Ritter unter dem Banner des Propheten* die Taliban und die Kämpfer aus dem Kaukasus in einem Atemzug, da beide in seinen Augen die ersten »Kalifate« auf befreitem Gebiet errichtet hätten, von wo aus sich die Herrschaft der Islamisten über die ganze Welt ausbreiten sollte ...

Die im syrischen Dschihad kämpfenden tschetschenischen Brigaden sind bekannt für ihre Gewalttätigkeit. An einen von ihnen, die unter türkischem Schutz in Idlib ausharren, richtete Ansorow seine letzte Nachricht, bevor er von der Polizei erschossen wurde. In den letzten Jahrhunderten hat der erbitterte säkulare Widerstand gegen die Truppen Sankt Petersburgs die düstere Vorstellung vom »bösen Tschetschenen« genährt, der »in der Uferböschung verborgen seinen Dolch wetzt«, wie es im »Wiegenlied der Kosaken« von Michail Lermontow heißt, einem bekannten Gutenachtlied. Hinzu kommt die Figur der *tchetchenskie golovorezy* (der tschetschenischen Halsabschneider), die seit den Zarenkriegen in der modernen Geschichte vorkommen und die Tolstoi in seinem Roman *Hadschi Murat* beschreibt (in dem auch der ritterliche Charakter des titelgebenden Helden gefeiert wird). Ihr »Ruhm« reicht bis zu Putins Kriegen, die von den schrecklichen Bildern von Enthauptungen russischer Soldaten begleitet wurden, mit denen man das Internet überschwemmte, um den Feinden Angst einzujagen.

In der allgemeinen Bestürzung, die sich in Frankreich nach dem Mord an dem Lehrer Paty breitmachte, musste selbst der Chef der linken Partei La France insoumise, Jean-Luc Mélenchon, feststellen, dass man vor einem »tschetschenischen Problem« stehe, was ihm vonseiten seiner politischen Gegner den Vorwurf einbrachte, er schere alle über einen Kamm. Dabei hatte Mélenchon noch am 10. November 2019 in Paris an einer vom CCIF organisierten »Demonstration gegen die Islamophobie« teilgenommen, auf der der ehemalige CCIF-Leiter Marwan Muhammad die Menschenmenge mit »*Allahu Akbar*«-Rufen aufpeitschte. Mélenchon scheint hin- und hergerissen zwischen den Abgeordneten seiner Partei aus dem Département Seine-Saint-Denis, die auf die Stimmen der Muslime angewiesen sind, zu denen ihnen unter anderem die UAM 93 verhilft, und einer Wählergruppe, zu der viele Sekundarlehrer gehören, also auch die Kollegen des Ermordeten. Ihm dürfte also bewusst sein, wie schwierig Islamismus und linke Politik im Selbstbild seiner Bewegung zu versöhnen sind und in der entschiedenen Opposition zu Emmanuel Macron Widerhall finden.

Das Verbrechen vom 16. Oktober in Conflans bestärkte die vom französischen Staatspräsidenten entwickelte Vision, die er zwei Wochen zuvor, bei einer Rede in Les Mureaux, ausbreitete und in deren Zentrum eine Überarbeitung der Gesetzgebung zum Kampf gegen den »islamistischen Separatismus« steht. Les Mureaux ist der Standort jenes Polizeikommissariats, in dem Jean-Baptiste Salvaing arbeitete, der am 13. Juni 2016 zusammen mit seiner Ehefrau vor den Augen ihres kleinen Kindes vom marokkanischstämmigen Dschihadisten Larossi Abballa in ihrem Haus in Magnanville erstochen wurde. Kurz zuvor aus dem Gefängnis entlassen, war Abballa thematisch und über das Internet mit Rachid Kassim verbunden, einem ehemaligen Sozialpädagogen und Rapper, der aus Roanne (Frankreich) stammte, zwischenzeitlich in Oran (Algerien) gelebt hatte und zu diesem Zeitpunkt im IS-»Kalifat« in Raqqa untergekommen war, von wo aus er die »IS-Operationen im Ausland« koordinierte. Jenseits der Kontinuitäten bis hin zur Mordwaffe, kann man zwischen dem Mord aus dem Jahr 2016 – erweitert durch einen Aufruf Abballas an seine »muslimischen Brüder«, einen Universitätsmitarbeiter und Journalisten zu töten, deren Namen er auf Facebook postete, bevor er erschossen wurde – und jenem vom 16. Oktober 2020 eine grundlegende Veränderung des Operationsmodus erkennen. Wie bereits beschrieben, scheint man den netzwerkartigen Dschihad, dessen Höhepunkt der sogenannte »Islamische Staat« bildete, hinter sich gelassen zu haben und ist nun zu einem Stimmungsterrorismus übergegangen, für den das Verbrechen in Conflans paradigmatisch wurde. Die Anschläge der vorangegangenen Epoche waren für die Öffentlichkeit sogleich als solche erkennbar, und die Polizei und Justizbehörden brauchten ihren geheimen Machenschaften nur bis zu ihrem Ursprung zurückverfolgen, um sie aufzuklären – der Prozess um die Morde vom Januar 2015, der im Herbst 2020 stattfand und den Verbrechen von Zaheer Mahmood, Abdullah Ansorow und Brahim Issaoui als Hintergrund diente, belegt dies. Im Gegensatz dazu gründet der Dschihad der vierten Generation auf der »kulturellen Lossagung«: Sie beginnt damit, dass man zunächst einen Lehrer den Beschimpfungen der Internetgemeinde ausliefert, um dann zum Mord an ihm zu schreiten, mit dem dieser neue Dschihad seine Vollendung findet. In diesem Sinne darf sich der Kampf der laizistischen Republik nicht allein darauf beschränken, die Tat erst im Nachhinein juristisch zu verfolgen: Sie befindet sich in einem ethischen Kampf, in dem es gilt, die Ideologie zu identifizieren und vor Gericht zu stellen, die, indem sie die Menschen einteilt in »Gläubige« (*mumin*) und »Ungläubige« (*kuffar*), in »Salafisten« (*salafi*) auf der einen und »Nichtgläubige« (*muschrik*), »Abtrünnige« (*murtadd*), »Heuchler« (*munafiq*), »Abweichler« (*munharif*) etc. auf der anderen Seite, das soziale Gefüge spaltet. Denn mit diesen starren Kategorien beginnt der wütende, ausschließende Bannstrahl zu wirken, mithilfe eines dogmatischen »Separatismus«, der den benannten Feind entmenschlicht und die Gesellschaft mit ihm verbietet, bis dieser sich unterwerfen muss oder ansonsten getötet wird. Dieser Wille, sich von einem Teil seiner Mitbürger abzuspalten, knüpft an eine sprachliche Wendung an, die inzwischen – fünf Jahrzehnte nach dem Wertewandel in der muslimischen Welt, der mit dem Jom-Kippur- beziehungsweise Ramadan-Krieg im Oktober 1973 begann – von einem Spektrum von Militanten aufgegriffen wurde, das von den Muslimbrüdern bis zu den Dschihadisten reicht und auf Arabisch *al-wala wal-bara* heißt. Dies meint »Bündnis und Bruch« oder im salafistischen Sprachgebrauch der *Vom Islamismus eroberten Gebiete* – so der Titel eines im Januar 2020 erschienenen Buchs von Bernard Rougier – »Loyalität und Lossagung«. Mit anderen Worten: Es geht darum, sich vollständig und ausschließlich dem Dogma in seiner strengsten und wörtlichsten Auslegung zu unterwerfen – so wie es die selbst ernannten »Orthodoxen« definieren – beziehungsweise nur jenen »loyal« gegenüber zu sein, die ebenfalls diese Ideologie teilen, und sich von allen anderen »loszusagen«, also mit ihnen zu brechen.

Die Rede Emmanuel Macrons, in der er den »islamistischen Separatismus« identifizierte, der sich kaum zwei Wochen später mit der Ermordung Patys als tatsächlich existent bewies, stieß im Dunstkreis des politischen Islam in Frankreich und in der muslimischen Welt insgesamt auf heftigen Widerstand. Erdoğan tat sich dabei besonders hervor. Die Argumentation von Macrons Gegnern und Verächtern bestand darin, die Beweislast umzukehren und den französischen Präsidenten der Islamophobie zu beschuldigen – der Diskriminierung aller Muslime also, wobei die eigentlich gemeinten »Separatisten« sich damit brüsteten, die Vertreter der Gesamtheit der Muslime schlechthin zu sein. Das wird ihnen durch den Sprachgebrauch erleichtert: Der Begriff »Islamist« existiert als solcher weder im Arabischen noch Türkischen, wo man seine Bedeutung auch kaum kennt – so verstehen nur gewisse Intellektuellenkreise den entsprechenden arabischen Begriff *islamawi*. Dass die »Islamisten« den Sprachgebrauch beherrschen, hat sich seit dem Ramadan-Krieg vom Oktober 1973 bewiesen, als reiche salafistische Ölrentiers einem bestimmten Lager arabischer Gebildeter Geld zur Verfügung stellten. Sie konnten die Intellektuellen mit ihren Petrodollars beeinflussen und auf die Rolle von Stichwortgebern reduzieren. In der Folge wurde der vom französischen Präsidenten verwendete Ausdruck in der muslimischen Welt mit »*islamischer* Terror« übersetzt und von jenen, die daraus ihr politisches Profil beziehen, problemlos in eine Aggression gegen die Gesamtheit der Anhänger des Propheten umgedeutet. Die Dynamik der daraufhin einsetzenden Reaktionen erinnert an jene Kampagne, die 1989 auf der ganzen Welt gegen Salman Rushdie geführt wurde. Der Unterschied in der Intensität liegt darin begründet, dass das Opfer dieses Mal der Chef des französischen Staates ist und nicht ein englisch-indischer Schriftsteller, der nur sich selbst repräsentiert. Und in der demografischen Veränderung der letzten drei Jahrzehnte, die es den islamistischen Kreisen nach geduldiger Aufbauarbeit nun erlaubt, jene Viertel zu kontrollieren, deren Bevölkerung sich als Muslime genau solcher Art verstehen, wie von den Islamisten angeregt und festgelegt.

In der derart aufgeheizten Stimmung kam es in der letzten Oktoberwoche 2020 zu weiteren Spannungen, und die Verflechtung zwischen innerfranzösischen Angelegenheiten und internationalem Interesse wurde unübersehbar. Recep Tayyip Erdoğan, der das Tempo des panislamischen Angriffs gegen Emmanuel Macron vorgab, um seinen mit der Reislamisierung der Hagia Sophia erworbenen Status als Neo-Kalif zu festigen, war ganz vorne mit dabei. Nur wenige Führer der muslimischen Welt, und gehörten sie auch dem Abraham-Abkommen an und standen also der Achse von Muslimbrüder und Schiiten ablehnend gegenüber, wagten es, sich dem entgegenzustellen – aus Angst, selbst als »islamophob« zu gelten.

Am 28. Oktober löste der französische Ministerrat die »humanitäre« Organisation BarakaCity auf, da diese »Gefallen darin findet, Terrorakte zu rechtfertigen«. Am 3. September, Tag des Prozessauftakts um die Attentate vom Januar 2015, hatte der Gründer von BarakaCity, Idriss Sihamedi, einen Tweet veröffentlicht: »NIEMAND darf unseren Propheten beleidigen. Möge Allah Charlie verfluchen und mit der Sonnenhitze ihre Gräber in Brand stecken« – eine Beschwörung, die sechs Wochen später recht massive Folgen hatte. Als Reaktion auf die Ankündigung, seine Organisation werde aufgelöst, postete Sihamedi noch am selben Nachmittag folgende Nachricht:

Nach den Lügen der Regierung von @EmmanuelMacron und dem Verbot der humanitären Menschenrechts-NGO bitte ich offiziell bei Präsident @RTErdogan um politisches Asyl für @Barakacity sowie für meine Mitarbeiter und mich, die wir Todesdrohungen erhalten.

Der türkische Präsident hatte sich zuvor positiv über die islamistische NGO geäußert, die in seine Argumentationslinie passt, wonach der französische Amtskollege »seine offenen Rechnungen mit dem Islam und den Muslimen zu begleichen sucht«. Er forderte Macron auf, »seine geistige Gesundheit überprüfen zu lassen«.

Bereits von Anfang an mit einer salafistischen Sicht auf die Welt ausgestattet, trägt Idriss Sihamedi seit jeher stolz seinen langen Bart ohne Schnauzer, kleidet sich stets mit einer Djellaba und bedeckt seinen Hinterkopf mit einer weißen Gebetsmütze. Doch je mehr BarakaCity im Laufe der Jahre zu einer Schaltstelle für Erdoğans Netzwerke in Frankreich wurde, umso offener neigte sich die Organisation in Richtung der internationalen Muslimbruderschaft. Es wurde eine Zweigstelle in der syrischen Enklave Afrin gegründet, in die niemand ohne die ausdrückliche Genehmigung der türkischen Geheimdienste gelangt und wo es wiederholt zu Übergriffen, Vergewaltigungen, Folter und Hinrichtungen im Schnellverfahren gekommen ist, wie im September 2020 der UN-Menschenrechtsrat der Vereinten Nationen anprangerte (siehe oben, S. 121 f.). Es ist nicht bekannt, dass die »humanitäre Menschenrechts-NGO« von Idriss Sihamedi hier eingeschritten wäre.

Am Tag der Auflösung von BarakaCity gingen Gruppen, die mit der in Ankara regierenden Koalition sympathisieren und in Verbindung mit deren eurasischen Einheit stehen, repräsentiert durch die paramilitärischen Grauen Wölfe der rechtsextremen MHP (siehe oben, S. 128 f.), auf französischem Boden zum Angriff über – eine Reaktion auf den von Aserbaidschan begonnenen Krieg in Bergkarabach, der auf Erdoğans »volle Unterstützung« zählen konnte: Bei Antikriegs-Protesten von Armeniern an einer Straßenmautstelle in Vienne, Département Isère, führte eine Schlägerei mit türkischen Autofahrern zu vier Verletzten. Am nächsten Tag kreisten 250 Menschen mit türkischen Flaggen das Städtchen Décines-Charpieu in der Nähe von Lyon ein, wo zahlreiche Armenier leben und mit dem Centre national de la mémoire arménienne ein armenisches Kultur- und Dokumentationszentrum untergebracht ist. Die Demonstranten zogen zu Fuß und mit Autos durch das Stadtzentrum, demolierten einen Polizeiwagen und riefen:

»Wir töten die Armenier!« Sie tweeteten auf Französisch und Türkisch: »Heute Nacht waren die Grauen Wölfe hier« – dazu das entsprechende Wolf-Emoticon (der Inhalt wurde 48 Stunden später von Twitter gelöscht, denn: »*it violates the Twitter Media Policy*«), während das türkische Generalkonsulat in Lyon dazu aufrief, Ruhe zu bewahren. Die Polizeiverstärkung, die zur Vertreibung der Aufrührer herbeigeholt wurde, nahm 65 Personen vorläufig fest. Die militanten Vertreter der paramilitärischen Organisation, die zum Gruß den Daumen, Mittel- und Ringfinger der rechten Hand zusammenführen, um das Maul und mit dem abgespreizten Zeige- und kleinen Finger die Ohren ihres namensgebenden Raubtiers nachzuahmen, hatten bereits zuvor von sich reden gemacht – anlässlich einer früheren Auseinandersetzung zwischen Jerewan und Baku am 12. und 13. Juli: Armenier aus Décines hatten auf diese hin am 24. Juli eine Kundgebung zur Unterstützung Armeniens vor der Genozid-Gedenkstätte organisiert. Die etwa 500 Teilnehmer wurden von rund 100 Grauen Wölfen, die dazu extra aus dem eine Autostunde entfernten Oyonnax angereist waren, mit Feuerwerkskörpern und Eisenstangen angegriffen. Dieser erste derartige Zusammenstoß auf französischem Boden schreibt sich nahtlos in jene »Stimmung« ein, die die wiederkehrenden Wortattacken des türkischen Machthabers gegen seinen Kollegen in Paris geschaffen hatten und die sich durch die Militäroperationen in Bergkarabach (die vom 27. September an als Krieg galten) noch verschärfte. Die Territorialisierung des Konflikts, also die Schaffung eines konkreten Raums für die Auseinandersetzung, was in diesem Fall von einer Enklave ausgeht, die man im Autokorso verlässt, um ein gegnerisches Territorium zu verwüsten, erinnert an die osmanischen Eroberer, die in christlichem Gebiet auf Beutezug gingen, und in der etwas jüngeren Geschichte an die organisierten Aufstände im September 1955, die auf die Griechen, Armenier und Juden Istanbuls abzielten und deren Exodus vorausgingen. Es ist wichtig, festzuhalten: Etwas mehr als ein Jahrhundert nach den Pogromen gegen die Armenier in Anatolien 1915 und zu einer Zeit, in der ein von der Türkei geförderter Krieg im Kaukasus die Erinnerung daran nährt, wiederholten sich nun diese Dramen ausgerechnet auf französischem Boden – wohin sich zahlreiche Flüchtlinge vor dem Genozid an den Armeniern gerettet hatten (von 1920 an kamen sie aus einem Flüchtlingslager in der Nähe von Thessaloniki nach Décines). Und dass die vollständig in die neue Gesellschaft integrierten Armenier, viele von ihnen Teil der Elite, ins Visier einer solchen aufrührerischen Gruppe gerieten, bestätigte noch einmal das von Präsident Macron ins Spiel gebrachte Problem des »Separatismus«. Am 4. November löste der Ministerrat die Gruppierung der Grauen Wölfe in Frankreich mit der Begründung auf, dass ihre Mitglieder in Trainingslagern im Umgang mit Waffen ausgebildet werden und sie »eine diskriminierende Ideologie fördert, zu der die Provokation von Gewalt gegen Personen mit kurdischem oder armenischem Hintergrund gehört«. Das türkische Außenministerium unterstreicht daraufhin in einem Kommuniqué, dass es notwendig sei, »die Meinungs- und Versammlungsfreiheit der Türken in Frankreich zu schützen« und dass das Außenministerium »auf die entschiedenste Art auf diesen Entschluss reagieren wird«.

Im Jahr 2020 wurden die Feiern zum Mulud am 29. Oktober begangen (siehe oben, S. 200 f.). Das Datum ist in der Volksspiritualität der muslimischen Bevölkerungen Nordafrikas ungemein wichtig: Der Prophet wird hier besonders verehrt, da er eine unmittelbare, charismatische und sehr lebhafte Identifikation erlaubt – im Gegensatz zum verschriftlichten Islam der Gelehrten (und dem der Salafisten in seiner inzwischen digitalisierten Version). An diesem Morgen um 8 Uhr 29 betrat der einundzwanzigjährige Brahim Issaoui, erst kurz zuvor illegal aus Tunesien ins Land gekommen, die Basilika Notre-Dame de l'Assomption in Nizza und tötete wenige Minuten später drei Menschen (vgl. Karte 15). Das neogotische Bauwerk aus dem Zweiten Kaiserreich steht zwischen der Hauptverkehrsachse des im 19. Jahrhundert aufgeblühten Seebads, der Avenue Jean-Médecin – heute eine Fußgängerzone mit Straßenbahn –, und dem »muslimischen Viertel« der Innenstadt, dem die Kirche, paradoxerweise, ihren Namen gegeben hat. In Richtung dieses Stadtteils weist auch die Apsis der Kathedrale, und auf ihrem Vorplatz halten sich regelmäßig vor allem Mütter im Dschilbab mit ihren Kindern auf. 2000 schuf man zwei Häuserblocks weiter, in der Rue de Suisse Nr. 12, im Erdgeschoss eines Gebäudes die erste Moschee im Herzen Nizzas. Die Stadtverwaltung als Eigentümerin der Fläche teilte dem Imam der tschetschenischen Gemeinde und Vorsteher des Moscheevereins, im Januar 2019 allerdings mit, dass der Pachtvertrag nicht verlängert werde. Das Gotteshaus war viel zu klein geworden für die vielen Gläubigen, die sogar auf der Straße davor beten mussten, und wurde 2011 zum Streitobjekt, als die Identitären-Gruppe Nizzas, die Nissa Rebela (deren Anführer regelmäßig vom rechtsextremen Front national für die Kommunalwahlen aufgestellt wurde), die anliegenden Straßen in »Steinigungs-«, »Burka-« und »Muslimbrüderstraße« umbenannte und dazu die Straßenschilder überklebte. Die Nissa Rebela sorgte 2013 auch dafür, dass die Stadtverwaltung wegen zu geringer Mieten für die Moschee gerichtlich gerügt wurde. Im Jahr 2020 wurde der Gebetssaal geschlossen, wie ein dort angebrachter Hinweis verrät, und in ein nahe gelegenes Gebäude verlegt. Doch die salafistischen Buchhandlungen sind vor Ort geblieben. Hier finden sich arabisch- und französischsprachige Titel, die von »Loyalität und Lossagung« schwärmen; sie bieten auch ein ganzes Arsenal »muslimischer Kleidung« und anderes Zubehör an, mit denen die Anhänger der Salafisten ihre besondere Identität betonen können. Nur aus einem anderen französischen Département reisten zwischen 2014 und 2017 mehr Menschen in Richtung IS-»Kalifat« als aus dem hiesigen Alpes-Maritimes. Omar Diaby (auch »Omsen« genannt), Nizzas bedeutender Dschihad-Ideologe mit Wurzeln im Senegal, dürfte der prominenteste unter ihnen sein. Er steckt hinter dem revisionistischen und islamistischen Video 19 HH: L'Histoire de l'Humanité (*19 HH: Die Geschichte der Menschheit*) und lebte 2020 noch immer in der von der Gruppe Hai`at Tahrir asch-Scham und der türkischen Armee kontrollierten Deeskalationszone von Idlib (siehe oben, S. 132 f. [vgl. Karte 12]). Ihn begleiteten mehrere Dutzend Jünger von der Côte d'Azur, die mit ihren Freunden und Familien in Frankreich übers Internet Kontakt hielten. Zwei weitere Ereignisse belegen die besondere Stärke der Islamisten in dieser Gegend: Das Attentat vom 14. Juli 2016 auf der Promenade des Anglais in Nizza, bei dem der Tunesier Mohamed Lahouaiej-Bouhlel mit einem Lkw 86 Menschen zu Tode gefahren hatte, wirft auch vier Jahre später noch Zweifel auf. Obgleich der sogenannte »Islamische Staat« die Tat für sich reklamierte, ist dies wenig glaubwürdig, Verbindungen des Attentäters zum dschihadistischen Netzwerk konnten nicht nachgewiesen werden. Und schließlich stand während der ersten Aufhebung der Ausgangssperre im Mai 2020 die Moschee von Roquebillière im Mittelpunkt des Interesses: Die Verantwortlichen riefen hier, im Stadtrandviertel Bon-Voyage, in dem auch Omar Omsen gelebt hatte und das sich in unmittelbarer Nähe von Liserons befindet, dem Hauptankunftsort der aus Marokko kommenden, mit Haschisch beladenen *go fast*-Schiffe, am 18. Mai zum öffentlichen Gebet auf.

Nizzas Basilika Notre-Dame befindet sich nur wenige Hundert Meter vom Bahnhof entfernt: Hier filmten Überwachungskameras Brahim Issaoui dabei, wie er sich umzog, ehe er zum Tatort aufbrach – eine übliche Praxis, um vor einer Straftat das eigene Erscheinungsbild zu verändern. Normalerweise macht man dies allerdings außerhalb des polizeilichen Blickfelds. Die Nacht zuvor hatte er auf einem Pappkarton in einem Treppenhaus geschlafen, was er über sein Handy per Videostream auch seiner Mutter in Sfax zeigte; er ließ sie wissen, er habe bereits jemanden in Nizza kennengelernt. Wenig später betrat Issaoui die Kirche, stach dort auf eine 60-Jährige ein und schnitt dem Küster und einer jungen brasilianischen Mutter die Kehle durch – alle drei erlagen ihren Verletzungen. Als er von der örtlichen Polizei angeschossen und gestellt wurde, stammelte er wie in Trance noch »*Allahu Akbar*« und wurde dann bewusstlos in ein Krankenhaus eingeliefert. Ein unter seinen Sachen gefundenes Dokument des italienischen Roten Kreuzes weist darauf hin, dass er am 20. September in Lampedusa angekommen war – auf einem *Harraga*-Boot (zu *Harraga* siehe S. 190). Die Rettung aus der Seenot verdankte er einem italienischen Schiff, und nach einer 14-tägigen Covid-19-Quarantäne an Bord wurde er mit 800 weiteren Migranten auf einem NGO-Schiff nach Bari (Apulien) gebracht, wo er am 9. Oktober in einem Erst-Registrierungslager unterkam. Man teilte ihm mit, er müsse Italien verlassen, doch dann verliert sich seine Spur. Es gibt gute Gründe zur Annahme, dass er, wie die meisten tunesischen Migranten, den Zug nach Ventimiglia nahm, von dort aus illegal bei Menton die Grenze nach Frankreich überquerte und anschließend nach Nizza weiterreiste.

Aus seiner Biografie ist bekannt, dass der junge Mann aus einer armen Familie mit elf Kindern stammte und in einem Dorf in der Nähe von Kairouan aufwuchs, das mit seiner renommiertesten und ältesten Moschee des Landes als islamisches Zentrum Tunesiens gilt. Später zog die Familie in einen heruntergekommenen Vorort von Sfax, der Wirtschaftsmetropole an der Südküste des Landes, von wo aus am Tag nach dem Verbrechen in Nizza das örtliche Webradio Diwan eine Reportage ausstrahlte. In dieser wird zum einen der Verfall des Viertels deutlich beschrieben, in dem Jugendliche in gefälschter Markensportbekleidung inmitten von Bauruinen herumlungern, zum anderen kommen Eltern, Brüder und Schwestern sowie Freunde des Mörders zu Wort, die mit nur rudimentärem Wortschatz in einem sehr volkstümlichen Slang sprechen. Man erfährt, dass Brahim Issaoui im informellen Sektor arbeitete, wie alle in seiner Umgebung, und unter anderem mit der Reparatur von Mopeds mehr schlecht als recht seinen Lebensunterhalt verdiente, bis er seinen Verdienst dank der *tromba* steigern konnte (aus dem Französischen von »trompe«, dem »Saugrüssel« an der Tankstelle) – damit ist der Verkauf von geschmuggeltem libyschem Benzin gemeint, das überall in Südtunesien am Straßenrand in Glas- oder Plastikbehältern angeboten wird. Es heißt, der junge Mann sei gewissenhaft zur Moschee gegangen, habe aber trotzdem Haschisch und Alkohol konsumiert – eine Art kulturelle und moralische Schizophrenie, die in der Bevölkerung weit verbreitet ist. Obgleich Brahims Vater seine Ausreise nach Frankreich guthieß, da er so dem Elend entkommen könne, machte sich seine Mutter Sorgen, da er »kein Französisch sprach« – doch ihr Sohn beruhigte sie bei dem Telefonat am Vorabend des Anschlags, er habe vor Ort bereits jemanden kennengelernt. Nizza ist tatsächlich die »tunesischste« Stadt Frankreichs, ist hier doch die Mehrheit der maghrebinischen Bevölkerung tunesischer Herkunft.

Sieht man von einem »Bekennerschreiben« vom Tag der Tat ab, das schnell als gefälscht erkannt wurde, rühmte sich kein dschihadistisches Netzwerk des Anschlags. Ganz gleich, wer die möglichen Komplizen waren oder was Brahim zur Tat getrieben hatte, das Attentat von Nizza scheint in Ziel, Zeitpunkt und Vorgehensweise zu dem Stimmungsterrorismus zu passen, der sich in Europa mit der Trennung des IS und seines Netzwerks von den Aktivisten entwickelte. Zumal die Polizei in der zweiten Novemberwoche erklärte, auf Brahim Issaouis Smartphone ein Foto von Abdullah Ansorow gefunden zu haben. Doch der Dreifachmord, begangen von einem jungen Mann, der sich erst wenige Stunden in Frankreich aufhielt, weshalb die Tat nicht ursächlich mit einer »islamophoben Diskriminierung« zusammenhängen kann, unter der der Täter in Frankreich gelitten hätte, stellt eine besorgniserregende Verbindung zwischen den Dynamiken in Nordafrika her – eine von der Pandemie und den Ölpreisen verschärfte Armut, der

Verfall der politischen Ordnung, die illegale Auswanderung, die Prägung durch die von der salafistischen Doktrin von »Loyalität und Lossagung« radikalisierten islamistischen Ideologie –, die nun auf den sozialen und kulturellen Zusammenhalt in Europa treffen.

EPILOG
STIMMUNGSTERRORISMUS UND ISLAMISTISCHER SEPARATISMUS IM SPIEGEL DER WELTPOLITIK

Just als die Welt einen Tag vor der US-Präsidentschaftswahl am Abend des 2. November ein wenig durchatmete, wurde Europa Schauplatz eines neuen dschihadistischen Attentats, dieses Mal in Wien. Die österreichische Hauptstadt sollte ab dem folgenden Tag in einen Lockdown light mit nächtlichen Ausgangsbeschränkungen treten. Die vom Ring umschlossene Innere Stadt, die Plätze und Gässchen des historischen Zentrums des ehemaligen Habsburgerreichs waren übervoll – für einen letzten gesellige Abend, den die milden Temperaturen noch angenehmer machten. Gegen 20 Uhr versetzten Salven eines Sturmgewehrs die Menschen in Panik, und ein Terrorist konnte vier Passanten niederstrecken, ehe er selbst getroffen wurde. Kujtim Fejzulai, 20 Jahre, stammte der albanischen Minderheit in Nordmazedonien ab und besaß sowohl die österreichische als auch die nordmazedonische Staatsbürgerschaft. Er hatte am Morgen der Tat in einem 44-sekündigen Video, das er auf Instagram teilte, dem neuen IS-»Kalifen« die Treue geschworen, dem kaum bekannten Abi Ibrahim al-Haschimi al-Kuraschi, Nachfolger des am 27. Oktober 2019 von einem US-Kommando an der syrisch-türkischen Grenze getöteten Abu Bakr al-Baghdadi. Ein auf Arabisch verfasstes Bekennerschreiben, ähnlich aufgebaut wie jene nach den Anschlägen zwischen 2014 und 2019, reklamierte den Anschlag in Wien mit den folgenden Worten für den IS:

ISLAMIC STATE

30 getötete und verletzte Kreuzfahrer [Halak] nach Angriff eines Soldaten des Kalifats in der österreichischen Stadt Wien

Österreich, Mittwoch 17. Rabi ' al-auwal 1442 im Jahr der Hedschra
Dank Allah (Er sei gepriesen) hat sich der Soldat des Kalifats Abu Dujana al-Albani [der Albaner] (Allah möge ihn aufnehmen) gestern auf eine Versammlung von Kreuzfahrern in der österreichischen Stadt Wien gestürzt und sie mit seinen Waffen – einem Sturmgewehr, einem Revolver und einem Messer – ins Visier genommen, wobei er rund 30 Kreuzfahrer tötete oder verwundete, darunter einen Offizier und Mitglieder der Polizei (Allah sei Lob und Dank dafür).

In der arabischen Originalfassung beginnt der Text mit dem Verb *halaka*. In der islamischen Tradition bezeichnet es insbesondere das Töten von Ungläubigen, die für die göttliche Strafe in die Hölle geschickt werden. Und das nach dem islamischen Kalender berechnete Datum signalisiert unter Dschihadisten den zeitlich unbegrenzten Anspruch des Islam auf die Gebiete der Ungläubigen – so wie auch ihre Benennung als »Kreuzfahrer« auf ihren Kampf gegen den Dschihad anspielt, für den allein sie bereits die Todesstrafe verdienen. Die Kunya (also der arabisch-islamische Beiname) des Mörders, Abu Dujana, spielt auf einen der Begleiter des Propheten an, unter dessen Schutz sich der Terrorist wähnte: Der furchterregende Schwertkämpfer gleichen Namens zeichnete sich nach der heiligen Überlieferung bei den Massakern an Ungläubigen vor allem im Nahkampf aus. Mohammed vertraute ihm sogar seinen eigenen Säbel an, damit Abu Dujana ihnen noch besser den Schädel einschlagen konnte. 2004 hatte bereits der Sprecher von al-Qaida, der das Attentat in Madrid vom 11. März (191 Tote) für seine Organisation reklamierte und forderte, Spanien solle sich aus dem von US-Präsident George W. Bush im Irak geführten »Krieg gegen den Terror« zurückziehen, diese Kunya gewählt. Die Nisba (Herkunfts- oder Zugehörigkeitsbezeichnung) al-Albani verweist auf die bedeutungstragende Identität, die der Mörder selbst gewählt hat: Da er seine zwei »Kreuzfahrer«-Nationalitäten (die nordmazedonische war ebenfalls verachtenswert) verschleiern wollte, zog er den Namen des in der islamischen Welt als mehrheitlich islamisch bekannten Volkes der Albaner vor. Denn dank der osmanischen Eroberung des Balkans und der folgenden (freiwilligen oder erzwungenen) Konversion der meisten Einwohner bekennen sich heute die meisten Albaner zum Islam.

Genau wie die drei Mörder, die Frankreich im September und Oktober 2020 mit Blut tränkten – der Pakistani Zaheer Mahmood (25. September), 25, der Tschetschene Abdullah Ansorow (16. Oktober), 18, der Tunesier Brahim Issaoui (29. Oktober), 21 –, war der albanisch-nordmazedonische Terrorist zum Tatzeitpunkt noch sehr jung, erst 20 Jahre. Im Gegensatz zu den drei anderen beging er seine Tat jedoch in dem Land, in dem er geboren wurde. Seit 2018 stand er unter Einfluss des IS-Netzwerks, dem Jahr, als er versuchte, nach Syrien zu gelangen. In der Türkei fing man Kujtim Fejzulai jedoch ab und schickte ihn zurück nach Österreich. Hier verurteilte ihn ein Gericht zu 22 Monaten Haft, von denen er aufgrund seines jungen Alters allerdings nur acht Monate verbüßen musste. Während des Verfahrens hatte er seine »Radikalisierung« im Alter von 16 Jahren mit Familienkonflikten, Schulversagen und Pubertätskrise begründet, für die er im dschihadistischen Engagement die Erlösung gefunden hätte. Diese der mystifizierenden Parole von der »Islamisierung der Radikalisierung« ähnliche Haltung stellte nichts weiter als einen Gesinnungswandel dar, zu dem er während des Bewährungshilfeprogramms gekommen war. Dabei hatte der vermeintlich Reuige seinen Betreuer bei den Justizbehörden getäuscht und vorgegeben, sich »wieder in die Gesellschaft eingegliedert« zu haben – wie es auch bei vielen ähnlichen Fällen in Frankreich geschah, die Hugo Micheron in seinem Buch *Le jihadisme français* (*Der französische Dschihadismus*) aus dem Jahr 2020 beschreibt. Trotz seines für Instagram aufbereiteten »Treueeids«, der verrät, dass Kujtim Fejzulai weiterhin die Nähe zum »Kalifat« pflegte, weist nichts darauf hin – zumindest nichts, was bekannt wäre, während diese Zeilen entstanden –, dass der Einzeltäter von irgendeinem Netzwerk beauftragt worden wäre. Zum oben abgedruckten Bekennerschreiben gehört auch eine Lobrede, veröffentlicht in Ausgabe Nummer 259 (5. November) des IS-Newsletters *Al-Naba* (»Die Ankündigung« – Titel der Koransure 78), der unerträgliche Fotografien von Folterungen um dschihadistische Ergüsse ergänzt. Darin beschränkt man sich darauf, die Ereignisse ex post zu kommentieren, ohne jeglichen Beweis für die Behauptungen vorzulegen. Wie es aussieht, wenn ein angeblich vom sogenannten »Islamischen Staat« autorisierter Mensch im Internet behauptet, der Organisator von Ereignissen zu sein, die weit jenseits seiner Möglichkeiten liegen, ließ sich bereits in mehreren Ausgaben dieses Online-Newsletters beobachten, als die berühmten Karikaturen am 3. September erneut in *Charlie Hebdo* veröffentlicht wurden: *Al-Naba* berichtete über die frankreichfeindlichen Demonstrationen und stachelte dazu auf, sie zu intensivieren, wobei man sich ohne Beweise als Urheber der Proteste aufspielte.

Die Rückkehr des Dschihad nach Wien

Verortet man das Attentat von Wien vom 2. November im Umfeld des Stimmungsterrorismus, wie er im Monat zuvor von den drei Terrorangriffen in Paris, Conflans-Sainte-Honorine und Nizza anschaulich wurde, bleibt die Frage, was diesmal die Tat auslöste. In Frankreich war der Auslöser zum einen die Beleidigung des

Propheten, wie der pakistanische und tschetschenische Mörder angaben, zu der im Falle des tunesischen Attentäters noch das Mulud-Fest, der Geburtstag des Propheten am 29. Oktober, hinzukam – wobei dieser Täter sich zu gar nichts bekannte. Interessanterweise liefert der anonyme Verfasser des *Al-Naba*-Artikels einen Schlüssel für den Wiener Anschlag, indem er in seinem Kommentar makabre Späße unterbringt: Er spöttelt über einen mythischen und nostalgischen Liedrefrain der Diva und Drusenprinzessin Asmahan (»die Erhabene« auf Persisch) (1912–1944). In ihrem letzten Lebensjahr, als sich die österreichischen Hauptstadt noch unter NS-Herrschaft befand, entstand das Lied *Layali al-ons fi Vienna* (*Nächte voller Seligkeiten in Wien*), und in dem Bekennerschreiben ist die Rede davon, dass dank einer »Nacht voller Blut […] nun Schluss mit den Seligkeiten ist, von denen man seit Jahren singt«, denn »die historischen Straßen sind vor Angst und Schrecken wie leer gefegt«. Indem er sich bissig über die Sehnsüchte der »schlechten Muslime« lustig macht, siedelt der Autor des Bekennerschreibens Wien in der arabischen Vorstellungswelt der säkularisierten Elite der Goldenen Zwanziger an, um die so deklarierte »Hauptstadt der Kreuzfahrer« in der »Nacht voller Blut« auszulöschen. Es sollte auch erwähnt werden, dass sich in der Seitenstettengasse, wo Kujtim Fejzulai zuerst in die Menschenmenge schoss, in der Nummer 4 die wichtigste Synagoge der Stadt befindet, der 1826 erbaute Stadttempel, auf den bereits zwei Anschläge von Palästinensern verübt wurden. Der tödlichere der beiden ereignete sich am 29. August 1981, als zwei Attentäter der Abu-Nidal-Organisation (auch Fatah-Revolutionsrat) bei einem Überfall auf einen Bar-Mizwa-Gottesdienst mit Maschinenpistolen und Handgranaten zwei Menschen töteten und rund 30 weitere verletzten.

Das historische Zentrum der Stadt ist so bereits seit 1981 in die Chronologie des arabischen Terrorismus in Europa eingeschrieben, 20 Jahre vor der Geburt des Mörders vom 2. November, dessen Tat damit in gewisser Weise als Zitat verstanden werden kann. Wien spielt ohnehin im größeren Zusammenhang der islamistischen Weltanschauung eine wichtige Rolle. Das gilt insbesondere für jene Aktivisten und Sympathisanten, die Wiens osmanisches Erbe betonen möchten, etwa die im ehemaligen Rumelien Geborenen – so hieß der europäische Teil des Osmanischen Reichs, in dem die Albaner das leuchtende (Glaubens-)Vorbild waren. Die ehemalige Residenzstadt der Habsburger war tatsächlich der westlichste Punkt des von Mehmed IV. Avci (»der Jäger«, reg. 1648–1687) geführten Dschihads. Der Sultan, ein Zeitgenosse Ludwigs XIV., regierte das Osmanische Reich an seinem Höhepunkt und ließ Wien 1683 von seinem Großwesir Kara Mustafa (adoptiert von der albanischen Linie der Köprülü) belagern. Mehmed IV. verfügte über eine riesige Armee mit 200.000 Soldaten, die aus dem gesamten Nahen Osten einschließlich Mesopotamien stammten und für die die Aussicht auf eine atemberaubende Plünderung Europas im »Grand Siècle« ebenso verlockend war wie die religiöse Pflicht. Nach dem Balkan verblieb nur noch Wien als Schutzwall vor der Invasion und Islamisierung des restlichen Kontinents. Doch die Osmanen unterlagen hier einem multinationalen christlichen Entsatzheer unter der Führung des polnischen Aristokraten Johann III. Sobieski – dem sich der französische Sonnenkönig jedoch nicht angeschlossen hatte, da für ihn die Zwistigkeiten zwischen Bourbonen und Habsburgern Vorrang hatten vor der religiösen und kulturellen Solidarität mit dem Kaiserreich. Ludwig XIV. begnügte sich damit, Molière und Jean-Baptiste Lully mit der Komödie *Der Bürger als Edelmann* zu beauftragen: Hier konnte er über die Figur des Mamamouchi lachen und sie statt auf dem Schlachtfeld auf der Theaterbühne austreiben – ähnlich den Karikaturen aus der heutigen Zeit. Der militärische Sieg der »Kreuzfahrer« gelang am 12. September 1683. An diesem Tag endete der osmanische Dschihad, der der Hohen Pforte Steuereinnahmen aus den nach und nach eroberten Gebieten Europas gesichert hatte sowie die »Ernte« (*devchirmé*) christlicher Jungen, die entführt wurden, um sie nach der Zwangsbeschneidung und Konversion zu Janitscharen zu machen. Dieser Rückschlag war der Auftakt des unaufhaltsamen Niedergangs des Reiches bis zu seinem Zerfall am Vorabend des Ersten Weltkriegs – was Atatürks Renaissance auf den Trümmern des Reiches in den 1920er-Jahren ermöglichte. Die europäische Folklore schreibt der Wiener Episode den Ursprung des Croissants (das symbolische Verzehren des besiegten Feindes) und des Cappuccinos zu (nach der Kutte des Kapuziner-Mönchs Marco d'Aviano – 2003 von Papst Johannes Paul II. seliggesprochen –, der in seinen Predigten zum Kreuzzug gegen den Dschihad aufrief); man hatte im verwüsteten Feindeslager Säcke mit Kaffee gefunden, dessen bitteren Aufguss man mit Milch und Honig versüßte. Im islamistisch-türkischen Gedenken hingegen wird die traumatische Niederlage vor den Toren Wiens ebenso überschwänglich beklagt, wie die Einnahme Konstantinopels 1453 – 230 Jahre zuvor – bejubelt wird. Das Debakel vor Wien erscheint wie ein Zerrbild des früheren Triumphs, skandalös und nicht hinnehmbar für eine Zukunftsvision, in der nur die islamische Eroberung des gesamten Planeten Platz hat. Man legte es den unentschlossenen oder sündenbehafteten Gläubigen zur Last, und es sei Aufgabe der glühendsten Eiferer, es mit der weltweiten Wiederaufnahme von Feindseligkeiten zu überwinden. Ein Zeugnis dafür ist der abgetrennte Kopf des besiegten Großwesirs Kara Mustafa, den die Janitscharen in Belgrad erdrosselt und enthauptet hatten, woraufhin sie ihn zum Sultan brachten – bis heute wird der Kopf in Edirne (dem ehemaligen Adrianopel) aufbewahrt.

Edirne liegt an der türkischen Grenze zu Griechenland und Bulgarien und ist berühmt für ihre prächtigen Moscheen. Die Stadt ist heute der bevorzugte Durchgangsort für Flüchtlinge aus Syrien, dem Irak und noch weiter entfernten Ländern, um über die »Balkanroute« das ersehnte Gebiet der Europäischen Union zu erreichen. Diesen Weg nahm auch die Mehrzahl der IS-Dschihadisten, um die Attentate vom 13. November 2015 in Paris und Umgebung zu verüben: Ihr Chef, der Belgier mit marokkanischen Wurzeln, Abdelhamid Abaaoud, lebte im Dezember 2014 in Edirne und rekrutierte hier die Schlepper, deren Aufgabe es war, IS-Dschihadisten unter die vor Übergriffen fliehenden Migranten zu mischen. In Edirne machte auch der Pakistani Zaheer Mahmood Zwischenstation, bevor er am 25. September 2020 mit seinem Fleischermesser auf zwei Menschen losging, die er vor den ehemaligen Redaktionsräumen von *Charlie Hebdo* antraf.

Eine Reihe von Ereignissen schuf also im Jahr 2020 eine ganz eigene Stimmung, in der sich die immer heftiger erhitzten Gemüter zu überstürzten dschihadistischen Attentaten angestachelt fühlten: die Reislamisierung der Hagia Sophia durch Präsident Erdoğan und seine Entourage am 24. Juli in Istanbul, bei der der vorbetende Imam einen osmanischen Säbel zur Schau trug; das Eindringen eines Gaserkundungsschiffes mit dem Namen des osmanischen Korsaren Barbarossa in griechische und zypriotische Hoheitsgewässer, begleitet von den unerträglichen Kommentaren gegenüber diesen ehemaligen orthodoxen *Dhimmis* (Nichtmuslime mit besonderem Schutzstatus, in diesem Fall Griechen und Zyprioten), die eine nach der Verhaftung zahlreicher unabhängiger Journalisten geschwächte Presse abdruckte; die »volle Unterstützung« der Türkei für die aserbaidschanische Offensive gegen den anderen christlichen Staat im Orient, Armenien; bis hin zu den Ausschreitungen der Grauen Wölfe in Décines gegen die Nachfahren der Überlebenden des Völkermords. In dieser Atmosphäre mobilisierte man auch gegen Frankreich, Inbegriff des verachteten Laizismus, den Atatürk in der Türkei einst etablierte und den nun der Herrscher in Ankara seinem Land endgültig austreiben möchte. Die Schmäh-Kampagne gegen Macron überzog diesen als Reaktion auf seine angebliche »Islamophobie« mit üblen Beleidigungen – und ließ seinen Verächter als Herold der beleidigten Muslime erscheinen. Als Vorkämpfer für die Muslime war 1989 bereits Ajatollah Chomeini aufgetreten, indem er die Fatwa gegen Salman Rushdie verhängte; und drei Jahrzehnte später loderten diese Flammen in dem Moment erneut auf, da *Charlie Hebdo* am 3. September die Mohammed-Karikaturen ein weiteres Mal veröffentlichte, die bereits das Motiv für die Angriffe vom 7. Januar 2015 auf das Redaktionsbüro der Zeitschrift gewesen waren. (Beim zweiten Attentat am 9. Januar im Supermarkt HyperCacher war man nicht mehr auf diesen Vorwand angewiesen, sondern richtete sich direkt gegen Juden als solche.)

Dabei schaden die erratischen Impulse fanatischer Dschihadisten ihrem globalen Ansinnen, führen sie doch bei ihren Gegnern zu einem lebenswichtigen Aufschrecken. So legte die türkische Presseagentur Anadolu nach dem Anschlag von Wien denn auch großen Wert darauf, die beiden »türkischen Helden« oder »Austrotürken« hervorzuheben – junge Österreicher mit türkischen Wurzeln und athletischen Körpern, von denen der eine zu Ehren des türkischen Präsidenten die beiden Vornamen Recep Tayyip trägt –, die einen verletzten Polizisten und eine verletzte Passantin zum Krankenwagen gebracht hatten. Die beiden wurden später mit allen Ehren in der türkischen Botschaft empfangen und von Erdoğan persönlich angerufen. Er wies sie an, »[den Österreichern] weiterhin zu helfen«, beklagte aber wie üblich auch Europas Islamophobie und Rassismus. Die beiden Männer gehören bekanntermaßen einer ultranationalistischen Bewegung an, die an der Schnittstelle zwischen Millî Görüş – jenem aus der anatolischen Muslimbruderschaft hervorgegangenen länderübergreifend aktiven islamistischen Netzwerk – und den Grauen Wölfen steht. In dem Land, das einmal den »Anschluss« erlebte, ist das öffentliche Zeigen des Graue-Wölfe-Grußes (Daumen, Mittel- und Ringfinger zusammen, Zeige- und kleiner Finger abgespreizt) durch ein Gesetz gegen NS-Symbole verboten. Doch Fotos in den sozialen Netzwerken belegen, wie die »Helden« einige Monate zuvor an antikurdischen Demonstrationen teilgenommen hatten, was zu einigem Unbehagen führte – doch der sozialdemokratische Bürgermeister Wiens behandelte sie zuvorkommend und empfing sie offiziell. Er hatte bei der letzten Wahl die »türkischen Stimmen« auf sich vereinen können, auch dank einer Wahlempfehlung von Ankara nahestehenden Vermittlern, ganz ähnlich wie es die UAM 93 mit den »muslimischen Stimmen« für die Kandidaten in Seine-Saint-Denis tat.

Fünf Tage nach dem Anschlag veröffentlichte die türkische Polizei eine Erklärung, in der sie an die Verhaftung des späteren Attentäters am 18. September 2018 in der Provinz Hatay erinnerte, nahe der Deeskalationszone Idlib (vgl. Karte 12). Man habe ihn wegen des Versuchs, sich dem sogenannten »Islamischen Staat« anzuschließen, verurteilt und am 1. Januar 2019 nach 16 Monaten Aufenthalt in der Türkei an Österreich ausgeliefert, wobei man den zuständigen Behörden »alle notwendigen Informationen über seine Zugehörigkeit zu einer Terrorgruppe, seine Motive und seine Bemühungen« mitgeteilt habe. Wie der Aufenthalt in Anatolien ausgesehen haben muss, davon zeugt die Treueerklärung, die Kujtim Fejzulai am Morgen des Anschlags online stellte: In dem Video zeigt er sich mit den drei am Abend dann eingesetzten Waffen – einem Sturmgewehr (für eine AK-47 hatte er sich im Oktober in Bratislava Munition besorgen wollen, was zu einer Meldung der slowakischen Polizei an ihre Wiener Kollegen führte, ohne dass man dem dort nachging), einem Revolver und einer Machete. Der lächelnde junge Mann mit schwarzem Bart trägt ein dunkles T-Shirt, das eindrucksvolle Muskeln erahnen lässt, und schwört in gutem Arabisch dem Anführer des IS seine Treue – er kann sogar den stimmhaften pharyngalen Reibelaut aussprechen, das ʿain, das für Nichtmuttersprachler besonders schwierig ist. Das Filmchen dauert nur 44 Sekunden und eignet sich damit bestens für Instagram, wo es vor allem junge Menschen anspricht – genau wie das Video des bis dato unbekannten Rappers Maka aus der Pariser

Banlieue, das ihn am 12. November mit einem Schlag berühmt machte: Zu Bildern von brennenden Fahrzeugen schwingt er eine Machete und singt das Lied S***** P***, in dessen Refrain es heißt: »Wir köpfen sie, ganz ohne Empathie, wie Samuel Paty« (mit mehreren Zehntausend Aufrufen – während 200 Verfahren wegen Terrorverherrlichung eröffnet wurden, vor allem weil Schülerinnen und Schüler das Bild des enthaupteten Lehrers weiterverbreitet hatten).

Hier haben wir einen exemplarischen Fall dafür, wie der dschihadistische Stimmungsterrorismus funktioniert: »Wutunternehmer«, wie Bernard Rougier sie nannte, teilen eindeutiges Material in sozialen Netzwerken, welches Leute dazu bringt, das virtuelle Universum in die reale Welt zu überführen – ohne dass die Grenze zwischen dem einen und dem anderen ganz deutlich wäre, zumal nicht für junge Menschen und für jene, deren kulturelles Bezugssystem fast ausschließlich im Smartphone stattfindet. So folgten auch die drei Attentate in Frankreich keiner hierarchischen Befehlskette, sondern einer Art Ansteckungskette, die von Informationen ausging, die die Attentäter direkt aus dem Informationsfluss der sozialen Netzwerke aufgegriffen hatten: Der Pakistani Mahmood kaufte sich ein Schlachtermesser als Mordinstrument, das jenen großen Klingen am ähnlichsten sah, die seine Landsleute in den Online-Videos von den Demonstrationen schwingen, auf denen sie die Enthauptung der »Blasphemisten« von *Charlie Hebdo* forderten; der Tschetschene Ansorow entschied sich zur Tat, nachdem er die Posts über den nur halb geglückten Anschlag Mahmoods vom 25. September gesehen hatte; der Tunesier Issaoui, der in Nizza drei Menschen mit Messerstichen tötete, hatte auf seinem Smartphone ein Bild von Ansorow gespeichert. Am selben Tag, dem 12. November, drohte in Savigny-le-Temple (Département Seine-et-Marne, bei Paris) ein 14-jähriger Schüler seinem Geschichts- und Geografielehrer, ihn »wie Samuel Paty köpfen« zu wollen, da ihm der laizistische Inhalt der sozialkundlichen

Stunden missfiel. Laut AFP bezog sich der Junge, bei dem die Polizei eine Elektroschockpistole fand, in seiner Aussage ausdrücklich auf den Rapper Maka, dessen Video er zuvor auf seinem Handy gesehen hatte.

Der aufbereitete, 44-sekündige Treueschwur von Kujtim Fejzulai ist an die sofortige Verfügbarkeit auf Instagram angepasst. Offenbar hat der Verfasser seinen Text sorgfältig auswendig gelernt, um möglichst effizient zu sein – ganz im Gegensatz zu Amedy Coulibaly, der am Vorabend seines Anschlags auf den Hyper-Cacher vom 9. Januar 2015 in katastrophaler Aussprache und über die arabischen Worte stolpernd eine Botschaft aufzeichnete, die dann am nächsten Tag ausgestrahlt wurde. Fejzulai hatte offenbar eine Passage aus einer bestimmten Sammlung von Hadithen (Sprüche des Propheten und Geschichten von seinem heiligen Leben) auswendig gelernt, die vor allem im salafistischen Milieu weit verbreitet ist: *Die Gärten der Tugendhaften* (*Riyad as-Salihin*). Diese Sammlung wurde im 13. Jahrhundert vom syrischen Rechtsgelehrten an-Nawawi erstellt. Die wichtigsten Führungsfiguren des zeitgenössischen Salafismus wie etwa Muhammad Nasir ad-Din al-Albani – ein albanischer Theologe, der 1999 mit 80 Jahren verstarb – sowie die Hauptideologen des saudischen Wahhabismus, Abd al-Aziz ibn Baz (1910–1999) und Muhammad ibn al-Uthaymin (1925–2001), befürworten sie ausdrücklich; seit der zweiten Hälfte des 20. Jahrhunderts wurde sie in viele Sprachen übersetzt und ein weltweiter Bestseller in islamistischen Buchhandlungen, heute ist sie mit einem Klick im Internet zu finden. Sie entwickelte sich zum in salafistischen wie auch dschihadistischen Kreisen bevorzugt gelehrten Kompendium, und Kujtim Fejzulai dürfte sie zumindest in Teilen während seines Aufenthalts in der Türkei kennengelernt haben, wo er in einer dschihadistischen Enklave unter nach Anatolien geflüchteten Syrern lebte. Die Texte sind ohne Erläuterung nur schwer verständlich, selbst arabische Muttersprachler benötigen oft ein Lexikon, da die Sprüche in einem mittelalterlichen Register und mit dem Kirchenlatein vergleichbaren Wendungen verfasst sind. Der hier übersetzte Ausspruch Fejzulais setzt sich aus Hadith-Zitaten zusammen, die dem *Buch der Zwietrachten* (*Kitab al-Fitan*), nach der Zusammenstellung von al-Buchari Nummer 6647, aus *Die Gärten der Tugendhaften* entnommen sind (*kursiv*), sowie einigen Einschüben (nicht kursiv):

> Im Namen Allahs, *schwören wir* dem Kalifen Abi Ibrahim al-Haschimi al-Kuraschi die [*sic!* der] Muslime *den Treueeid, auf ihn zu hören und ihm zu gehorchen, in Unglück und Glück, in Jubel und Leid, die Diskriminierung zu ertragen, ohne die Herrschaft der Mächtigen anzufechten, es sei denn im Falle offenkundiger Gottlosigkeit, für die Allah den Beweis liefert.* Und Allah ist Zeuge dessen, was wir sagen. Allah ist der Größte, Lob sei Allah, der Islamische Staat bleibe bestehen, so es Allah gefällt, Er sei gepriesen, Friede sei mit euch, *Barmherzigkeit* und Allahs Segen.

Der Originaltext, ein Treueschwur für den Propheten, wurde hier so abgeändert, dass die Treue seinem Nachfolger, dem IS-Kalifen, gelobt wird – dass er als Nachfolger des Propheten gelten kann, interpretieren jedenfalls die letzten Jünger dieser schemenhaften Figur. Darüber hinaus diente die gängige Floskel »der Islamische Staat möge fortbestehen« – häufig auch nur auf diesen letzten Ausdruck reduziert (*baqia!* auf Arabisch) – als Schlagwort, seit die westliche Koalition ab 2015 mit ihren Bombenangriffen das Fortbestehen des syrisch-irakischen IS-Territoriums bedrohte. Es wird übrigens nicht genauer erklärt, was man sich unter der »offenkundigen Gottlosigkeit« in Wien vorstellen soll, abgesehen von der »Kreuzfahrer«-Natur der »getöteten und verletzten« Opfer, wie es in dem dem IS zugeschriebenen Kommuniqué hieß. Man kann aber annehmen, dass schon allein die Tatsache, in jener Stadt zu leben, die 1683 dem Dschihad widerstand, aus jedem Passanten oder Kunden an jenem Abend des 2. November einen Nachkommen des damaligen Kreuzzugs machte, den König Johann III. Sobieski führte und den Mönch Marco d'Aviano mit seinen Predigten begleitete. Als entspräche die Stadt Wien in der gegenwärtigen dschihadistischen Vorstellung von der Welt noch immer dem Stadtbild, das man dank einer bekannten osmanischen Skizze über die Belagerung rekonstruieren kann: Auf der von den Habsburgern 1688 bei der Eroberung Belgrads in den Archiven des Großwesirs entdeckten Grafik, die heute im Wien Museum ausgestellt wird, erkennt man den Stephansdom, der die Stadt überragt und symbolisch schon als erobert gekennzeichnet ist, da ein Halbmond auf seiner Turmspitze prangt, außerdem die Stadtmauer, die heute dem Ring um die Innere Stadt entspricht – wo am 2. November der Anschlag stattfand. Wien ist auf der Zeichnung von Belagerern mit Kanonen und Fahnen umgeben, unter denen die der Janitscharen mit dem zweischneidigen Krummsäbel, dem Zulfiqar (*Dhu l-faqar*) herausragt: Der Prophet soll dieses Schwert mit den zwei Klingen seinem Schwiegersohn Ali überreicht haben, und es symbolisiert den unabwendbaren Sieg des Dschihad über die Gottlosen – die auf der Legende der Karte in osmanischem Türkisch als *Kafir* (Ungläubige) bezeichnet werden.

Erdoğans Kühnheit und Erdoğans Grenzen

Ankaras diplomatische Kommunikation und Äußerungen zur Sicherheitslage nach dem Anschlag sollten verdeutlichen, dass es Erdoğan ist, der alle Menschen kontrolliert, die neben dem türkischen auch noch einen österreichischen Pass haben – vom Zentrum Wiens bis nach Antakya. Den Wunsch, über die eigene Machtprojektion bis in die Mitte Europas durchzudringen (vgl. Karte 3), bestätigt auch der Bau riesiger Moscheen, den das *Diyanet* überwacht – das staatliche Verwaltungsamt für religiöse Angelegenheiten. Es wird von Ali Erbaş geleitet, jenem Imam, der am 24. Juli 2020 in der Hagia Sophia mit dem Säbel in der Hand das Gebet sprach. So baute man etwa in Köln, aber auch in Straßburg, wo der Immobilienkomplex rund um die Eyüp-Sultan-Moschee zudem das türkische Generalkonsulat und Gemeinschaftsräume beherbergt. Das türkische Streben vermischt Religiöses, Politisches und Soziales und wird von einigen europäischen Politikern als überzogene Einmischung verstanden. Vor diesem Hintergrund drohte im November der Bruch der Zollunion zwischen der EU und der Türkei, was der türkischen Wirtschaft einen schweren Schlag versetzt hätte. Diese ist ohnehin schwer von Erdoğans Führung beeinträchtigt, da der Präsident maßlosen Gebrauch von der Notenpresse macht und sie wieder und wieder anwerfen lässt. So entließ er am 7. November den Präsidenten der türkischen Zentralbank, während die Lira einen neuen Tiefststand erreichte; bereits zuvor hatte sie gegenüber dem US-Dollar und dem Euro mehr als ein Drittel ihres Wertes eingebüßt, und die Inflation hatte die Zinsen überstiegen. Erdoğan musste sich daraufhin mit dem Rücktritt seines allmächtigen Schwiegersohns und Finanzministers Berat Albayrak abfinden – der wie Donald Trumps Schwiegersohn Jared Kushner für die Wirtschaftsbeziehungen zwischen den beiden Präsidentenfamilien und ihrer Entourage verantwortlich war: Kurz zuvor war Joe Biden als designierter Präsident der Vereinigten Staaten anerkannt worden. Biden hatte Erdoğan schon im Vorfeld als Autokraten bezeichnet und durfte sich in seiner langen Politikerkarriere immer wieder auf die in den New-England-Staaten einflussreichen Wähler mit griechischen Wurzeln verlassen. Er konnte dem Herrscher in Ankara also kaum dieselbe unerschütterliche Loyalität in Aussicht stellen, wie Donald Trump sie dem *strong leader* vier Jahre lang zugesichert hatte, zumal die beiden andere als reine Wahlverwandtschaften verbanden. Eine von der *New York Times* am 29. Oktober veröffentlichte Untersuchung brachte ans Tageslicht, dass Trump zwischen 2015 und

2018 mindestens 2,6 Millionen Dollar aus der Türkei erhalten hatte, was zur Bemerkung seines ehemaligen Nationalen Sicherheitsberaters John Bolton (am 10. September 2019 entlassen) passt: »Er [Trump] greift regelmäßig in die ordnungsgemäßen Regierungsgeschäfte zugunsten eines ausländischen Politikers ein. Aus welchem Grund? Schlicht, weil er von dieser Person später einen Gefallen erwartet.«

Andrew Parasiliti – Chefredakteur von *Al-Monitor*, dem am besten informierten Online-Medium zum Nahen Osten – analysierte Erdoğans Strategie während des turbulenten Interregnums zwischen Joe Bidens Sieg bei den Wahlen und seiner Amtsübernahme am 20. Januar 2021 unter realpolitischen Gesichtspunkten, und zwar unabhängig von den Entscheidungen und Verschleppungstaktiken des scheidenden Donald Trump. Erdoğan ergriff in dieser Zeit Vorsichtsmaßnahmen gegen den 46. US-Präsidenten, von dem er weniger Rücksicht erwarten durfte, indem er in einigen Bereichen vollendete Tatsachen schuf, die ihm später als Verhandlungsbasis dienen würden. Seine Strategie war aber aufgrund des wankelmütigen Charakters der Allianzen, die unter großen Schwierigkeiten im Jahr 2020 gebildet worden waren, auch von wichtigen Einschränkungen beeinflusst, darunter die sich vertiefenden Brüche und die somit steigende Zahl von Feinden. Eine ganz andere Politik hatte sein ehemaliger Premierminister und inzwischen zum Rivalen gewordene Ahmet Davutoğlu gefordert, ausgehend vom Konzept »keinerlei Feinde«.

Der Herrscher von Ankara befand und befindet sich derzeit noch immer mit fast allen Nachbarn und Verbündeten im Konflikt. Sein Bewegungsspielraum war darauf beschränkt, nicht all seine Widersacher zugleich zu verärgern, vielmehr musste er reihum die einen gegen die anderen ausspielen. Diese Flucht nach vorn wurde dadurch erschwert, dass sich die wirtschaftliche und soziale Lage, ein Opfer seiner zahlreichen Abenteuer, weiter verschlechtert hatte, was innenpolitisch eine zunehmend schärfere

Repression verlangte. In der Folge sank Erdoğan in der Wählergunst noch weiter ab – obgleich die Regierung mit einem potenziellen Neuwahltermin jonglierte und die demokratischen Garantien für die Opposition regelmäßig weiter beschnitten wurden. Am 24. Oktober 2020 – der Sieg von Joe Biden war noch nicht offiziell, aber doch schon denkbar – beklagte der türkische Präsident die Bildung einer »neuen Terrorzelle« im Nordosten Syriens – in Rojava, wie die Kurden das von ihnen kontrollierte Gebiet nennen. Erdoğan drohte ausdrücklich mit einer erneuten Invasion in das Gebiet, ähnlich jener vom Oktober 2018, die damals mit Trumps Einverständnis durchgeführt worden war. Dass der türkische Präsident zu diesem Zeitpunkt eine solche Militäroperation erwähnte – die nach der Amtsübergabe an Joe Biden am 20. Januar 2021 in Washington kaum noch realistisch gewesen wäre –, belegt seine Suche nach einer Absicherung angesichts der sich für die türkischen Interessen in der gemeinschaftlichen Deeskalationszone Idlib in Syrien weiter verschlechternden Situation (vgl. Karte 12).

Nachdem sich türkische Beobachter und Militärs aus ihren Garnisonen vor allem in Morek und Qal'at al-Mudiq zurückgezogen hatten (siehe oben, S. 137), führte der mit russischen Luftangriffen begleitete Vormarsch von Assads Bodentruppen dazu, dass die von den letzten syrischen Rebellen kontrollierten Gebiete zusammenschrumpften. Unter diesen waren es vor allem die radikalen Islamisten von Hai`at Tahrir asch-Scham (Komitee zur Befreiung der Levante, ehemals al-Qaida), die sich unter dem Druck ihrer türkischen Mentoren ein neues Image zulegten, ihre extremsten Führer absetzten und mit »moderaten«, angeblich mit dem Westen kompatibleren Dschihadisten ersetzten. Die Enklave rund um Idlib entwickelte sich Ende 2020 zu einer Art Fort Alamo oder Gazastreifen (wie Fabrice Balanche es formulierte), um letztendlich auf syrischer Seite entlang der Grenze zur Türkei zu einer Pufferzone für die Provinz Hatay mit ihrer Hauptstadt Antakya zu werden.

Während im ersten Halbjahr 2020 Türken und Russen ihren Vormarsch beziehungsweise Rückzug nach Idlib noch durch entsprechende Ausgleichsbewegungen ihrer Hilfstruppen an der libyschen Front zwischen Tripolitanien (kontrolliert von der GNA, unterstützt von Ankara) und der Kyrenaika (beherrscht von der LNA, unterstützt von Moskau) kompensierten, beraubte die von Washington gebilligte Marginalisierung der Türkei zugunsten Kairos in diesem Konflikt (siehe oben, S. 185) Erdoğan Ende des Jahres dieser Möglichkeit. Gleichzeitig verärgerte Erdoğans Unterstützung Aserbaidschans Wladimir Putin, insbesondere die Lieferung von Bayraktar-Drohnen und die Entsendung und Bezahlung syrischer Verstärkung, verstand er dies doch als Einmischung in die russische »Einflusssphäre« im Kaukasus. Der in der Nacht vom 9. auf den 10. November in Moskau unterschriebene Waffenstillstand, der die Festigung aserbaidschanischer Gebietsgewinne durch die SpezNas enthält, einer Spezialeinheit des russischen militärischern Nachrichtendienstes GRU, stellte den Kreml zufrieden, schwächte er doch den damaligen armenischen Premierminister Nikol Paschinjan, der in den Augen der ehemaligen Sowjetmacht zu demokratisch und unabhängig war. Da Moskau jedoch hatte hinnehmen müssen, dass sich die militärische Situation durch die türkische Hilfe für Baku weiter verändert hatte, war eine Reaktion darauf nötig geworden.

Außenminister Lawrow – der sich 2018 bereits den Zorn Erdoğans zugezogen hatte, als er sich von der Besatzung der syrischkurdischen Enklave von Afrin distanzierte – erinnerte in diesem Zusammenhang in einem Radiobeitrag:»Wir haben die Türkei niemals als unseren strategischen Partner betrachtet.« Wenige Tage später bemerkte sein Chef anlässlich der 17. Jahrestagung des Waldai-Klubs, des offiziellen, internationalen Thinktanks des Kreml, der am 22. Oktober 2020 zusammentraf, nicht ganz ohne Ironie:»So streng Präsident Erdoğan auch dreinschauen mag, ich weiß, dass er flexibel ist und man eine gemeinsame Sprache mit ihm finden kann.« Der in der jüngsten Vergangenheit von Moskau auf Ankara ausgeübte, unfreundliche Druck verlieh solchen und ähnlichen Worten eine gewisse Härte, während noch die Waffen in Bergkarabach dröhnten ... Doch nach dem Waffenstillstand wurde deutlich, dass sich der Wagemut des türkischen Präsidenten bezahlt gemacht hatte: Die in den Friedensvereinbarungen vorgesehenen Korridore ermöglichen eine »eurasische«, ja »panturanistische« Eisenbahnverbindung von der Türkei über Russland bis nach Bischkek in Kirgistan, zur Beunruhigung von Teheran, das im Astana-Prozess doch eigentlich ein Partner Ankaras ist.

Der Konkurs der Arabistik und die westliche Unwissenheit angesichts des Islamismus

Während sich die Beziehung der Türkei zu Russland, dem großen Nachbarn im Norden, angesichts der mahnenden Worte weiter anspannt, schwächt die Verurteilung der türkischen Besatzungen in Westlibyen, in Syrien und dem Nordirak, die an die dunklen Zeiten der osmanischen Kolonialisierungen erinnern, durch die Arabische Liga die Hegemoniebestrebungen der Achse von Muslimbrüdern und Schiiten im Nahen Osten. Erdoğan bemühte sich, aus seiner Isolation auszubrechen, indem er sich selbst in einen »Wutunternehmer« verwandelte und die Kampagne gegen Frankreich anheizte, die in einem nicht unwesentlichen Teil der muslimischen Welt um sich griff. Anlässe dazu waren etwa der Wiederabdruck der Mohammed-Karikaturen in *Charlie Hebdo* am 3. September, die Rede Macrons in Les Mureaux am 2. Oktober, in der er vom »islamistischen Separatismus« sprach, oder jene während einer Gedenkveranstaltung für Samuel Paty am 21. Oktober in der Sorbonne, bei der der französische Staatspräsident erklärte, Frankreich werde niemals auf Karikaturen verzichten. Die Sache wurde Erdoğan insofern leichter gemacht, als die Islamstudien in

Frankreich kaum noch Beachtung finden. Eine Kaste hoher Funktionäre ist davon überzeugt, dass es, wie Olivier Roy es in einer Phrase zusammenfasste, »unnötig ist, Arabisch sprechen zu können, um zu verstehen, was sich in den Banlieues [und anderswo] abspielt«. Das hat jedwede begleitende Kommunikationsstrategie in der muslimischen Welt verhindert, mittels derer man den Sinn geplanter Maßnahmen hätte erläutern oder gar Übersetzungen der Präsidentenreden in diese »unnötige« Sprache zur Verfügung stellen können – bis Macron selbst entschied, sich im Sender Al Jazeera inklusive qualitativ hochwertiger arabischer Untertitel zu äußern. Das geschah allerdings erst, als Frankreich in der internationalen Öffentlichkeit bereits als islamophob galt, sein Laizismus als unpassend und partikularistisch stigmatisiert worden war und eine breite Front, die vom Obersten Führer Chamenei bis hin zur *Financial Times* reichte, sich im Namen der eigentlich von Frankreich vertretenen universellen Prinzipien geäußert hatte. Frankreich musste seine Unfähigkeit, auf Arabisch zu kommunizieren, teuer bezahlen, und die kurzsichtige Politik erklärte es in der Überzeugung, man benötige keine Arabisten mehr für die politischen Maßnahmen in dieser Sache, sogar zur Tugend, diese Sprache nicht zu beherrschen ...

Mit diesem ungebildeten Konsens zwischen oberer Verwaltung und einigen Ahnungslosen wird allerdings ein Problem übergangen, das sich in all seiner Schärfe bei der Verwendung des Begriffs »Islamist« zeigt: Im Französischen (und Deutschen) ist damit der politische Islam gemeint, im engeren Sinne die Muslimbruderschaft, welche inzwischen von einem radikalisierten Salafismus kulturell durchdrungen wurde. Im Arabischen gibt es für diesen Ausdruck kein Äquivalent, und das ihm am nächsten kommende Wort, *islamawi*, wird kaum verwendet und verfügt über keine bedeutenden Konnotationen. Was den Ausdruck »Separatismus« angeht, so lassen sich einige sinnvolle arabische Äquivalente für ihn finden, angefangen bei *fitna* (Aufruhr, vor allem im religiösen Kontext, üblicherweise *fitna ta'ifiyya*) bis hin zu *bara'a* (Bruch, Verleugnung der Ungläubigen), das die Basis der salafistischen Ideologie bildet. So bedarf der Ausdruck »Separatismus« der Erläuterung, um nicht eine leere Hülle zu bleiben – genau wie auch im Englischen und Deutschen. Die islamistischen Feinde Macrons haben sich auf diese Unwissenheit gestürzt und aus der Anschuldigung, die er bei seiner Rede in Les Mureaux am 2. Oktober 2020 gegen den »islamistischen Separatismus« machte, eine Anklage gegen die Muslime allgemein formuliert (aus »islam<u>is</u>tisch« wurde *islami* [islam<u>isch</u>]). Diese unwahre Auslegung wurde den Gläubigen von französischen Organisationen und Verbänden wie etwa den »Menschenrechtlern« von BarakaCity oder dem CCIF geliefert, die unablässig ihre Litanei von der »französischen Islamophobie« wiederholten.

Ein Teil der britischen Presse griff die Vorwürfe umgehend auf – britische Journalisten sind gern bereit, den Laizismus auf der anderen Seite des Ärmelkanals oder des Atlantiks zu denunzieren, und widmen sich auch leidenschaftlich gern dem *French bashing*. Dabei weigern sie sich, darin die Emanzipation des Individuums von der klerikalen Vorherrschaft zu sehen, vielmehr verstehen sie sie als Fortsetzung der Dragonaden Ludwigs XIV. oder des Antisemitismus' Pétains, je nachdem, ob sie sich auf eine oberflächliche protestantische oder eine jüdische Tradition berufen. Emmanuel Macron und seine Amtsvorgänger seien entsprechend nur die Mittel zum Zweck, um den Laizismus auch auf die Muslime Frankreichs auszuweiten. Folgt man dieser Sicht, ist aus der Freiheit zur Gotteslästerung eine Aufforderung geworden, »auf die Religion der Schwachen zu spucken«. Diese Selbstgerechtigkeit wird immer wieder aufs Neue von französischen »Islamo-Linksradikalen«, »Dekolonialisten« und anderen »Intersektionalisten« zum Ausdruck gebracht, die an den Universitäten hoch im Kurs stehen und jede kritische Annäherung an den muslimischen Glauben untersagen, in dessen Kern man, wie übrigens auch im Christentum,

Judentum, im Hinduismus ... oder im Atheismus, Agnostizismus und sogar in der Freimaurerei, unterschiedliche Auslegungen entdecken kann, Formen mystischer wie auch politischer Frömmigkeit, der Konfrontation wie auch der gütlichen Einigung. Doch auch hier führt die allgemeine Unwissenheit, was die arabischen Sprachen und Kulturen sowie andere Idiome und Traditionen des muslimischen Raums betrifft, zur Bildung eines Amalgams, das die gleichen Strukturen aufweist wie jenes der extremen Rechten, von dem es sich nur durch eine Spiegelung maßgeblich unterscheidet: Die einen verteufeln die Gesamtheit aller Muslime und ihre Religion in einer negativen ontologischen Einheit, die anderen begnügen sich mit der Umkehrung dieses Gedankens in ein ebenso beruhigendes wie aufs Wesentliche reduzierendes Positiv-Bild. Letztere täten gut daran, einmal daran zu denken, was ihren türkischen Genossen widerfuhr, die zu Beginn des 21. Jahrhunderts Erdoğan zum Ausbund an demokratischer Tugend und kultureller Authentizität ernannten, als Gegenspieler der sich auf Atatürk berufenden »faschistischen Laizisten«: Sie vegetieren heute in Gefängnissen vor sich hin und müssen Entbehrungen und Folter über sich ergehen lassen – ganz wie die nützlichen Idioten von einst, die dem Kommunismus den Weg bereiteten und dann von Stalins Regime zum Dank für ihre freiwillige Blindheit in Gulags weggesperrt wurden.

Das Erfreulichste an diesem Täuschungsmanöver war jedoch, dass die überschwängliche Anklage Frankreichs vor dem »Islamophobie«-Gericht in dem Moment verstummte, als am 3. September der Prozess gegen die *Charlie-Hebdo*-Attentäter vom Januar 2015 eröffnet wurde. Die Öffentlichkeit erhoffte sich von diesem Gerichtsverfahren, dass nach den Aussagen der Angeklagten, dem Auftritt der Zivilkläger und der kontradiktorischen Verhandlung endlich ein Urteil gefällt werde, das es erlauben würde, jene Wunden zu heilen, die der Terror von 2015 in der Gesellschaft hinterlassen hat, und das helfen würde, dessen Auswirkungen zu verstehen. Denn diese reichen weit, bis hin zum gesellschaftlichen Problem des »islamistischen Separatismus«, das Emmanuel Macron im Oktober in Les Mureaux aufwarf. Das Verfahren hätte im Kleinen eine Art Nürnberger Prozess für diese Ideologie und ihre Verbrechen werden können, doch die Pandemie und dann der Lockdown trugen das Ihre dazu bei, dass es ins Wanken geriet, bis es hinter der Nebelwand einer vielgestaltigen Kampagne gegen die »französische Islamophobie« verschwand. Einer Kampagne von jenen nämlich, die kein Interesse daran haben, dass das Kontinuum zwischen den radikalislamistischen »Wutunternehmern« und der Durchführung dschihadistischer Taten sichtbar wird. In vergleichbarer Weise hatte das CCIF, Collectif contre l'islamophobie en France, im Sommer 2016 erfolgreich agitiert, um das Massaker vom 14. Juli auf der Promenade des Anglais in Nizza mit seinen 86 Toten in der internationalen Medienlandschaft zu vernebeln – wobei es sich auf die naive Unterstützung ebenjener Medien verlassen konnte, die dann im Herbst 2020 ein lautes Klagelied anstimmten und denen es offensichtlich sehr wichtig war, Frankreich wegen jener Stimmen der Islamophobie zu beschuldigen, die die Burkinis an der Côte d'Azur ablehnten – also genau an den Stränden, unter denen sich auch der Tatort des Blutbads vom 14. Juli befand.

Diese Überlegungen wären nicht vollständig, würde man nicht den Auslöser der Unruhen und Attentate des vergangenen Herbstes in Augenschein nehmen: die Mohammed-Karikaturen. Wenn man sich einmal in Erinnerung gerufen hat, dass ein Recht auf Blasphemie besteht, kann man durchaus ein ethisches Urteil über eine Zeichnung treffen, denn die Freiheit der Veröffentlichung bedeutet weder automatisch ein Bekenntnis zum Inhalt des Veröffentlichten, noch verbietet sie die Kritik daran – einmal jenseits aller Solidarität mit der Redaktion von *Charlie Hebdo*, die 2015 von den dschihadistischen Mördern dezimiert wurde, und mit den Opfern unter ihren Nachfolgern, die 2020 erneut Ziel eines Anschlags waren. Als die umstrittene Karikatur, die die Affäre in Conflans-Sainte-Honorine auslöste, am 19. September 2012 zum ersten Mal in der Satirezeitschrift erschien, erklärte der Autor dieser Zeilen bereits am Morgen danach in einem Radiogespräch mit dem Anwalt der Zeitschrift, was er von der mittelmäßigen Skizze hielt – der Beginn eines nicht sonderlich erfreulichen Austauschs. Auch wenn sich die Karikatur mit dem Titel »Mohammed: ein Stern ist geboren« auf den Propheten bezieht, konnte ich für mich darin keine Blasphemie erkennen; ich sah in der obszönen und erniedrigenden Darstellung eines Gläubigen – wer auch immer er sei – eher einen Angriff auf die Menschenwürde. Und an einem solchen wollte ich mich, als ein den Glauben respektierender Atheist, nicht beteiligen. Acht Jahre und Dutzende Tote später nehme ich nichts von meinen damaligen Äußerungen zurück. Der dschihadistische Terror, der unsere Gesellschaften bedroht, und der Nährboden des islamistischen Separatismus, auf dem dieser gedeiht, sind derart schwerwiegende und komplexe Probleme, dass weder Torheiten noch Unwissenheit zu einer Lösung beitragen. Ganz im Gegenteil, sie fördern sie noch. Doch der Prophet gilt im eigenen Land nichts.

NACHWORT ZUR DEUTSCHEN AUSGABE
VON GAZA BIS WÜRZBURG

Die Ereignisse des ersten Halbjahrs 2021 setzten die Umwälzungen des vorangegangenen Jahres fort, und sie lassen sich ohne Rückbezug auf die strukturellen Veränderungen des Jahres 2020 nicht ohne Weiteres verstehen.

Greifen wir uns das aufsehenerregendste Beispiel heraus: Der Kontext der Auseinandersetzung, die Israel und die Palästinenser – vom Gazastreifen über die arabischen Staatsbürger Israels bis ins Westjordanland – zwischen dem 10. und 21. Mai 2021 austrugen, kann unter Zuhilfenahme der geopolitischen Karte von Fabrice Balanche: »Israel: Bedrohungen trotz regionaler Kooperationen« (vgl. Karte 14) vergleichsweise mühelos analysiert werden. Balanche hat die Karte sechs Monate vor dem Gewaltausbruch erstellt, nachdem Jerusalem, Abu Dhabi, Manama, Khartum und Rabat vier Friedensverträge geschlossen hatten – und im Nachhinein erscheint die kartografische Darstellung der Situation im Heiligen Land wie eine Warnung.

Die Biden-Regierung, die sich im Nahen Osten zunächst auf die Reintegration des Iran in die Regionalpolitik konzentrierte, hielt das Abraham-Abkommen bis zum Ausbruch des »Elftagekriegs« oder auch Israel-Gaza-Konflikts vom 10. bis 21. Mai offenbar für ausreichend. Man war von der Stabilität der Bündnispolitik derart überzeugt, dass beim Ausbruch des Konflikts noch kein hochrangiger US-Funktionär – dessen Nominierung einer Abstimmung im Kongress bedarf – für diesen Aufgabenbereich sein Amt angetreten hatte. Das lässt darauf schließen, dass man im

Weißen Haus noch nicht ausreichend über die komplexen Lehren aus dem Jahr 2020 nachgedacht hatte.

Was die bedeutsame Frage nach dem islamistischen Terror auf europäischem Boden angeht, so wurden die Hypothesen zum dschihadistischen »Stimmungsterrorismus«, die wir anlässlich der Attentate im Herbst 2020 in Paris, Nizza und Wien hier aufgestellt haben, von einem Anschlag am 23. April 2021 untermauert: Ein tunesischer Staatsangehöriger, der illegal nach Frankreich eingereist und dessen Aufenthaltsstatus erst zehn Jahre später geklärt worden war, erstach in Rambouillet bei Paris unter dem Ruf *Allahu Akbar* eine Verwaltungsmitarbeiterin der dortigen Polizeistation. Dank einer bisher unveröffentlichten Quelle, die auf der Durchsicht seines Facebook-Accounts beruht, auf dem er etwa zehn Jahre lang aktiv gewesen war, kann man analytisch vertiefen, wie sich die terroristische Bedrohung Europas im Verlauf des Jahres 2020 strukturell veränderte. Zugleich rückte mit dieser Tat das Thema der illegalen Einwanderung nach Europa und damit die Rolle, die die südlichen und östlichen Mittelmeeranrainerstaaten bei der Duldung, der Verhinderung oder der Unterstützung der Migration spielen, erneut in den Vordergrund. Und dies just zu einem Zeitpunkt, als Marokko die Auswanderung in einem Streit mit Spanien instrumentalisierte: Im Mai 2021 überquerten in einer spektakulären Aktion 8.000 Menschen die Grenze ins spanische Ceuta – was an die türkische Strategie an der Grenze zu Griechenland erinnert (siehe oben, S. 118). Schließlich kam es nach dem Konflikt zwischen Israel und Palästina sowie dem Vorfall in Frankreich zu Demonstrationen in Hamburg und Berlin: Eine ad hoc gegründete Gruppierung namens Muslim Interaktiv organisierte gewalttätige Proteste gegen Israel und den französischen Präsidenten Macron, dem vorgeworfen wurde, die sich auf europäischem Boden ausbreitende islamische Identität unterdrücken zu wollen. Und am 25. Juni 2021 wurden in Würzburg drei Menschen bei einem Messerangriff getötet. Das Attentat, das große Ähnlichkeit mit dem in Rambouillet aufweist, belegt, dass der dschihadistische Stimmungsterrorismus nun auf beiden Seiten des Rheins angekommen ist.

Joe Bidens Herausforderungen im Nahen Osten und im Mittelmeerraum

Die am 20. Januar 2021 angetretene neue US-amerikanische Regierung stand von Anfang an vor einem Dilemma, dessen Ausmaß sie noch nicht ganz erfasst zu haben schien.

Auf der einen Seite entschied sie sich, es ganz anders zu machen als die Vorgängerregierung: Joe Biden kehrte zu den Anfängen des Atomabkommens JCPOA zurück, das die Vereinigten Staaten unter Barack Obama mit den Vertretern des UN-Sicherheitsrats sowie Deutschland und dem Iran am 14. Juli 2015 in Wien unterzeichnet hatten – in einer Zeit, in der der Terrorismus des sogenannten »Islamischen Staats« als gefährlichste Bedrohung aus dieser Region erschien. Das Abkommen hatte damals die Islamische Republik in die internationale Gemeinschaft zurückgeholt, wofür sie im Gegenzug auf eine weitere Anreicherung von Uran für den Bau von Atomwaffen verzichten musste. 2018 traten die USA unter Donald Trump aus dem Abkommen aus, da der Iran in Trumps Augen in finanzieller, politischer und militärischer Hinsicht beträchtlich davon profitiert und seine antiwestliche Offensive vorangetrieben hatte. Stattdessen führte Trump drastische Sanktionen gegen das Mullah-Regime ein, in der Hoffnung, es würde sich beugen.

Auf der anderen Seite billigte die neue Regierung das Abraham-Abkommen zwischen Israel, den Vereinigten Arabischen Emiraten, dem Sudan und Marokko, das unter dem 45. US-Präsidenten zustande gekommen war – und das vor allem auf die verstärkte Isolation des Iran abzielt, wozu sich eine bislang undenkbare Allianz aus ehemaligen Gegnern zusammenfand. Das vermittelte dem jüdischen Staat die Illusion, ihm stünde nun der arabische »Boulevard« offen und er könne die palästinensische »Sackgasse« umgehen. Zudem entstand der Eindruck, die Palästinenser seien derart uneins und geschwächt, dass der israelisch-arabische Antagonismus, einst prägende Bruchlinie des Nahen Ostens, an Kraft verloren habe. Was wiederum andere Konflikte begünstigte – zwischen Schiiten und Sunniten beziehungsweise zwischen Sunniten untereinander, die dem politischen Islam der Muslimbruderschaft entweder zustimmend oder ablehnend gegenüberstehen.

Der Iran hingegen, im Bund der Muslimbrüder und Schiiten mit der Türkei und Katar vereint, machte die Hamas im Kampf gegen das Abraham-Abkommen zu seinem Zugpferd, indem er ihr umfangreiche politische, militärische und finanzielle Hilfe zukommen ließ. Diese ermöglichte zwischen dem 10. und 21. Mai 2021 eine Offensive gegen das israelische Staatsgebiet in noch nie dagewesenem Ausmaß, in deren Verlauf 4.360 Raketen abgeschossen wurden, die in Israel zwölf Menschenleben forderten, während die Bevölkerung in Bunkern Schutz suchen musste; sogar eine Sitzung der Knesset musste wegen Raketenbeschuss unterbrochen werden. Wichtig war jedoch auch, dass die im Gazastreifen regierende Islamistenbewegung ihre Beliebtheit nicht nur unter den Palästinensern in Ostjerusalem und im Westjordanland steigern konnte, sondern auch bei den »Palästinensern von 1948«, der arabischen Bevölkerung Israels. So wurden die ersten Raketen aus dem Gazastreifen am Abend des 10. Mai 2021 abgeschossen, an dem der »Jerusalemtag« – der Jahrestag der Annexion des arabischen Stadtteils während des Sechstagekriegs im Juni 1967 – begangen wurde. Er rückte 2021 ganz nahe an das Ende des Ramadan heran (am übernächsten Tag), das nach drei Tagen inbrünstiger Feiern im *Eid al-Fitr*, dem Fest des Fastenbrechens, seinen Höhepunkt findet.

Die Demonstrationen der Palästinenser auf dem Vorplatz der

Al-Aqsa-Moschee (dem dritten Heiligen Ort des Islam – der zugleich auf dem Tempelberg der Juden liegt) hatten bereits drei Tage angedauert und erreichten ihrerseits am 10. Mai ihren Kulminationspunkt: Bei den Zusammenstößen wurden 205 Protestierende und 17 israelische Polizisten verletzt. Diese Scharmützel wurden von der Hamas als »Entweihung des muslimischen Heiligtums durch das zionistische Unternehmen« bezeichnet. Parallel lief eine juristische Auseinandersetzung um die Zwangsräumung von sechs palästinensischen Familien aus dem arabischen Stadtviertel Scheich Dscharrah, am Rande der Jerusalemer Altstadt, in deren Häuser jüdische Bewohner einziehen sollten, was die Spannungen weiter verschärfte: Dem rechtsextremen Abgeordneten Itamar Ben-Gvir, frisch in die Knesset gewählt, war es gestattet worden, vor Ort dauerhaft ein Zelt aufzuschlagen, um einen »parlamentarischen Raum« zu schaffen, als Gegenstück zu den »Ramadan-Tischen«, die von Muslimen auf den Straßen aufgebaut worden waren. So hatte jede Seite ihr Territorium markiert.

In diesem sehr heiklen Kontext hatte die Hamas Israel ein Ultimatum gesetzt: Die Regierung sollte bis zum 10. Mai um 18 Uhr alle Polizeikräfte rund um die Al-Aqsa-Moschee und aus dem Stadtviertel Scheich Dscharrah abziehen. Nach Ablauf des Ultimatums schoss die Hamas umgehend sechs Raketen auf Jerusalem, denen wenig später ein Geschosshagel folgte, der deutlich heftiger war als bei der letzten größeren Auseinandersetzung, die sich im Juli und August 2014 über sieben Wochen hingezogen hatte.

Die Funken, die das Pulverfass zur Explosion brachten, kamen von mehreren Seiten. Auf der israelischen war die Heftigkeit des Polizeieinsatzes in Jerusalem einer Entscheidung Benjamin Netanjahus zuzuschreiben. Zu diesem Zeitpunkt war er geschäftsführender Ministerpräsident, nachdem seine Partei, der Likud, die Wahlen zur 24. Knesset am 23. März zwar gewonnen hatte, es ihm aber nicht gelungen war, innerhalb der vorgeschriebenen 28 Tage die bei 120 Abgeordneten nötige Mehrheit von 61 Stimmen für die

Bildung einer Regierung zusammenzubekommen. Daraufhin beauftragte der Staatspräsident Netanjahus Rivalen Jair Lapid, den Chef der liberalen Mitte-Partei Jesch Atid, mit weiteren Verhandlungen. Lapid sollte einen eher unwahrscheinlichen »Block des Wandels« formen, dessen Fundament einzig in der Ablehnung des bisherigen Ministerpräsidenten bestand und in dem sich Likud-Dissidenten, Vertreter der Siedler im Westjordanland sowie der islamistische Abgeordnete Mansour Abbas wiederfanden, dessen Partei über die für die Mehrheit benötigten vier Abgeordneten verfügte.

In der Vorbereitung auf diesen Wahlkampf hatte sich ein bedeutsamer Wandel ereignet. Die arabischen Mitglieder der Knesset, gewählt auf einer Einheitsliste mit dem Namen Vereinte Liste, hatten in der vorhergehenden Legislaturperiode 15 Abgeordnete bei einem arabischen Bevölkerungsanteil von rund 20 Prozent unter den Wahlberechtigten gestellt; davon blieben am Abend des 23. März 2021 nur noch zehn, da sie als Einzelkämpfer in die Schlacht gezogen waren. Während sich diese Abgeordneten in ihrem antizionistischen Denken weigerten, jegliche Regierung zu unterstützen (vgl. S. 154), präsentierte Mansour Abbas eine islamistische, von den Muslimbrüdern geprägte Liste, womit er die Vereinte Liste spaltete. Im selben Atemzug erklärte Abbas sich aber auch bereit, Netanjahu zu unterstützen. Seine Strategie war vergleichbar der Logik der orthodoxen jüdischen Parteien, die ihre Stimmen im Parlament als Gegenleistung für Gefälligkeiten und Subventionen für ihre Gemeinschaft anbieten: Abbas konnte damit finanzielle Unterstützung für die Verbesserung der insgesamt schwierigen Situation der arabischen Stadtviertel und Städte in Israel verhandeln. Dieses Vorgehen ähnelte auch jenem der Muslimbrüder, die als Staatsbürger in europäischen Ländern, vor allem in Deutschland, Österreich und der Schweiz sowie in Frankreich und dem Vereinigten Königreich leben und in gewählten Volksvertretungen mittels Entrismus-Strategien auf die Instanzen sowie Politik-,

Verwaltungs-, Bildungs- und Gesundheitsinstitutionen Druck ausüben. Damit soll die zunehmende Islamisierung in den sozial schwachen Wohnvierteln noch gestärkt werden (vgl. S. 209 f.).

Abbas' Ansatz wurde erstaunlicherweise von den Vorsitzenden der jüdischen Parteien wohlwollend aufgenommen, kämpften sie selbst doch verbissen um jede einzelne Stimme. Die meisten unter ihnen begannen nun, Wahlplakate auf Arabisch anzubringen, um die Stimmen auch dieser Wähler abzugreifen – die bekannteste Kampagne druckte unter dem Bild von »Bibi« Netanjahu den Slogan: »Wir sind bei dir, o Abu Jair« (Abu Jair bedeutet wörtlich »Vater von Jair«; Jair ist der Vorname von Netanjahus Sohn, und der Ausdruck »Abu XX« gilt für Arabisch-Sprechende als respektvolle Anrede für ein Mitglied der eigenen Gemeinschaft). So etwas hatte es in der Geschichte des Likud noch nie gegeben. Doch als die Wahlergebnisse vorlagen, stellte Mansour Abbas derart hohe Forderungen, dass es zu keiner Koalition mit »Abu Jair« kam, woraufhin der Islamist, zum Königsmacher im jüdischen Staat aufgestiegen, seine Zusammenarbeit mit dem »Block des Wandels« verhandelte – zu für ihn noch günstigeren Konditionen.

Die Regierungsbildung zwischen dem Rechten Naftali Bennett, Jair Lapid und Mansour Abbas sollte am 10. Mai nachmittags abgeschlossen werden, doch infolge der Gewaltspirale und des Ultimatums der Hamas verlangte Abbas die Vertagung des Treffens. Nachdem am 13. Mai arabische Israelis eine Synagoge in der gemischten, armen Stadt Lod in Brand setzten, verweigerte Naftali Bennett jede Allianz mit dem Islamisten, da »die Regierung eines Landes im Notstand nicht von Mansour Abbas abhängen sollte«. Bennetts Wähler, zum großen Teil Siedler, hätten das nicht akzeptiert, und so saß Netanjahu nach dem Scheitern seiner Gegner nun zunächst wieder fest im Sattel.

Doch das politische Theater, dem in Jerusalem immer wieder eine Bühne gegeben wird, hielt am 30. Mai eine weitere Überraschung bereit, als Naftali Bennett verkündete, das Übel des Landes, das man bei der Wurzel packen müsse, höre auf den Namen Netanjahu. Dann erneuerte er den Deal mit Jair Lapid und versammelte die Likud-Dissidenten, zu denen sich auch Vertreter der Arbeiterpartei gesellten, und Mansour Abbas wurde unter großem Applaus in der Koalition begrüßt. Die vier Abgeordnetensitze seiner Partei waren der Schlüssel zur absoluten Mehrheit in der Knesset, weshalb er auch hartnäckig bis zum 2. Juni mitternachts verhandeln konnte – dem letzten Moment, zu dem die Regierung gebildet werden konnte. Diese wurde dann am Sonntag, den 13. Juni, extrem knapp mit 60 Stimmen und einer Enthaltung bestätigt – bei insgesamt 120 Abgeordneten. Auch wenn die Mitglieder dieser Allianz einzig und allein die Abneigung gegen den scheidenden Ministerpräsidenten eint, was sofort Zweifel an ihrer Langlebigkeit aufkommen ließ, so sorgte die Rolle der Islamisten als Königsmacher des »zionistischen Unternehmens« doch für Aufsehen. Zum jetzigen Zeitpunkt, Stand Juli 2021, ist nicht vorgesehen, dass sie Minister stellen dürfen, doch der Vorsitzende der Partei Ra'am (das hebräische Akronym der Vereinigten Arabischen Liste bedeutet »Schüler«) hat sich bedeutende finanzielle Zuwendungen für die arabischen Städte, die Legalisierung der bislang illegalen Beduinensiedlungen im Negev und das Aussetzen des »Kaminitz-Gesetzes« aus dem Jahr 2017 ausbedungen, das illegale Bauten unter harte Strafen stellte. Nichtjuden hatten nur selten eine Baugenehmigung erhalten, was sich folglich auch auf den Häuserbau von Arabern und Drusen auswirkte. Es ist geplant, dass dieser »Mann der Islamistenbewegung« – wie er sich nach den Wahlen vom 23. März selbst bezeichnete, bevor er auf seine israelische Staatsbürgerschaft und palästinensische Nationalität verwies – stellvertretender Parlamentspräsident der Knesset und Vorsitzender des Innen- und Umweltausschusses wird.

Diese unerhörten Ereignisse geschahen zu einer Zeit, als die Traumata, die von der Gewalt in den gemischt bewohnten Städten herrührten, Reaktionen im amerikanischen Judentum auslösten. Einige seiner prominentesten Vertreter begannen über die Zukunft des Zionismus selbst nachzudenken, während zur selben Zeit in den USA hitzige Debatten über ethnische Themen geführt wurden, insbesondere im Zusammenhang mit Black Lives Matter im Sommer 2020. Dabei wurden auch Stimmen vernehmbar, unter ihnen einige demokratische Kongress-Abgeordnete, die sich für ein ausgewogeneres Engagement zugunsten der Palästinenser aussprachen. Joe Biden, der nur über eine knappe Mehrheit verfügt, wird diesen Druck in seiner Amtsperiode nicht einfach ignorieren können. Es lässt sich unter diesen Umständen mit gutem Grund vermuten, dass der bisherige israelische Ministerpräsident zu einem Hindernis für jegliche Entwicklungsperspektive im Nahen Osten geworden war, sowohl was die israelische Innenpolitik als auch was die Rahmenbedingungen für die Verhandlungen mit dem Iran angeht, und dass von jenseits des Atlantiks Druck ausgeübt wurde, damit Netanjahus Konkurrenten ihm die Tür wiesen. Es ist ebenfalls erwähnenswert, dass Jitzchak Herzog am 2. Juni 2021 von der 24. Knesset zum Staatspräsidenten gewählt wurde, der damit (zur Amtsübernahme am 19. Juli) Reuven Rivlin nachfolgt. Jitzchaks Vater Chaim, der als Mitglied der aschkenasischen Aristokratie zu Zeiten des britischen Mandats aus Irland eingewandert war, hatte zwischen 1983 und 1993 selbst das Amt des Staatspräsidenten inne. Sein Sohn, ehemaliger Minister der Arbeiterpartei, erhielt bei seiner Wahl die Stimmenmehrheit eines stark rechtslastigen Parlaments – ein Vermächtnis der Ära Netanjahu, der für seinen ehemaligen Konkurrenten unter den Abgeordneten um Stimmen geworben hatte (schließlich besitzt der Präsident das Begnadigungsrecht, was im Falle einer Verurteilung Netanjahus von Belang sein könnte). Bei einer instabilen Koalition in der Knesset kommt dem Präsidenten mehr als nur eine protokollarische Funktion zu.

Sollte die Schlüsselrolle von Mansour Abbas sich als dauerhaft herausstellen, käme das einer über Israel hinausreichenden, außergewöhnlichen Blankovollmacht für die politische Legitimität der islamistischen Bewegung der Muslimbruderschaft gleich. Es gibt kaum Zweifel daran, dass sowohl Katar als auch die Türkei – die beide diplomatische Beziehungen mit Israel pflegen – hierin einen starken Vorteil für die Verhandlungen und Auseinandersetzungen mit dem Westen sehen, die auch dazu dienen, die »Bruderschaft« der Bärtigen als legitime politische Partner zu inthronisieren. In Washington hatte Obama sie bereits als solche akzeptiert, was allerdings von seinem Nachfolger wieder aufgehoben worden war. Ein solcher Wandel würde auch für Europa einen Einschnitt bedeuten, haben sich die Islamisten der Muslimbruderschaft hier doch, direkt oder indirekt, in manchen Wahlbezirken ausgebreitet und sind in Stadtvierteln mit überwiegend muslimischer Bevölkerung präsent, die ursprünglich aus der Türkei, der arabischen Welt, dem indischen Subkontinent oder auch vom Balkan stammt und die Staatsbürgerschaft ihres Geburts- oder ihres neuen Heimatlands besitzt.

In Israel und auch in Palästina waren die Bedingungen für die Islamisten, repräsentiert jeweils durch ihre komplementären Vertreter Hamas und die Ra'am-Partei von Mansour Abbas, günstig, als am 10. Mai die Gewalt ausbrach. Der Präsident der Palästinensischen Autonomiebehörde, Mahmud Abbas (trotz des gleichlautenden Nachnamens sind die beiden Männer nicht verwandt), hatte am 29. April 2021 die im September zuvor in Istanbul gegebene Zusage zurückgezogen, im Einverständnis mit der Hamas innerhalb von sechs Monaten im Westjordanland und dem Gazastreifen Parlamentswahlen abzuhalten. Er sah sich nämlich Kandidatenlisten gegenüber, auf denen sich Dissidenten seiner Fatah-Partei zusammengeschlossen hatten – angeführt von Mohammed Dahlan, der derzeit in Abu Dhabi lebt, das ihn auch unterstützt, sowie dem international renommierten Universitätsprofessor und Philosophen Sari Nusseibeh, der in Scheich Dscharrah wohnt. Außerdem musste Mahmud Abbas die Popularität der islamistischen Hamas fürchten, die die völlige Kontrolle über den Gazastreifen mit seinen zwei Millionen Einwohnern besitzt. Der 80-jährige Fatah-Politiker, der nie über das Charisma eines Arafat verfügte, sagte die Wahl ab, um seine absehbare Niederlage zu verhindern, sorgte zugleich aber dafür, dass er nun endgültig nicht mehr als Vertreter der Sache Palästinas wahrgenommen wird.

Für die Hamas – und ihre Sponsoren der Achse von Muslimbrüdern und Schiiten – eröffnete sich eine beachtenswerte Gelegenheit: Sie konnte nun den Staffelstab von der Fatah übernehmen und als Vorkämpfer für die Verteidigung Jerusalems und der Al-Aqsa-Moschee auftreten, die durch den Einsatz der israelischen Polizei entweiht worden war. Durch das Ultimatum bis zum 10. Mai, dessen Ernsthaftigkeit sie umgehend mit Raketenbeschuss bekräftigte, dem in den nächsten zehn Tagen noch mehr als 4.000 weitere Raketen folgten, riss die Hamas mit einem Schlag auch die mediale Führungsrolle für Palästina an sich und fungierte nun als Held und Herold des Islam, der in den Augen vieler Muslime beleidigt worden war. Ihr Vorgehen passte zu Erdoğans Reislamisierung der Hagia Sophia vom 24. Juli des Vorjahres und komplettierte diese. Von den ungemein symbolischen Moscheen, die in beiden Fällen der Bezugspunkt waren, erhebt sich die eine auf den Überresten der berühmtesten christlich-orthodoxen Basilika, die andere auf denen des jüdischen Tempels aus der Zeit vor dem Exil. So soll die Hegemonie eines rächenden Islam gesichert werden, wie ihn der Bund aus Muslimbrüdern und Schiiten vertritt. Dieses Bündnis läuft damit in gewisser Weise Saudi-Arabien den Rang ab als Hüter der beiden Heiligen Stätten Mekka und Medina, weshalb sich Prinz Faisal bin Farhan, Saudi-Arabiens Außenminister, am 16. Mai zur kategorischen Verurteilung der israelischen Übergriffe gezwungen sah.

Einen Tag später zeigte sich der Vertreter der Hamas in Teheran in einem Interview mit *Al-Monitor* glücklich über die iranische Unterstützung in Form von Raketenlieferungen sowie in Form der Ausbildung palästinensischer Spezialisten für die Konstruktion und den Zusammenbau derselben. Übereinstimmende Schätzungen aus unterschiedlichen Geheimdienstquellen gingen vor dem Konflikt von rund 30.000 Raketen im Gazastreifen aus. Zieht man von dieser Zahl die auf Israel abgefeuerten ab (insgesamt 4.360, von denen 680 noch im Gazastreifen niedergingen sowie 90 Prozent von dem mit US-amerikanischer Hilfe errichteten Raketenabwehrsystem »Iron Dome« abgefangen wurden) und berücksichtigt auch jene, die durch israelische Luftschläge in den Tunneln zerstört wurden, so bleiben mindestens noch 8.000 Raketen für einen nächsten Angriff übrig. Israel hatte bereits erkannt, wie umfangreich und bedeutend der Zusammenbau der Raketen vor Ort geworden ist – der davon beschleunigt wurde, dass man die aus dem Iran kommenden Lieferketten unterbrochen hatte. Für Nachschub hatte vor dem Sturz des Pro-Muslimbrüder-Diktators Umar al-Baschir der Sudan gesorgt. Die israelischen Angriffe im Mai 2021 zielten denn auch vorrangig auf die palästinensischen »Ingenieure« ab, die man in eine Falle gelockt hatte: Nach der gezielten Falschmeldung, eine israelische Invasion mit Bodentruppen stünde an, zogen sich viele der Raketenkonstrukteure eilig in die unterirdischen Anlagen (auch als »U-Bahn« des Gazastreifens bezeichnet) zurück, wo sie dann von den israelischen Bomben getroffen wurden. Die Hamas und ihre Komplizen vom Islamischen Dschihad (eine Organisation, die noch viel enger mit den iranischen Revolutionsgarden verbunden ist) erkannten das große Ausmaß ihrer Verluste an und rechtfertigten weitere Raketenangriffe als Rache für diese »Märtyrer«. Bei der Offensive kamen zwölf Israelis ums Leben, 352 wurden verletzt, während im Gazastreifen durch die Bombardierungen der israelischen Armee 242 Menschen getötet und 1948 verletzt sowie 77.000 zur Flucht gezwungen wurden. Die Einbußen der israelischen Industrie belaufen sich auf 368 Millionen US-Dollar. Die von den Vereinten Nationen freigegebenen Gelder für die humanitäre Hilfe im Gazastreifen betragen 22,5 Millionen Dollar. Dort wurden 53 Schulen und 17 Krankenhäuser beschädigt oder zerstört, und nur vier Prozent der Bevölkerung sind gegen Covid-19 geimpft – wobei sich die Ansteckungsgefahr durch die Beengtheit in den Schutzräumen in Kellern und Tunneln noch einmal erhöht hatte. Die Tunnel, ursprünglich für den heimlichen Transport von Waffen und Kämpfern gegraben, erstrecken sich inzwischen über rund 400 Kilometer, wie die israelische Armee schätzt, wobei sie davon ausgeht, durch ihre Angriffe nun ein Drittel wieder zerstört zu haben (laut *Al-Monitor* vom 25. Mai 2021).

Mehrere Kommentatoren haben darauf hingewiesen, dass die für das Gehalt der palästinensischen Raketenspezialisten, ihren Schutz sowie die Pflege dieses ballistischen Arsenals nötigen Finanzmittel durch die monatlichen Zahlungen in Höhe von 30 Millionen Dollar aus Katar möglich wurden (vgl. S. 150).

Die am 21. Mai in Kraft getretene Waffenruhe steht in der Linie der Entwicklungen des Jahres 2020 und hat dabei einige regionale und internationale Akteure eher gestärkt, andere hingegen geschwächt.

Zu den Letzteren gehört die Türkei, deren Wirtschaftskrise sich durch den kontinuierlichen Absturz der Türkischen Lira verschärfte. Die Direktoren der Zentralbank, von denen die einen einen strengen Konsolidierungskurs verfolgten, die anderen mehr Geld druckten – je nachdem, was mehr Zustimmung bei den Wählern versprach –, wurden unterdessen immer schneller abgelöst. Sie mussten für Erdoğans Hybris büßen. Dieser wiederum wartete drei Monate lang auf den ersten Anruf von Präsident Biden, der ihn schließlich am 23. April erreichte. Hier war nicht mehr viel von der Milde zu spüren, die noch Donald Trump hatte walten lassen: Bei dem eher kühlen Telefonat wurde dem Herrscher über Ankara mitgeteilt, dass die Vereinigten Staaten in Kürze den Genozid an den Armeniern offiziell anerkennen würden. Diese Entscheidung – die die meisten europäischen Staaten teilen – war erst jetzt getroffen worden, da das Pentagon das NATO-Mitglied mit der zweitgrößten Truppenstärke des Bündnisses, das früher als Bollwerk gegen die sowjetische, dann als eines gegen die russische Expansion verstanden worden ist, schonen wollte. Mit der förmlichen Anerkennung des Genozids wurden zudem Erdoğans S-400-Raketenabwehrsystemankäufe bei Putin im Jahr 2017 sowie ihre Inbetriebnahme 2020 abgestraft. Zunächst war die Türkei im Gegenzug bereits von den Entwicklungsprogrammen für das amerikanische Tarnkappenflugzeug F-35 ausgeschlossen worden. Die Bestrafung erfolgte mit umso mehr Schärfe, als Erdoğan im vorausgegangenen Herbst seine volle Unterstützung für die aserbaidschanische Offensive gegen Armenien in Bergkarabach verkündet und sogar syrische Hilfstruppen aus der Enklave Afrin unter türkischem Kommando in den Kampf geschickt hatte.

Während die türkisch-amerikanischen Beziehungen also schon derart katastrophal waren, erklärte Erdoğan am 18. Mai in Reaktion auf die Bombardierung des Gazastreifens, dass der »Terrorismus in der Natur« der Israelis liege, »die so mordlüstern sind, dass sie fünf- oder sechsjährige Kinder töten: Sie sind erst zufrieden, wenn sie ihnen das Blut ausgesaugt haben.« Das brachte ihm am Folgetag die Rüge des Außenministeriums in Washington ein, dass »die Vereinigten Staaten Präsident Erdoğans antisemitische Äußerungen über das jüdische Volk aufs Schärfste verurteilen«. Obgleich sich seine emotionale Wortwahl direkt auf die islamistischen Überzeugungen seiner Jugend zurückführen lässt und sie seine Aura in den Staaten der Muslimbrüder-Schiiten-Achse sowie in der muslimischen Welt insgesamt verstärkt haben dürfte, entfernte sie ihn doch weiter von jeder Beteiligung an der Aushandlung der Waffenruhe im Elftagekrieg und isolierte ihn weiter gegenüber dem Westen. Und das zu einem Zeitpunkt, an dem er seine Schulden neu verhandeln und sich einer ernsten Wirtschaftskrise stellen musste.

Kairo hingegen, die andere Hauptstadt, die lange auf der »do not call list« von Präsident Biden stand, was mit der Lage der Menschenrechte in Ägypten seit dem Sturz des Muslimbruder-Präsidenten Mohammed Mursi im Juli 2013 zu tun hatte, durfte sich am 16. Mai über einen deutlich freundlicheren Anruf aus Washington freuen. General as-Sisi – der vom 17. bis 18. Mai in Paris weilte, um seine enge Verbindung zu Emmanuel Macron zu pflegen – verfügt über besondere Beziehungen zur Hamas. So kontrolliert er praktisch alle Lieferungen, die vom Sinai aus in den Gazastreifen gelangen; zudem unterhält Kairo bereits seit 1979 diplomatische Beziehungen zum jüdischen Staat. Ägypten erwies sich als unverzichtbarer Vermittler im Elftagekrieg und als einzig möglicher Garant für die Umsetzung des Waffenstillstands aufseiten der Islamistenbewegung – den diese dann auch einwandfrei einhielt. Das stellte sich auch deshalb als ungemein wichtig heraus, als die Vereinigten Staaten, die von dem Gewaltausbruch überrumpelt worden waren, bis dato weder einen hohen Amtsträger für die israelisch-palästinensischen Angelegenheiten bestimmt noch einen Botschafter in Israel ernannt hatten, der in die von Trump nach Jerusalem verlegte Botschaft hätte einziehen können – übrigens hält Trumps Nachfolger an dieser Verlegung fest. Am 24. Mai erhielt as-Sisi dann einen noch freundlicheren Anruf aus Washington, mit dem man ihm »für seine erfolgreiche Diplomatie und seine Koordination mit den Vereinigten Staaten« dankte, welche »die jüngsten Feindseligkeiten zwischen Israel und dem Gazastreifen beendet und dafür gesorgt haben, dass es zu keinem erneuten Gewaltausbruch kam«. Der ägyptische Präsident nutzte seinen diplomatischen Sieg dazu, sich der Unterstützung seines amerikanischen Amtskollegen im Konflikt mit Äthiopien um den

Nil (siehe das Kapitel »Die Kontrolle über den Nil«, S. 166 ff.) und gegen die Türkei in Libyen (siehe das Kapitel »Libyen zwischen türkischem Hammer und ägyptischem Amboss«, S. 173 ff.) zu vergewissern. Schließlich bestätigten die beiden Präsidenten ihre bilaterale Absprache, nach der sie die Anstrengungen der irakischen Regierung zur Erlangung »der vollen Souveränität und Unabhängigkeit« des Irak fördern werden – was sich im Rahmen der »Bestätigung einer starken und produktiven amerikanisch-ägyptischen Partnerschaft« vor allem gegen den Iran richtete (vgl. Karte 8). Die einzige Einschränkung dieses telefonischen Gangs nach Canossa von Präsident Biden war, dass er »die Bedeutung eines konstruktiven Dialogs über die Menschenrechte in Ägypten« unterstrich.

Die neue US-Regierung, deren erster diplomatischer Impuls darin bestanden hatte, den Nahen Osten in ihrer außenpolitischen Agenda zugunsten Chinas und Russlands zurückzustellen und sich in der Region auf die Wiederaufnahme des Atomabkommens statt die israelisch-palästinensische Feindschaft zu konzentrieren, sah sich durch den Gewaltausbruch im Mai 2021 gezwungen, ihre Strategie zu ändern. Sie blockierte zunächst vier Resolutionsentwürfe im UN-Sicherheitsrat, die sie für zu israelkritisch hielt – der letzte stammte vom 18. Mai –, bis am Folgetag ein von Frankreich in Zusammenarbeit mit Ägypten und Jordanien entwickelter Vorschlag präsentiert wurde. Auch 26 der 27 EU-Mitgliedsstaaten (mit Ausnahme Ungarns) hatten einer gemeinsamen Erklärung der EU, die diesem Vorschlag folgte, zugestimmt. Am 21. Mai wurden die Feindseligkeiten eingestellt. Der neue US-Außenminister Antony Blinken, eilig von Biden am 25. Mai in den Nahen Osten entsandt, traf vier Monate nach Amtsantritt bei seinem ersten Besuch vor Ort zunächst Benjamin Netanjahu, dem gegenüber er die Ansicht wiederholte, Israel habe das Recht auf Selbstverteidigung (und ankündigte, dass die USA die während des Konflikts eingesetzten »Iron Dome«-Abwehrraketen ersetzen würden). Doch anschließend setzte er seine Reise nach Ramallah fort, um sich mit Mahmud Abbas zu treffen, dem er die Wiedereröffnung des amerikanischen Konsulats für Palästinenser ankündigte (das Donald Trump in Jerusalem geschlossen hatte, um dort die US-Botschaft in Israel einzurichten), während Washington sich aktiv am Wiederaufbau Gazas beteiligte. Abgesehen von den Auswirkungen der regionalen Neuausrichtung, die, zumindest symbolisch, die Politik seines Vorgängers Mike Pompeo rückgängig machte, musste Blinken dem Druck in diese Richtung, der von Demokraten im Kongress ausging, nachgeben.

Ein weiterer Staat, der im Zusammenhang mit dem Konflikt zwischen Israel und den Palästinensern die Verflechtung von Innen- und Außenpolitischem beherrschen muss, ist paradoxerweise die Islamische Republik Iran. Teheran, der wichtigste Unterstützer der Hamas in militärischen Dingen (auch wenn Katar für die Islamistenbewegung im Gazastreifen in finanzieller Hinsicht inzwischen die Führungsrolle übernommen hat), bewies im Elftagekrieg eine verblüffende »Zurückhaltung«. An der Nordfront Israels, wo die Hisbollah im Südlibanon ein weitaus bedeutenderes Raketenarsenal vorweisen kann als die Hamas und der Islamische Dschihad im Gazastreifen, blieb es quasi völlig ruhig, abgesehen von sechs, eher symbolisch zu verstehenden Raketenstarts am 14. und am 17. Mai, die die Hisbollah nicht für sich reklamierte. Die Situation wäre heute eine ganz andere, hätte es auch an dieser Front Kämpfe gegeben.

Die wichtigsten Führungsfiguren im Iran äußerten während der Kämpfe wieder einmal ihre Unterstützung für die Palästinenser und verfluchten Israel als das »absolut Böse«, so etwa der Präsident des Madschles (das iranische Parlament), Mohammad Ghalibaf, doch dann forderten sie die Organisation für Islamische Zusammenarbeit beziehungsweise die UN zu Untersuchungen auf, allerdings ohne irgendein militärisches Engagement zu ergreifen oder die Hisbollah in die Schlacht zu schicken.

Diese Vorsicht – insofern man sie aus einem derart kurzen zeitlichen Abstand beurteilen kann – muss wohl auf zwei Ebenen gedeutet werden, der internationalen wie auch der nationalen. Der Iran hat in Wien Verhandlungen mit der Weltgemeinschaft aufgenommen, um das von Biden gewünschte Atomabkommen wiederzubeleben, und bemüht sich nach Kräften, möglichst großen Gewinn daraus zu ziehen, nachdem die von Trump verhängten Sanktionen und die Pandemie das Land ruiniert haben. Und ein Einsatz der Hisbollah durch Teheran hätte diese Strategie augenblicklich untergraben.

Zum anderen hat das »Expertenkomitee«, der Wächterrat, der nur »islamisch korrekte« Kandidaten für die iranischen Präsidentschaftswahlen am 18. Juni zulassen sollte, am 25. Mai alle »Moderaten« von der Liste gestrichen, darunter auch den ehemaligen Parlamentspräsidenten Ali Laridschani, obwohl dieser Mitglied des Büros des Obersten Führers Chamenei ist. Nach dem Rückzug von drei Bewerbern standen den Wählern somit nur vier ultrakonservative Hardliner zur Wahl, von denen die meisten unbekannt sind, mit Ausnahme von Ebrahim Raisi, dem Justizchef – der ausstrahlungsarme Kleriker war schon einmal angetreten und hatte bei der vorangegangenen Präsidentenwahl ein schwaches Ergebnis erzielt. Mit ihm entschied sich die Theokratie des Landes für einen Kandidaten, der ohne ernst zu nehmende Konkurrenten »gewählt« werden sollte. Und indem sie den Spielraum für die Präsidentenwahl derart einschränkte, schaltete die Geistlichkeit zugleich das, wenn auch begrenzte, politische Ventil ab, das für die starke Zivilgesellschaft so etwas wie ein Raum zur Meinungsäußerung gewesen war. Eine erwartete äußerst geringe Wahlbeteiligung drohte die Spaltung zwischen der Zivilgesellschaft und dem militärisch-religiösen Machtzirkel, durch die das Land bereits in eine Sackgasse geführt und regional geschwächt worden ist, noch weiter zu vertiefen. Das zeigt sich etwa in der schrittweisen Emanzipation des Irak, seit im Frühjahr 2020 al-Kadhimi in Bagdad an die Macht kam, sowie in der Unruhe der iranischen Einheiten und ihrer schiitischen Hilfstruppen in Syrien, wo die Beziehungen zu Russland angespannt bleiben, und im Kollaps des Libanon, wo die Hisbollah das Sagen hat. Die Islamische Republik, die nach der Ermordung von General Soleimani, dem Kopf der al-Quds-Brigaden und Chefleibwächter des Regimes, keinen gleichwertigen Ersatz für ihn gefunden hat und deren Oberster Führer Chamenei, auf dessen Schultern das gesamte System ruht, gesundheitlich angeschlagen ist, muss – genau wie die Vereinigten Staaten – dringend ihre Rolle im israelisch-palästinensischen Konflikt überdenken.

Am 18. Juni 2021 bekam der Iran dann mit dem 60-jährigen Ebrahim Raisi einen neuen Präsidenten. Er gehört, wie bereits erwähnt, zum konservativsten Lager des Regimes und damit nicht zu den vom bisherigen Präsidenten Hassan Rohani und seinem Außenminister Mohammed Sarif angeführten »Reformern«, wodurch der Westen insgesamt und besonders auch die Europäer ihre bisherigen Ansprechpartner verloren haben. Raisi, der Rohani bei der letzten Wahl noch deutlich unterlegen war, hatte im ersten Jahrzehnt des islamistischen Regimes als Staatsanwalt Tausende Oppositionelle in den Tod geschickt. Der von internationalen Organisationen wegen Verbrechen gegen die Menschlichkeit geächtete Staatspräsident gilt als Persona non grata und wird damit in Zukunft wohl von keinem demokratisch gewählten Staatschef empfangen werden.

Raisis Wahl überraschte viele Beobachter, da die Islamische Republik in den bis dato vier Jahrzehnten ihrer Existenz das Amt des Präsidenten dafür genutzt hat, in streng begrenztem Rahmen die Hoffnungen auf Verbesserung in den unterschiedlichen Bevölkerungsschichten am Leben zu erhalten – und somit ihre Basis zu erweitern. Im Juni 2021 wurde dann jedoch die Entscheidung getroffen, sich fortan nur noch auf den engsten Kern der fanatischen Anhängerschaft zu konzentrieren, das heißt auf den Kreis rund um die Revolutionsgarden – deren »Märtyrer« Qasem Soleimani den Kandidaten legitimierte: Auf Fotomontagen war zu sehen, wie Soleimani den konservativen, blassen Bewerber Raisi zu seinem Wunschkandidaten kürte. Und dennoch: Seit 1979 waren noch nie so viele Menschen den Wahlen ferngeblieben.

Die Pandemie traf die iranische Gesellschaft ins Mark, schließlich hat der Iran die meisten Covid-19-Toten in der gesamten Region zu beklagen (vgl. Karte 4). Das Establishment der Mullahs entschied sich deshalb und aus den folgenden weiteren Gründen dafür, die Präsidentschaftswahl auf den gewünschten Kandidaten zuzuschneiden: dem labilen Gesundheitszustand des 80-jährigen Obersten Führers Ali Chamenei, der Ebrahim Raisi über das hervorgehobene öffentliche Amt als seinen Nachfolger einführen möchte, sowie der Wiederaufnahme der Verhandlungen um das Atomabkommen in Wien, die Joe Biden angestoßen hat. Die iranische Position, wie sie auch Raisi ausdrücklich zu verstehen gegeben hat, besteht darin, von vorneherein jegliche Verhandlung über das iranische Raketenarsenal oder über die Unterstützung für seine Verbündeten abzulehnen – ob nun die libanesische Hisbollah, die palästinensische Hamas oder die jemenitischen Huthi, die allesamt im Nahen Osten einen Stellvertreterkrieg gegen den Westen und dessen Verbündete führen. Der Oberste Führer und die Pasdaran wollen sich keinen Anschein einer »Schwäche« geben, die es ihren Widersachern erlauben würde, eine Verhaltensänderung einzufordern, mit der schlussendlich ein Regimewechsel in Teheran eingeleitet werden könnte. Unterdessen emanzipiert sich der Irak zunehmend vom »schiitischen Halbmond«, stoßen sich die iranischen Ambitionen in Syrien an der russischen Realpolitik – schließlich möchte Moskau das Land mithilfe von Aufbaugeld aus dem Westen bald wieder überlebensfähig machen –, und der Hisbollah wird die Schuld am Zusammenbruch des Libanon zugeschrieben. Während der Iran in dieser Situation vergleichsweise geschwächt erscheint, setzt der Oberste Führer auf Abriegelung – auch auf das Risiko hin, dass sich die gesamte Opposition gegen ihn und seine Vertrauten vereint. Dabei hat die Gesellschaft bei ihren Bemühungen, das Regime loszuwerden, nichts mehr zu verlieren.

Die Widersprüche unter den westlichen Alliierten geben gerade jetzt Anlass zur Sorge, da sich der Umgang mit dem Iran als besonders schwierig herausstellt. Die Biden-Regierung hat ihre Verhandlungen mit der durch die Sanktionen finanziell geschwächten Islamischen Republik begonnen, zugleich aber verstehen sich die Pasdaran als politischer Sieger der Auseinandersetzung mit den USA: Ihr Gegner Trump ist an seiner Wiederwahl gescheitert, sie hingegen konnten ihren Kandidaten Raisi ins Amt hieven. Die schiitischen Milizen und die al-Quds-Brigaden, die Soleimani zu Lebzeiten anführte, stehen weiterhin an der Seite von Assads Truppen in der syrischen Wüste, und auch die Hisbollah bleibt die beherrschende Kraft im Libanon, dessen Wirtschaft im ersten Halbjahr 2021 infolge von Pandemie, Korruption und dem allgemeinen Klientelismus einbrach. Nun richten sich plötzlich alle Augen auf den Irak: Premierminister Mustafa al-Kadhimi ist, anders als seine Vorgänger, keine Marionette Teherans, denn ihm gelang es, sich ein Stück Autonomie zurückzuerobern. Der Besuch von Papst Franziskus vom 5. bis 8. März 2021, der erste Pontifex im »Geburtsland Abrahams«, stärkte den Regierungschef, vor allem als der Papst sich in Nadschaf mit Ajatollah Ali as-Sistani traf, dem geistigen Führer der Schiiten im Irak und einem Großteil der Region, der als völlig unabhängig vom Obersten Führer Ali Chamenei gilt. Dieser subtile Einsatz vatikanischer Diplomatie fand ihren Höhepunkt in einer ökumenischenFeier in Ur, wo der Bibel zufolge Abraham einst lebte. Hier erklärte Franziskus: »Und heute ehren wir, wir Juden, Christen und Muslime, zusammen mit unseren Brüdern und Schwestern anderer Religionen, unseren Vater Abraham und halten es wie er: *Wir blicken in den Himmel, und wir gehen auf der Erde!*«

Diese Botschaft ist nicht nur auf spiritueller Ebene beachtenswert, sie wurde auch geäußert zu einer Zeit, zu der man auf den Urvater der drei monotheistischen Religionen als Paten für den Entwurf einer neuen »Bundeslade« zwischen den westlichen Staaten unter Führung der Vereinigten Staaten, Israel und den arabischen Staaten zurückgriff – Symbol für einen Zusammenschluss, der dem Bündnis aus Muslimbrüdern und Schiiten der Türkei, Katars und des Iran feindlich gegenübersteht. Hier liegen, seit im Jahr 2020, dem Jahr der entscheidenden Weichenstellungen, die Karten neu gemischt wurden, die größten Herausforderungen des Mittelmeerraums und des Nahen Ostens.

Der dschihadistische »Stimmungsterrorismus«: Variationen eines Paradigmas in Frankreich und Deutschland

Am Freitag, den 23. April 2021, tötete Jamel Gorchene, ein 36-jähriger Tunesier, der für einen Lieferdienst arbeitete, eine Verwaltungsmitarbeiterin im Polizeibüro von Rambouillet mit zwei Messerstichen. Die ruhige Stadt im Département Yvelines bei Paris ist bekannt für ihre Wälder, in denen sich die Hauptstädter am Wochenende erholen. Bei seiner Schandtat – Gorchene lauerte seinem Opfer in der Schleuse am Eingang des Gebäudes auf – rief er *Allahu Akbar* und hörte per Kopfhörer über sein Smartphone Naschids (A-cappella-Gesänge von Korantexten). Der Tag seiner Tat entspricht dem 11. des Ramadanmonats, sein Messer war in einem Gebetsteppich versteckt, den er gefaltet in seinem Rucksack mitgebracht hatte, und im Stauraum seines Scooters fand man einen Koran. Es heißt, dass jeder Mordanschlag auf das Leben eines Feindes Allahs dem Schahid (Märtyrer) im Jenseits eine zusätzliche Belohnung einbringt, wenn er während des Ramadan begangen wird – der Volksglaube will, dass der Märtyrer noch am selben Abend im Jenseits in Begleitung des Propheten das Fasten brechen wird. Auch im algerischen Bürgerkrieg von 1992 bis 1997 war der Ramadan stets der blutigste Monat. Zudem entsprach der 23. April 2021 im Hidschra-Mondkalender dem Freitag, der dem 10. Tag des heiligen Monats folgt, womit in der heiligen Geschichte auf den Beginn der Rückeroberung Mekkas (*fath Mekka*) Bezug genommen wird, die der Prophet von Medina aus in Gang setzte. Was die Israelis Jom-Kippur-Krieg nennen, den Ägypten und Syrien 1973 begannen, heißt bei Muslimen der Ramadan-Krieg, wobei der Name »10. des Ramadan« sogar einer Satellitenstadt Kairos verliehen wurde. Man findet eine derartige Überdeterminierung des Kalenders auch bei dem Anschlag in der Basilika von Nizza, bei dem ein weiterer Tunesier, Brahim Issaoui, am Mulud, dem Geburtstag des Propheten, was nach islamischer Zeitrechnung dem 29. Oktober des Jahres 2020 entspricht, drei Menschen ermordete (siehe oben, S. 231 ff.).

Das Département Yvelines war schon zuvor vom Dschihadismus getroffen worden: Am 13. Juni 2016 hatte der kurz zuvor aus der Haft entlassene Larossi Abballa zwei Mitarbeiter des Kommissariats von Les Mureaux ermordet, weshalb Emmanuel Macron genau hier am 2. Oktober 2020 seine »Rede über den islamistischen Separatismus« hielt. Und in Conflans-Sainte-Honorine, das im selben Département liegt, enthauptete der Tschetschene Abdullah Ansorow am 16. Oktober 2020 den Lehrer Samuel Paty (siehe das Kapitel »Rückkehr zu den *Banlieues de l'Islam*«, S. 207 ff.).

Im Gegensatz zu seinen Vorgängern hinterließ Jamel Gorchene einen öffentlichen Facebook-Account, der auch drei Tage nach dem Attentat in Rambouillet noch online war und über zehn Jahre zurückging, also bis ins Jahr der »Jasminrevolution« (2011), an dessen Ende Diktator Ben Ali gestürzt worden war. Auf diesem Account lässt sich Gorchenes Weg durch mehrere »Stimmungen«

nachverfolgen, also die Phasen, die er seit der Emigration aus Tunesien 2009 durchlief. Er war illegal nach Frankreich eingereist, konnte zehn Jahre später aber seinen Aufenthaltsstatus offiziell klären. Wenige Monate vor seiner Tat kehrte er erstmals in sein Geburtsland zurück, nachdem er in Rambouillet einen Psychiater aufgesucht hatte, ohne jedoch einer Therapie zu folgen. Nach Aussagen von Ermittlern, die Gorchenes Smartphone untersuchten, fanden sich darin zahlreiche kinderpornografische Aufnahmen von Jungen; außerdem weisen einige Informationen darauf hin, dass er in seine Geburtsstadt M'saken zurückgekehrt war, um sich dort durch traditionelle Praktiken zur Austreibung von Geistern von seiner Pädophilie heilen zu lassen. Dies hatte ebenso wenig Erfolg wie seine Stunden beim Psychiater.

M'saken, in der Nähe von Sousse gelegen, ist eine verarmte Stadt, in der vor allem der Schmuggel blüht, insbesondere in das französische Département Alpes-Maritimes, dessen Zentrum Nizza einen großen maghrebinischen, mehrheitlich tunesischen Einwohneranteil hat. Gehandelt werden vor allem Gebrauchtwagenteile für die zahlreichen Werkstätten im Tal des Flusses Var. Mohamed Lahouaiej-Bouhlel, ein Lieferfahrer, der am 14. Juli 2016, dem französischen Nationalfeiertag, in Nizza 86 Menschen mit seinem Lkw überfuhr – eine Tat, die der sogenannte »Islamische Staat« zwei Tage später für sich reklamierte –, stammte ebenfalls aus M'saken. So wie die meisten illegalen Einwanderer, die die italienische Grenze überqueren, begann übrigens auch Gorchene seine Reise durch Frankreich in Nizza – sein Facebook-Account enthielt auch ein Foto, das den lachenden Gorchene am 19. Dezember 2012 vor dem spektakulären Kriegerdenkmal am Meer mit Blick auf den Hafen.

Als er 2011 seinen Facebook-Account eröffnete, gab sich der junge Mann der ersten »Stimmung« hin und verfolgte von Frankreich aus interessiert den Arabischen Frühling in seinem Heimatland.

Er teilte Posts der Islamistenpartei Ennahda – man findet hier vor allem Fotos einer Stippvisite des Parteivorsitzenden Rached al-Ghannouchi in M'saken, bei der dieser mit einem konservativen Imam tuschelt. Gorchene verfasste quasi keine Posts selbst, sondern beschränkte sich darauf, Bilder und Texte zu teilen oder zu »liken«. 2013 teilte er dann ein Video zu Militärmanövern der (dschihadistischen) al-Nusra-Front in Syrien. Im Gegensatz zum jungen Tschetschenen Ansorow, der in einem ungemein gewalttätigen Umfeld aufwuchs, das den Schritt zur Tat guthieß und in dem er das Töten erlernte, tauchen im weiteren Verlauf bei Gorchene kaum Verweise auf den Dschihadismus auf. Und das Video teilte er zu einer Zeit, in der die al-Nusra-Front von mehreren europäischen Regierungen noch als »gemäßigt dschihadistisch« und als akzeptabler Ansprechpartner im Kampf gegen Assad galt. Ein zweiter Verweis war das gelikte Foto eines tunesischen Dschihadisten; doch Inhalte des IS teilte er nicht. Sein Facebook-Account kreiste, nach diesem kurzen Ausflug, eher um die Idee des identitären politischen Islam. Im Zusammenhang mit Tunesien teilte Gorchene viele Fotos von dem Politiker und späteren Präsidenten Kais Saied. Und schließlich widmete der Tunesier den Großteil seiner Posts zum politischen Leben in seinem Geburtsland der Partei al-Karama, der salafistischsten der im Parlament vertretenen islamistischen Parteien. Sie steht unter anderem für die Einführung der Scharia, fordert aber nicht zu Terrorakten auf.

Fünf Jahre nach seiner Ankunft in Frankreich besuchte er am 4. März 2014 das, was er in einem seiner seltenen französischsprachigen Posts das »muslimische Museum im Louvre« nennt, um sich dort neben Figuren islamischer Kämpfer mit Kettenhemden und einem Krummsäbel in den Händen oder auch mit den Mumien der Pharaonen in der Altägyptischen Abteilung fotografieren zu lassen. Der Pharao, der »arrogante« (*moustakbir*) Sterbliche, der sich für einen Gott hielt, steht im Koran symbolisch für die schlechte Regierung der Ungläubigen, und die Mumie, die seine vergängliche Hülle darstellt, für die Gottlosigkeit dieser Anmaßung. Der Großteil seiner Einträge, die explizit den Islam zum Thema haben, besteht aus Bildern von Predigern der Muslimbruderschaft oder des Salafismus, die im Netz omnipräsent sind, begleitet von ein oder zwei Sätzen, meist auf Arabisch, hin und wieder auf Französisch übersetzt, die die Überlegenheit des Islam über das Christentum oder den Atheismus zum Ausdruck bringen sollen. Fotos von Konvertiten gibt es in Hülle und Fülle. Gorchene versetzt sich damit in die »Stimmung«, die sich unter der ursprünglich muslimischen und in Frankreich sesshaft gewordenen Jugend zunehmend breitmachte. Wortführer der sozialen Netzwerke und verschiedener Moscheen argumentieren im Rahmen dieser »Stimmung« für den kulturellen »Separatismus« von den »gottlosen« europäischen Gesellschaften, wodurch ein Bezugssystem für die geforderte Lossagung von der Mehrheitsgesellschaft entsteht. Der Schritt zur Gewalt wurde in dieser Phase nicht explizit gefordert, sieht man von einem kurzen Moment im Jahr 2013 ab. Doch es blieb dabei, dass die Normen und Werte dieser muslimischen Jugend dem wörtlich genommenen religiösen Dogma entstammten und nicht den Gesetzen und dem Ethos der Gesellschaft im Ankunftsland.

Diese verhinderten nicht, dass Jamel Gorchenes Aufenthaltsstatus 2019 zehn Jahre nach seiner Ankunft in Frankreich quasi automatisch auf eine legale Basis gestellt wurde und er dank seines Status als Angestellter bei einem Lieferservice eine Aufenthaltsgenehmigung erhielt (die ihm 2021 die legale Einreise in Tunesien ermöglichte). Ab diesem Zeitpunkt teilt er neben den erwähnten Bildern zunehmend auch Posts der linken Islamisten – der Grund dafür dürfte in einer neuen »Stimmung« liegen, die eher proaktiv war und sich über Inhalte äußerte, die einen Bezug zu Frankreich hatten.

Gorchenes Facebook-Account ließ eine Art kulturelle Hybridisierung erkennen: Fortan ging es vor allem um die Mobilisierung gegen die »Islamophobie«, die das CCIF (»Collectif contre l'islamophobie en France«) zu seinem Hauptthema gemacht hatte. Dieser Bewegung mit ihrem Schwerpunkt auf einem von Muslimbrüdern und Salafismus gespeisten politischen Islam gelang es, Gorchenes Aufmerksamkeit beinahe komplett auf sich zu ziehen und ihm eine Sache zu geben, für die er streiten konnte. Es stellte die Verbindung her zwischen der extremen Linken und dem linken Rand der französischen parlamentarischen Linken, angefangen bei den Trotzkisten über »La France insoumise« von Jean-Luc Mélenchon bis hin zu den Überbleibseln der Parti socialiste, die nach den fünf Präsidentschaftsjahren von François Hollande (2012–2017) nur noch eine Splittergruppe war.

Diese Bewegungen entwarfen übrigens bei ihren Bemühungen um Wahlerfolge in den Stadtvierteln mit vielen jungen Wählern mit nordafrikanischem Migrationshintergrund eine zum Kampf gegen die »Islamophobie« passende Strategie. Die wichtigste Demonstration dazu – ein Protestzug am 10. November 2019 durch die Avenue de la République in Paris, an dem unter anderem Mélenchon teilnahm und bei dem *Allahu Akbar*-Rufe zu hören waren – ist in Jamel Gorchenes Facebook-Posts prominent vertreten. Gleich darunter finden sich Posts vom CCIF sowie des radikal-salafistischen »Menschenrechts-«Vereins BarakaCity (der im Oktober 2020 aufgelöst wurde und seinen Sitz in die Türkei Erdoğans verlegte, von dem als wichtigster Verteidiger des Islam sich ebenfalls viele Bilder in Gorchenes Account finden), des charismatischen Predigers Tariq Ramadan (inzwischen wegen des Vorwurfs der Vergewaltigung angeklagt), von Al Jazeeras Online-Ableger AJ+ auf Französisch (der unter der muslimischen Jugend Frankreichs die Ideologie der Muslimbrüder verbreitet), des ehemaligen Universitätsdozenten François Burgat, der inzwischen zu einem islamistenfreundlichen Influencer im Internet wurde, und viele mehr.

Die beschriebene kulturelle und mentale Stimmung, die Jamel Gorchene durchdrang, ist von den Werten des islamistischen Separatismus geprägt, ohne aber explizite Inhalte zu transportieren, die ihn zum bewaffneten Dschihad getrieben hätten. Dennoch änderte er am 24. Oktober 2020 sein Profilfoto auf Facebook. Zeigte es zuvor den »Schutzvers« aus dem Koran, als schlichtes Versöhnungszeichen, stellte er nun ein Selfie ein, das ihn bärtig und kahl rasiert, zudem mit weißen Kopfhörern in den Ohren als Mitglied der »Generation Y« zeigt. Dazu ergänzte der spätere Attentäter ein Logo mit dem arabischen und englischen Text *Illa Rassoul Allah* (Bis auf den Gesandten Allahs) – *Respect Mohamed*. Der arabische Ausdruck bedeutet, dass jegliche Kritik am Propheten des Islam verboten ist, und erlaubt damit indirekt ein Handeln gegen jeden, der dieses Verbot missachtet.

Ab dem 17. April, eine knappe Woche bevor er zum Mörder wurde, veröffentlichte Gorchene, genau wie Ansorow, keine weiteren Posts mehr, vielleicht um sich nicht zu verraten, oder vielleicht weil seine psychische Verfassung weiter aus dem Gleichgewicht geraten war. Anfang des Jahres 2021 hatte er, wie bereits erwähnt, erfolglos einen Psychiater aufgesucht – er hatte alle Anzeichen einer »Depression« aufgewiesen, wie sein sehr frommer Vater später erklärte, bei dem er zu diesem Zeitpunkt lebte. Er war daraufhin ins Heimatland zurückgereist, wo ihn seine Familie den Händen eines Heilers übergab, der die *jinns* (Geister) aus seinem Körper verjagen sollte. Zwischen dem 13. April, dem Beginn des Ramadan, und dem 17. April stellte er nun täglich fromme Suren bei Facebook ein, was auf eine Exazerbation, auf ein gesteigertes Bemühen um die Vergebung von Sünden oder eine Intensivierung des Glaubens schließen lässt.

Am Ende dieses Prozesses stand am 23. April 2021 die Ermordung der bedauernswerten Angestellten des Kommissariats in Rambouillet, einer zweifachen Mutter und Stütze des örtlichen Vereinslebens. Auch wenn die labile psychische Verfassung den

Schritt zur Tat beschleunigte, was gewiss mit der Schande der nicht zugestandenen, »abnormen« sexuellen Orientierung zusammenhing, die von dem ritualisierten Mord exorziert und mit der Erlösung als Märtyrer gekrönt werden konnte, so fügt sich der Anschlag dennoch in den langen Prozess des dschihadistischen »Stimmungsterrorismus« ein, der bei der Durchsicht von Gorchenes Facebook-Account erkennbar wird. Dieses Phänomen nahm zwischen Herbst 2020 und Frühling 2021 vier Mal in Frankreich materielle Gestalt an sowie am 2. November 2020 in Österreich und am 24. desselben Monats in einem Manor-Supermarkt im schweizerischen Lugano – hier griff eine zum Islam konvertierte Tessinerin (die ebenfalls unter psychischen Problemen litt) mit einem Messer zwei Kundinnen an und behauptete später, dies im Namen des sogenannten »Islamischen Staats« getan zu haben – ohne dass dieser sich zur Tat bekannte. Um einer derartigen Herausforderung entgegentreten zu können, müssen die juristischen Institutionen Europas zuallererst einmal das Ausmaß des Phänomens erkennen und die Bedeutung und Modalitäten des »islamistischen Separatismus« analysieren – ein Prozess, der gerade erst begonnen hat.

Die Vorgänge in Frankreich und Israel haben auch in Deutschland das militante Engagement islamistischer Gruppen wieder aufleben lassen, die Teil der erläuterten dschihadistischen »Stimmung« geworden sind. Vom 20. Oktober 2020 an organisierte die Gruppierung Muslim Interaktiv vor der französischen Botschaft in Berlin Demonstrationen, die sich auf die Rede Emmanuel Macrons in Les Mureaux gegen den »islamistischen Separatismus« bezogen und auf Erdoğans Angriffe gegen seinen Amtskollegen. Muslim Interaktiv behauptet, aus der »Islamischen Befreiungspartei« (Hizb ut-Tahrir) hervorgegangen zu sein, einer 1953 in Ostjerusalem gegründeten, radikalen Islamistenbewegung, die die Zerstörung Israels fordert, und präsentiert sich sehr aktiv auf Facebook, wo sie wohlwollend die Gruppen »Generation Islam« und »Realität Islam« mit zusammen rund 100.000 Online-Mitgliedern unterstützt. Offline zeigten sich ihre Mitglieder in typischer schwarzer Kleidung und in einer Inszenierung der Besetzung von öffentlichem Raum, die sowohl an die Nationalsozialisten als auch an die Hisbollah und die türkischen Grauen Wölfe erinnerte. Sie zertrampelten Bilder des französischen Präsidenten und hielten Plakate hoch, auf denen der »Völkermord Algerien«, die »Ausbeutung Mali« und die »Zwangsassimilation« der Muslime in Frankreich beklagt wurden. Am 12. April 2021 veröffentlichten sie online eine Fotomontage, auf der Emmanuel Macron, eine Totengräberschaufel in der Hand, zusammen mit Xi Jinping (als Verfolger der Uiguren) auf einem Friedhof zu sehen ist, dessen Grabsteine Inschriften tragen wie »Niqab«, »Hidschab«, »Sunna«, »Gebet« oder »Islamische Identität«.

Im Anschluss an den Elftagekrieg, nachdem bei weiteren Demonstrationen in Bonn und Münster israelische Flaggen vor Synagogen angezündet worden waren und es zu Zusammenstößen zwischen der Polizei und Protestierenden gekommen war, stellte Muslim Interaktiv am 28. Mai in Hamburg einen weiteren paramilitärisch wirkenden Protestzug auf die Beine. Hier war auf Plakaten etwa »Israel – Kindermörder« zu lesen (ein Bezug auf die Rede Erdoğans zehn Tage zuvor), und es wurde gefordert, der jüdische Staat solle »für immer aus der al-Aqsa [der Jerusalemer Moschee] verschwinden«, oder man präsentierte sich als Bewegung »der [islamischen] Umma für die Umma«. Auf den Flaggen stand das muslimische Glaubensbekenntnis, und die palästinensische war nicht zu sehen, ist sie doch für die Verteidiger des Panislamismus allerorten, von Istanbul über Paris und Berlin bis nach Jerusalem, zu »nationalistisch«. Die Stimmung im Netz ist für diese Globalisierung des Dschihadismus derzeit besonders günstig und macht unter dem Vorwand der Krisen und Verwerfungen des Nahen Ostens aus den europäischen Nationen einen Resonanzraum.

Die Besetzung des virtuellen und des realen Raums durch Muslim Interaktiv muss im Zusammenhang einer dschihadistischen Stimmung verstanden werden, die im Vergleich zur französischen Situation jedoch einige Besonderheiten aufweist. Deutschland, wo im Gegensatz zu Frankreich kaum Einwanderer aus ehemaligen Kolonialländern leben, ist mit zwei Phänomenen konfrontiert: Zum einen macht ein Islamismus von sich reden, der sich in der Opferrolle wähnt und den Vorwurf erhebt, Deutschland würde nach den Juden nun seine Anhänger zur neuen verfolgten Minderheit erklären, weshalb man den »Kampf gegen die Islamophobie« führen müsste. Dem gegenüber steht eine fremden- und islamfeindliche Rhetorik, die von der rechtsextremen Partei Alternative für Deutschland (AfD) getragen wird. Diese Haltung brachte der Partei seit der Flüchtlingskrise 2015 beachtliche Wahlerfolge. So ergibt sich in Deutschland eine ganz eigene Art von Wechselverhältnis zwischen Dschihadisten und Rechtsextremen. Am 19. Februar 2020 tötete ein junger Einzelgänger, von Verschwörungstheorien beeinflusst, die – vornehmlich muslimischen – Kunden unter anderem einer Shisha-Bar in Hanau, wodurch diese wechselseitige Abhängigkeit ins öffentliche Bewusstsein drang.

Am 25. Juni 2021 kam es in Würzburg zu einem Messerangriff – eine Tat, die deutlich mehr mit dem französischen dschihadistischen »Stimmungsterrorismus« zu tun hat als die von Hanau, aber dennoch eine eindeutig deutsche Komponente besitzt: Hier zeigt sich ein Erbe der »Wir schaffen das«-Politik der im Herbst 2021 abtretenden Bundeskanzlerin Merkel, aus den Jahren, als 1,5 Millionen Flüchtlinge ins Land kamen (von denen inzwischen einige die Bundesrepublik wieder verlassen haben). Würzburg war bereits einmal Schauplatz eines Angriffs gewesen, als am 18. Juli 2016 ein aus dem pakistanisch-afghanischen Raum stammender 17-Jähriger in einem Regionalzug fünf Reisende mit einem Messer und einem Beil verletzte, bevor er von der Polizei erschossen wurde. Am nächsten Tag ging über die Presseagentur Amaq, einem

Nachrichtenkanal des sogenannten »Islamischen Staats«, ein Bekennerschreiben ein.

Das Attentat vom 25. Juni 2021 fand in einem beliebten Kaufhaus statt: Abdirahman J., ein 1997 in Mogadischu geborener und 2015 nach Deutschland gekommener somalischer Flüchtling, ermordete drei Frauen zwischen 24 und 82 Jahren und verwundete vier weitere, sowie ein junges Mädchen, eine Jugendliche und einen Mann.

Nach seiner Ankunft in Deutschland von den offiziellen Einwanderungsbehörden in Chemnitz betreut, erhielt J. den besonderen Status eines »subsidiär Schutzberechtigten«, der die Ausweisung in sein Heimatland untersagte. Chemnitz, wo sich eine außergewöhnlich aktive Gruppe syrischer Islamisten niedergelassen hat, wurde 2016 zum Ziel einer Polizeioperation, da mehrere Personen unter Verdacht standen, Attentate, vor allem eines auf einem Flughafen, vorbereitet zu haben.

2019 zog Abdirahman J. nach Würzburg und teilte sich hier die Unterkunft mit einem anderen Migranten, mit dem er in den Tagen vor den Morden eine Auseinandersetzung hatte. Die Behörden haben bislang keine Hinweise darauf gefunden, dass er mit einer dschihadistischen Bewegung in Kontakt gestanden hätte, obgleich es nach der Vernehmung hieß, er habe die Verantwortung für seine Tat übernommen, im Namen seiner Vorstellung vom Dschihad, der mit einem Messer ausgeführt werden soll. Sein Modus Operandi erinnert an den des Tunesiers Jamel Gorchene in Rambouillet zwei Monate zuvor: Beide Angreifer nutzten ein Messer und richteten sich gegen Frauen, die als leichtere und verletzlichere Opfer gelten. In beiden Fällen scheinen psychologische Probleme den Schritt zur Tat beschleunigt zu haben – dabei hatte der dschihadistische Stimmungsterrorismus in den beiden Ländern auf je ganz eigene Art das Terrain bereitet: Gorchene wurde von seinen pädophilen Fantasien heimgesucht, die weder die Psychiatrie in Frankreich noch die Exorzisten in seinem Heimatland beseitigen konnten, was dem als Sühneopfer zu verstehenden Mord an einer bedauernswerten Frau Vorschub leistete. Abdirahman J. litt ebenfalls unter psychologischen Problemen, die den Behörden bekannt waren.

Doch keiner der beiden Mörder im Namen des Dschihad gehörte einer Organisation an. Die kulturell-religiöse Konditionierung schuf die Bedingungen und Modalitäten dafür, zu einer Tat zu schreiten, deren Ursprünge auf ein psychisches Problem zurückgehen. Es sorgte für eine Lossagung von den Werten der Aufnahmegesellschaft, die, vom dschihadistischen Stimmungsterrorismus geprägt, fast »natürlich« zu den Morden führte. Abgesehen von den unterschiedlichen Konzepten von Laizismus und den unterschiedlichen Bezügen zur jeweiligen Kolonialgeschichte stehen sowohl Frankreich als auch Deutschland vor einer Herausforderung, die Europa am besten vereint angehen sollte. Ansonsten wird es in seiner Mitte zu Gewalttaten kommen, die das soziale Gefüge zerreißen und somit den dschihadistischen Wunsch nach Zerstörung der westlichen Gesellschaften aus deren Innern heraus Realität werden lassen.

ANHANG

ZEITTAFEL

2020

1. Januar (Algerien): Freilassung des kabylischen Geschäftsmannes und Modernisierers Issad Rebrab
2. Januar (Türkei / Libyen): Beschluss des türkischen Parlaments zur Entsendung von Truppen nach Libyen; die Entsendung beginnt vier Tage später
3. Januar (Irak / USA): Liquidierung des iranischen Generals Qasem Soleimani, Chef der al-Quds-Brigaden, durch eine US-Drohne am Flughafen von Bagdad
8. Januar (Türkei / Russland): Feierliche Eröffnung der Gaspipeline TurkStream durch Wladimir Putin und Recep Tayyip Erdoğan in Istanbul (Frankreich): Veröffentlichung von *Les Territoires conquis de l'islamisme* (*Die vom Islamismus eroberten Gebiete*) von Bernard Rougier (Presses universitaires de France)
9. Januar (Frankreich): Veröffentlichung von *Le jihadisme français. Quartiers, Syrie, prisons* (*Der französische Dschihadismus. Stadtviertel, Syrien, Gefängnisse*) von Hugo Micheron (Gallimard)
12. Januar (Libyen): Vorübergehende Einstellung der Gefechte
19. Januar (Deutschland / Libyen): In Berlin kommen unter Führung der deutschen Bundeskanzlerin und des UN-Generalsekretärs Vertreter von elf Staaten und vier Organisationen zu einem Gipfel zusammen, bei dem sich die Machtlosigkeit der internationalen Gemeinschaft in Libyen erweist
28. Januar (China / Äthiopien): Umstrittenes Treffen zwischen Chinas Staatspräsident Xi Jinping und dem Direktor der Weltgesundheitsorganisation (WHO) und ehemaligen äthiopischen Außenminister, Tedros Adhanom Ghebreyesus, in Peking

3. Februar (Uganda / Israel / Sudan / VAE): Treffen zwischen Benjamin Netanjahu und dem Chef des sudanesischen »Souveränen Rates«, General Abdel Fattah Burhan, unter Vermittlung der Emirate

5. Februar (Katar / Israel): Besuch des Mossad-Chefs Yossi Cohen in Doha in Begleitung von General Herz Levi, um Emir Tamim dazu zu bewegen, weiterhin Gelder an die Hamas zu überweisen

6. Februar (Algerien): Veröffentlichung eines »Aktionsplans der Regierung«, der wichtige Anliegen des *Hirak* aufnimmt

19. Februar (Italien): Fußballspiel zwischen Valencia und dem FC Atalanta Bergamo, das am Beginn mehrerer Covid-19-Infektions-Cluster in Italien und Spanien steht

25. Februar (Ägypten): Tod des ehemaligen Präsidenten Hosni Mubarak (reg. 1981–2011) im Militärkrankenhaus von Kairo

27. Februar (Syrien / Türkei): 33 türkische Soldaten sterben in der »Deeskalationszone« um Idlib bei einem Luftschlag, der Syrien zugerechnet wird – als Vergeltung werden 16 syrische Militärs getötet

29. Februar (Frankreich): Grundsteinlegung für das endgültige Gebäude der Großen Moschee von Pantin

März: Der Preis für ein Barrel der Rohölsorte *Brent* fällt von 63,65 US-Dollar im Januar auf 32,03 US-Dollar

2. März (Libyen): Rücktritt des UN-Sondergesandten für Libyen, Ghassan Salamé

6. März (Österreich / Russland / Saudi-Arabien): Treffen der »OPEC+« in Wien; der russische Vertreter verkündet die Entscheidung des Kreml, die Erdölförderung in seinem Land deutlich zu erhöhen, woraufhin Saudi-Arabien gezwungen ist, diesem Kurs zu folgen

13. März (Algerien): 56. und aufgrund der Pandemie letzter Protestmarsch des *Hirak*, der seit dem 22. Februar 2019 jeden Freitag Millionen Algerier auf die Straße gebracht hatte

25. März (Libyen / Türkei): Militäroffensive der Truppen aus Tripolis und syrischer Söldner, unterstützt von zwei türkischen Fregatten vor der Küste und unter massivem Einsatz von Bayraktar-Drohnen

April (Türkei): Die Arbeitslosigkeit erreicht offiziell 25 Prozent (nach Angaben der wichtigsten Gewerkschaften sogar mehr als 50 Prozent)

1. April (Algerien / Frankreich): Der in Barcelona ansässige Journalist Francis Ghilès erklärt auf France 24, die Baukosten der »Großen Moschee von Algier« betrügen geschätzt zehn Milliarden Dollar, woraufhin der Botschafter Frankreichs ins algerische Außenministerium einbestellt wird

6. April (Irak / Iran): Der Nachfolger General Soleimanis, Esmail Qa'ani, reist nach Bagdad, wo er vergeblich versucht, die schiitischen Milizen hinter einem Premierminister zu vereinen, der als treuer Verbündeter Irans gilt

9. April (Jemen / Saudi-Arabien): Einseitige Waffenruhe Saudi-Arabiens

20. April: Der Preis für das Barrel Rohöl fällt auf −38,94 Dollar

7. Mai (Irak): Ernennung des neuen Premierministers, Mustafa al-Kadhimi, ehemaliger Geheimdienstchef, der als amerikafreundlich gilt

18. Mai (Frankreich): Aufrufe zum öffentlichen Gebet in der Moschee von Roquebillière, in Nizza

26. Mai (Algerien / Frankreich): Ausstrahlung der Dokumentation *Algérie, mon amour* auf France 5; Entrüstung in den sozialen Medien; der algerische Botschafter wird aus Paris abgezogen

Juni: Anstieg der Rohölpreise, die sich dann bei rund 40 Dollar stabilisieren

6. Juni (Ägypten / Libyen): Präsident Abd al-Fattah as-Sisi verkündet die »Kairo-Initiative«, die Parlamentswahlen in Libyen in den nächsten 90 Tagen vorsieht

10. Juni (Libyen / Frankreich / Türkei): Die türkische Fregatte *Oruç Reis* bedroht die Fregatte *Courbet*, die im Rahmen der NATO-Operation »Sea Guardian« den türkischen Frachter *Çirkin* inspizieren möchte, da auf ihm Waffen für den Transport in den libyschen Hafen Misrata vermutet werden

16. Juni (Frankreich): Aufsehenerregende, vier Tage andauernde Zusammenstöße in Dijon zwischen in Frankreich lebenden Tschetschenen und Marokkanern

17. Juni (USA / Syrien): Inkrafttreten des »Caesar Act«, der jede Hilfe für das

syrische Regime, vor allem in finanzieller oder geschäftlicher Hinsicht, unter Strafe stellt

19. Juni (Türkei / Italien): Besuch des italienischen Außenministers Luigi di Maio bei seinem türkischen Amtskollegen Mevlüt Çavuşoğlu

23. Juni (USA): Der ehemalige (2018–2019) Nationale Sicherheitsberater John Bolton veröffentlicht sein Buch *The Room Where It Happened* (*Der Raum, in dem alles geschah*, Verlag Das Neue Berlin)

Juli (Saudi-Arabien): Die Hadsch, die jährliche große Pilgerreise nach Mekka, wird wegen der Pandemie auf wenige Tausend Einwohner des Königreichs beschränkt, die zudem Abstand halten müssen

(Äthiopien): Füllung der Grand-Ethiopian-Renaissance-Talsperre

4. Juli (Libyen / VAE): Abu Dhabi zugeschriebener Angriff auf die Luftwaffenbasis al-Watiya bei Tripolis, die kurz zuvor Truppen der GNA besetzt hatten

(Algerien / Frankreich): Premierminister Tebboune verlangt am Vorabend der Feiern zum algerischen Unabhängigkeitstag (5. Juli 1962) vom ehemaligen Mutterland eine »Entschuldigung« für die Kolonisation

12. Juli (Iran / China): Rede des Obersten Führers vor dem Parlament; ruft die Ultras in Bezug auf den unausgeglichenen Vertrag mit China zur Ordnung, der nach der Peking-Reise des Außenministers Mohammed Dschawad Sarif vom 31. Dezember 2019 unterschrieben worden war

12.–13. Juli (Armenien / Aserbaidschan): erste Zusammenstöße zwischen Jerewan und Baku

15. Juli (Türkei): Rücktritt des Premierministers Elyes Fakhfakh

20. Juli (Türkei / Malta / Libyen): Treffen der türkischen und maltesischen Verteidigungsminister in Ankara, an dem auch der Innenminister der Regierung von Tripolis teilnimmt, um die militärische Kooperation der drei Länder auszuloten

(Ägypten / Libyen): Zustimmung des ägyptischen Parlaments zur Entsendung von Truppen nach Libyen, sollte Sirte von der GNA und dem türkischen Expeditionskorps bedroht werden

21. Juli (Iran / Irak): Besuch des irakischen Premierministers Mustafa al-Kadhimi in Teheran

24. Juli (Türkei): 97. Jahrestag des Vertrags von Lausanne; Recep Tayyip Erdoğan eröffnet das Freitagsgebet in der antiken byzantinischen Basilika Hagia Sophia, die 85 Jahre lang ein Museum war und nun von ihm zu einem muslimischen Gebetshaus umgewidmet wurde

(Frankreich / Algerien): Der Historiker Benjamin Stora erhält von Staatspräsident Emmanuel Macron den Auftrag, Überlegungen zur »Erinnerungskultur der Kolonialisierung und des Kriegs in Algerien« anzustellen

(Frankreich / Armenien / Türkei): Eine Demonstration zur Unterstützung Armeniens vor der Genozid-Gedenkstätte in Décines wird von rund 100 Grauen Wölfen aus Oyonnax angegriffen

29. Juli (Jemen / Saudi-Arabien): Der Südübergangsrat gibt seine im November 2019 in Riad ausgehandelte Autonomie auf, erreicht dafür aber eine Machtteilung mit der Regierung Hadi

(Algerien / Frankreich): Staatspräsident Macron ernennt den versierten Arabisten François Gouyette zum französischen Botschafter in Algier

31. Juli: Die Feiern des islamischen Opferfests Eid ul-Adha können wegen der Pandemie fast überall in der muslimischen Welt nur im kleinen Kreise zu Hause stattfinden

August (Iran): Geschätzt 18 Millionen Menschen (etwa 20 Prozent der Bevölkerung) haben sich bereits mit dem Covid-19-Virus infiziert; die Sterbefälle – offiziell 18.000 – dürften sich tatsächlich auf mehr als 40.000 belaufen

(Türkei): Die Denkfabrik »Al Sharq Forum« veröffentlicht den Bericht »Political Islam in the Second Wave of the Arab Uprisings« (»Der politische Islam in der zweiten Welle der arabischen Aufstände«), in dem sie kritisch auf die Erhebungen 2019 in Algerien, im Sudan sowie im Irak und im Libanon eingeht

2. August (Israel): Benjamin Netanjahu verspricht insgesamt 1,76 Milliarden Dollar, um mit monatlich 800 Dollar pro Familie die sozioökonomischen Auswirkungen der Pandemie abzufedern

4. August (Libanon): Explosion im Hafen von Beirut, die mindestens 214 Tote und mehr als 6.500 Verwundete fordert; mehr als 300.000 Menschen werden obdachlos

(Syrien): Ein Bericht der London School of Economics schätzt, dass sich bis Ende des Monats rund zwei Millionen Syrer mit dem Covid-19-Virus angesteckt haben werden

5. August (USA / Libyen): Donald Trumps Nationaler Sicherheitsberater Robert O'Brien erklärt, es werde »in Libyen keinen Sieger geben«

6. August (Libanon / Frankreich): Präsident Emmanuel Macron reist als erster ausländischer Staatschef nach der Explosion nach Beirut

(Ägypten / Griechenland): Kairo und Athen unterschreiben ein Abkommen, das ihre Seegrenzen absteckt und das eine Antwort auf den im November 2019 zwischen Ankara und Tripolis geschlossenen Vertrag über deren Ansprüche im Mittelmeer darstellt

8. August (Libanon / Frankreich): Internationale Geberkonferenz für humanitäre Hilfe für den Libanon, koordiniert von Präsident Macron

10. August (Türkei): 100. Jahrestag des Vertrags von Sèvres; wird nicht begangen

(Türkei / Griechenland): Türkische Kriegsschiffe dringen in die von Griechenland beanspruchte ausschließliche Wirtschaftszone ein, woraufhin die Spannungen mit Athen erneut zunehmen

(Somaliland / Ägypten): Besuch einer ägyptischen Militärdelegation auf der Basis Berbera im einseitig für unabhängig erklärten, von Somalia abgespaltenen Staat Somaliland

11. August (Irak / Türkei): Bei einem türkischen Drohnenangriff auf irakisches Gebiet, der in die bergige Region Sidekan geflohene PKK-Mitglieder treffen sollte, sterben zwei hochrangige irakische Grenzoffiziere, woraufhin Bagdad den für zwei Tage später geplanten Besuch des türkischen Verteidigungsministers absagt

13. August (VAE / Israel / USA): Bekanntgabe der von Donald Trump vermittelten gegenseitigen diplomatischen Anerkennung zwischen den VAE und Israel

(Israel / Griechenland): Besuch des griechischen Chefdiplomaten bei Netanjahu

(Türkei / Frankreich): Rede von Recep Tayyip Erdoğan, bei der er sich abfällig über die Beirut-Reise des französischen Präsidenten äußert: »Was Macron und seine Mitstreiter wollen, ist die Neuerrichtung einer kolonialen Ordnung im Libanon.«

(Ägypten): Der Mediziner und Führer der Muslimbrüder, Issam al-Aryan, islamistischer Aktivist seit seinen Studententagen, stirbt in der Haft

14. August (Iran / Libanon): Der iranische Außenminister Mohammed Dschawad Sarif gratuliert dem libanesischen Außenminister Charbel Wehbe und dem Generalsekretär der Hisbollah, Hassan Nasrallah, anlässlich des »Jahrestags des Siegs gegen die israelische Aggression im 33-Tage-Krieg« (12. Juli – 14. August 2006)

(Türkei / Israel / Griechenland / Palästina / VAE / Ägypten): Recep Tayyip Erdoğan kündigt, »nachdem er seine Andacht beim Freitagsgebet in der Moschee Hagia Sophia beendet hatte«, an: »Sollte Palästina seine Botschaft in Abu Dhabi schließen, tun [wir] das ebenso.«

15. August (Iran / Palästina / Libanon): Treffen in Beirut zwischen Mohammed Dschawad Sarif und dem Chef des Islamischen Dschihad im Gazastreifen sowie Telefonat Sarifs mit dem inoffiziellen »Ministerpräsidenten« des Gazastreifens, Ismail Haniyya

18. August (VAE / Israel): Scheich Tahnoun, nationaler Sicherheitsberater und Halbbruder mütterlicherseits von Kronprinz Scheich Muhammad, empfängt den Chef des Mossad, Yossi Cohen, in Abu Dhabi

20. August (USA / Irak): Besuch des irakischen Premierministers Mustafa al-Kadhimi in Washington; Unterzeichnung eines acht Milliarden US-Dollar schweren Energieabkommens mit Chevron, General Electric und weiteren US-Firmen

(Iran): Das Mullah-Regime stellt die »ballistischen Raketen des *shahid hajj* [Märtyrer und Pilger zu den Heiligen Stätten] Qasem Soleimani« mit einer Reichweite von bis zu 1.400 Kilometern vor

21. August (Türkei): Recep Tayyip Erdoğan widmet die Istanbuler Chora-Kirche, eine Kostbarkeit der byzantinischen Kunst, in eine Moschee um

(Libyen / Ägypten): Gleichzeitiger Aufruf zur Waffenruhe von Aguila Saleh und Fayiz as-Sarradsch, umgehend auch vom ägyptischen Rais und Mustafa Sanalla, dem Vorsitzenden der staatlichen libyschen Ölgesellschaft (NOC), unterstützt

22. August (Türkei / Palästina): Erdoğan empfängt Ismail Haniyya, den Chef des Hamas-Politbüros, mitsamt großer Delegation in einem Palast am Ufer des Bosporus

23. August (Saudi-Arabien): Energieminister Prinz Abdel Aziz bin Salman, Halbbruder des Kronprinzen, kündigt an, 500 Milliarden US-Dollar in die *smart city* Neom investieren zu wollen.

(Libyen): Proteste gegen sinkenden Lebensstandard in Tripolitanien

24. August (Israel / USA): Botschaft des US-Außenministers Mike Pompeo aus Jerusalem an den Nominierungsparteitag der Republikaner, bei dem Donald Trump als Kandidat für die Wiederwahl aufgestellt wird

25. August (Israel / Sudan / USA): Pompeo reist mit dem »ersten offiziellen Flug zwischen Tel Aviv und Khartum« in die sudanesische Hauptstadt

26. August (Spanien / Frankreich): Besuch des französischen Innenministers Gérald Darmanin in Madrid, um den Anstieg illegaler algerischer Migranten, die über Spanien nach Frankreich einreisen, zu besprechen

26.–28. August (Frankreich / Italien / Griechenland / Zypern): Gemeinsame Marinemanöver

28. August (Ägypten): Verhaftung des Obersten Führers ad interim der ägyptischen Muslimbruderschaft, Mahmoud Ezzat, in seinem Kairoer Versteck, der neben der Planung bewaffneter Aktionen auch für die sich noch im Anfangsstadium befindlichen Verhandlungen mit dem Regime verantwortlich war

29. August (Schweiz): Beim Middle East Mediterranean Summer Summit der Universität Lugano wiederholen Mustafa Sanalla (NOC) und Patrick Pouyanné (Total), welch entscheidende Bedeutung sie der Wiedereröffnung der Förderanlagen und Raffinerien in Libyen zumessen

31. August (Israel / VAE): Erster kommerzieller Flug der El Al 971, mit dem die direkte Flugverbindung zwischen Tel Aviv und Abu Dhabi eingeweiht wird; an Bord sind neben einer wichtigen israelischen Delegation auch Nahost-Vertreter der USA, unter der Führung von Jared Kushner, dem Schwiegersohn des US-Präsidenten

September (USA): Der Präsident des Council on Foreign Relations, Richard Haass, veröffentlicht in der Zeitschrift *Foreign Affairs* einen Artikel unter der Überschrift *Present at the Disruption* (Bei der Spaltung zugegen)

(Libyen): Amnesty International veröffentlicht den Bericht »*Zwischen Leben und Tod*«: *Geflüchtete und Migranten gefangen in Libyens Kreislauf der Gewalt*

1. September (Libanon / Frankreich): 100. Jahrestag der Gründung von Großlibanon unter französischem Mandat und der Ägide des Völkerbunds. Zweiter Sommerbesuch Emmanuel Macrons im Zedernstaat

(Libanon / Palästina): Beginn der dreiwöchigen Rundreise des Palästinenserführers Ismail Haniyya durch den Libanon

(Israel / Katar): Katars Botschafter Mohammed al-Emadi, Präsident des »Katarischen Komitees zum Wiederaufbau Gazas«, reist in offizieller Funktion zum israelischen Staatspräsidenten Reuven Rivlin, der ihm für »sein Engagement und seine großen Bemühungen, die Eskalation zu stoppen und die Situation zu beruhigen«, dankt

2. September (Deutschland / Russland): Erklärung der deutschen Bundesregierung, nach der sie »eindeutige Beweise« dafür habe, dass der russische Dissident Alexei Nawalny, der in einem Berliner Krankenhaus versorgt wird, einem Giftanschlag zum Opfer gefallen ist

(Irak / Frankreich): Reise Emmanuel Macrons nach Bagdad

(Tunesien): Neue Technokraten-Regierung unter dem ehemaligen Innenminister Hichem Mechichi, mit Richtern, Professoren, Funktionären sowie Kadern aus der Privatwirtschaft besetzt

3. September (Frankreich): Beginn des Prozesses in Paris um die Anschläge vom Januar 2015 auf die Redaktion von *Charlie Hebdo*, den Supermarkt HyperCacher sowie einen Polizisten und eine Polizistin; Idriss Sihamedi, Gründer und Vorsitzender der NGO BarakaCity, twittert: »NIEMAND darf unseren Propheten beleidigen. Möge Allah Charlie verfluchen und mit der Sonnenhitze ihre Gräber in Brand stecken.«

(Libanon / Palästina): Zusammenkunft im Sitz der palästinensischen Botschaft in Beirut von Ismail Haniyya mit Repräsentanten des gesamten Spektrums der Widerstandsbewegungen – von den Marxisten der Volksfront und der Demokratischen Front zur Befreiung Palästinas bis hin zum proiranischen Islamischen Dschihad

4. September (Ägypten / Äthiopien): Ägypten kündigt den Bau einer Talsperre in Tansania an

6. September (Libanon): Ismail Haniyya besucht das Palästinenserlager Ain al-Hilweh

6.–10. September (Libyen / Marokko) und 7.–9. September (Libyen / Schweiz): Verhandlungen zwischen den unterschiedlichen libyschen Fraktionen in Bouznika beziehungsweise Montreux

7. September (Ägypten / Libyen): Zum ersten Mal seit der Unterzeichnung des Abkommens über die Demarkation beanspruchter Meereszonen mit der Türkei im November 2019 kommt eine Delegation von Vertretern Tripolitaniens nach Kairo; Bekanntgabe der ägyptischen Regierung, dass sie Abgeordnete aller libyschen Volksgruppen einladen werde, um fern jeder Einmischung aus dem Ausland einen nationalen Konsens für Libyen zu erreichen

8. September (Syrien / Russland): Erste Reise Sergei Lawrows nach Damaskus seit 2012, in Begleitung einer großen Delegation

9. September (USA / Irak): General McKenzie, Kommandeur des CENTCOM, erklärt, dass die Zahl der im Irak stationierten US-Soldaten bis Ende des Monats von 5.200 auf 3.000 reduziert werde

(Griechenland): Brand im größten europäischen Flüchtlingslager Moria auf der griechischen Insel Lesbos; mehr als 13.000 aus der Türkei übergesetzte Menschen drängten sich hier

10. September (Frankreich): Ende des Gipfeltreffens der Staats- und Regierungschefs von sieben Mittelmeeranrainerstaaten der EU aus dem ehemals griechisch-römischen Kulturraum (EuroMed 7); Mahnung an die Türkei

(Ägypten): Resolution der Arabischen Liga, in der die anwesenden Mitgliedsstaaten (ohne Katar, Libyen, Somalia und Dschibuti) einstimmig die »türkischen Interventionen in Syrien, dem Irak und Libyen« verurteilen

(Mali / Türkei): Recep Tayyip Erdoğan schickt seinen Außenminister Mevlüt Çavuşoğlu nach Bamako, um den dortigen Putschisten Rückendeckung zu geben, die kurz zuvor den als einen Verbündeten Frankreichs angesehenen Präsidenten Keïta gestürzt hatten

11. September (Bahrain): Ankündigung Manamas, Bahrain werde als viertes arabisches Land Israel anerkennen, nachdem sich schon die Arabische Liga am Vorabend geweigert hatte, die Übereinkunft zwischen Israel und den Emiraten zu verurteilen

(Türkei): Die Ratingagentur Moody's stuft die Türkei auf das Niveau B2 herab

12. September (Türkei): Präsident Erdoğan weist die in Ajaccio verabschiedete Schlusserklärung mit scharfen Worten zurück

(Griechenland): Ministerpräsident Kyriakos Mitsotakis gibt den Kauf von 18 Rafale-Kampfflugzeugen, vier Fregatten und Helikoptern sowie die Rekrutierung von 15.000 Soldaten bekannt

13. September (Palästina): Al Jazeera strahlt eine Reportage über die Lieferung von Waffen und Munition an die Hamas aus, mit der der palästinensische Widerstand gestärkt werden soll, indem seine militärische Schlagkraft zur Schau gestellt wird

14. September (Türkei): Der türkische Außenminister Çavuşoğlu erinnert daran, dass seine Regierung beschlossen habe, »keine Migranten mehr auf ihrem Weg nach Europa aufzuhalten und [dass] diese Entscheidung weiterhin Gültigkeit besitzt«

(Syrien / Türkei): Die Independent International Commission of Inquiry on the Syrian Arab Republic des UN-Menschenrechtsrats beschuldigt zum ersten Mal und im Detail den türkischen Staat und seine Hilfstruppen der »Syrischen Nationalen Armee«, an schweren Menschenrechtsverletzungen auf syrischem Gebiet unter ihrer Kontrolle (der Region um Afrin) beteiligt zu sein

16. September (Libyen): Bekanntgabe Fayiz as-Sarradschs, noch vor Ende Oktober vom Amt des Premierministers zurückzutreten, um den Platz für ein Komitee freizumachen, dessen Mitglieder bei Gesprächen zwischen verschiedenen libyschen Fraktionen bestimmt werden sollten

19. September (Demokratische Republik Kongo / Ägypten): Kinshasa erklärt seine Unterstützung für Kairo im Konflikt mit Addis Abeba

20. September (Ägypten): Protestzug am Jahrestag einer ähnlichen Demonstration, bei der mehr als 4.400 Menschen verhaftet worden waren – ein Drittel der Festgenommenen ist zu diesem Zeitpunkt noch immer in Haft

(Algerien / Frankreich): Der französische Fernsehsender M6 erhält nach der Ausstrahlung der Dokumentation *Algérie, le pays de toutes les révoltes* (*Algerien, das Land aller Unruhen*) ein »Sendeverbot« in Algerien

21. September (Türkei / Palästina): Treffen von Ismail Haniyya und Dschibril ar-Radschub, dem Generalsekretär der Fatah, in Istanbul

22. September (Ägypten): Unterzeichnung der Charta des am 14. Januar 2019 gegründeten »Gasforum östliches Mittelmeer«, zu dem Ägypten, Israel, Jordanien, die Palästinensischen Autonomiegebiete, Zypern, Griechenland und Italien, Frankreich und die Vereinigten Staaten gehören

(Frankreich / Katar): Der katarische Staatsfond QIA (Qatar Investment Authority), der 13 Prozent Anteile an der französischen Mediengruppe Lagardère hält, weist darauf hin, dass er sich »das Recht vorbehält, im Aufsichtsrat vertreten zu sein, angesichts seiner herausgehobenen Stellung als Referenzaktionär«

23. September (Europäische Union): Die Präsidentin der EU-Kommission, Ursula von der Leyen, stellt das »Neue Migrations- und Asylpaket« vor, das die Seenotrettung zu einer »gesetzlichen Pflicht« und einer »moralischen Aufgabe« für die Küstenstaaten erklärt

25. September (Frankreich): Der illegal über den Iran und die Türkei nach Frankreich eingereiste Pakistani Zaheer Mahmood versucht, in Paris zwei Menschen zu enthaupten, die er für Journalisten von *Charlie Hebdo* hält

26. September (Libanon): Mustapha Adib verzichtet angesichts des Widerstands der schiitischen Parteien auf weitere Versuche, eine »Auftrags«-Regierung zu bilden

(Irak / Iran): Beschuss des Flughafens Bagdad durch von Teheran unterstützte Milizen; fünf Zivilisten werden getötet

27. September (Armenien / Aserbaidschan / Türkei): Die Türkei entsendet syrische Hilfstruppen nach Bergkarabach, um Aserbaidschan beizustehen; die Militäroffensive gegen Bergkarabach »genießt die volle Unterstützung des türkischen Volkes für seine aserbaidschanischen Brüder«, so Erdoğan auf Twitter, und zwar »mit allen uns zur Verfügung stehenden Mitteln«

(Israel): Nach Protesten von Ultraorthodoxen wird die Öffnung der Synagogen während des Jom-Kippur-Fests am 27. und 28. September erlaubt (vorausgesetzt, die Gebete finden im Freien statt)

28.–29. September (Ägypten / Libyen): Im ägyptischen Hurghada treffen sich Politiker und Militärs aus West- und Ostlibyen, also Vertreter der GNA (Tripolis) beziehungsweise der LNA (Bengasi), zu Gesprächen unter Vermittlung der UN-Mission für Libyen

29. September (USA / Libyen): Laut dem US-Botschafter in Libyen, Richard Norland, sind »die Gespräche in Ägypten ein Zeichen dafür, dass der von den Vereinten Nationen ermöglichte Prozess funktioniert«

30. September (Irak / USA): Eine Brigade der Volksmobilmachungskräfte, bekannt für ihre Nähe zur Organisation Badr, die aus den iranischen Revolutionsgarden hervorgegangen ist, feuert sechs Raketen auf die beim Flughafen der Hauptstadt des autonomen Kurdengebiets stationierten US-Truppen

(Israel / VAE): Der Fußballverein al-Nasr SC aus Dubai kauft den arabisch-israelischen Fußballer Dia Saba, der damit zum ersten Israeli wird, der als Profi in den Vereinigten Arabischen Emiraten spielt

(Israel) Die Knesset verabschiedet eine Regelung, die jede Versammlung von mehr als 20 Personen verbietet und die Bewegungsfreiheit auf einen Kilometer rund um den Wohnsitz beschränkt, während Tausende von Demonstranten den Rücktritt Netanjahus und sein persönliches Erscheinen vor Gericht verlangen

1. Oktober (Europäische Union): Gipfel der 27 EU-Mitgliedsstaaten, der sich vor allem der Türkei widmet; Deutschland, Italien und Malta stellen sich gegen Sanktionen

2. Oktober (USA): Bekanntgabe der Covid-19-Infektion Donald Trumps
(Frankreich): Rede Emmanuel Macrons in Les Mureaux (Yvelines), in der er sich für eine politische und juristische Strategie gegen den islamistischen Separatismus auf französischem Boden ausspricht

5. Oktober (Ägypten / Libyen / USA): Treffen des US-Botschafters in Libyen, Richard Norland, mit General Abbas Kamel, dem ägyptischen Geheimdienstchef, sowie dem Präsidenten des in Tobruk ansässigen Parlaments,

Aguila Saleh, um sich über die Ausweisung ausländischer Kämpfer und türkischer Militärberater zu verständigen.

(Algerien): Der *Hirak*-Demonstrant Sofiane wird verhaftet, der mit dem Slogan *yetnahawou ga'a* (»Lasst sie uns alle ausrotten!«) bekannt geworden war, als er mit Hunderten weiterer Algerier anlässlich des 32. Jahrestag der Unruhen von 1988 auf die Straße geht; Freilassung noch am selben Tag

7. Oktober (Frankreich): Brahim Chnina stellt sein erstes Video ins Netz, womit die Online-Mobbingkampagne gegen den Lehrer Samuel Paty beginnt, der am Vortag im Unterricht eine Karikatur aus *Charlie Hebdo* verwendet hatte

8. Oktober (Frankreich): Brahim Chnina und Abdelhakim Sefrioui treffen sich mit der Rektorin von Patys Schule in Bois-d'Aulne, und Sefrioui behauptet in einem Online-Video, für den »Conseil des imams de France« (»Rat der französischen Imame«) zu sprechen

9. Oktober (Frankreich): Die Internetseite »Islamologues de France« (»Islamwissenschaftler Frankreichs«) bezeichnet zwei Arabisten als »Ideologen des neuen Faschismus« (der Islamophobie), die im Dienste der »laizistischen Gestapo« (staatliches Bildungswesen) stünden

10. Oktober (Syrien): Das HTS (Hai'at Tahrir asch-Scham) bricht, wie es erklärt, jeden Kontakt zum jordanischen Dschihad-Theoretiker Abu Muhammad al-Maqdisi ab

11.–13. Oktober (Ägypten / Libyen): In Kairo verständigen sich die Mitglieder des Tobruk-Parlaments und des Hohen Staatsrat aus Tripolis unter Vermittlung des Generals Kamel auf die Durchführung eines Verfassungsreferendums, mit dem die Wiedervereinigung des Landes angestrebt wird

12. Oktober (Frankreich): Abdelhakim Sefrioui stellt ein Video ins Internet, in dem er mit der Tochter von Brahim Chnina vor Patys Schule zu sehen ist, die ihre Version der Dinge erläutert; später ergeben Ermittlungen, dass sie zum Zeitpunkt des Vorfalls gar nicht in der Schule gewesen war

14. Oktober (Libyen): Verhaftung durch die GNA von Abd al-Rahman al-Milad, einem ehemaligen Kommandanten der Küstenwache, den der UN-Sicherheitsrat zu den Hauptverdächtigen für Menschenhandel, Folter und Erpressung von Migranten zählt

16. Oktober (Frankreich): Der 18-jährige Tschetschene Abdullah Ansorow, in Frankreich als politischer Flüchtling anerkannt, enthauptet den Geschichts-, Geografie- und Sozialkundelehrer Samuel Paty vor dem Collège du Bois-d'Aulne in Conflans-Sainte-Honorine

18. Oktober (Iran): Aufhebung des Waffenembargos gegen den Iran durch den UN-Sicherheitsrat

19. Oktober (Frankreich): Die Große Moschee in Pantin wird nach einer Forderung des Innenministers auf behördliche Anweisung hin für sechs Monate geschlossen; Grund dafür ist, dass der Vorstand des Moscheevereins, M'hammed Henniche, das auf Samuel Paty abzielende Video von Brahim Chnina auf dem Moschee-Account geteilt hat

19. und 20. Oktober (Syrien / Türkei): Die türkische Armee räumt einen Großteil ihrer östlichen Vorposten, darunter jenen von Morek, um eine 40 Kilometer tiefe Pufferzone entlang der syrischen Grenze zu bilden; die dortigen Truppen werden erheblich verstärkt, außerdem bringt man neue Fahrzeuge und Material in das Gebiet

20. Oktober (Aserbaidschan / Armenien): Mehr als 100 syrische Söldner der unter türkischer Ägide stehenden Hamza-Brigade und der Sultan-Murad-Division fallen in einer Schlacht um Bergkarabach

22. Oktober (Libanon): Saad Hariri, am 29. Oktober 2019 zurückgetreten, wird erneut zum Ministerpräsidenten ernannt

(Russland): 17. Jahrestreffen des Waldai-Klubs, dem offiziellen internationalen Thinktank des Kreml

23. Oktober (Schweiz / Libyen): In Genf unterzeichnen die libyschen Konfliktparteien ein von der UN vermitteltes Waffenstillstandsabkommen

24. Oktober (Frankreich): Der salafistische Imam Abu Talha aus Pantin erklärt, er werde »all [seine] Aktivitäten einstellen«, um im Hinblick auf die behördliche Schließung seiner Moschee »sämtliche in der Beschwerde der Präfektur dargelegten Punkte zu widerlegen«

(Türkei): Recep Tayyip Erdoğan beklagt die Bildung einer »neuen Terrorzelle« im Nordosten Syriens und droht explizit mit einer erneuten Invasion

28. Oktober (Algerien): Erstes Gemeinschaftsgebet in der neuen »Großen Moschee von Algier«

(Frankreich): Ministerrat löst den von Idriss Sihamedi geführten Verein BarakaCity auf

(Frankreich): Vier Verletzte bei einer Schlägerei zwischen türkischen Autofahrern und Armeniern an einer Straßenmautstelle in Vienne, Département Isère

29. Oktober (Frankreich / Tunesien): Am Geburtstag des Propheten tötet der illegale tunesische Migrant Brahim Issaoui, der am 20. September übers Mittelmeer nach Europa gekommen und am 9. Oktober in einem Lager in Bari aufgenommen worden war, in der Basilika Notre-Dame in Nizza drei Menschen

(USA): In der New York Times erscheint ein Bericht, nach dem Donald Trump zwischen 2015 und 2018 mindestens 2,6 Millionen Dollar aus der Türkei erhalten hat

(Frankreich): Bei einer Demonstration in Décines-Charpieu, einem Vorort von Lyon, schwenken 250 Protestierende türkische Flaggen, ziehen zu Fuß oder mit dem Auto durch das Stadtzentrum, zertrümmern ein Polizeiauto und rufen dabei: »Wir töten die Armenier«

30. Oktober (Libyen): Fayiz as-Sarradsch widerruft seinen für diesen Tag vorgesehenen Rücktritt

1. November (Algerien): An der Abstimmung über eine Verfassungsreform nehmen nach offiziellen Angaben 23,7 Prozent der Wahlberechtigten teil

2. November (Österreich): Der 20-jährige Kujtim Fejzulai verübt in Wien ein dschihadistisches Attentat mit vier Toten; er wurde in Österreich geboren und stammt der albanischen Minderheit in der Republik Nordmazedonien ab

3. November (USA): Präsidentschaftswahl, die Joe Biden gewinnen wird

4. November (Frankreich / Türkei): Ministerrat löst die Grauen Wölfe auf

5. November (Frankreich / Spanien): Emmanuel Macron verkündet im Grenzort Le Perthus eine Verdopplung der Einsatzkräfte zur Verstärkung der französischen Grenzkontrollen

7. November (Türkei): Der Präsident der türkischen Zentralbank wird abgesetzt, und Finanzminister Berat Albayrak, Erdoğans Schwiegersohn, tritt zurück

9.–10. November (Russland / Armenien / Aserbaidschan): In Moskau wird zwischen Jerewan und Baku ein Waffenstillstand für Bergkarabach unterzeichnet

9.–16. November (Tunesien / Libyen): In Tunis findet das Libysche Politische Dialogforum (Libyan Political Dialogue Forum, LPDF) statt

12. November (Frankreich): Der Rapper Maka aus der Pariser Banlieue stellt das Lied S***** P*** online, in dessen Refrain es heißt: »Wir köpfen sie, ganz ohne Empathie, wie Samuel Paty«; es wird mehrere Zehntausend Mal aufgerufen; in Savigny-le-Temple (Seine-et-Marne) droht ein 14-jähriger Schüler seinem Geschichts- und Geografielehrer, ihn »wie Samuel Paty köpfen« zu wollen

13. November (USA / Iran / Israel): Die *New York Times* berichtet, die Nummer 2 von al-Qaida, Abu Mohamed al-Masri, sei bereits am 7. August in Teheran von israelischen Agenten getötet worden

22. November (Saudi-Arabien / Israel): Benjamin Netanjahu, Mohammed bin Salman, Mike Pompeo und Mossad-Chef Yossi Cohen treffen sich nach israelischen Quellen im saudi-arabischen Neom; Saudi-Arabien dementiert die Meldung

23. November (USA): Der designierte Präsident Joe Biden erklärt, er werde Antony Blinken für den Posten des Außenministers nominieren

24. November (Saudi-Arabien): Ein saudischer Richter erklärt, die feministische Aktivistin Loujain al-Hathloul müsse sich vor einem auf Terrorismusangelegenheiten spezialisierten Gericht verantworten

27. November (Iran): Der Physiker und wichtige Verantwortliche des iranischen Atomprogramms Mohsen Fachrisadeh wird ermordet
(Frankreich): Das Collectif contre l'islamophobie en France (CCIF) erklärt, sich selbst aufzulösen und seine Aktivitäten ins Ausland zu verlagern

2. Dezember (USA / Saudi-Arabien / Katar): Jared Kushner besucht Saudi-Arabien und Katar zur Beilegung des Konflikts zwischen den beiden Ländern, die Reise bleibt erfolglos

7. Dezember (Frankreich / Ägypten): Der ägyptische Präsident as-Sisi besucht Paris, um die gemeinsame, gegen Ankara gerichtete strategische Part-

nerschaft in Libyen zu unterstreichen; der Empfang in Frankreich gilt als Dankeschön für Ägyptens Beistand nach Ende der antifranzösischen Hasskampagne; Menschenrechtsgruppen protestieren anlässlich des Besuchs

9. Dezember (Frankreich): Im Ministerrat wird ein Gesetzesprojekt präsentiert, das die republikanischen Prinzipien stärken soll

10. Dezember (USA / Marokko / Israel): Donald Trump und das königliche marokkanische Kabinett erklären, die diplomatischen Beziehungen zwischen Marokko und Israel würden normalisiert; die USA erkennen daraufhin die marokkanische Souveränität über die Westsahara an

10.–11. Dezember (Europäische Union / Türkei): Beim Europäischen Rat verabschieden die 27 EU-Mitgliedsstaaten begrenzte Sanktionen gegen die Türkei; Präsident Erdoğan protestiert

12. Dezember (Algerien / Deutschland): Der algerische Präsident Abdelmadjid Tebboune wendet sich anlässlich des ersten Jahrestags seiner Wahl in einer kurzen TV-Botschaft an seine Landsleute; er befindet sich in einem deutschen Krankenhaus, um seine Covid-19-Erkrankung behandeln zu lassen, die Ansprache an das Volk ist die erste seit 56 Tagen

16. Dezember (Frankreich): Ein spezielles Schwurgericht fällt im Prozess um die Attentate vom 7. bis 9. Januar 2015, denen vor allem in der Redaktion von *Charlie Hebdo* und dem Supermarkt HyperCacher 17 Menschen zum Opfer fielen, Urteile, die über die Forderungen der Staatsanwaltschaft hinausgehen

2021 (erste Jahreshälfte)

4. Januar (Kuwait / Saudi-Arabien / Katar / USA): Der kuwaitische Außenminister, Scheich Ahmad Nasser Al-Mohammad Al-Sabah kündigt die sofortige »Öffnung des Luftraums sowie der Landes- und Seegrenzen zwischen Saudi-Arabien und Katar« an, womit die seit Juni 2017 andauernde Blockade des Gasemirats durch seine Nachbarn endet; sowohl die Vermittlung Kuwaits als auch die von Donald Trumps Schwiegersohn Jared Kushner hatten entscheidenden Anteil daran

5. Januar (Katar / Saudi-Arabien): Der Emir von Katar, Scheich Tamim bin Hamad Al Thani, nimmt im saudi-arabischen al-Ula am 41. Gipfel des Golf-

Kooperationsrates teil, wo ihn der saudische Kronprinz Mohammed bin Salman mit einer zeremoniellen Umarmung begrüßt; die vier Länder, die diplomatische und wirtschaftliche Beziehungen zum Gasemirat ausgesetzt hatten (Saudi-Arabien, VAE, Bahrain und Ägypten), beschließen, sie wieder aufzunehmen

20. Januar 2021 (USA): Amtsübernahme durch die neue Biden-Regierung

5.–8. März (Irak): Besuch von Papst Franziskus im Irak
23. März (Israel): Wahl zur 24. Knesset

23. April (Frankreich): Eine Verwaltungsangestellte des Polizeibüros in Rambouillet wird von dem Tunesier Jamel Gorchene ermordet
29. April (Palästina): Mahmud Abbas verkündet die Verschiebung der eigentlich für den 22. Mai vorgesehenen palästinensischen Parlamentswahlen auf unbestimmte Zeit; als Grund wird angegeben, es sei unmöglich, in Ostjerusalem Wahlbüros einzurichten

10. Mai (Israel / Palästina): Aus Protest gegen die Feiern zum Jerusalemtag versammeln sich Tausende palästinensische Aufständische auf dem Tempelberg, wo sie von der Polizei vertrieben werden;
die Hamas stellt den israelischen Behörden ein Ultimatum, dass bis 18 Uhr alle Einsatzkräfte aus der Umgebung der Al-Aqsa-Moschee und aus dem Jerusalemer Stadtteil Scheich Dscharrah zurückgezogen werden sollen;
nach den Gewaltausbrüchen und dem Ultimatum der Hamas entschließt sich Mansour Abbas, ein für den Nachmittag mit Bennett und Lapid vorgesehenes Treffen abzusagen, bei dem eigentlich die Regierungsbildung verabschiedet werden sollte;
wie angekündigt, feuert die Hamas kurz nach 18 Uhr sechs Raketen auf Jerusalem
13. Mai (Israel, Palästina): Naftali Bennett kündigt die Vereinbarung mit Jair Lapid und Mansour Abbas zur Bildung einer Koalitionsregierung auf
14. Mai (Israel, Palästina): Ein Sprecher der israelischen Armee gibt die Entsendung von Bodentruppen in den Gazastreifen bekannt (gezielte Falsch-

meldung); kurz darauf wird das Tunnelsystem des Gazastreifens bombardiert

16. Mai (Israel, Palästina): Der Außenminister Saudi-Arabiens, Prinz Faisal bin Farhan, verurteilt die von Israel begangenen Verstöße und fordert einen Waffenstillstand
(Ägypten, USA): Joe Biden bittet den ägyptischen Präsidenten in einem Telefongespräch darum, sich für einen Waffenstillstand zwischen Israel und der Hamas einzusetzen, obwohl as-Sisi eigentlich auf der »do not call«-Liste steht

17.–18. Mai (Ägypten, Frankreich): Emmanuel Macron empfängt am Rande der internationalen Sudan-Hilfskonferenz in Paris den ägyptischen Präsidenten as-Sisi für bilaterale Gespräche, die »die laufenden ägyptischen Vermittlungsbemühungen« im israelisch-palästinensischen Konflikt »stärken« sollen

21. Mai (Israel, Palästina): Waffenruhe zwischen Israel und der Hamas

24. Mai (Ägypten, USA): Zweites Telefonat zwischen Biden und as-Sisi

28. Mai (Deutschland): Aufsehenerregende antiisraelische Demonstration in Hamburg, organisiert von Muslim Interaktiv

30. Mai (Israel): Naftali Bennett kündigt Bildung einer Anti-Netanjahu-Koalition an

2. Juni (Israel): Jitzchak Herzog wird zum Staatspräsidenten Israels gewählt

13. Juni (Israel): Die Knesset spricht der von Naftali Bennett geführten Regierungskoalition das Vertrauen aus

18. Juni (Iran): Im Iran wird der Konservative Ebrahim Raisi zum Staatspräsidenten gewählt

25. Juni (Deutschland): Ein somalischer Flüchtling greift in Würzburg die Besucher eines Kaufhauses sowie Passanten mit einem Messer an; er tötet drei Frauen und verletzt sieben weitere Menschen zum Teil schwer

DANKSAGUNG

Dieses Buch hätte niemals das Licht der Welt erblicken können ohne die Unterstützung meiner Kollegen und Mitarbeiter am Lehrstuhl Naher Osten und Mittelmeer der École normale supérieure. Dank ihrer wertvollen Hilfe konnte ich es quasi in Echtzeit verfassen, noch während die in ihm beschriebenen Ereignisse abliefen – und dabei versuchen, das Geschehen einzuordnen. Für ihre Hingabe und ihre außerordentliche Effizienz, ohne die ich niemals eine solche Herausforderung angenommen hätte, geht mein besonderer Dank an Sarah Jicquel, zwischen 2018 und 2020 am Lehrstuhl beschäftigt, die inzwischen eine ihren Talenten angemessene Karriere in Angriff genommen hat. Meine Kollegen Jean-Pierre Milelli und Héla Ouardi waren so freundlich, die verwendeten Arabisch-Zitate zu verifizieren; sie lieferten mir auch darüber hinaus sehr hilfreiche Hinweise. Bernard Rougier und die Doktoranden am Lehrstuhl tauschten sich regelmäßig mit mir über ihre Ideen und Hypothesen aus. Ähnliches galt auch für das Seminar »Gewalt und Dogma« an der ENS, in dem ich einige der hier vorgestellten Gedanken erstmals vorgebracht habe. Fabrice Balanche, dem die hervorragenden Karten zu verdanken sind, war ein Gesprächspartner, der mich stets forderte und bereicherte. Schließlich möchte ich meinem Freund Jamal Daniel danken, dem Entwickler und Chef der ausgezeichneten Online-Zeitschrift *Al-Monitor*, deren tägliche Lektüre unverzichtbaren Stoff für diese Arbeit lieferte.

REGISTER

Abaaoud, Abdelhamid; 216, 244
Abballa, Larossi; 225, 283
Abbas, Mahmud; 98, 142, 143, 148, 270, 271, 277, 315
Abbas, Mansour; 266–270, 315
Abd al-Aziz ibn Baz; 248
Abdirahman J.; 292, 293
Abdullah II., König von Jordanien; 65
Abdullah-Plan; 59
Abi Ibrahim al-Haschimi al-Kuraschi; 237, 249
Abqaiq (Raffinerie); 24, 106, 108
Abraham Accords Declaration, siehe auch Abraham-Abkommen; 61
Abraham-Abkommen; 58, 59, 61–65, 67–72, 74, 76, 77, 82, 83, 95, 97, 98, 100, 101, 110, 142, 144–146, 152, 155, 160, 164–166, 170, 171, 176, 183, 205, 228, 261, 263, 264
Abu Bakr al-Baghdadi; 28, 33, 51, 133, 134, 136, 237
Abu Dhabi; 21, 36, 50, 54, 58, 60, 61, 65, 68–70, 72, 76–78, 82, 83, 91, 97, 98, 100, 108, 110–112, 123, 138, 145, 152, 161, 164, 167, 168, 170, 172, 195, 261, 270, 300, 303, 304
Abu Dujana al-Albani; 238
Abu Talha, Ibrahim, siehe auch Doucouré, Ibrahim; 210, 214, 311

Abu-Nidal-Organisation; 241
Achse von Muslimbrüdern und Schiiten; 63, 77, 100, 110, 112, 113, 123, 138, 141, 151, 160, 164, 166, 183, 255, 271, 282
ad-Din al-Albani, Muhammad Nasir; 248
Addis Abeba; 167, 307
Aden; 108
Adib, Mustapha; 93, 141, 308
Afghanistan; 14, 89, 116
Afrin; 33, 34, 121, 132, 184, 229, 254, 274, 307
Ägäis; 20, 42, 123, 184
Ägypten, siehe auch Kairo; 22, 32, 35, 36, 43, 46, 50, 56, 58, 76, 78, 96, 99, 101, 112, 139, 144, 146–149, 156, 157, 159–163, 165–168, 171, 172, 174, 176, 182, 183, 191, 192, 196, 275, 276, 283, 298–300, 302–304, 306-310, 313–316
Ahmadinedschad, Mahmud; 85, 89
Ahrar al-Sharqiya (»Die freien Männer des Ostens«); 134
Ain al-Hilweh (Lager); 100, 142, 306
Ajaccio; 115, 118, 119, 140, 185, 307
Akaba, Golf von; 102
Al Jazeera (katarischer TV-Sender); 45, 91, 112, 145, 256, 307
Al Sharq Forum; 45, 169, 301

Register 319

Al Udeid; 72, 106, 111, 177
al-Adel, Saif; 89
Al-Aqsa-Moschee; 290
al-Aryan, Issam; 160, 303
al-Assad, Baschar; 27, 28, 88, 94, 136
al-Azhar (Moschee und Universität); 147, 157, 158
al-Baschir, Umar (General); 46–48, 55, 146, 169, 272
al-Dschamaa al-islamiyya; 160
al-Emadi, Mohammed; 150, 152, 305
al-Ghannouchi, Rached; 285
al-Hathloul, Loujain; 104, 313
Al-Hol (Lager); 208
al-Kadhimi, Mustafa; 25, 44, 63–65, 88, 93, 95, 279, 281, 299, 300
al-Karama; 285
Al-Maqdisi, Abu Muhammad; 133, 310
Al-Masri, Abu Mohamed; 89, 313
Al-Milad, Abd al-Rahman; 186, 310
Al-Monitor; 34, 252, 272, 273
Al-Muhandis, Abu Mahdi; 87, 92
Al-Naba; 240
al-Nur; 158
al-Nusra-Front; 285
Al-Qaida ; 14, 70, 89, 108, 110, 133, 163, 169, 218, 223, 238, 253, 313
Al-Quds-Brigaden; 66, 87, 89, 138, 279, 281, 297
Al-Sabah, Ahmad Nasser Al-Mohammad (Scheich); 314
Al-Tayyib, Ahmad (Scheich); 158, 159
al-Ula; 101, 314
Al-Uthaymin, Muhammad ibn; 248
Al-Wadi'i, Muqbil bin Hadi; 210
al-Watiya; 36, 300

Alaska; 17
Alawiten; 49, 90
Albayrak, Berat; 30, 251, 312
Aleppo; 130, 139
Algerien, siehe auch Algier; 45, 47, 56, 57, 80, 81, 116, 194, 197, 198, 201–207, 209, 225, 290, 297–301, 308, 310–312, 314
Almería; 205
Alpes-Maritimes; 117, 193, 284
Alternative für Deutschland; 75, 291
Amal (Bewegung); 39
amerikanischer Kontinent; 82
Amman; 58, 64, 65, 88
Amnesty International; 92, 185, 186, 189, 305
An-Nawawi; 248
Anapa; 166
Anatolien, siehe auch Kleinasien; 19, 36, 62, 112, 125, 128, 130, 175, 179, 231, 246, 248
Andalusien; 205, 212
Ankara; 23, 32–34, 36, 42–44, 61, 63–65, 73, 75–78, 100, 112, 115, 118, 120–123, 125, 127, 129, 131, 133, 136, 138–140, 142, 143, 148, 162, 166–168, 172, 176, 179, 180, 182, 184, 211, 229, 244, 246, 250–252, 254, 255, 274, 300, 302, 313
Anschlag vom 21. August 2015 (Thalys Brüssel–Paris); 216
Anschläge vom 13. November 2015, Paris; 216, 244
Anschlag vom 19. Dezember 2016, Berlin; 14
Anschlag vom 3. Juni 2017, London; 14
Anschläge vom 11. September 2001, New York; 82

Anschläge vom 11. März 2004, Madrid; 238
Anschläge vom 7.–9. Januar 2015, Paris; 51, 118, 159, 188, 215, 219, 225, 228, 245, 248, 258, 305, 314
Anschlag vom April 2015, Villejuif; 216
Anschlag vom 14. Juli 2016, Nizza; 215, 233, 259, 284
Anschlag vom 12. Mai 2018, Paris; 223
Anschlag vom 25. September 2020, Paris; 219–221, 225, 239, 244, 247, 308
Anschläge vom 2. November 2020, Wien; 237, 238, 240, 241, 245, 250, 262, 289, 312
Ansorow, Abdullah; 207, 219–221, 223, 225, 235, 239, 247, 283, 285, 288, 311
Antakya; 250, 253
Aoun, Michel (General); 39
Ar-Radschub, Dschibril; 308
arabische Halbinsel; 13, 53, 60, 82, 90, 110, 113, 139, 161, 162
Arabische Liga; 54, 122, 168, 255, 306, 307
Arafat, Jassir; 142–144, 271
Arbeiterpartei Kurdistans (PKK); 44, 63, 132
Armenien, siehe auch Jerewan; 42, 119, 120, 123, 137, 180, 182, 184, 229, 230, 244, 274, 300, 301, 308, 311, 313
Arzew; 205
As-Sabah, Nawaf Al-Ahmad Al-Dschabir; 113
As-Sabah, Sabah Al-Ahmad Al-Dschabir; 113
As-Sarradsch, Fayiz; 31, 36, 112, 176, 178–182, 185, 303, 312
As-Sisi, Abd al-Fattah (General); 22, 65, 112, 139, 149, 151, 156–159, 162, 164, 167, 168, 171, 176, 181, 183, 196, 275, 299, 313, 316
As-Sistani, Ali (Ajatollah); 281
Aschkelon; 60, 149
Aschkenasi, Gabi; 70
Aserbaidschan, siehe auch Baku; 42, 62, 119, 120, 123, 128, 132, 134, 137, 180, 182, 184, 220, 229, 244, 254, 274, 300, 308, 311, 313
Asimow, Khamzat; 223
Asmahan (Drusenprinzessin); 241
Assab (Luftwaffenbasis); 168
Assuan (Staudamm); 163
Astana (Prozess); 26, 27, 29, 66, 77, 90, 120, 123, 130–132, 166, 183, 255
At-Turabi, Hasan; 46, 169
Atatürk, Mustafa Kemal; 19, 20, 33, 62, 123, 124, 128, 243, 244, 258
Ateb, Mohammed; 223
Athen; 42, 61, 75, 139, 172, 302
Äthiopien, siehe auch Addis Abeba; 82, 83, 167, 168, 275, 297, 300, 306
transatlantisches Bündnis, siehe auch NATO; 127
Atomabkommen; 24, 73, 84, 91, 97, 103, 263, 276, 278, 280
Australien; 82
Aydınlık; 42
Az-Zawahiri, Aiman; 89

Bab el-Mandab (Meerenge); 44 82, 170
Bagdad; 24, 39, 44, 53, 62–64, 87, 88, 93, 96, 279, 297, 299, 302, 305, 308

Baghouz; 51
Bahrain, siehe auch Manama; 46, 54, 55, 79, 191, 307, 315
Baku; 61, 120, 128, 132, 230, 254, 300, 313
Balanche, Fabrice; 132, 253, 261, 317
Balkan; 20, 128, 185, 239, 242, 243, 270
Bamako; 140, 306
BarakaCity (NGO); 220, 228, 229, 257, 287, 305, 312
Barcelona; 201, 206, 299
Bari; 234, 312
Bashagha, Fathi; 180, 186
BDS-Bewegung (Boycott, Divestment, Sanctions); 147
Beirut; 37, 39–45, 47, 49, 51, 59, 60, 93, 141, 142, 301–303, 305
Bel-Air, Françoise de; 157
Belgien; 206
Belgrad; 243, 250
Ben Ali, Zine el-Abidine; 46, 191, 192, 283
Ben-Gvir, Itamar; 265
Bengasi; 28, 31, 32, 112, 137, 173, 181, 183, 309
Bennett, Naftali; 267, 268, 315, 316
Berbera; 168, 302
Bergkarabach; 62, 119, 128, 134, 137, 175, 180, 182, 184, 229, 230, 255, 274, 308, 311, 313
Berlin; 14, 78, 174, 262, 289, 290, 297, 300, 305
Beschizza, Bruno; 213
Biden, Joe; 57, 73, 74, 103, 105, 109, 251–253, 261, 263, 265, 267, 269, 271, 273, 275–281, 312, 313, 315, 316
Bin Farhan, Faisal (Prinz); 271, 316

Bin Laden, Osama; 47, 55, 108, 134, 169, 223
Bin Laden, Saad; 89
Bin Zayid Al Nayan, Abdullah (Scheich); 53
Bin Zayid Al Nayan, Muhammad (Scheich); 53, 54, 83, 303
Bin Zayid Al Nayan, Tahnoun (Scheich); 54
Birmingham; 211
Bischkek (Kirgistan); 255
Black Lives Matter (Bewegung); 269
Blinken, Antony; 276, 277, 313
Bolton, John; 30, 252, 300
Bordeaux; 217
Bourbonen (Dynastie); 242
Bouteflika, Abd al-Aziz; 47, 48, 194–196, 198, 200–202, 204
Bouznika (Gespräche in); 181, 306
Bratislava; 246
Brüssel; 26, 36, 44, 77, 115, 117–119, 122, 186, 216
Bulgarien; 166, 243
Burgat, François; 287
Burhan, Abdel Fattah (General); 170, 171, 298
Bush, George W.; 163, 239

Caesar Act; 94, 299
Camp David (Friedensvertrag); 163
Canossa; 85, 143, 276
Caracas; 100
Carlos (Ilich Ramírez Sánchez); 47, 169
Cartagena; 206
Carter, Jimmy; 163
Casablanca; 122, 202
Çavuşoğlu, Mevlüt; 76, 100, 306
Cembrero, Ignacio; 206
Ceuta; 262

Chalghoumi, Hassen; 217
Chamenei, Ali; 20, 23, 84, 86, 88, 97, 120, 256, 278–281
Charlie Hebdo (Anschläge auf); 14, 51, 118, 158, 188, 208, 215, 219, 240, 244, 245, 247, 255, 259, 305, 308, 310, 314
Cheikh-Yassine (Kollektiv); 217
Chènière, Ernest; 216
Cherbi, Massensen; 201
Chikhi, Abdelmadjid; 203, 204
China, siehe auch Shanghai; 15, 16, 67, 68, 74, 79–86, 120, 276, 297, 300
Chnina, Brahim; 208, 209, 214, 216, 218, 220, 221, 310, 311
Chomeini, Ruhollah (Ajatollah); 13, 14, 51, 86, 108, 111, 245
Chora-Kirche (Istanbul); 61, 100
Chouhada (»Märtyrer« Allahs, die im Kampf gegen Frankreich gefallen sind); 197
Chruschtschow, Nikita; 163
Churais (Raffinerie); 24, 106, 108
CIA; 14, 134
Clinton, Bill; 59
Clinton, Hillary; 74
Cohen, Yossi; 54, 72, 102, 298, 303, 313
Collectif contre l'islamophobie en France (CCIF); 214–216, 224, 257, 259, 287, 313
Conflans-Sainte-Honorine; 240, 283, 311
Conte, Giuseppe; 185
Coulibaly, Amedy; 248
Council on American-Islamic Relations, CAIR; 104
Council on Foreign Relations; 31, 305

Courbage, Youssef; 157
Covid-19 (Pandemie); 13, 15–18, 20, 22, 25, 38, 40, 41, 51, 54, 57, 59, 62, 66, 67, 70, 71, 79, 83, 93, 97, 99, 101, 105, 106, 109, 113, 114, 116, 120, 154, 156, 158, 178, 190, 193, 198, 199, 201, 204, 206, 235, 259, 273, 278, 280, 281, 298, 300, 301
Creil; 216

Dahlan, Mohammed; 270
Dakhla; 56
Damaskus; 44, 66, 90, 94, 95, 135, 136, 147, 176, 306
Damiette; 165
Dammaj; 210
Dar al-Hadith; 210
Daressalam; 170
Darmanin, Gérald; 207, 304
Davut Paşa (geb. David Bizet); 211, 212, 217
Davutoğlu, Ahmet; 252
Décines-Charpieu; 229, 312
Demokratische Republik Kongo; 168, 307
Der Raum, in dem alles geschah (John Bolton, 2020); 30, 300
Deutschland; 75, 117, 185, 201, 263, 266, 282, 289, 291–293, 297, 305, 309, 314, 316
Di Maio, Luigi; 300
Diab, Hassan; 39, 93
Diaby, Omar (auch Omar Omsen genannt); 232
Die Gärten der Tugendhaften (Riyad as-Salihin); 248, 249
Dieudonné (Dieudonné M'Bala M'Bala); 217
Dijon; 222, 223, 299

Djabi, Nacer; 204
Djerad, Abdelaziz; 200
Doha; 28, 43, 72, 91, 100, 112, 138, 143, 147, 149, 150, 152, 161, 179, 298
Dole; 223
Doucouré, Ibrahim (genannt Ibrahim Abu Talha), siehe auch Abu Talha; 210
Drancy; 217
Drareni, Khaled; 200
Dschibuti; 80, 82, 83, 122, 123, 167, 168, 306
Dubai; 67, 68, 81, 108, 153, 161, 309
Dublin (Verträge von); 187

EastMed (Gaspipeline-Projekt); 32, 44, 76, 165, 183
Edirne (ehemals Adrianopel); 243, 244
Eilat; 102, 152
Elftagekrieg, siehe auch Israel-Gaza-Konflikt; 261, 274, 275, 277, 290
El Khazzani, Ayoub; 216
El Rhazoui, Zineb; 220
El Watan; 206
Ennahda (islamistische Partei); 148, 191, 192, 284
Erbaş, Ali; 251
Erbil; 96
Erdoğan, Recep Tayyip; 18–23, 29, 30, 32–35, 41–45, 50, 51, 61–63, 66, 71, 74, 75, 87, 99, 101, 112, 113, 117–120, 122–126, 128–137, 139, 140, 143, 159, 162, 166, 167, 169, 176, 179, 180, 182, 184, 211, 212, 213, 220, 227, 228, 229, 244, 245, 250–255, 258, 271, 273, 274, 287, 289, 290, 297, 301–304, 306–308, 311, 312, 314

Eritrea; 168
Essebsi, Beji Caid; 191
Eurasismus, Eurasisten; 41, 126–129, 131, 229, 255
EuroMed 7 (Mittelmeeranrainerstaaten der Europäischen Union aus dem griechisch-römischen Kulturraum); 115–117, 140, 183, 185, 306
Europa; 13, 15, 19, 20, 27, 28, 31, 32, 35, 36, 41, 44, 45, 50, 52, 75, 80, 81, 83, 84, 111, 116, 121, 124, 127, 147, 168, 172, 173, 187, 189, 190, 203, 205, 235–237, 241, 242, 245, 250, 262, 270, 289, 293, 307, 312
Europäische Union; 15, 20, 28, 32, 35, 67, 68, 74, 76, 77, 115–119, 121, 125, 165, 184, 186, 187, 243, 251, 276, 306, 308, 309, 314
Eyüp-Sultan-Moschee, Straßburg; 212, 251
Ezzat, Mahmoud; 160, 304

Fachrisadeh, Mohsen; 109, 313
Fakhfakh, Elyes; 192, 300
Farsadou, Hassen; 211, 213, 217
Fatah; 142, 143, 271, 308
Faylaq al-Haqq (»Brigade der Wahrheit«); 180
Fejzulai, Kujtim; 237, 239–241, 246, 248, 249, 312
Financial Times; 256
Floyd, George; 202
Foreign Affairs; 31, 72, 305
France 24; 201, 299
France 5; 202, 203, 299
Frankreich, siehe auch Paris; 14, 28, 32, 35, 50, 75, 76, 88, 115, 117, 126, 127, 129, 136, 137, 139, 140, 155, 159, 164, 172, 187–191, 193,

197, 201–203, 205–209, 211, 212, 216, 222, 224, 225, 227, 229, 231, 233–235, 239, 240, 244, 247, 255–259, 262, 266, 276, 282, 284–287, 289–293, 297–302, 304–306, 308–316
Franziskus (Papst); 281, 315
Frente Polisario; 56, 57, 205
Front national (heute Rassemblement National); 127, 232

Gaddafi, Muammar al-; 28, 31, 34, 46, 175, 177, 178
Galiläa; 145
Gantz, Benny; 70, 154
Gazastreifen; 40, 49, 56–58, 60, 72, 98, 100, 132, 138, 140, 143–152, 165, 169, 171, 253, 261, 264, 270–275, 277, 303, 305, 315, 316
»Gegossenes Blei« (Operation); 147
Genf (Abkommen von); 185, 311
Ghalibaf, Mohammad; 277
Ghazaouet; 205
Ghebreyesus, Tedros Adhanom; 82, 297
Ghilès, Francis; 201, 299
Ghlam, Sid Ahmed; 216
Ghom; 25, 38, 93
Gibraltar (Meerenge); 44
Golan; 66
Golf-Kooperationsrat (GKR); 111, 112
Gorchene, Jamel; 282–289, 292, 315
Gouraud, Henri (General); 93
Gouyette, François; 203, 301
Grand-Ethiopian-Renaissance-Talsperre; 167, 300
Graue Wölfe (Gruppierung); 128, 229–231, 244, 245, 290, 301, 312
Gregor VII. (Papst); 85

Griechenland, siehe auch Athen; 32, 41, 42, 75, 76, 115, 116, 119, 120, 139, 166, 167, 179, 243, 262, 302–304, 306–308
Griffiths, Martin; 109
Großbritannien; 117, 127, 136, 211, 215
Große Moschee von Algier (»Bouteflika-Moschee«); 197, 202, 299, 311
Gülen, Fethullah; 26, 125, 129
Gulistan (Friedensvertrag von); 85
Gumiljow, Lew; 131
Gürdeniz, Cem; 42

Haass, Richard; 31, 72, 305
Habsburg (Dynastie); 35, 237, 242, 250
Hadi, Abed Rabbo Mansur; 108
Hadramaut; 108
Hadschi Murat (Lew Tolstoi, posthum 1912); 224
Haftar, Chalifar; 31–35, 76, 112, 173–177, 179, 181, 182
Hagia Sophia; 19–21, 23, 25, 26, 35, 36, 41, 44, 50, 100, 120, 123, 127, 228, 244, 251, 271, 301, 303
Haifa; 60, 145, 152
Hai'at Tahrir asch-Scham (Komitee zur Befreiung des Scham); 133, 233, 253, 310
Hamas; 40, 44, 49, 55, 56, 58, 60, 72, 89–91, 98, 101, 120, 138–151, 169, 171, 217, 264, 265, 267, 270–272, 275, 277, 280, 298, 307, 315, 316
Hamdok, Abdalla; 55, 171
Hamza-Brigade; 311
Hanau; 291
Hanbaliten; 107

Haniyya, Ismail; 49, 100, 140–143, 146, 147, 303–306, 308
Hariri, Saad; 38, 39, 141, 311
Hassan-II.-Moschee; 202
Hatay (Provinz); 246, 253
Heinrich IV. (Kaiser); 85
Henniche, M'hammed; 209–211, 213, 214, 311
Heritage Foundation (Thinktank); 87
Herzog, Chaim; 269
Herzog, Jitzchak; 269, 316
Hirak; 48, 194–196, 199–204, 206, 207, 298, 310
Hisbollah; 29, 38–40, 47–49, 66, 89–93, 100, 107, 108, 138, 141, 142, 144, 145, 147, 277–281, 290, 303
Hmeimim (Luftwaffenstützpunkt); 77, 130
Hollande, François; 131, 287
Hormus (Meerenge); 44
Huawei; 68, 81
Hurghada; 173, 181, 309
Hussein, Saddam; 62, 164
Huthi (Rebellen); 105–108, 110, 210, 211, 280

Idlib; 27, 33, 34, 112, 132, 134, 137, 221, 223, 233, 246, 253, 254, 298
IHH (türkisch-islamistische NGO); 140
Ikken, Farid; 216
Internationaler Währungsfonds (IWF); 18, 193
Internationaler Schiedsgerichtshof; 82
Irak, siehe auch Bagdad; 14, 19, 24, 25, 28, 39, 44, 46, 47, 50, 51, 53, 60, 62–65, 67, 75, 86–89, 92, 94–97, 107, 109, 116, 122, 123, 135, 164, 167, 239, 243, 276, 279–281, 297, 299–303, 305, 306, 308, 309, 315
Iran, siehe auch Islamische Republik Iran, siehe auch Teheran; 13, 15, 16, 18, 20, 23–25, 27–29, 38, 39, 43–47, 49, 50, 53–55, 60–68, 72, 73, 78, 83–92, 94–100, 103, 106–111, 113, 116, 120, 123, 130, 138, 145–147, 150, 169, 171, 176, 188, 192, 261, 263, 264, 269, 272, 276–282, 297, 299–301, 303, 308, 309, 311, 313, 316
iranische Revolutionsgarden, siehe auch Pasdaran; 24
Iron Dome (Raketenabwehrsystem); 272, 276
Islamische Befreiungspartei (Hizb ut-Tahrir); 289
Islamische Republik Iran; 13, 18, 24, 53, 60, 63, 65, 73, 84, 87–90, 92–94, 96, 97, 138, 145, 263, 277, 279, 281
»Islamischer Staat«, IS; 14, 28, 29, 31, 33, 50, 51, 60, 64, 66, 73, 88, 89, 103, 130, 133–136, 208, 212, 216, 218, 221, 223, 225, 232, 233, 235, 237, 240, 246, 249, 263, 284, 285, 289, 291
Israel, siehe auch Jerusalem; 28, 29, 32, 33, 37, 38, 40, 43, 44, 48, 49, 53–62, 65–72, 76, 77, 85, 89–91, 94, 95, 97, 98, 100–102, 107, 110, 120, 138, 140–155, 163–166, 170–172, 198, 205, 210, 215, 217, 261–277, 279, 282, 283, 289, 290, 298, 301–305, 307–309, 313–316
Israel-Gaza-Konflikt 2021; 261
Israelische Streitkräfte, siehe auch Tsahal; 40, 90, 138

Issaoui, Brahim; 193, 222, 225, 231, 233–235, 239, 247, 283, 312
Istanbul; 20, 29, 45, 61, 100, 103, 118, 122, 123, 130, 140, 142, 143, 166, 169, 230, 244, 270, 290, 297, 303, 308
Italien, siehe auch Rom; 15, 28, 32, 76, 77, 84, 85, 115–117, 164–166, 172, 184–186, 189, 190, 193, 234, 284, 298, 300, 304, 308, 309

Jasminrevolution; 283
Jelzin, Boris; 127
Jemen; 14, 45, 46, 59, 80, 105–110, 168, 191, 280, 299, 301
Jerewan; 61, 230, 300, 313
Jerusalem; 36, 44, 53, 56, 61, 62, 69, 71, 77, 78, 82, 103, 140, 148, 152, 156, 171, 261, 264, 265, 267, 271, 275, 277, 290, 304, 315
Jerusalemtag; 264, 315
Jesch Atid; 266
Johannes Paul II. (Papst); 243
Joint Comprehensive Plan Of Action (JCPOA), siehe auch Atomabkommen; 24, 73, 87, 103, 263
Jom-Kippur-Krieg, Oktober 1973; 163
Jordanien; 33, 58, 65, 101, 102, 165, 166, 276, 308
Judäa und Samaria; 145

Kairo; 58, 61, 65, 111, 139, 147–150, 160, 162–164, 166–168, 172, 176, 181–184, 234, 254, 275, 283, 298, 299, 302, 304, 306, 307, 310
Kairouan; 234
Kamel, Abbas (General); 149, 183, 184, 309, 310
Kap Bon; 190

Kara Mustafa (Großwesir); 242, 243
Karatschi; 219
Karthago; 192
Kasachstan; 27, 130
Kassim, Rachid; 225
Kastelorizo; 44, 76, 123
Katar, siehe auch Doha; 22, 23, 28, 31, 34, 43, 45, 49, 50, 58, 61, 69, 71, 72, 91, 98, 103, 106, 110–114, 122, 123, 143–152, 160, 162, 164, 168, 172, 176, 177, 264, 270, 273, 277, 282, 298, 305, 306, 308, 313, 314
Kaukasus; 61, 128, 134, 137, 182, 184, 223, 231, 254
Keïta, Ibrahim; 140, 306
Kemalismus, kemalistisch; 19, 124, 125
Kenia; 70, 169
Kern, Bertrand; 210
Kerry, John; 73
Kessous, Mustapha; 190, 191, 202, 203
KGB; 29
Khalaf, Hevrin; 134
Khalifa (Dynastie); 46
Khanfar, Wadah; 45
Khartum; 55, 145, 167, 170, 261, 304
Khartum (Resolution von); 55, 171
Khashoggi, Jamal; 29, 103, 104
Kim Jong-un; 30
Kirkuk (US-Stützpunkt); 24
Kıyıköy; 166
Kleinasien; 42
Köln; 251
Konstantinopel; 19, 23, 51, 100, 243
Konya; 124
Köprülü (Linie der); 242
Kreta; 32, 44

Register 327

Krim; 28
Kroatien; 115, 116
Kubiš, Ján, 175
Kurden; 29, 33, 73, 121, 124, 125, 132, 134, 135, 208, 253
Kurdistan; 20, 51
Kurdistan, irakisches; 19, 20
Kushner, Jared; 30, 68, 97, 251, 304, 313, 314
Kuwait; 113, 131, 162, 314
Kyrenaika; 31, 32, 112, 137, 172, 174, 175, 178, 179, 181–183, 254

La Gazette du Fennec; 197
Lagardère (Mediengruppe); 152, 308
Lahore; 219
Lahouaiej-Bouhlel, Mohamed; 233, 284
Lampedusa; 189, 206, 234
Lapid, Jair; 266–268, 315
Laridschani, Ali; 278
Latakia; 130
Lausanne (Vertrag von); 19, 42, 301
Lawrow, Sergei; 95, 254, 306
Le Drian, Jean-Yves; 201
Le Jihadisme français (Der französische Dschihadismus, Hugo Micheron, 2020); 240, 297
Le Monde; 190, 202, 204, 219
Le Perthus; 207, 312
Leclerc, Georges-François; 214
Lenin, Wladimir Iljitsch; 79, 80
Lermontow, Michail; 224
Les Mureaux; 159, 187, 224, 225, 255, 257, 259, 283, 289, 309
Les Territoires conquis de l'islamisme (Die vom Islamismus eroberten Gebiete, Bernard Rougier, 2020); 226, 297

Lesbos; 117, 306
Levi, Herz (General); 72, 298
Libanon, siehe auch Beirut; 33, 37–39, 42, 46–49, 64–67, 90, 92–94, 96, 100, 107, 109, 138, 140–142, 146, 159, 161, 279, 281, 301–303, 305, 306, 308, 311
Libyen; 14, 19, 27, 32, 33, 36, 41, 45, 46, 59, 76, 105, 112, 115–117, 122, 128, 132, 137, 172–177, 179, 182–185, 189, 191, 198, 205, 213, 276, 297–300, 302–307, 309–314
Libysch-Nationale Armee, LNA; 31, 254, 309
Libysches Politisches Dialogforum (Libyan Political Dialogue Forum, LPDF); 183, 313
Lieberman, Avigdor; 154
Likud; 59, 265, 267
Lod; 141, 267
Lombardei; 15
London; 14, 66, 302
Ludwig XIV.; 242, 257
Lully, Jean-Baptiste; 242
Lyon; 129, 229, 230, 312

M6; 203, 308
Maas, Heiko; 75
Macron, Emmanuel; 21, 30, 37, 42, 88, 93, 94, 118, 119, 140, 141, 159, 187, 200, 203, 208, 224, 226–229, 231, 244, 255–257, 259, 262, 275, 283, 289, 290, 301, 302, 305, 309, 312, 316
Madrid; 207, 238, 304
Maduro, Nicolás; 100
Maghreb; 80, 116, 175, 190, 201, 205, 206, 209, 216, 222, 235, 284
Magnanville; 225
Mahdia; 190

Mahmood, Zaheer Hassan; 219–221, 225, 239, 244, 247, 308
Maka (Rapper); 246, 248, 313
Mali; 139, 210, 290, 306
Malta, siehe auch Valletta; 35, 36, 115, 116, 184, 300, 309
Manama; 54, 111, 138, 145, 261, 307
Marco d'Aviano (Mönch); 243, 250
Marj al-Zuhur; 142
Marokko, siehe auch Rabat; 56, 57, 140, 181, 198, 205, 217, 233, 262, 263, 306, 314
Maschhad; 93
Mavi vatan (blaues Vaterland); 41, 126, 179
McKenzie, Kenneth F. (General); 96, 306
Mechichi, Hichem; 192, 305
Medina; 16, 22, 99, 271, 283
Mehmed II. (Fatih Sultan); 23, 51, 100
Mehmed IV. Avci; 242
Mekka; 16, 22, 23, 99, 100, 169, 170, 208, 271, 283, 300
Mélenchon, Jean-Luc; 224, 287
Menton; 234
Merkel, Angela; 75, 174, 291
Meskine, Dhaou; 217
Mesopotamien; 25, 64, 65, 167, 242
Micheron, Hugo; 240, 297
Middle East Mediterranean Summer Summit der Universität Lugano; 182, 304
Millî Görüş (Netzwerk); 212,m 245
Misrata; 27, 75, 112, 180, 186, 299
Mitsotakis, Kyriakos; 115, 118, 307
Mogadischu; 74, 168, 292
Mohammed VI.; 56

Molière (Jean Baptiste Poquelin); 242
Montreux (Gespräche in); 181, 306
Morek; 133, 253, 311
Moria; 117, 306
Moskau; 16, 28, 29, 34, 35, 66, 67, 77–79, 94, 120, 127, 129–133, 135–138, 172, 176, 182, 184, 207, 254, 255, 280, 313
Mossad; 54, 70, 150, 303
Mossul; 33, 51, 63
Mostaganem; 205
Moudjahidine (Dschihadkämpfer des Unabhängigkeitskriegs); 197
M'saken; 284, 285
Mubarak, Hosni; 46, 161, 163, 164, 196, 298
Mueller-Bericht; 78
Muhammad, Marwan; 224
Mulhouse; 212
multinationales christliches Entsatzheer; 242
Murad IV.; 180
Murcia; 206
Mursi, Mohammed; 22, 111, 139, 148, 160, 162, 164, 275
Muslimbrüder, siehe auch Muslimbruderschaft; 22–24, 31–33, 43, 45, 46, 50, 59, 61–63, 65, 66, 71, 72, 74, 77, 82, 89–91, 100, 101, 103, 104, 110–113, 123, 126, 131, 132, 138, 139, 141, 147, 148, 151, 157–162, 164, 166, 169, 172, 174, 176, 179–181, 183, 187, 189, 192, 196, 209, 215–217, 226, 228, 229, 232, 245, 255, 256, 264, 266, 270, 271, 274, 275, 282, 286, 287, 303, 304
Muslimbruderschaft; 22–24, 31, 43, 45, 50, 59, 61, 65, 71, 72, 74, 82, 91, 111, 113, 126, 139, 151, 158–

Register 329

160, 164, 174, 180, 183, 192, 229, 245, 256, 264, 270, 286, 304
Muslim Interaktiv; 262, 289, 290, 316

Nadschaf; 25, 86, 281
Nairobi; 170
Narbonne; 212
Nasarbajew, Nursultan; 130, 131
Nasrallah, Hassan; 49, 100, 142, 303
Nasser, Gamel Abdel; 160–163
Nasserismus; 168
NATO; 13, 75, 119, 127, 131
Nawalny, Alexei; 78, 305
Negev; 145, 268
Neom; 101, 102, 304, 313
Netanjahu, Benjamin; 28, 44, 53, 55, 69–71, 83, 98, 102, 150, 153–156, 170, 171, 265–269, 276, 298, 301, 302, 309, 313
Netiwot; 57, 60
Neue Seidenstraßen; 15, 81, 83
Neues Migrations- und Asylpaket; 186, 193, 308
New York; 14, 31, 143, 155, 251, 312, 313
New York Times; 251, 312, 313
Niger; 205
Nigeria; 205
Nissa Rebela (Bewegung); 232
Nizza; 14, 188, 193, 215, 222, 231–235, 240, 247, 259, 262, 283, 284, 299, 312
Nordafrika; 13, 18, 44, 46, 52, 80, 81, 172, 173, 188, 198, 205, 231, 235, 287
Nordmazedonien (Republik); 237, 239, 312
Norland, Richard; 183, 309

North Field, siehe auch South Pars; 113
Nubier; 163
Nusseibeh, Sari; 271

O'Brien, Robert; 177, 302
Obama, Barack; 14, 73, 74, 77, 84, 123, 131, 134, 164, 263, 270
Oman; 54, 122, 140
Omar, Ilhan; 74, 104
One Belt, One Road (OBOR), siehe auch Neue Seidenstraßen; 81
OPEC+; 16, 28, 63, 174, 298
Operation Protective Edge (Operation Schutzlinie); 72, 147, 148
Oran (Region und Stadt); 205, 208, 225
Organisation Badr; 96, 309
Organisation für Islamische Zusammenarbeit; 277
orientalisches Christentum; 41
Oslo (Abkommen); 142, 144
Ostafrika; 82, 96
Österreich, siehe auch Wien; 35, 166, 237–239, 241, 245, 246, 250, 266, 289, 298, 312
Oubrou, Tareq; 217
Oyonnax; 230, 301

Pahlavi, Mohamed Reza; 86
Pakistan; 89, 134
Palästina; 49, 50, 60, 98, 142, 143, 145, 262, 270, 271, 303–308, 315, 316
Palästinensische Autonomiebehörde; 142–144, 270
Palästinensische Befreiungsorganisation (PLO); 56, 60, 98, 101, 142–144, 148

Pantin (Moschee in); 209–211, 214, 298, 311
Parasiliti, Andrew; 252
Paris; 14, 21, 44, 51, 57, 61, 75, 76, 118, 159, 187, 202, 204, 207, 209, 216, 220, 223, 224, 230, 240, 244, 246, 247, 262, 275, 282, 287, 290, 299, 305, 308, 313, 316
Paris (Klimaabkommen von); 21
Partei der Nationalistischen Bewegung (MHP); 126, 128, 129, 229
Partei für Gerechtigkeit und Aufschwung (AKP); 75, 126, 211
Partei Gottes, siehe Hisbollah; 38–40, 48, 92, 138, 142
Pascha, Cemal (General); 42
Paschinjan, Nikol; 254
Pasdaran, siehe auch Iranische Revolutionsgarden; 24, 280, 281
Paty, Samuel; 188, 207, 208, 211, 214, 216, 218, 219, 221, 222, 224, 227, 247, 255, 283, 310, 311, 313
Pennsylvania; 73
Persien; 20, 83
Persischer Golf; 79, 86, 177, 189
Pétain, Philippe; 257
Philippe Grenier (Schule); 213
Pompeo, Mike; 62, 87, 96, 103, 170, 277, 304, 313
Port Sudan; 169, 170
Portugal; 115
Pouyanné, Patrick; 182, 304
Putin, Wladimir; 18, 20, 28–30, 34, 77, 78, 94, 127, 130, 132, 135, 136, 166, 176, 224, 254, 274, 297

Qal'at al-Mudiq; 253
Qassem, Hazem; 55
Qa'ani, Esmail; 63, 299
Qutb, Sayyid; 89

Ra'am (Partei); 268
Rabat; 44, 145, 261
Raisi, Ebrahim; 278–281, 316
Ramadan-Krieg, Oktober 1973; 163, 226, 227, 283
Ramadan, Tariq; 287
Ramallah; 142, 143, 277
Rambouillet; 262, 263, 282–284, 288, 292, 315
Ramírez Sánchez, Ilich, siehe auch Carlos; 169
Raqqa; 29, 51, 73, 225
Ras al-Ain; 136
Rat der französischen Imame; 217, 310
Rebrab, Issad; 199, 297
Reema bint Bandar Al Saud (Prinzessin); 104
Regierung der Nationalen Übereinkunft (GNA); 31, 32, 36, 173, 176, 179, 254, 300, 309, 310
Reporter ohne Grenzen; 125, 200
Repräsentativer Rat der Jüdischen Institutionen in Frankreich, Conseil représentatif des institutions juives de France CRIF; 209, 210
Riad; 16, 21–23, 38, 44, 64, 65, 78, 91, 98, 99, 103, 108–110, 112, 161, 164, 301
Ritter unter dem Banner des Propheten (Aiman az-Zawahiri, 1997); 223
Rivlin, Reuven; 152, 269, 305
Rohani, Hassan; 84, 85, 279
Rojava; 29, 33, 208, 253
Rom; 44, 76, 118, 190
Roosevelt, Franklin D.; 103
Roquebillière; 233, 299
Rougier, Bernard; 219, 226, 247, 297, 317

Roy, Olivier; 256
Rumelien; 242
Rushdie, Salman; 14, 52, 215, 227, 245
Russland, siehe auch Moskau; 16–18, 20, 27, 28, 32, 35, 41, 46, 66, 74, 77–79, 94, 120, 123, 127, 130, 133, 136, 137, 166, 174, 255, 276, 279, 297, 298, 305, 306, 311, 313

Saba, Dia; 153, 309
Sahelzone; 116, 188
Saied, Kais; 190–192, 194, 285
Saint-Ouen; 217
Saladin (Sultan); 99
Salafisten; 157, 158, 215, 226, 231, 232
Salah, Ahmed Gaïd (General); 196, 197, 199
Salamé, Ghassan; 175, 298
Saleh, Aguila; 181, 184, 303, 310
Saleh, Ali (Präsident); 46
Salman (König); 64, 98, 143
Salman, Abdel Aziz bin (Prinz); 101, 304
Salman, Mohammed bin (Kronprinz); 21, 98, 104, 105, 111, 158, 220, 313, 315
Salvaing, Jean-Baptiste; 225
Sanaa; 105, 107, 211
Sanalla, Mustafa; 182, 303, 304
Sarif, Mohammed Dschawad; 49, 84, 85, 279, 300, 303
Saud, Abd al-Aziz ibn (König); 103
Saudi-Arabien, sieh auch Riad; 17, 28, 29, 32, 38, 43, 50, 54, 97, 98, 101–103, 106, 107, 109–112, 131, 148, 149, 157, 170, 174, 191, 198, 210, 271, 298–301, 304, 313–316
Savigny-le-Temple; 247, 313

Scham; 33, 89
Scheich Dscharrah (Stadtviertel); 265, 271, 315
Schiff, Adam; 104
Schiiten; 14, 23–25, 46, 49–51, 59, 61, 63, 65, 71, 77, 82, 87, 89, 91, 93, 100, 107, 108, 110, 112, 113, 123, 138, 141, 151, 160, 164, 166, 183, 228, 255, 264, 271, 281, 282
Schukri, Samih; 122
»Sea Guardian« (NATO-Operation); 75, 299
Sechstagekrieg; 59, 144, 171, 264
Sefrioui, Abdelhakim; 216–218, 310
Ségura, Gérard; 213
Sèvres (Vertrag von); 19, 302
Sfax; 190, 233, 234
Shanghai; 81
Sibirien; 127
Sidekan; 44, 302
Sihamedi, Idriss; 220, 228, 229, 305, 312
Sinai; 58, 144, 275
Sir Bani Yas (Kolloquium); 53
Sirte; 34, 175, 176, 178, 179, 300
Siwa; 176
Sky News Arabia; 195
Slowenien; 115, 116
Snowden, Edward; 78
Sobieski, Johann III.; 242, 250
Sokotra (Insel); 109
Soleimani, Qasem; 24, 25, 27, 60, 62, 63, 86–88, 90, 92, 95, 107, 109, 138, 279–281, 297, 299, 303
Somalia; 122, 168, 302, 306
Somaliland; 168, 302
Soral, Alain; 217
Sotschi; 135, 166
South Pars, siehe auch North Field; 113

Sowjetunion, siehe auch UdSSR; 14, 127, 154, 163
Spanien; 15, 115, 116, 239, 262, 298, 304, 312
St. John's Konkathedrale (Malta); 37
Stora, Benjamin; 203, 301
Suakin (Halbinsel); 169, 170
Sudan, siehe auch Khartum; 46, 55, 70, 80, 146, 160, 167–171, 263, 272, 298, 301, 304, 316
Südliche Bewegung; 108
Südostasien; 96
Südübergangsrat, Southern Transitional Council, STC; 108, 109, 301
Sueskanal; 170
Süleyman der Prächtige; 36
Sultan-Murad-Division; 311
Sunnismus; 20, 22
Sunniten; 14, 40, 47, 49, 50, 264
Syrien, siehe auch Damaskus; 14, 18, 24, 27–29, 33, 37, 40, 45, 46, 59, 60, 65–67, 77, 88, 90, 91, 94, 95, 98, 99, 105, 109, 112, 114, 116, 122, 123, 130–132, 135–138, 147, 148, 162, 167, 191, 208, 213, 239, 243, 253, 255, 279, 280, 283, 285, 297–299, 302, 306, 307, 310, 311
Syrische Nationale Armee; 121, 128, 132–134, 307
SYRIZA (Partei); 115

Taif (Abkommen von); 39
Taliban; 220, 223
Tall Abyad; 135, 136
Tamim bin Hamad Al Thani (Emir); 72, 113, 143, 314
Tansania; 70, 168, 169, 306
Tatarstan; 128
Tebboune, Abdelmadjid; 196, 197, 200–204, 300, 314

Teheran; 23–25, 39, 40, 47, 49, 50, 55, 60, 62–67, 77, 78, 82–85, 87–98, 100, 105, 107, 109, 110, 120, 131, 138, 142, 143, 145, 148, 255, 277, 278, 280, 281, 300, 308, 313
Tel Aviv; 60, 72, 97, 102, 145, 148, 150, 170, 304
Texas; 17
The Economist; 30
Thrakien; 166, 184
Timbuktu; 139
Timtik, Ebru; 125
Tobruk; 181, 183, 184, 309
Tokio (Olympische Spiele); 114
Toledano, Nissim; 141
Tolstoi, Lew; 224
Tripolis; 19, 31, 32, 36, 132, 137, 139, 148, 173–175, 179, 180, 182, 183, 298, 300, 302, 309, 310
Tripolitanien; 19, 31, 33, 34, 36, 123, 137, 172, 175, 176, 178, 180–184, 186, 254, 304, 306
Trump, Donald; 14, 20, 24, 27, 29–31, 33, 35, 41, 43, 53, 55–57, 72, 73, 78, 79, 83–85, 90, 96, 97, 103, 104, 106, 109, 110, 113, 120, 123, 134–136, 150, 153, 170, 177, 251–253, 263, 273, 275, 277, 278, 281, 302, 304, 309, 312, 314
Tsahal, siehe auch israelische Streitkräfte; 40, 72, 147
Tschetschenien; 128, 221
Tsipras, Alexis; 115
Tunesien, siehe auch Tunis; 46, 116, 148, 189–191, 193, 194, 205, 206, 231, 234, 285, 286, 305, 312, 313
Tunesisches Forum für wirtschaftliche und soziale Rechte (Forum tunisien pour les droits économiques et sociaux, FTDES); 193

Tunis; 122, 183, 185, 191, 192, 313
Türkei, siehe auch Ankara; 18, 22–27, 29, 31, 35, 36, 43, 44, 53, 61, 63, 66, 71, 76–78, 91, 113, 115–123, 125, 128–130, 132, 133, 135–140, 143, 148, 160, 162, 165–168, 172, 174–177, 179, 182–186, 188, 189, 213, 231, 239, 244, 246, 248, 251–255, 264, 270, 273, 274, 276, 282, 287, 297–304, 306–309, 311, 312, 314
Turkmantschai (Vertrag von); 85
TV 5 Monde; 200

UdSSR; 13, 29, 77, 163
Uganda; 170, 298
Ukraine; 166
UN-Menschenrechtsrat; 121, 307
UN-Sicherheitsrat; 78, 94, 174, 186, 263, 276, 311
Union des associations musulmanes du 93 (UAM 93); 209–211, 213, 224, 246
Union des organisations islamiques de France (UOIF); 216, 223
United States Central Command, CENTCOM; 96, 111, 306
Ur; 281
Usbekistan; 128

Valette, Jean de la; 36
Valletta; 36, 37, 118
Velayati, Ali Akbar; 23
Venetien; 15
Venezuela; 100
Vereinigte Arabische Emirate (VAE); 32, 35, 36, 43, 49, 50, 53, 54, 58–61, 67–71, 76, 77, 79, 82, 95, 98, 100, 102, 103, 105, 108, 110, 140, 148, 149, 151, 153, 167, 168, 170, 171, 176, 183, 189, 263, 298, 307, 309
Vereinigte Staaten (USA), siehe auch Washington; 13, 14, 16, 18, 20, 28, 29, 31, 32, 35, 41, 56, 62, 64, 69, 70, 72–74, 77, 79, 81–83, 90, 94–97, 101, 103, 106, 111, 129, 135–137, 147, 150, 153, 164, 172, 176, 182, 183, 203, 251, 263, 269, 274–276, 279, 281, 282, 297, 299, 300, 302–306, 308, 309, 312–316
Vereinte Nationen (UN); 27, 31, 105, 144, 174, 179, 184–186, 199, 229, 273, 277, 309, 311
Vienne (Isère); 229, 312
Villejuif; 216
Vintimille; 234
Völkerbund; 37, 65, 141, 305
Volksmobilmachungskräfte *(al-Haschd asch-Scha'bi)*; 65, 96, 309
Von der Leyen, Ursula; 186, 308

Wagner (Gruppe); 34, 177, 182, 184
Wahhabismus; 22, 99, 210, 248
Waldai-Klub (Thinktank); 254, 311
Warshafanas (Stammeskonföderation der); 180
Washington; 13–15, 23, 25, 28–30, 35, 50, 55, 58, 64, 65, 77, 83–85, 87, 88, 94, 97, 103, 104, 129–131, 135, 164, 168, 176, 183, 205, 253, 254, 270, 274, 275, 277, 303
Washington Post; 103
Wehbe, Charbel; 49, 303
Weltgesundheitsorganisation (WHO); 82, 297
Westjordanland; 56, 69, 70, 98, 148, 261, 264, 266, 270
Westsahara; 56, 57, 205, 314
Wien (Abkommen von); 24, 84, 263

Wien (Österreich); 16, 17, 84, 174, 237, 238, 240–243, 245–247, 249, 250, 262, 263, 278, 280, 298, 312
Williams, Stephanie Turco; 175
Wisconsin; 73
Würzburg; 261, 262, 291, 292, 316
Wuhan; 15, 81

Xi Jinping; 82, 83, 87, 290, 297

Yasin, Ahmad (Scheich); 217
YPG; 135

Zaiditen; 107, 210
Zohr (Lagerstätte); 165
»*Zwischen Leben und Tod*«: *Geflüchtete und Migranten gefangen in Libyens Kreislauf der Gewalt* (Bericht von Amnesty International, 2020); 185, 305
Zypern; 37, 41, 75, 76, 115, 119, 120, 150, 165, 166, 304, 308

18. Dschihadistische Anschläge und Kämpfer in Europa